Colección: PEDAGOGÍA
Manuales

Poderes inestables en educación

Por

José GIMENO SACRISTÁN
Catedrático de Didáctica y Organización Escolar
Universidad de Valencia

José GIMENO SACRISTÁN
Catedrático de Didáctica y Organización Escolar
Universidad de Valencia

Poderes inestables en educación

Ediciones Morata, S. L.
Fundada por Javier Morata, Editor, en 1920
C/ Mejía Lequerica, 12
28004 - MADRID

© José **GIMENO SACRISTÁN**

No está permitida la reproducción total o parcial de este libro, ni su tratamiento informático, ni la transmisión de ninguna forma o por cualquier medio, ya sea electrónico, mecánico, por fotocopia, por registro u otros métodos, sin el permiso previo y por escrito de los titulares del Copyright.

e-mail: morata@infornet.es
dirección en internet: http://www.edmorata.es

© de la presente edición
EDICIONES MORATA, S. L. (1998)
Mejía Lequerica, 12. 28004 - Madrid

Derechos reservados
Depósito Legal: M-6.582-1998
ISBN: 84-7112-432-7

Printed in Spain - Impreso en España
Imprime: LAVEL. Humanes (Madrid)
Ilustración de la cubierta: *El banco de los castigados*

Contenido

INTRODUCCIÓN 11

PRIMERA PARTE: La estructura de la práctica educativa. Claves de la profesionalidad docente 17

CAPÍTULO PRIMERO: **¿Qué mueve la acción educativa? La racionalidad posible en la postmodernidad y la relación teoría-práctica** 19
1. *Una primera respuesta para la pregunta sobre qué mueve la educación. El sentido de una relación deseada entre el pensamiento y la actividad*, 19.—1.1. ¿Dos públicos o dos realidades? La teoría vista desde los prácticos, la práctica vista desde los teóricos. Desencuentros e incomprensiones, 24.—1.2. Un eslogan ambicioso de significados confusos, 31.—*2. De la acción de los sujetos a las prácticas como cultura y contexto de las acciones en educación*, 34.—2.1. La acción educativa es propia de seres humanos y éstos se expresan en ella, 36.—2.2. Los motivos personales y sociales compartidos dan sentido a la educación, 39.—2.2.1. La cientificidad ha expulsado el sentido, 44.—2.2.2. De los fines de la educación a las acciones prácticas de los profesores, 46.—2.2.3. Las intenciones hechas objetivos. El poder movilizador de los planes en educación, 48.—2.2.4. La contextualización social de la dimensión dinámica en la acción educativa, 50.—2.2.5. La acción educativa como acción moral y los compromisos profesionales, 53.—2.3. La acción implica conciencia, comprensión y conocimiento. Un primer sentido de la enseñanza apoyada en la *reflexividad*, 57.—2.3.1. El conocimiento sobre la educación como conciencia de la acción, 60.—2.3.2. No sólo de práctica viven los seres humanos. ¿Y los profesores? El camino de la abstracción y de la teoría que guía la acción, 67.—2.4. La acción educativa, por ser personal, es abierta, incierta, imprevisible y creadora, aunque racional, 71.—2.4.1. La racionalidad limitada: la base para percibir a los profesores como investigadores, 74.—2.4.2. Racionalizar no es regular: las resistencias de la acción educativa, 77.

© Ediciones Morata, S. L

CAPÍTULO II: **La práctica se institucionaliza: el contexto de la acción educativa** 84
1. Las huellas de la acción educativa, 84.—2. La consolidación de las prácticas como cultura, 90.—2.1. La conservación por comunicación de información, 94.—2.2. Los procesos de estabilización de las acciones en la práctica educativa a través del habitus y de la institucionalización, 99.—3. La correspondencia entre la cultura subjetiva y la cultura externa objetivada en la práctica de la educación, 108.—4. La diversidad de las prácticas educativas, 110.—4.1. Dispersión de actividades dentro de la práctica de educación institucionalizada, 112.—4.2. Variedad de tareas en las actividades de la enseñanza, 113.—4.3. Relaciones cruzadas entre conocimientos y prácticas, 116.

CAPÍTULO III: **Estratos del conocimiento personal y social en educación. De la conciencia a la reflexividad con la ciencia** 120
1. ... y la acción y la práctica se hicieron reflexivas. El pensamiento de los agentes o el primer nivel de la reflexividad, 120.—1.1. La racionalidad del sentido común personal, 124.—2. Las formas de la conciencia individual sobre la educación: el pensamiento de los agentes, 129.—2.1. La estructura del conocimiento informal, 131.—3. Las formas de la conciencia colectiva. El sentido común compartido sobre la educación, 134.—3.1. Las comprensiones compartidas y su importancia en educación, 139.—4. Reflexionar con el conocimiento científico. La transformación del sentido común, 141.—4.1. La lectura del conocimiento formal a través del sentido común del lector que queda transformado, 149.—4.2. La alteración del sentido común sobre lo que significa la educación, 154.—5. Pensar cómo y sobre quiénes pensamos en educación: la reflexividad de tercer nivel. Algunas coordenadas para los que trabajan en educación, 159.—a) Fragmentación y dispersión de los saberes, 161.—b) Inestabilidad de la educación, 165.—c) La necesidad de no olvidar a los "actores", 168.—d) Conocimiento inseparable de los motivos, 169.—e) Nuevos escenarios para la voz de los intelectuales, 170.

SEGUNDA PARTE: Significados añadidos de la cultura en la educación. La vigencia del pensamiento moderno matizado 177

CAPÍTULO IV: **¿La cultura para los sujetos o los sujetos para la cultura? El mapa cambiante de los contenidos en la escolaridad** 179
1. La construcción de la confianza en el valor de la cultura y en el de la educación: el programa educativo de la modernidad, 179.—1.1. El legado incumplido de la modernidad para la educación, 181.—1.1.1. La educación para la transmisión de la tradición cultural. El sentido moderno de cultura en las escuelas, 185.—1.1.2. Las dos tradiciones básicas en el programa de la modernidad, 194.—1.1.3. El sujeto y la idea moderna de cultura. El camino de la dignificación, 196.—2. Otros bagajes añadidos a la función cultural de las escuelas, 198.—2.1. La presencia sustantiva de los sujetos en la transmisión cultural. Otra forma de entender el progreso humanizado, 198.—2.2. El bienestar psicológico: presencia reforzada de los sujetos de la educación, 203.— 3. El sujeto y el proceso educativo construidos científicamente, 207.—4. La cultura como un todo antropológico. La postmodernidad en el currículum, 211.—a) La aculturación escolar es algo más que el currículum, 212.— b) Ruptura del concepto académico de cultura, 212.—c) El rescate de la cultura popular, 213.—d) Derivaciones de la relativización cultural. Universalidad

© Ediciones Morata, S. L.

y diferencias en el *currículum*, 215.—¿Hay lugar para un espacio cultural común en la educación?, 217.—e) El sujeto para la cultura: la identidad como cometido escolar, 233.—*5. De la utilidad segura de los saberes al cambio permanente en la sociedad de la información. Un tipo de práctica educativa nueva*, 239.—6. *La esperanza posible*, 248.

TERCERA PARTE: ¿De dónde proviene el buen criterio en educación? La privatización como derrota 253

CAPÍTULO V: **Nuevos mapas de poderes en la educación**............................. 255
 1. *Reubicación del poder de decisión en educación*, 255.—*2. Familia y escuela: Equilibrio inestable de funciones y poderes*, 265.—*3. Reequilibración entre padres y escuelas en una sociedad dubitativa*, 276.—*4. La educación es buena si es elegida por los padres*, 289.—*4.1. La presión conservadora*, 292.—4.2. La racionalidad economicista. La metáfora del mercado, 293.—*4.3. El argumento democrático*, 296.—*5. Las objeciones a la teoría y a la práctica del mercado en educación*, 298.—5.1. El «mercado» de la educación no es un mercado, 298.—5.2. La eficiencia económica del sistema de elección, 301.—5.3. La metáfora del mercado es inadecuada para la educación, 302.—5.4. La satisfacción del cliente puede ser una variable para determinar la calidad de la educación, pero no es la única, ni siempre la más importante, 303.—5.5. La elección, se dice, es consecuencia del reconocimiento del pluralismo, al tiempo que recurso para estimular la diversidad enriquecedora, 310.—5.6. El concepto de lo público y de la participación en el mercado y en la democracia a la que debe servir la educación, 318.—5.7. La necesidad de la escuela pública al margen del mercado, 327.—5.8. El fin de la incipiente profesionalidad autónoma de los docentes, 333. *A modo de conclusión*, 335.

BIBLIOGRAFÍA 339

OTRAS OBRAS DE EDICIONES MORATA DE INTERÉS 350

© Ediciones Morata, S. L

A Justi y Eva

Introducción

Poderes inestables en educación es la narración de un recorrido que hacemos a través de los caminos borrosos y borrados por los que hoy nos vemos obligados a transitar. En esta época nos toca pensar y decidir el curso por el que queremos que transcurra la realidad social y la de la educación dentro de coordenadas inseguras. A pesar de todo, creemos que nuestra labor tiene que tener un rumbo, por muy provisional y consensuado que sea; pensamos que la tarea de educar debe ser dirigida por algunas ideas-fuerza plasmadas en proyectos compartidos y asumidos individualmente. El sistema educativo no puede dejarse al azar de lo que decidan hacer de él los "consumidores" o la espontaneidad de la dinámica social que siempre oculta intereses y poderes no evidentes. La crisis de los sistemas educativos tiene que ver con la pérdida de la conciencia sobre su sentido.

Tomar opciones no es fácil en este final de siglo en el que tantas referencias y seguridades vemos truncarse. Pero no por ello tenemos que quedar estancados en el asombro y con los ánimos rotos para seguir. La conciencia de la crisis es un acicate para encontrar nuevas y renovadas referencias. Necesitaremos otros puntos cardinales y de apoyo, aunque sean más modestos que los que han guiado hasta aquí la fe en que la educación era un motor esencial en la dinámica de la sociedad, de la cultura y de la historia.

No pretendemos oficiar de nuevos ilustrados que señalen caminos a los legos. Nuestro papel es más modesto. Creemos que el debate intelectual sobre la educación debe salir de las capillas especializadas para tratar de alumbrar alguna esperanza compartida, sin que tenga que perder el rigor. Se ha instalado con demasiada facilidad en nuestra mentalidad la idea de que la educación responde a un tipo de sociedad y de intereses, dando legitimidad a la creencia en su impotencia para cambiar el *statu quo*. Sin dudar que algo de eso ocurre, conviene rescatar, aunque sea después de tanto fracaso, pesimismo y prevención, la idea de que, precisamente en las sociedades donde los elementos simbólicos y culturales desempeñan papeles tan importantes, el *discurso* puede tener algún valor de propuesta y de cambio y no sólo actuar de descodificador y crítico de las realidades que pasan ante nuestros ojos como si sólo fuésemos testigos de la historia.

Este trabajo es fruto de un diálogo con nosotros mismos para aclarar algunos pensamientos que expresan las propias inquietudes en tiempos de perplejidad e incertidumbre.

El acto de la escritura, como muy bien nos ha enseñado Emilio LLEDÓ, es ante todo un diálogo consigo mismo y con una tradición. No se escribe desde la nada ni para nadie. Y también se escribe para uno mismo. En ese sentido nuestro yo lector le da las gracias a nuestro yo autor. Tenemos que explicarnos las dudas para sentirnos algo seguros en la inseguridad. Aclararse el mapa de los problemas no es resolverlos, pero le deja a uno algo más tranquilo para continuar. El "sólo sé que no sé nada" es, en este sentido, una manifestación de la sabiduría sobre lo que se sabe y lo que se considera no saber. No es un diálogo ensimismado porque quiere, con modestia y desde la distancia que presta el recuerdo, responder a preguntas, seguir conversaciones y desarrollar inquietudes transmitidas por estudiantes, estudiosos y compañeros que, con sus dudas, estimulan a perfilar los argumentos que calmen algo la insatisfacción. Escribimos también para esas audiencias que tenemos en mente cuando dialoga por escrito, para argumentar con más cuidado ante públicos con los que hemos hablado en circunstancias y por motivos muy variados. En alguna medida, este trabajo es un escrito sobre lo que ya ha sido dicho. El germen de estas inseguridades estaba condensado en otro trabajo [1] que ahora es desarrollado en algunas de las ideas principales allí contenidas.

El título de la obra quiere ser algo más que una llamada enigmática para dar unidad al tratamiento de problemas que puede parecer que no guardan relación entre sí. La educación tiene funciones que cumplir, sólo que éstas han quedado desestabilizadas por los cambios políticos, sociales y culturales que están aconteciendo. Esa inestabilidad, que puede ser apreciada como positiva o como preocupante, según se mire y según quiénes la miren, se debe a cambios radicales y también a otros que lo son menos pero producen "ruido" y ocultan la permanencia de trayectorias en fuerzas más estables. En el pensamiento que, de forma muy ambigua, se reconoce como propio de la *postmodernidad*, se ha extendido la creencia de que realidades y creencias sustanciales han cambiado y que nada puede enfocarse ya de la misma y ordenada forma de ver y de aspirar a lo que creíamos correcto y deseable. Asistimos a una crisis importante en los discursos que han mantenido la arquitectura de ideas básicas que han guiado la expansión de la escolarización en esta segunda mitad del siglo XX. Las prácticas, en ciertos aspectos, parecen seguir desarrollándose al amparo de las viejas seguridades, como si nada pasase, aunque hay suficientes indicios de que se están produciendo también cambios importantes en sus orientaciones generales.

Entre las modernas seguridades que han regido la educación está la creencia y esperanza en que las políticas, los *currícula*, las instituciones y las prácticas pedagógicas podrían colaborar ordenadamente a conseguir de manera racional unos fines seguros de validez indiscutible. La óptica de la racionalización moderna ha construido una seguridad que, desde las orientaciones más generales has-

---

[1] Ver GIMENO (1995).

© Ediciones Morata, S. L.

ta las acciones de los sujetos, pasando por la lógica de las instituciones y de un *currículum* perfectamente ordenado, hoy entra en crisis. Un elemento destacable en la conciencia de ésta radica en creer que, en ese intento de poner en orden el mundo de la práctica social de la educación, se ha desconsiderado la importancia de los sujetos. El positivismo reinante durante tanto tiempo nos hizo perder de vista el componente humano de toda acción educativa. Y con ese olvido se ha despreciado también la trascendencia del sentido común como categoría social e individual de pensamiento que rige en toda práctica social.

Rescatar una idea de orden racional limitado, contando con la importancia del protagonismo de los agentes principales de la educación, que son los profesores, es una forma de acentuar el valor de su autonomía, pero también la importancia de su responsabilidad y de su compromiso con la educación. Al mismo tiempo, argumentaremos que ese orden racional para guiar las prácticas de la educación es, y tiene que ser, un orden compartido y dialogado, donde no caben las ideas defensoras de un corporativismo monopolístico de los docentes, de los padres, de los expertos o de los burócratas. Con GUTMANN nos sumamos a la idea de que la educación es un proceso de *reproducción consciente* que tiene que ser democráticamente dilucidado en el marco de una sociedad reflexiva, con la dificultad de que los argumentos para participar en esa discusión están muy desigualmente repartidos. La sociedad del conocimiento plantea las desigualdades en el terreno de la inteligencia y de la cultura. Las luchas sociales en las sociedades avanzadas se ganan o se pierden en gran medida en el terreno de lo simbólico, según la capacidad que tengan los significados divulgados para remodelar o implantar el nuevo sentido común.

El escepticismo postmoderno que convierte en inseguras las prácticas sociales, políticas y culturales dirigidas a fines predeterminados, como es el caso de la educación, nos sitúa cara a cara con nuestras fuerzas, nuestros motivos y nuestra responsabilidad. La historia no tiene teleología; guiados por la modestia de nuestras energías conjuntadas en colaboración podemos construir el porvenir. Con la crítica a los aparatos de la modernidad —uno de los cuales era la fe en las prácticas científicas— hemos comprendido nuestros límites, pero a cambio hemos descubierto la trascendencia de nuestros esfuerzos. No hay reformas que signifiquen progreso en política educativa al margen de sus agentes. De esto tenemos abundante experiencia práctica.

Poderes inestables en educación, además de profundizar en la racionalidad democráticamente entendida, ancla otros de los frentes de la inestabilidad y de la perplejidad actual en la alteración del concepto de cultura de la que se nutre la educación. El fenómeno de la escolarización universal igualadora discurre históricamente en paralelo a la vigencia de la idea de cultura como algo valioso y digno de ser poseído por todos. Cultura y escolarización han sido dos conceptos esenciales en el mantenimiento de la idea de progreso. La modulación y la huella que en ese ideal ilustrado introdujo la consideración del sujeto de la educación, como referencia esencial para las prácticas educativas, trajo consigo un cambio de pensamiento que está lejos todavía de haberse asentado en estilos asentados de funcionamiento de los centros escolares y en métodos pedagógicos equilibrados y coherentes. Los dos retos fundamentales de la modernidad en educación han sido la *aspiración* al logro de la igualdad, por un lado, y el *equilibrio* difícil entre atender a la vez a sujetos contextualizados y a la cultura objetivada. Sin haber

© Ediciones Morata, S. L

tenido el éxito deseable en esos cometidos, aparece otro frente de inestabilidad: la recomposición en el concepto de cultura que proponen la antropología cultural, la aspiración a una interculturalidad respetuosa con todos y el incremento de la presencia social y política de localismos y nacionalismos que aspiran a hacerse presentes en la cultura que imparte la institución escolar. Si la modernidad en educación arranca del principio de la "cultura para los ciudadanos", desde las revisiones del pensamiento moderno se nos sugiere subrepticiamente la idea de luchar por el principio de los "ciudadanos para la cultura". Importantes problemas de legitimidad surgen de las perspectivas que emergen en nuestros días sobre la crisis de la cultura legítima que se debe transmitir, si es que alguna debe serlo.

Mientras la relativización de la cultura quita fuerza y convicción a los aparatos escolares como agentes de aculturación de los individuos en sociedades complejas y con sistemas escolares con escolarización obligatoria plenamente desarrollados, nuevas formas de difundir conocimiento y nuevas formas de dominarlo parecen anunciar otra vez la perspectiva de una *sociedad desescolarizada*, pero esta vez más en serio.

Poderes inestables en educación entrelaza un tercer debate con los dos mencionados: el relativo al porvenir de las instituciones públicas en educación. Si no hay racionalidad común que defender, si no hay cultura con algún componente universal, ¿qué sentido les damos y cómo podemos mantener instituciones que, como la escuela pública, tienen entre sus más elevadas funciones la de favorecer un primer espacio público para salir del localismo y caminar hacia la igualdad desde la heterogeneidad de partida? Los territorios desestabilizados de la racionalidad y de la cultura nos reclaman el tratamiento de las relaciones entre poderes atribuidos a los agentes individuales y sociales que participan en la educación: estudiantes, padres, profesores y representantes de la sociedad. La racionalidad dialogada con la que es preciso orientarse en períodos de incertidumbre y en territorios inciertos, como es la educación, exigen formas de participación atentas a los problemas reales más que al reparto político de las cuotas de representación de unos y de otros en los órganos formales que suelen dotar de un primer contenido a la democracia escolar.

Consideramos que queda espacio para la educación pública porque su reto de modernización ética y social está lejos de haberse cumplido, y no creemos que esos ideales deban decaer en una sociedad en la que la igualdad sigue siendo un objetivo esencial para las políticas de educación. Un ideal arramblado por la vorágine que representa el discurso único que ve en las prácticas del mercado la solución para garantizar un concepto de libertad que, en realidad, significa dar rienda suelta a las diferencias sociales. Los nuevos conservadores y los críticos postmodernos que apuestan por el "abajo el orden endiosado" podrían darse la mano perfectamente, en un ejemplo de cómo en unas mismas prácticas en nuestra sociedad compleja y perpleja pueden coincidir intereses y discursos que, en su origen, eran contrapuestos.

No se nos pidan fórmulas para nuevas realidades. En este trabajo se ofrecen ideas y motivos para arriesgarse en su búsqueda. La primera condición para resolver un problema reside en haberlo formulado adecuadamente. La "teoría" sobre el problema puede ser fruto de una construcción individual que se apodere de las más diversas tradiciones de pensamiento permaneciendo atentos a lo que nos rodea. Eso creemos haber intentado. La construcción de una práctica que dé respuesta a nuevos ideales y solución a algunos de los problemas planteados es una construcción colectiva en la que deben comprometerse diferentes acciones individuales. La práctica es algo necesariamente compartido que no puede ser abarcado por individualidades.

Valencia, diciembre de 1997.

© Ediciones Morata, S. L

PRIMERA PARTE

La estructura de la práctica educativa. Claves de la profesionalidad docente

CAPÍTULO PRIMERO

¿Qué mueve la acción educativa? La racionalidad posible en la postmodernidad y la relación teoría-práctica

1. Una primera respuesta para la pregunta sobre qué mueve la educación. El sentido de una relación deseada entre el pensamiento y la actividad

Hablar de educación supone referirse a un mundo de significados variados: logro de cualidades o estados subjetivos en las personas, procesos que conducen a ellos, aspiraciones sociales compartidas, actividades familiares, políticas para la educación, actividades profesionales e instituciones. Desde el siglo XIX se vienen realizando esfuerzos sistemáticos para comprender a través de la formalización de un conocimiento especializado, en el que se mezclan muchos otros del sentido común, cómo se estructuran las fuerzas, los componentes, la dinámica que hace que la educación funcione de la forma en que lo hace.

En educación, como ocurre en otros muchos ámbitos del pensamiento y de la acción, existe un interés de primer orden relacionado con la explicación de cómo se mueven los fenómenos vinculados a ella o cómo podemos hacer que se muevan en la dirección adecuada para satisfacer nuestras aspiraciones. Este interés está motivado por la curiosidad acerca de qué hace que las cosas y los procesos que vemos ante nosotros sean como son, participemos o no en ellos. A las personas nos preocupan las causas de lo que se transforma ante nuestros ojos; nos llama la atención del fluir del río de los acontecimientos. Esa inquietud desborda el ámbito de la discusión entre especialistas, el de la reflexión epistemológica y el de la profesión docente, pues está implícito y anida de alguna forma en todo aquel que intuye que la educación es un motor de cambio personal, cultural, económico o de progreso en general. Los padres quieren comprender y guiar a sus hijos, la gente desearía orientar y ayudar a sus amigos, muchos emprenden acciones por la mejora de grupos sociales, una empresa de comunicación fomenta modelos de ciudadano y de sociedad, la política tiene —o debería tener— proyectos e ideas sobre cómo conseguir su realización, etc. Pertenece a la esencia de lo humano buscar y atribuir causas a lo que acontece, establecer puentes

© Ediciones Morata, S. L

entre lo que se cree y la realidad que se desea, y así ha quedado constatada esa preocupación en la historia del pensamiento.

Como pensamiento de prestigio que es todo quehacer disciplinante del conocimiento (en el sentido de hacer disciplinas científicas), por diversas causas que ahora no ha lugar a comentar, la formalización sobre el acontecer se ha propuesto muchas veces no sólo a modo de explicaciones contemplativas de los hechos y de las realidades, sino como guías para realizar la educación. La educación y las formas e instituciones para lograrla son, desde la cultura clásica, caminos de mejora y de perfección de la especie humana y de las sociedades que ha formado. Y si eso era así, el conocimiento sobre la educación difícilmente podría haberse sustraído a la pretensión perfeccionista y dignificadora de la realidad. Es, sobre todo, en la civilización moderna donde se ha afianzado la creencia y la esperanza de que las prácticas y conductas humanas se pueden guiar siguiendo una determinada racionalidad. Y lejos de la crítica postmoderna, como dice GINER (1997):

> "Quienes anunciaban precipitadamente el fin de la era moderna se equivocaban. Ésta se acabará cuando acabe el salvacionismo laico, que es su rasgo principal. El salvacionismo laico se basa sobre dos ideas: una, que es posible edificar una sociedad plenamente racional y, dos, que quien eso afirma tiene el secreto o receta para lograrlo. Lo primero es un desacierto, aunque no lo sería decir que es posible realizar algunas aproximaciones hacia ese ideal. Lo segundo es una mentecatez. Peligrosa si el arbitrista consigue algún poder."
> (Pág. 77.)

Con estas afirmaciones no queremos decir que antes de que existiese la racionalidad que cree representar el pensamiento disciplinar no se hayan producido reflexiones al respecto acerca de lo que es y cómo hacer la educación. Muy al contrario: una buena parte de la cultura acerca de la educación se incluye dentro de toda una historia del conocimiento y de las prácticas que ha configurado incluso los pensamientos cotidianos de generaciones y épocas sobre "lo educativo", aunque hayan sido desconsiderados por la formalización "culta" del pensamiento que se ha venido generando con las elaboraciones formales.

En cuanto el conocimiento relacionado con cualquier actividad se ha acrecentado y ha reflexionado sobre sí mismo y sobre sus potencialidades, ha surgido la discusión —no ya como intuición, sino como problema específico— sobre la relación entre el pensar y el hacer o el obrar.

Comprender y guiar la educación son dos componentes básicos entrelazados del saber sobre lo educativo: las dimensiones explicativa y normativa que se adjudican al conocimiento disciplinar sobre la educación, correspondientes al *saber por qué* las cosas son como son y al *saber cómo* conviene que se hagan para lograr finalidades apetecibles. La relación teoría-práctica es una aproximación certera para penetrar en esa complicada interacción entre lo que sabemos sobre algo y las formas de hacer las cosas para que se asemejen a los resultados que consideramos aceptables y deseables. Es una forma de penetración aclaratoria de "entender lo que se mueve", por qué lo hace y cómo lo hace. Es decir, supone indagar acerca del *qué mueve a la educación*. Sólo que siendo una forma de indagación iluminadora ha sido enriquecida por formas de comprensión diferentes que, tras el triunfo de la diosa ciencia, se han asimilado a un racionalismo algo exagerado que concede al conocimiento una especie de poder milagroso para mover la realidad.

Agarrarse a un principio racional que actúe como modelo o principio orientador y ordenador de lo que hacemos forma parte de las más elementales aspiraciones de la racionalidad en la modernidad. Las reformas educativas (el cambio racionalmente orientado), la formación del profesorado, la mejora de la práctica, la superación de los desfases entre lo que nos rodea y lo que creemos que es factible, la propia regeneración de las tradiciones de pensamiento y de investigación parecen nutrirse de esa fe en el principio fecundante de la relación entre la teoría y la práctica, en la teoría crítica, en el pensamiento comprometido, etc.

La relación entre saber y hacer u obrar constituye toda una tradición en la cultura occidental que arranca de la filosofía aristotélica, enfatizada y reorientada desde enfoques múltiples. La creencia y esperanza de que el "mundo de la teoría o de la razón" puede mejorar el "mundo de la práctica", sobre todo desde la modernidad, es uno de los motores más fuertes para explicar lo que es la educación, lo que ocurre en ésta y lo que desearíamos que ocurriera.

Naturalmente, si nos paramos a pensar qué estamos diciendo o a qué estamos aludiendo cuando nos referimos a la relación entre el mundo de la teoría y el de la práctica, caeremos en la evidencia de que nos situamos y que se nos abre a nuestros pies un mundo que, por un lado, es proceloso y oscuro, a la vez que, por otra parte, se presenta como luminoso y prometedor, resultando difícil dar los primeros pasos ante tamaño abismo que promete ser fuente de luz clarificadora.

El problema de la relación entre conocer y actuar en educación quizá sea el tema central de todo el pensamiento para explicar por qué la educación se desarrolla tal como realmente lo hacemos y por qué ha sido así, entrando en el mundo de las relaciones entre contextos, instituciones, culturas, personas, ideas y usos prácticos. Los argumentos que se pueden desarrollar para desentrañar esos fenómenos pueden constituir toda una gran metateoría de cómo se forman las prácticas educativas, los pensamientos y las aspiraciones sobre la educación que tendrían que tratar de desentrañar también las relaciones recíprocas entre todos esos procesos constituyentes de la realidad. Sin olvidar que, a su vez, el mundo de las ideas y de las prácticas en educación se construye en relación con otras esferas de la realidad cultural y social, que ella misma contribuye a constituir. En nuestra práctica inciden otras muchas y en el discurso sobre la educación se proyectan otros muchos ámbitos de pensamiento también. DEWEY pensaba, como un ejemplo de que la educación se inserta en una realidad más general, que la filosofía era la teoría general de la educación. BELTH (1971) propone entender la tarea de explicar la educación como la persecución de un modelo que incluya cómo las ciencias y la misma filosofía realizan sus fines y persiguen sus metas, pues tendría que dar cuenta de cómo se construyen los modelos de pensamiento, dado que es función de la educación el construirlos.

Dilucidar el problema de las relaciones entre teoría y práctica constituye un esfuerzo por lograr una teoría explicativa del *cómo*, del *por qué* y del *para qué* de la práctica educativa, que tendría que explicar los procesos de elaboración y desarrollo del pensamiento sobre la educación y de los posibles papeles que desempeña. La tarea, lo confesamos de principio, es inabarcable y nuestras posibilidades son, más bien, modestas.

© Ediciones Morata, S. L

Nos situamos ante procesos e interrelaciones que se nos presentan como una gran ventana para asomarse a la comprensión de la racionalidad que orienta a la educación. Nosotros en este trabajo no podemos pretender describir todo el paisaje que se nos abre delante. Aparte de que sería radicalmente imposible hacerlo porque ese paisaje no para de recrearse, en parte por la acción misma de asomarnos a la ventana de nuestra modesta morada y por nombrarlo. Nuestra particular capacidad de ver y de hablar de lo que miramos forma también el paisaje.

Trazaremos algunas pinceladas para describir ese panorama y nos ocuparemos de adentrarnos en el análisis de la estructura del cuadro que tenemos delante. Después del viaje, ni la "teoría", ni la "práctica", ni la relación "teoría-práctica" serán para nosotros lo que creíamos que eran. Pero sólo así tendrán más sentido.

Lo primero que nos queda claro y que queremos poner de manifiesto, aunque sólo sea para justificar la modestia de nuestro intento, es que estamos ante un tema transdisciplinar que afecta a diferentes "territorios" de especulación y a distintos medios profesionales. Es bastante frecuente que, casi sin darnos cuenta, la relación y el encuentro o el desencuentro entre *teoría* y *práctica* los hagamos corresponder con los que existen entre los *teóricos* y los *prácticos*, como si la teoría se correspondiese: con las acciones y ocupaciones de unas personas a las que reconocemos como teóricos y con la de los prácticos. Al mismo tiempo, se tiende a hacer coincidir las acciones de unos y de otros con la ocupación y misión de dos tipos de instituciones que agrupan a profesiones con cometidos diferenciados y con posiciones distintas en la sociedad. La verdad es que esa equiparación de esferas es inevitable porque, de alguna manera, teoría es lo que ocupa y producen los *teóricos* en el medio en que hacen sus labores, mientras que no es menos cierto que la *práctica* es el contenido del oficio de los *prácticos,* también en su propio contexto. Por un lado, está la universidad y las agencias de investigación y de formación del profesorado con sus profesionales, ocupadas con el desarrollo y difusión de la teoría, y por otro los centros escolares de niveles no-universitarios con los suyos, dedicados a la práctica de la educación. Los planos de las relaciones entre instituciones, entre profesiones y entre agentes aparecen estrechamente ligados al binomio teoría-práctica dotándole de contenido.

Los primeros significados que despierta esta relación y las sugerencias para intensificarla o hacerla posible vienen provocados por la confrontación e interrelación entre esas instituciones y sus respectivos profesionales, es decir, por una división social del trabajo. Circunstancia que condiciona la visión del problema, de las causas del mismo y de los caminos a seguir. Obviamente, son condicionamientos de la relación entre teoría y práctica, aunque conviene desbordar ese marco, porque esos referentes son también limitaciones al entendimiento de la interacción entre conocimiento y acción en educación.

Un segundo supuesto al plantear este tema consiste en reducirlo al territorio de las relaciones y desencuentros entre sólo *dos* tipos de agentes, teóricos y prácticos, en sus respectivos contextos, como si la relación entre ideas y prácticas no afectase a otros sectores o agentes sociales, y no sólo a los que tienen como ocupación profesional la de especular sobre educación o las prácticas de desarrollarla institucionalmente. Existe un contexto social más amplio en el que intervienen otros agentes, incluso al margen de la toma de decisiones en el sis-

© Ediciones Morata, S. L.

tema educativo. Todo aquel, individuo o grupo, que decide sobre la educación (que, por supuesto, es portador de teorías) y sobre las razones que lleva consigo cuando lo hace es agente de la práctica.

Iremos un poco más allá. El alumno es también un agente en la relación teoría-práctica. En los sistemas educativos y en los niveles del mismo que tienen regulada la participación estudiantil, los estudiantes, al colaborar en la toma de decisiones tienen poder de decidir la práctica. Entonces, sus concepciones sobre la educación que les conviene, las aspiraciones que ellos persiguen y los modelos culturales desde los que piensan y aspiran, son factores que determinan sus reivindicaciones y sus estrategias para negociar los asuntos en los que participan, incluido el *currículum*. Lo que ocurre en las instituciones escolares —la práctica— no puede comprenderse sin contar con la influencia o con la renuncia a esa influencia de los estudiantes en la cultura interna de las aulas y de los centros educativos.

Más allá de los mecanismos de participación formal en el gobierno de las instituciones, una serie de tradiciones de pensamiento y de práctica han colaborado en resaltar el valor del alumno como agente de la enseñanza y no sólo como destinatario de la que otros diseñan para él. Nos referimos a los modelos pedagógicos antiautoritarios o de cogestión en las aulas, que tan señalado papel tuvieron en los movimientos pedagógicos en torno a 1968, así como a las propuestas estimulantes del *currículum* negociado con la finalidad de comprometer al estudiante en la configuración del ambiente y de los planes inmediatos de acción.

Baste, pues, plantearse una sencilla pregunta: ¿la educación —incluso la institucionalizada— es una empresa que sólo compete a profesores e investigadores, o dicho de forma abstracta: sólo incumbe a la investigación y a los que de manera más visible la aplicarían a la educación? Obviamente, hay que contestar que no. Apelo, para ser más explícito, a una nota de relativa actualidad. Si reformar el sistema educativo es alterar la práctica de la educación, ése también es un problema de posible relación entre teoría y práctica que interesa e implica a muchos y no sólo a los expertos y a los docentes. Si se convierte en un tema de expertos es porque ya se ha optado, de hecho, por una determinada alternativa para abordarlo imponiendo una forma de entender la búsqueda de una realidad mejor que no da cabida a una más amplia participación social. La práctica de la educación es una *práctica social*.

La relación entre pensamiento y acción en educación, para plantearla en los términos más básicos, no afecta sólo a lo que producen los dos públicos que constituyen los "pensadores" y los "prácticos" por antonomasia que son los docentes, sino que es un problema cultural que exige un tratamiento amplio que contemple las relaciones entre lo subjetivo y lo social de todos los agentes que intervienen en la determinación última de la experiencia práctica. Como principio general proponemos el que se entienda como agente que "transporta ideas a la práctica" a todo aquel que tenga poder de decisión en educación y de marcar con su aportación la experiencia educativa, desde los responsables de la política educativa, sus legitimadores parlamentarios, los sindicatos u otras agrupaciones de los profesores en tanto que organizaciones, los profesores individualmente considerados, los formadores de profesores, los formadores de opinión sobre la educación, las asociaciones de padres, los padres en cada centro, cada familia, los técnicos, los expertos y los estudiantes. Si la agentividad o la autoría sobre la práctica está repartida, la relación entre conocimiento y práctica tendrá a tantos agentes como haya en ese reparto.

El tercer supuesto (junto al de que la teoría introduce racionalidad en la práctica y al de que esa operación implica relacionar dos tipos de "actores"), es el de dar por sentada y deseable la conveniencia de la relación teoría-práctica. Las vivencias y percepciones más inmediatas observan separación y falta de correspondencia; las manifestaciones de los que aprecian y sienten el problema transpiran deseos de evitar tal desajuste. Podríamos partir de una precaución antes de sumarnos a esos deseos: no es exactamente lo mismo el acercamiento entre instituciones dedicadas al cultivo y diseminación del pensamiento teórico que la aproximación a aquellas otras en las que se desarrolla la práctica educativa, no es lo mismo reclamar la aproximación de quienes realizan esas actividades, que plantear la relación entre la teoría y la práctica. En la estrategia de investigación denominada como *colaborativa* trabajan juntos investigadores y prácticos, pero esa circunstancia no garantiza la fecundación mutua, aunque sea un punto de partida interesante. La posibilidad y la conveniencia de hacerlo presenta matices importantes según a qué nos refiramos exactamente. En ciertos casos puede ser conveniente acercar a prácticos y teóricos, con sus respectivos medios de trabajo, pero no por eso se resuelve la separación entre teoría y práctica. Si preconizamos el acercamiento, ¿suponemos que es para que instituciones y personas pasen a ser una sola categoría fusionada?, ¿estamos diciendo que instituciones y agentes desempeñen ambos tipos de funciones (desarrollar teoría y ejecutar práctica)?, ¿o queremos decir que teoría y práctica se aprovechen y estimulen mutuamente desde el terreno de cada una? ¿Es posible esto último sin que se den las aproximaciones entre las instituciones? Hay matices importantes que aclarar en todo esto. Nuestros referentes de partida están tan inevitablemente ligados a la división del trabajo que resulta imprescindible situar el tema en otras coordenadas. Porque si la relación y el desencuentro entre teoría y práctica no se puede entender ni propiciar sin el acercamiento entre teóricos y prácticos, junto a sus respectivos ámbitos o contextos de trabajo, aquella relación no se agota en esos acercamientos.

1.1. ¿Dos públicos o dos realidades? La teoría vista desde los prácticos, la práctica vista desde los teóricos. Desencuentros e incomprensiones

Los territorios desde los que el tema-lema de la relación teoría-práctica se plantea marcan decisivamente la configuración del problema, la forma de entenderlo y los caminos a seguir. La ubicación desde la que se formula y se percibe el encuentro-desencuentro de dicha relación tiene mucho que ver, pues, con la división entre profesiones, instituciones y especialización de agentes sociales implicados en los mundos del pensamiento, de la decisión y de la acción en educación. De alguna forma, el contenido de la confrontación teoría-práctica se delimita a partir de las percepciones de las relaciones entre "los teóricos" y "los prácticos", dentro de los contextos respectivos en los que unos y otros se desenvuelven y trabajan. Lo que resulta ser un problema complejo entre la acción y la compren-

© Ediciones Morata, S. L.

sión tiende a reducirse a las relaciones de dos públicos, como si se hiciese a cada uno de ellos poseedor de todo el contenido que cabe en cada uno de los términos de la polaridad teoría-práctica: la *práctica* es lo que hacen los profesores, la *teoría* es lo que hacen los filósofos, pensadores e investigadores de la educación. Este supuesto es claramente erróneo. Ni los primeros son dueños o creadores de toda la práctica, ni los segundos lo son de todo el conocimiento que orienta la educación.

La configuración del problema viene en cierto modo marcada por las percepciones recíprocas entre dos tipos de dedicación profesional que ejercen en instituciones separadas. Un primer sesgo que cabe destacar estriba en que el reto de la relación teoría-práctica en educación, como tal *problema explícitamente planteado*, tiene su ámbito más común de tratamiento fuera de la práctica de la educación y, por lo general, al margen de la mayoría de los prácticos y de los demás agentes sociales que participan en ella. Puede que no sea inocente el orden de los términos más asentado para hablar de la relación entre teoría-práctica, en vez de hacerlo sobre la relación práctica-teoría. No quiere decirse que los profesionales "prácticos" no tengan intervención en ese problema y que no tomen opciones en torno al mismo, sino que no se lo suelen plantear como tal, que no forma parte de su "racionalidad cotidiana". Es una inquietud que adquiere más presencia en la "práctica" de especular sobre la realidad; como veremos, supone desarrollar una *reflexividad* de tercer orden.

No quiere decirse que ese sesgo o posición de partida sea una condición inamovible, aunque sí es una condición objetiva de la realidad social provocada por la división del trabajo y el desigual acceso al mundo de la reflexión que esa división implica. Peculiaridad que marcará mucho la forma de entender la relación. La existencia de ese divorcio profesional es seguramente un sesgo inconveniente para la práctica y para la teoría (para los prácticos y para los teóricos) que merecería la pena enmendar, pero es una realidad de partida que está incluida en el problema.

Como consecuencia de la división del trabajo en educación, el problema de la interacción entre teoría y práctica será apreciado de diferente forma por unos y otros. De ahí que nos resistamos a declarar como válida, de entrada, cualquiera de las perspectivas que pudieran querer imponer los que trabajan más en uno de los dos ámbitos. Dicho de otra forma más sencilla: no aceptamos la perspectiva de que los prácticos digan qué es "teoría o investigación válida" a partir de *su* práctica y de lo que consideran útil para ella (pienso no sólo en abstracto, sino en casos en que los propios docentes marcan la agenda de su formación). Incluso un pragmatista como DEWEY (1968) decía que:

> "La preocupación de alcanzar alguna utilidad directa o práctica limita siempre la indagación científica." (Pág. 20.)

Será importante saber que mucha teorización e investigación les resulta inadecuada para *su* práctica, desde luego; lo que debe llevar a discutir las razones de que ello sea así. Esa inconveniencia de la teoría para el práctico puede deberse a *su* práctica, o bien a que el tipo de discurso "teórico" apreciado como inapropiado se presenta con lenguajes inadecuados. Pero es fácil de aceptar que las potencialidades de la teoría no se agotan en las necesidades del práctico para *su*

© Ediciones Morata, S. L

práctica y que el significado de la utilidad para la práctica no se puede limitar a la que dicte la evaluación de los prácticos. Recalcamos lo de *su* práctica porque esa no es una categoría ni universal ni inmutable, sino una consolidación de saber hacer particular entre otras posibilidades. Lo que llamamos práctica de un profesor puede cambiar con el tiempo; y los profesores varían bastante entre sí a veces. Desde otras prácticas diferentes a las habituales la percepción del problema puede cambiar.

Esta matización vale también para la evaluación de los programas de desarrollo del conocimiento o de la política científica que, al financiar el desenvolvimiento del pensamiento y la investigación, ponen de manifiesto criterios de lo que es *rentable* para la práctica del sistema a través de la confección de programas de investigación prioritarios y a través de la evaluación de proyectos. El poder político tiene legitimidad para decir qué es útil a sus prioridades, pero no posee el monopolio para definir la utilidad para la práctica, ni siquiera para sus prioridades, porque no debe poseer todo el poder para decidir cuál ha de ser la práctica educativa más conveniente.

De igual modo hay que evitar que el teórico, como si fuese un ilustrado poseído de la razón inapelable, imponga desde su oficio lo que es práctica adecuada y teoría útil. Ni su oficio ni sus pertrechos le toleran tamaña pretensión. La ciencia en la modernidad ha podido pecar de prepotente por considerarse la nueva teología, a partir de la cual sus servidores, los nuevos sacerdotes, dirán a los fieles cuál es el comportamiento correcto. En este trabajo nos vamos a ocupar de reducir a más modestas pretensiones ese anhelo desmesurado e improcedente de algunos teóricos y de ciertos cientificismos. Pero, lo mismo que el práctico puede evaluar la teoría que le resulta útil para su oficio, sin evaluar así toda la teoría y sus potencialidades, el teórico puede decir lo que cree que es útil e importante desde el suyo.

La vivencia del desajuste entre la teoría y la práctica y la aspiración a su más estrecha relación no es universal ni en el mundo de los que preferentemente se dedican a divulgar y producir conocimiento sobre la educación ni en el de los que desarrollan la práctica de la misma. Sólo quienes se cuestionan la distancia entre lo que es la realidad y lo que podría ser, quienes se preocupen y ocupen de cómo puede llegar a ser la realidad deseable, sólo quienes se dan cuenta a sí mismos y únicamente quienes dan cuenta a los demás de por qué ocurre lo que ocurre y las razones de lo que hacen, o por qué se debe hacer lo que conviene hacer, anclan sus inseguridades en el binomio problemático del conocimiento-acción, teoría-práctica, o como queramos llamarle. Se trata de un problema epistemológico que surge en quien se cuestiona la relación entre posibilidad y realidad.

Es muy común que, para el "práctico", el problema de la interacción teoría-práctica sea un interrogante recibido y sobrevenido como consecuencia de las influencias que sobre él provoca el "teórico", como suele ocurrir en las actividades de formación, por ejemplo, cuando los contenidos de ésta se perciben *distanciados* e *inadecuados* para las tareas profesionales a desarrollar. El problema teoría-práctica aparece como una incongruencia de la primera con las necesidades sentidas desde la segunda, que puede desembocar en la calificación de falta de *utilidad*. Una distancia que hasta puede evaluarse como una *deslegitimación* de lo que los profesores hacen, a partir del dominio desigual del discurso teórico sobre aquello que les ocupa, porque la relación y percepción recíproca entre "teóricos" y "prácticos" no se da al margen de unas determinadas desigualdades y relaciones de poder.

El reflejo antiteórico que muestran en alguna ocasión ciertos sectores del profesorado se asienta frecuentemente en apreciaciones como: distancia, incongruencia, incomprensión del lenguaje, inutilidad de la teoría para su práctica. Valoraciones que en algunos casos van ligadas a una especie de mecanismo de defensa ante lo que el práctico puede apreciar como deslegitimación personal. Son evaluaciones y actitudes en muchos casos fruto de las reacciones ante las pretensiones de "los teóricos", aunque no inherentes a la teoría misma. Quizá sean reflejos de la decepción ante una promesa incumplida. Así, lo que podría ser un ámbito prometedor pasa a ser un problema de recelo y de distanciamiento que lleva a juzgar peyorativamente la teoría desde la práctica, o a declararla como perteneciente a territorios no propios de los prácticos. En ocasiones no es del todo ajena a esta valoración una dicotomía del pensamiento vulgar que distingue entre estudio y trabajo, ligada a una elemental diferenciación de clases sociales que llega a clasificar a los intelectuales como aquellos que "no trabajan" (y están arriba), o como mínimo que viven fuera de la realidad, de la realidad de quienes así piensan, que son los que sí trabajan (y están abajo).

Esta visión del problema como un alejamiento, ha llevado a recomendar el acercamiento de lenguajes, a seleccionar temas adecuados, a trabajar juntos y a proponer el sometimiento del desarrollo de la investigación a las necesidades de la práctica.

Otra valoración frecuente que hacen los prácticos de la teoría tiene que ver con la apreciación de una cierta distancia entre lo ideal y lo posible, entre lo imaginario y lo real, entre lo utópico y lo realizable en situaciones concretas. La teoría y sus oficiantes son apreciados como desligados de las condiciones en las que se desarrolla la práctica, como si la práctica existente tuviese el poder de definir la práctica posible. En unos casos se ve a los teóricos como idealistas defensores de un orden ilusionante y deseable aunque irrealizable, en otros como visionarios ilusos, enajenados de la realidad que manda. El mundo abierto de lo posible y el mundo de la necesidad práctica parece como si estuviesen reñidos y desencontrados en la percepción de quienes operan desde unas determinadas coordenadas de trabajo. Para ciertos profesores, "teórico" es lo irrealizable, lo percibido como alejado de sus coordenadas de trabajo, tal como ellos las perciben, aunque en muchos casos no hay límites objetivos, sino percepción de limitaciones. Así, no sólo es "teoría" una determinada explicación de cómo funcionan los centros o las proyecciones del neoliberalismo en educación, por ejemplo, sino que, en casos extremos, también pueden adquirir la condición de "teóricas" la experiencia antiautoritaria de Neill en Summerhill y hasta la pedagogía de Freinet que contiene sugerencias prácticas bien precisas.

El problema aparece con otros contornos en otras situaciones. Es el caso de aquellos que, cuestionándose la realidad y su propia práctica, necesitan buscar asideros para adentrarse por territorios desconocidos, encontrar referencias en las que apoyarse o soluciones que aplicar. Quizá después de cierto caminar con y por la teoría descubran nuevos problemas además de los suyos, nuevas formas de verlos, aunque seguramente seguirán viviendo la falta de respuestas en la teoría para sus problemas, pero ya no dirán que su experiencia con la teoría no les ha servido de nada.

La vivencia de la relación teoría-práctica desde los cultivadores de la teoría plantea el problema desde otras perspectivas, a veces simétricas con las de los prácticos, a veces sin relación alguna. El problema forma parte de cómo considerar el conocimiento en sí mismo y en sus relaciones con la realidad. En nuestro caso, además, es fundamental la aspiración a la formalización y fundamentación de unos saberes dispersos que buscan entidad para sentirse poseídos de la legitimidad de proponer la directriz a la práctica educativa. El desajuste entre sistemas de pensamiento y acción práctica o realidad institucionalizada aparece como provocación y reto en el propio discurrir de la *práctica de pensar* y de la investigación, como conciencia de una identidad epistémica que sabe débil a la hora de proponer normas para la práctica.

Esta tensión epistémica, además de clarificar el valor del pensamiento, propicia el logro de una entidad en doble dirección. Por una parte, facilitando la delimitación de un territorio específico frente a la competencia de otros campos de saber vecinos, como es el caso de la psicología (mejor dicho, los psicólogos), que también aspira a dar normas para la práctica. Quienes creen entender la práctica educativa tienen más legitimidad para sentirse profesionalmente resguardados frente a intrusos. Por otra parte, se marca una diferencia de poder profesional, de *status*, sobre los profesionales "prácticos" de la educación, que ya viene dada por la división del trabajo. Investigadores, expertos, técnicos, asesores, psicopedagogos, especialistas, quedan ungidos del poder de regular la práctica de los profesores.

La teoría y su valor aplicado se aprecian desde distintas tradiciones filosóficas. En la acepción aristotélica, la *theoria* equivale a conocimiento desinteresado y contemplativo, la más alta expresión del saber sin fin práctico alguno (el pensamiento por el pensamiento), salvo lograr el placer que procura dedicarse a él, caracterizador del modo de vida por excelencia: la vida de contemplación que sólo era propia para las clases dominantes. Una valoración que, todavía en nuestros días, impregna algo el quehacer teórico dentro de la división del trabajo entre prácticos y teóricos.

Una de las perspectivas más influyentes ha sido tratada con rigor por la filosofía marxiana[1]. Para ésta, el conocimiento está estrechamente relacionado con la práctica o *praxis*. En la segunda de las tesis sobre Feuerbach, Marx propone que el problema de si al pensamiento humano se le puede atribuir o no la verdad objetiva no es un problema teórico, sino práctico, pues es en la práctica donde el hombre tiene que demostrar la verdad, es decir, la realidad y el poderío, la terrenalidad de su pensamiento. En la octava tesis insiste en que los misterios que descarrían la teoría hacia el misticismo encuentran su solución racional en la práctica humana y en la comprensión de ésta.

Althusser propone el concepto de *práctica teórica* como proceso de generación y de transformación del conocimiento, al modo como tienen lugar otros procesos productivos, con lo cual la misma distinción entre teoría y práctica se anula porque ambas forman parte y se generan en un mismo proceso.

En la filosofía gramsciana, el conocimiento constituye una base para el establecimiento de la hegemonía de unas clases sociales sobre otras. Quienes domi-

---

[1] MARX, C. (1975), *Tesis sobre Feuerbach*. En: MARX, C. y ENGELS, F., *Obras escogidas*. Tomo 2. Madrid. Akal. Págs. 426 y sgs.

© Ediciones Morata, S. L.

nan el conocimiento intervienen en las relaciones sociales, en hacer que un mundo determinado se acepte o se cambie. Es decir, que el dominio de la teoría no se puede desligar de las prácticas sociales. Algo en lo que también insiste la crítica foucaultiana que aprecia el conocimiento como algo que está enredado en las prácticas sociales, en las redes de las relaciones de poder que se extienden por las instituciones y en las relaciones humanas, formando parte de un tejido social-cognitivo en el que el conocimiento y la práctica hay que comprenderlos en sus dependencias mutuas.

La perspectiva de la teoría crítica —una derivación neomarxista— plantea que la práctica esconde intereses ocultos que obstaculizan la participación en condiciones de igualdad de los seres humanos, siendo misión del conocimiento descubrir esa situación de falseamiento. Ésta es una variante de la actitud ilustrada que asigna al conocimiento teórico la función de ser iluminador de las condiciones que producen la realidad, desenmascarador de las injusticias, de las relaciones de dominio y de desigualdad, de la alienación de las personas, de las limitaciones al desarrollo de las posibilidades de expansión de las potencialidades humanas. Estimulada y ayudada la toma de conciencia, los agentes de la práctica se desalienan y la emancipación hacia una realidad más justa puede comenzar su curso. Es la función nítidamente política de la teoría sobre la práctica ante la cual el teórico y el investigador cobran una responsabilidad clara.

Una derivación importante de esta actitud crítica es la de que, como consecuencia de mantener un compromiso moral y político con la práctica y la emancipación de los prácticos, se llega a apreciar la invalidez del conocimiento teórico disponible y se pretende rehacer éste a partir del supuesto de un más estrecho maridaje entre el pensamiento y la acción, tanto en los teóricos como en los prácticos (CARR, 1990, pág. 42). Con una consecuencia importante: la actitud crítica lleva consigo el germen de la reflexividad sobre sí misma que le hace consciente de su provisionalidad y limitación, lo que debe ser una garantía para que "ninguna reflexión" y ningún sistema de pensamiento caiga en la tentación de crear regímenes de verdad (GORE, 1996) sobre la realidad, sobre la ciencia o sobre la forma de entender su valor político, incluida la misma teoría crítica. Como dice MORIN (1984, pág. 92), conviene evitar la ilusión de que existe una conciencia política científicamente fundamentada para guiar la investigación.

Finalmente, desde la teoría se refleja en ocasiones la actitud epistemológica que sostiene que el quehacer de la ciencia es buscar las leyes generales que necesariamente tendrían que romper con la experiencia cotidiana o con lo particular que caracteriza a la práctica, pues mientras ésta se refiere a lo singular, a lo factual y a lo ideográfico, la teoría aspira a la generalidad de la explicación nomotética. La ciencia que quiere explicar la realidad con modelos generalizables tiene que superar, y a veces negar, la vida cotidiana. Desde la caracterización lógica y formal de la ciencia, la teoría se convierte en el conjunto de leyes, enunciados e hipótesis ordenados en conjuntos que explican un fenómeno o una parcela de la realidad, formando tipos de conocimientos agrupados en ciencias o disciplinas que constituyen la base de ocupaciones profesionales. Por extensión, denominamos como "teoría" a la sistematización organizada de conocimientos —*corpus* teórico— que componen un campo disciplinar determinado, sea considerado o no como ciencia.

Con la proyección de la racionalidad científico-técnica a la educación, la preocupación por un estatuto epistemológico ha pasado a ser afán de disponer de la legitimidad de intervención segura que tiene la ciencia en los desarrollos tecnológicos. La fundamentación científica de la intervención en la realidad social es una nueva forma de hacer aceptables determinadas formas de ver los problemas y de afrontarlos. El pensamiento y la investigación sobre la educación están sometidos en nuestra sociedad a la misma presión utilitarista y a la función legitimadora que recae sobre todos los demás conocimientos y saberes. No se concibe que un pensamiento pueda tener valor formativo *per se* si no es en relación a su posible aplicabilidad para conseguir algo. La ciencia como acervo aplicable a la técnica ha desbordado su campo natural, proponiéndose como ejemplo modélico a todos los demás saberes. Con lo cual se extrapola inadecuadamente una manera de entender la intervención en la práctica que tiene credibilidad. Como afirma HABERMAS (1984 y 1987a), la ciencia se ha convertido en una ideología en este sentido.

Desde todos estos enfoques ilustrados de la teoría se anima la presunción de encontrar en la razón la fuente directriz del progreso para la práctica, en beneficio de quienes la desarrollan (profesores), así como de quienes reciben sus efectos (estudiantes, familia y sociedad en general). Los poseedores del alto saber disponen de un bien que, cual semilla prometedora, hay que desparramar entre los que no comparten ni dominan ese bien. El racionalismo moderno tiene una raíz platónica que le conduce a preconizar la necesidad de someter la imperfección de la realidad y del mundo de lo opinable (la *doxa*) a los arquetipos perfectos representados por las ideas. Éstas son ideales (*idea* e *ideal* tienen la misma raíz) y sus poseedores pueden y deben guiar el mundo. La práctica reproduce el pasado y con él los lastres de las sinrazones, de los mitos, de las ataduras; la razón de la teoría puede iluminar las prácticas del pasado y del presente contribuyendo a atisbar un porvenir más prometedor. La teoría vertebra el discurso de las posibilidades abiertas y de lo que es bueno para el progreso. Los prácticos están inmersos en las limitaciones de lo real y, por tanto, en la reproducción de la realidad vigente. El conocimiento "científico", las elaboraciones teóricas, se insertan en la dinámica ilustradora de progreso, de evolución alumbradora de nuevas formas de organización y de orden más avanzadas, de compromiso con la realidad perfectible. El pensamiento educativo no tiene como función solamente explicar, sino también guiar la práctica.

"La ley, en el orden de lo político y en el del pensamiento, es lo propio de quienes creen que es posible cambiar el mundo, corregir las costumbres y los hombres."
(MAFFESOLI, 1993, pág. 50.)

Esta forma de "pensar la educación" entronca doblemente con la idea de progreso: educar sirve para mejorar, pensar la educación sirve al perfeccionamiento de tal mejora. Pensar sobre el pensamiento para tal mejora será, pues, un esfuerzo añadido en toda esa tendencia racionalizadora.

No se trata de una manifestación de poder arbitrario, aun sabiendo que el dominio del saber y la posesión de poder están muy estrechamente unidos, sino de una forma de entender la dirección de la educación como proyecto gobernado por las ideas y por los intelectuales que participan en la dirección de su contenido y su curso para bien de todos. A fin de cuentas, si no hay proyecto, ¿qué sería de la educación? Como partícipe de una superior racionalidad, el poseedor de la teoría se siente más legitimado para hablar, confeccionar, rellenar y pilotar ese proyecto ilustrando para los demás. No se impone, sino que su superioridad se

© Ediciones Morata, S. L.

mostrará en el diálogo. En este sentido, la ciencia ha constituido uno de los pilares básicos de la modernidad; su posesión ha dotado de legitimidad —poder razonable— a quienes han dispuesto de ella frente a los que no la poseían.

La actitud ilustrada teñida de la potencia que ha desarrollado el paradigma positivista, se ha apoyado en una idea de universalidad que debía abstraerse de la realidad concreta. La pugna entre estos supuestos y las necesidades de otro enfoque más comprensivo que acoja la realidad tal cual es vivida por sus actores marca una de las polémicas más esenciales en ciencias sociales y en la educación. La opción está en si las ciencias sociales tienen que ocuparse de cómo deviene la realidad, cómo se desarrolla la existencia humana, más que clasificar lo que ha devenido siguiendo los modelos de las ciencias duras y olvidándose de la experiencia, como dice MAFFESOLI (1993, pág. 31).

Ampliando más el significado de "lo teórico" al terreno de lo mental, el término teoría se aplica a las concepciones o explicaciones que los sujetos tienen de los fenómenos y realidades, conectando con los conceptos de creencia, pensamiento, conocimiento y saberes de los sujetos. Esta última acepción se aproxima a usos más populares de la *teoría*.

Son ejemplos de cómo, desde las concepciones sobre el saber, se derivan implicaciones para entender sus relaciones con la práctica, que evidentemente no podemos desarrollar en toda su extensión.

Desde estas perspectivas se configuran los enfoques y valoraciones más al uso acerca de la relación teoría-práctica desde quienes tienen como oficio el desarrollo y la difusión del pensamiento, la teoría o la investigación. Son actitudes que implican, como puede apreciarse, la presunción de que esa relación es potencialmente posible y hasta conveniente.

Desde la perspectiva del "teórico" también cabe encontrar otras actitudes no tan optimistas. Nos referimos a las posiciones que sostienen que ciencia y práctica son territorios separados, y no sólo profesionalmente. Los hay que consideran que puede darse alguna relación, pero que esa posibilidad requiere un esfuerzo adicional que tienen que desarrollar otros agentes mediadores (desarrollo de conocimiento aplicado a partir del conocimiento básico, por ejemplo); los hay convencidos de que son actividades que obedecen a lógicas diversificadas con escasos puntos de coincidencia; y los hay plenamente escépticos ante una posible conexión entre dos esferas paralelas del universo humano.

Vemos que hay formas distintas de entender y de afrontar la relación entre teoría y práctica, aunque sólo sea por la división del trabajo, comprobando que, dentro de cada categoría profesional, las percepciones son también variables. Si aceptamos que además de a teóricos y a prácticos, la *práctica* implica a otros agentes sociales, quiere decirse que el problema es complejo. Es preciso encontrar otro orden que encuentre sentido a ese desorden aparente y evidente.

1.2. Un eslogan ambicioso de significados confusos

Cuanto más ambiguo sea un concepto o una pretensión, puede despertar significados en tanta más gente, concitar y aunar tantas más esperanzas. De esa forma es asumido como instrumento compartido en el que, aparentemente, todos están de acuerdo, aunque cada cual le atribuya una acepción diferente. En vez de ser instrumento para comunicarse pasa a ser mito que aúna a todos los creyentes en el mismo. Con el principio de la relación teoría-práctica pasa algo parecido en educación.

Cuando alguien se pone a argumentar sobre la relación teoría-práctica en educación, cuando se evalúa la utilidad de la teoría para la práctica, cuando desde la práctica se critica a la teoría o cuando se dejan algunos deslumbrar por ésta, están operando tres difusas imágenes simultáneamente: una idea de lo que es la práctica, otra de qué es la teoría y sus potencialidades, y otra acerca de cuál es el tipo de relación que se espera o es posible entre ambas. Ninguna de estas tres imágenes es fija ni única. Nosotros acabamos de relatar algunas de las diferentes ópticas para plantear la relación, bien se perciba el problema desde los prácticos, desde la política o desde los investigadores. Un estudio de campo más minucioso nos daría versiones mucho más variadas de cómo entender una relación poco clara que además se aprecia como un problema. Es preciso bucear, pues, en los significados para avanzar en el entendimiento de algo complejo que se puede plantear con pretensiones diferentes. Da la sensación, como afirma CARR (1996, pág. 86), de que el significado de práctica educativa es tan rotundo que nos podríamos quedar tranquilos manejando el significado de sentido común como si no admitiese interpretaciones diversas. Bien al contrario, la práctica también adquiere contenido muy diferente según en qué contexto de significado nos movamos. En realidad, teoría y práctica en educación admiten manifestaciones muy diversas que adquieren sentido en contextos culturales determinados, como ha señalado MACDONALD (1996, pág. 176).

Acabamos de mencionar algunos de los marcos más usuales desde los que cobra sentido la *teoría*. Entre las acepciones más al uso del lenguaje común, e incluso del que se hace uso dentro de las profesiones que tienen que ver con la educación, *práctica* es otro término igualmente polisémico. Alude a lo que tiene una existencia real (la educación que realmente se practica). A veces la contraponemos a lo que es irreal o deseable; referimos ese término al ejercicio de una destreza, arte u oficio (la práctica de saber enseñar); al proceso de adquisición de la destreza (hacer prácticas); al dominio y al resultado de su ejercicio (decimos que el profesor tiene destreza práctica); al proceso de realización o contraste de un diseño previo o de un modelo (poner en práctica); a la condición de algo que resulta ventajoso para unos determinados propósitos (el método "x" es práctico); y se refiere también a la sencillez o facilidad con que se puede hacer algo.

En el marco del uso del lenguaje filosófico más riguroso (véase, VILLORO, 1996, págs. 250 y sgs.), la *práctica* desvela relaciones profundas con el saber, el poder, la acción individual y la acción social.

Desde la óptica aristotélica, *praxis* es la acción de realizar el bien, misión de la filosofía práctica, guiada por la prudencia que es la capacidad de deliberar bien y de juzgar de la manera conveniente sobre las cosas que pueden ser buenas y útiles para el hombre. La praxis, diferenciada de las artes que se dirigen a hacer cosas, está guiada por un saber, pero éste no pertenece ni a la ciencia ni al arte [2].

A partir del pensamiento ilustrado, las concepciones de la práctica comienzan a explicitar sus interacciones con la teoría y se establecen marcos de compren-

---

[2] ARISTÓTELES, *Ética Nicomáquea*. Libro sexto: "Teoría de las virtudes intelectuales". Capítulo IV.

© Ediciones Morata, S. L.

sión en los que los conceptos de *teoría* y de *práctica* entran en posibles juegos de interacciones dialécticas, como ya hemos visto. Diderot en la *Enciclopedia* planteó que todo arte tiene su especulación y su práctica, siendo difícil, por no decir imposible, plantear la práctica sin especulación y ésta sin práctica. La práctica se entiende como la actividad dirigida a fines conscientes, como acción transformadora de una realidad; como actividad social, históricamente condicionada, dirigida a la transformación del mundo; como la razón que funda nuestros saberes, el criterio para establecer su verdad; como la fuente de conocimientos verdaderos; el motivo de los procesos de justificación del conocimiento. La práctica pedagógica entendida como una *praxis* implica la dialéctica entre el conocimiento y la acción de cara a conseguir un fin, tendente a una transformación cuya capacidad de cambiar el mundo reside en la posibilidad de transformar a los otros (REPUSSEAU, 1972, pág. 35).

Si no es desde perspectivas determinadas que les den un sentido más preciso, *práctica* y *teoría* son, evidentemente, dos comodines del lenguaje cuya significación dispersa complica bastante la manera de entender la relación entre ambos. Su emparentamiento puede significar cosas y plantear retos distintos según la acepción que se tenga tanto de la práctica como de la teoría. Esta falta de precisión hace de la relación teoría-práctica un eslogan, una metáfora, una aspiración, un programa difuso, un arma arrojadiza para descalificarse entre unos y otros, para poner en cuestión o para afianzar una determinada división del trabajo.

El problema de la relación teoría-práctica no se puede resolver en educación a partir de un planteamiento en el que se conciba que la realidad —la práctica— es causada por la aplicación o la adopción de una teoría, de unos conocimientos o de los resultados de la investigación. Dicho de otra forma, no podemos instalarnos en un mundo en el que quepa la esperanza de que, una vez que dispongamos de un sistema teórico, podremos configurar la realidad globalmente de otra forma, que podremos gobernarla de acuerdo con las determinaciones que podamos deducir de ese sistema. La Razón no puede tanto y desde la crítica postmoderna no se acepta que valga ni deba ser tan valiosa. Tampoco estamos seguros de que la teoría válida sea la que se genera en los procesos de discusión o de investigación-acción entre los que están en la práctica. El sistema educativo, como complejo de personas que trabajan en él, que viven en él, que esperan de él, como entramado de relaciones personales, de relaciones con el mundo externo, con la realidad económica, social y cultural, como aparato institucional regido por una cultura propia y por regulaciones externas, no puede entenderse ni gobernarse apoyado en la creencia de que las teorías determinan y gobiernan la realidad. No cabe este tipo de idealismo, pero tampoco un determinismo en el que a las ideas no les quepa misión alguna en la configuración del mundo.

Si el optimismo idealista cupiera, sería como esperar que, a partir del cumplimiento de esa esperanza, se vaya a producir un cambio sustancial en la caracterización de la práctica educativa, en la forma de conducirla. La idea de sustentar una práctica en una teoría supondría toda una ruptura en la forma de entender la realidad, en las representaciones y expresiones concretas que adopta, respecto de lo que ha sido la práctica hasta el momento. Si tal planteamiento fuera posible, al menos la práctica tal como ha llegado a nosotros, la existente, habría que explicarla por otros esquemas, por la acción de otros mecanismos, por efecto de otras

© Ediciones Morata, S. L

determinaciones, puesto que es evidente que lo que hasta ahora conocemos como realidad es un resultado de la interacción de múltiples fuerzas y condicionamientos, pero no es el efecto de la aplicación de teorías científicas concretas o, al menos, no sólo ni fundamentalmente es el resultado de esa aplicación. La práctica tiene que ver con la proyección en ella de elementos teóricos, pero no se podría comprender si sólo apelamos a éstos.

Si, por el contrario, a las ideas no se les reservase papel alguno, la práctica quedaría a merced de la determinación de fuerzas sociales, económicas o culturales ajenas a los sujetos que serían productos, a su vez, de esas mismas fuerzas. Lo cual es contrario a la evidencia.

O'NEILL (1981) considera que buena parte de la confusión a que da lugar esa ilusión desmesurada en el poder del pensamiento en educación se debe a haber considerado básicamente la actividad educativa como propositiva, reducida a lo que es intencional en un momento dado, creyendo que la direccionalidad presupone una orientación explícita que proporcionan los razonamientos que la proyectan.

Nos da la impresión de que el binomio teoría-práctica es un problema que se inscribe en otro de significados más amplios. Define un espacio de interrogantes que no se pueden comprender sin desbordar el planteamiento más al uso. Hace falta un planteamiento más complejo: el de la relación entre conciencia, significado, conocimiento y mentalidad con la acción y con la tradición acumulada de *saber hacer* en educación o, dicho de otra manera, el de la relación entre componentes cognitivos de una cultura y comportamientos prácticos en la misma. Éste es el marco en el que queremos profundizar. Para ello requerimos y proponemos un camino: desbordar las significaciones más al uso de qué es *práctica*, qué es *teoría*, qué es *relación* entre ambas, en qué *contextos* se producen esas relaciones y qué *agentes* están implicados en ellas.

2. De la acción de los sujetos a las prácticas como cultura y contexto de las acciones en educación

Comprender lo que ocurre en educación puede ser objeto de una triple perspectiva. *Por un lado,* podemos tratar de esquematizar la constelación de factores, variables y aspectos que intervienen a la hora de explicar qué es lo que apreciamos que ocurre. Esa perspectiva seguramente quedará en un puro formalismo muy apreciado por los experimentalistas que aspiran a disponer del mapa de variables que se deben correlacionar para establecer las dependencias entre las mismas que sugieran una dinámica interna en la "caja negra" entre los aspectos cuyas dependencias recíprocas se estudian. Puede recurrirse, *desde una perspectiva genético-histórica,* a establecer las dependencias y transformaciones de los fenómenos a lo largo de procesos temporales complejos, dando cuenta de cómo perdura en el presente lo que permanece del pasado, o cómo y en función de qué han aparecido nuevos elementos hasta llegar al retrato provisional del presente. Podemos, finalmente, situarnos en el presente, escarbar en la dinámica de las acciones de las personas y de la acción social, centrándonos en el *qué nos mueve,* como punto de referencia para comprender la dinámica de los sujetos y de las instituciones que se desenvuelve en el teatro de operaciones que llamamos prácticas educativas. Desde aquí se nos abrirán otras ventanas que nos llevan a analizar realidades que tienen biografía e historia. Hemos elegido el análisis de las acciones básicas que llenan el mundo de las prácticas educativas como camino de penetración para entender lo *que acontece.* Partiremos, pues, de la acepción de *práctica educativa* como acción orientada, con sentido, donde el sujeto tiene un papel fundamental como agente, aunque insertado en la estructura social. En el despliegue de este guión se nos mostrará la continuidad entre lo individual y lo social o institucional, entre el sujeto y la cultura, entre el conocimiento y la práctica.

El análisis de la acción tiene una gran virtualidad para nosotros. Por un lado se nos muestra como unidad de análisis apropiada al hecho de que la educación en su sentido más genuino es acción de personas, entre personas y sobre personas. Lo que acontece en el mundo educativo tiene mucho que ver con los agentes que dan vida con sus acciones a las prácticas sociales que acontecen en los sistemas educativos y en torno a los mismos. No se trata de negar el poder de las estructuras creadas, previas a la existencia de los agentes concretos que nacen en ellas, sino de resaltar el valor de las acciones y el papel de los sujetos para entender la educación y su posible cambio. Una posición ésta que introduce cierto optimismo social y pedagógico.

> "Sólo los individuos actúan, y no así las instituciones sociales y otras estructuras colectivas semejantes." (GINER, 1997, pág. 62.)

De otra parte, la acción es también unidad de análisis apropiada para comprender la prolongación y el enlace de la iniciativa subjetiva con la acción social que también es la educación, en la medida en que en ésta están implicados proyectos sociales dirigidos, creencias colectivas y marcos institucionalizados. Se niega así tanto un estructuralismo determinista como el voluntarismo idealista ingenuo. El significado más inmediato de *práctica educativa* se refiere a la actividad que desarrollan los agentes personales ocupando y dando contenido a la experiencia de enseñar y de educar.

Finalmente, consideramos que, para entender mejor la relación teoría-práctica, es conveniente detenerse en el estudio de la *acción humana,* en la que pueden apreciarse los componentes básicos que serán los pivotes para entender prácticas que, aunque sigan manteniendo una dependencia directa de quienes están implicados en su desarrollo, adquieren sin embargo un carácter social y cultural que desborda a los individuos concretos que las practican.

Existe, no obstante, comunicación de conocimiento y moldeamiento de la personalidad del niño, del joven o del adulto sin actuaciones expresas del profesor, sin los padres u otros agentes personales. Ciñendo nuestro argumento a la educación institucionalizada, se puede decir que incluso tampoco todo el tiempo de la escolarización se llena de actividades de interacción entre profesores y estudiantes; o que el oficio de docente incorpora actividades diversas entre las que son fundamentales las relacionadas con los alumnos y, recíprocamente, no toda la actividad de los alumnos consiste en interactuar con los profesores. La "práctica" que se desarrolla en los centros escolares es amplia en cometidos, así como el oficio de profesor es complejo, comprendiendo otras actividades además de desarrollar acciones de enseñar en sentido estricto. Es decir, no toda la práctica de los profesores la ocupan las actividades de enseñanza, ni todo en la enseñanza necesita de profesores.

Pero resulta evidente que el sentido más genuino de la educación se ocupa con las acciones de los docentes que tienen como destinatarios directos a los estudiantes, y que esa forma de realizar la educación ha sido fundamental en la generación histórica de los usos prácticos que componen la tradición de la pedagogía, expresando la forma más genuinamente humana de comunicar a otros las elaboraciones de la cultura.

El término acción es difuso y resulta, en rigor, imposible de definir porque la acción solamente puede señalarse y describirse, pues todo aquello por lo que podría definirse encierra ya en sí el sentido de ser acción; cualquier verbo que utilizásemos para hacerlo encierra una actividad. El definir es ya una acción. Como dice FERRATER MORA (1979), la utilización del término *acción* es poco recomendable fuera de un contexto determinado en el que cobra sentido. La acción pone de manifiesto alguna potencialidad o facultad de la que disponemos y a través de la cual se expresa. Actuar, para ARENDT (1993, pág. 201), es tomar la iniciativa, comenzar, conducir, gobernar, poner algo en movimiento, dar lugar a que algo nuevo comience. Para FOULQUIÉ (1962) la acción consiste en ejercer facultades, emplear una fuerza capaz de producir cierto efecto, poner en ejecución, pasar del proyecto a la realización. A través de la acción se interfiere consciente y voluntariamente en el decurso normal de las cosas condicionando su transcurrir, como afirma MOSTERÍN (1987, pág. 142). La acción tiene un significado de actividad presente en *proceso* de desarrollo, aunque se podría juzgar lo que fue una acción y sus *resultados* o efectos. Es, pues, proceso y resultado del hacer.

2.1. La acción educativa es propia de seres humanos y éstos se expresan en ella

> "La acción sin un nombre, un 'quién' ligado a ella, carece de significado, mientras que una obra de arte retiene su relevancia conozcamos o no el nombre del artista."
> (ARENDT, 1995, pág. 104.)

Una condición esencial de la acción es la de que siempre es personal y definitoria de la condición humana: va ligada a un yo que se proyecta y que se expresa a través de ella al educar. El ser humano tiene una condición fundamental, decía ARISTÓTELES (*Ética Nicomáquea*): el ser es la causa de su comportamiento, el principio y la génesis de sus acciones. En esa condición está la base de su responsabilidad. La acción apela al sujeto en su totalidad y sin éste no se puede entender el mundo personal y social creado y en proceso de creación. A su vez, puede decirse que el actuar es condición del ser humano. Una vida sin acción ha dejado de ser vida humana, dice ARENDT (1993). Autora para quien sólo las acciones son actividades que se dan en los hombres sin la mediación de las cosas o de la materia, revelándose en ellas la pluralidad humana y la idiosincrasia de cada cual. Así, pues, todo lo que en educación se relacione con las acciones humanas llevará el sello de la *expresividad* de la persona que actúa, es decir, su sello. Actuamos de acuerdo a como somos y en lo que hacemos se nos puede identificar como lo que somos.

Las acciones no sólo expresan la singularidad del yo, gracias a lo cual podemos esperar lo inesperado e imprevisible, sino que a través de ellas cada uno construye la propia diferencia respecto de los demás y se convierte en singular actor de su propia vida. La acción es expresión de la persona y ésta será construida por sus actos. El profesor actúa como persona y sus acciones profesionales también le constituyen a él. Éste es un rasgo definitorio para pensar las acciones como productos y procesos que corresponden a personas singulares. Detrás de la acción está el cuerpo, la inteligencia, los sentimientos, las aspiraciones, los modos de entender el mundo, etc. Todo esto se proyecta en lo que cada uno emprende, construyendo la biografía del agente. Respondemos a las situaciones y emprendemos caminos con toda nuestra personalidad, con los afectos, creencias, expectativas. Como tal ser humano que se expresa en las acciones que emprende, construyéndose a la vez, se interviene racionalmente para transformar el mundo. La acción pedagógica no puede ser analizada sólo desde el punto de vista instrumental, sin ver las implicaciones del sujeto —profesor— y las consecuencias que tiene para su subjetividad que intervendrá y se expresará en acciones siguientes.

El agente pedagógico que es el profesor, cuando ejerce como tal, es un ser humano que actúa y ese papel no puede entenderse al margen de la condición humana, por muy tecnificado que se quiera sea ese oficio. A través de las acciones que realizan en educación, los profesores se manifiestan y transforman el mundo de lo que acontece. Este principio lo tiene muy bien asimilado el sentido común, pero no ha sido contemplado adecuadamente por los planteamientos cientificistas.

El carácter personal de la acción no evita tener que comprenderla también en relación con las acciones de otros seres humanos en un triple sentido, evitando los peligros de un individualismo aislado de todo. a) Por un lado, la acción se da en interacción con otros. Es social porque se da en una conjunción de actividades correspondientes a varios sujetos que son al mismo tiempo agentes y pacientes que se influyen mutuamente. Es decir, que la acción de un agente sobre otro ser humano no es independiente de aquél sobre quien se actúe. Las implicaciones psicosociales de las acciones nos señalan que existe todo un ámbito de cultura intersubjetiva que es fruto y contexto de las iniciativas de los sujetos. b) En otro sentido, en tanto los seres humanos comparten entre sí propiedades que asemejan a unos individuos con otros y que los diferencian de otros grupos, o en tanto se ejercen acciones con propósitos parecidos, podemos entender determinadas acciones como propias de ciertos colectivos, según género, edad, etnia, grupo social o profesional, etc. Así pues, aunque las acciones sean radicalmente singulares, puede hablarse de estilos de actuar compartidos, como es el caso de los seres humanos que desarrollan la educación. c) Finalmente, podemos entender la acción como empresa colectiva, como movimiento social que aúna las voluntades de los individuos que componen una sociedad o un grupo social emprendiendo un movimiento o acción conjuntada. Así pues, la acción es expresión del sujeto que la emprende desde una cierta cultura subjetiva que se imbrica en las redes de la cultura intersubjetiva o intersómica, como diría BUENO (1996). En la educación las acciones son, pues, reflejo de la singularidad de quienes las realizan —llevan su sello—, se entrelazan con otras acciones en un entramado de relaciones, constituyen un estilo de actuar propio de quienes se dedican a educar y conforman un proyecto colectivo que suma esfuerzos particulares en el que cabe distinguir, porque nunca se borran, las singularidades individuales. Lo social no anula lo idiosincrásico y esta característica enriquece a lo social.

Esta consideración radical de partida nos recuerda que, en lo que la educación tiene de fenómeno específicamente humano, las acciones educativas son acciones emprendidas por seres humanos sobre o con seres humanos y, al margen de lo que son unos y otros, no se pueden entender los procesos que constituyen sus actividades. La educación se tiñe inexorablemente de la condición humana, se aprovecha de ella, afecta a la misma, es constituida por ella. Paralelamente se puede argumentar que los profesores se expresan como personas en sus acciones, se muestran como sujetos, y gracias a esas mismas acciones se van constituyendo como docentes. La implicación personal en la acción educativa es una característica de la práctica con las posibilidades y riesgos que de ahí se derivan. Éstas son afirmaciones elementales que tienen decisivas consecuencias a la hora de desentrañar y caracterizar la condición de la práctica educativa. Nos avisan de la imposibilidad de entender la acción educativa entre personas de otra manera que no sea contemplando a los sujetos que participan en ella, previniéndonos contra la simplificación del cientificismo y de la obsesión tecnológica derivada de él que, en ocasiones, ha pretendido descarnar la actividad educativa de las condiciones personales de sus agentes y de sus destinatarios. No otra cosa quiere significar la creencia de que la calidad de la educación es indisociable de la calidad humana de los docentes, aunque después tengamos que reconocer la dificultad, por no decir imposibilidad, de controlar las cualidades en que se podría concretar.

Es ese carácter personal de la acción educativa el que impone condiciones al conocimiento sobre la educación, a la esperanza de que en su dominio se pueda obtener un cierto control, y es también lo que condiciona los métodos para alcanzar dicho saber. En educación no podemos hablar de conductas cuya objetividad pueda ser observada al margen de los actores que las desarrollan, porque en rigor no se trata de conductas que responden a estímulos, sino de acciones de sujetos con biografía e historia personal y colectiva, aspectos que no se hacen evidentes en la apreciación "objetiva" desde el exterior.

Desde el propósito que nos guía, de estos argumentos se puede ya deducir que, cualquiera que sea la forma de entender la relación entre conocimiento y acción, aquélla no podrá comprenderse sin la mediación del sujeto. Cualquier forma de saber debe entenderse como una cualidad constitutiva del agente que actúa, contribuyendo a construir las acciones. El conocimiento incide en la acción en tanto que atributo del profesor que es el que conoce; no actúa por sí sólo en una relación con la acción al margen de la persona.

Claro está que, como ya advertimos, no todo lo que interviene en educación se refiere a acciones humanas presentes. Nos ocupamos también de elementos organizativos, de tendencias sociales, de contextos, de elaboraciones de conocimiento que transmitir y de muchas otras cosas más que encuadran, dan contenido y condicionan la acción, pero ésta sigue siendo elemento central y espina dorsal de la empresa educativa porque hace alusión al proceso mismo de ésta.

© Ediciones Morata, S. L.

2.2. Los motivos personales y sociales compartidos dan sentido a la educación

> "Todas las artes, todas las indagaciones metódicas del espíritu, lo mismo que todos nuestros actos y todas nuestras determinaciones morales tienen, al parecer, siempre por mira algún bien que deseamos conseguir, y por esta razón ha sido exactamente definido el bien cuando se ha dicho que es el objeto de todas nuestras aspiraciones." (ARISTÓTELES, *Ética Nicomáquea*. Libro I. Capítulo I.)

Desde Aristóteles se estipula que la especificidad de la naturaleza humana reside en que los seres humanos tienen propósitos y fines. Para él sólo el comportamiento voluntario con intenciones merece propiamente el nombre de acción. Es inherente a ésta la intención, el estar guiada por el interés de conseguir algo, satisfacer determinadas necesidades, ser guiada por emociones. Nos mueve la razón de cumplir deseos que deben ser razonables. Las acciones conscientes sirven a la realización de deseos, de finalidades, de objetivos, intereses, de motivaciones que nos mueven a obrar, de la *voluntad*. La acción es aquello, de entre todo lo que ocurre, que aparece respaldado por una intención, lo que introduce un cambio esencial cualitativo en la esfera de lo real ocupada por el hombre (CRUZ, 1995, pág. 41).

> "Para que algo pueda optar al rango de acción se requiere un alguien que pudiera decidir o proponerse dicho algo (la intención)." (CRUZ, 1995, pág. 50.)

El hecho de que una acción contribuya a la consecución en un momento determinado de un fin es lo que le dota de sentido para el agente (MOSTERÍN, 1987, pág. 44). Ese sentido es fuerza motriz de nuestros actos.

La intencionalidad es condición necesaria de la acción y comprender ese elemento dinámico y motor es fundamental para cualquier educador, especialmente en un contexto de valores desvaídos y de rutinas establecidas ante retos importantes que demandan respuestas comprometidas. Hasta tal punto es decisivo el papel de la intención en la acción que, para entender qué es cualquiera de ellas, más que indagar por las causas, lo que necesitamos es interpretar la intención o propósito del agente. Al movernos en este marco, desde luego quedan excluidas las acciones mecánicas e involuntarias que, a los efectos que aquí nos ocupan, no tienen la categoría de ser plenamente humanas.

Sin apelar al significado de las acciones no se comprende *quién* es el agente de las mismas ni se entiende lo que hacemos. La acción tiene un significado para quien actúa y, sin considerarlo, no podemos explicarla desde fuera. El sentido que tienen las acciones para el agente dota de forma a su vida y nos constituye como personas, hasta tal punto que reconocemos que tenemos una identidad por lo que creemos que nos lleva a actuar (LANGFORD, 1989, pág. 25). Nos percibimos y a veces nos comprendemos diferentes a los demás en tanto consideramos que nos mueven a obrar unos motivos determinados y no otros. Distinguimos también a unas personas de otras por lo que consideramos que les mueve.

Una segunda proyección de la comprensión de la acción para la educación proviene, pues, de su entendimiento como algo dotado de sentido, significado y valor; algo que se emprende por alguna razón, que tiene un fin. El sentido de la educación es esencial al hecho de que tenga un propósito, en tanto que es guiada por un proyecto explícito. Las acciones que se emprenden en educación, bien sean individuales o colectivas, no se podrían entender si no consideramos a qué conducen, *para qué* se realizan. A fin de cuentas, la educación no es algo espontáneo en la naturaleza, no es mero aprendizaje natural que se nutre de los materiales culturales que nos rodean, sino una invención dirigida, una construcción humana que tiene un sentido y que lleva consigo una selección de posibilidades, de contenidos, de caminos. Del mismo modo, los sistemas educativos no son frutos espontáneos de la historia, sino el resultado de respuestas dirigidas a ciertos propósitos. La práctica que se desarrolla en ellos tiene, pues, un sentido.

La claridad en este aspecto es importante a efectos de que la educación pueda cobrar más coherencia, se vertebren en torno a las finalidades del proyecto global las voluntades individuales y puedan seleccionarse las estrategias más adecuadas para lograr las metas deseadas. Además de tratar de entender el sentido de la educación en general y las funciones que cumple el sistema educativo, hemos de atender primeramente al sentido de las acciones individuales que enlazan o pueden ser conflictivas con aquellas otras metas que dan significado al proyecto general. La articulación de esos dos planos del significado es fundamental para entender los procesos de acoplamiento y de incongruencia entre las metas formales y los motivos personales de los agentes, responsables fundamentales del funcionamiento real de la práctica y de muchas de las funciones latentes del sistema escolar.

Aclarar el sentido de la acción humana, y la educativa en particular, es una cuestión compleja. Al tratar de dilucidar lo que nos mueve aparecen conectados conceptos de difícil delimitación que penetran en un mundo poco sistematizado y que son utilizados de diferente forma en distintas disciplinas: *propósitos, intenciones, intereses, motivos, fines, necesidades, pasiones* que gravitan sobre el agente o sujeto que desarrolla acciones. Como dice GINER (1997, pág. 53) no teniendo mejor alternativa, los necesitamos sin poder deshacernos de ellos.

Esa borrosidad está acompañada de otras dificultades. *En primer lugar,* está la variedad de razones que nos mueven a actuar a cada uno y las diferencias entre seres humanos. Apelar a los sujetos implica encontrar una cuasi infinita variedad en cualquiera de sus dimensiones. Una variedad que se verá sometida a un orden. Las acciones, según WEBER[3], se guían por fines que pueden pertenecer a tres tipos: *intereses personales* (entonces se trata de metas utilitaristas), *valores* o exigencias de ideales (metas valorativas) o *pasiones* y deseos (angustia, celos, etc.; entonces son metas afectivas). En educación es razonable querer moverse por las metas valorativas, pero será normal que cada profesor actúe también por las de primer y tercer tipo. Es la tensión entre el plano normativo (impuesto y asumido, o autoimpuesto como línea de conducta) y el plano de la dinámica más dependiente de condiciones de la personalidad. La imbricación de esos dos planos es esencial para entender las manifestaciones de la profesionalidad docente. De forma paralela, las acciones sociales pueden obedecer a comunidades de intereses o a acuerdos normativos.

En segundo lugar, está el problema que se refiere al grado de conciencia que tenemos sobre ese fondo que nos mueve, la accesibilidad que tiene para el agen-

---

[3] Citado por HABERMAS (1997, pág. 382).

© Ediciones Morata, S. L.

te, lo cual marca fronteras para su posible racionalización y depuración. Nos mueven motivos que satisfacen necesidades personales y otros asumidos de la cultura y de las normas sociales y de las instituciones que no son conscientes para todos y cada uno de nosotros y en todo momento. Una vía de racionalizar la acción para cada uno de nosotros será la de ir ganando consciencia sobre ese componente implícito que nos mueve.

En tercer lugar existe el problema de las incoherencias y de los conflictos entre las pulsiones que anidan en nosotros y en la cultura: deseos, intereses e intenciones no son siempre congruentes. Todos los términos que aluden a la fuerza que desencadena el actuar permiten penetrar en un mundo no siempre coherente que descubre las contradicciones que los seres humanos tienen en su obrar y que configuran los conflictos internos que están en el origen de sus acciones. La coherencia es una cualidad del modelo de personalidad racional moderna no siempre reflejada en la imagen real que proyectamos en el mundo.

No por complejos, inaprensibles y hasta conflictivos que puedan resultar, debemos abandonar estos conceptos que de forma tal vez imprecisa nos acercan al sentido de la acción, que es esencial a la condición de la acción. Tampoco todo este mundo dinámico es complejidad, conflicto y contradicciones. Tiende a un orden. Los propósitos, motivos y deseos no sólo nos sirven para explicar las acciones puntuales, sino que, en tanto sean estructuras que constituyen orientaciones generales estables, dan coherencia a la vida de las personas, proporcionando el sentido de la propia identidad como estructuras estabilizadas a través del tiempo. Dentro, pues, del componente dinámico o energético de la acción cabe hablar de *esquemas* afectivos que la orientan y le dan cierta estabilidad, del mismo modo que ocurre con el componente cognitivo, como veremos. La permanencia de orientaciones sostenidas de manera continuada en el actuar generan y afianzan estilos de acometer las acciones en situaciones semejantes y nos ayudan a entender diferencias entre las personas a las que individualizamos también por sus pautas de *querer actuar* de una forma determinada. Esos esquemas y orientaciones generales en educación permanecen como la fuerza que diferencia formas de hacer caracterizadas por sus intenciones (referidas a profesores, métodos, centros y modelos de hacer enseñanza). Nos singularizamos, nos parecemos y nos diferenciamos de otros de forma estable también por las motivaciones, por las intenciones, además de por rasgos físicos o por las estructuras mentales. La constancia asumida de esos esquemas evita hacer explícita consideración razonada de las intenciones de cada acto particular dentro de una categoría de acciones, al tiempo que se convierten en rutinarios respecto al proceso que siguen. Como no es preciso inventarlas de nuevo cada vez que se emprende una acción parecida a otra anterior, tampoco hay que explicitar sus intenciones, afianzándose con ello el sentido de nuestro obrar, que queda ocultado hasta el punto de que puede perderse para el agente.

Asomarnos al componente energético que desencadena y sostiene la acción es otra forma de penetrar en la predictibilidad de lo que puede ocurrir en la práctica educativa, muy diferente a la que ha tratado de defender la ciencia moderna. Saber sobre los motivos es conocer algo de lo que puede ocurrir y, en este sentido, el componente dinámico que impulsa la acción es un elemento ligado a las prácticas que se realizarán. Si los significados dan sentido a las acciones, quiere decirse que en cierto modo los motivos permiten explicar racionalmente las acciones, aunque no se trate de explicaciones causales. Si, como propone MacIntyre (Citado por Cruz, 1995, pág. 67), lo que alguien puede querer hacer depende de la predicción que hace acerca de las posibilidades de lograrlo, entonces la intención se liga a la predicción, y el orden de lo causal se hallaría inscrito en la esencia de las acciones humanas. Lo que se intenta hacer racionalmente implica una representación mental anticipada de las posibilidades de conseguirlo antes de emprender la acción, si ésta tiene algún grado de realismo. Y a la intención u objetivo como expresión de la misma, en tanto es aceptado como fuerza de intención, se le puede conceder alguna capacidad predictiva de lo que ocurrirá.

Claro está, los motivos, los valores, las intenciones no pueden explicarnos por sí solos las acciones porque no las determinan en el sentido de causarlas o de desencadenarlas; aunque sí nos las hacen más inteligibles. La razón que da el motivo o la intención para actuar es débil, pero es una razón; es la razón reconocida por el agente como tal, y por la que se considera responsable. Los motivos y los deseos tienen fuerza para nosotros; aunque no nos fuerzan, son convincentes. Para que el motivo alcance poder desencadenante de la acción y que ésta arranque, hace falta que provoque el *querer* hacerla, hay que experimentar el *deseo* de llevarla a cabo, hay que tener *ganas* de realizarla, *anhelarla*, hacer de ella una *necesidad*,

No basta con tener motivos o buenas razones, hay que querer hacerlo. Es la voluntad la que transforma el deseo en una intención, en un proyecto, en una determinación de obrar, como afirma Arendt (1984, pág. 95). La razón nos ilumina, pero como ya vio Aristóteles, en contra de la posición platónica, por sí sola puede no mover nada. En todo caso es persuasiva, no determinante. Hay que comprender lo que desencadena y mantiene el movimiento, y éste resulta del juego combinado de deseo y razón. El mundo de la acción pertenece a la razón práctica distinta de la razón especulativa. La primera se rige por la sabiduría que da la *phronesis* para captar lo que es acertado para conseguir nuestros propósitos. Razón y deseos quedan mediatizados por la elección deliberada.

Estos planteamientos nos dan pie a introducir una proposición sustancial en el binomio teoría-práctica en educación. Tratándose de acciones humanas se necesita este otro tercer punto de referencia (el motivo para obrar) para explicar la realidad porque se mezcla con el conocimiento que manejamos en las situaciones en las que actuamos y tiene que ver también con el saber hacer en el que se concretan las acciones de la enseñanza o de la educación. La acción no se deriva de la razón aséptica, de la racionalidad objetiva en abstracto ni de los conocimientos del sujeto, sino de las razones del agente y en éstas se mezclan creencias o motivaciones.

La acción de los sujetos es resultado, como dice Elster (Gómez, 1997, página 319), de dos filtros: el de las restricciones físicas, económicas, sociales, legales y psicológicas que afectan a los sujetos, y el de los mecanismos internos de la elección y decisión, es decir, sus creencias y sus motivos. Estas sencillas proposiciones son primordiales y fundamentales para entender el mundo de la acción y de la práctica. Lo que sentimos como valioso, y por eso lo queremos, explica la acción, matiza el valor de las creencias y hasta puede modificar el pensamiento. Nuestros motivos tienen apoyos cognitivos y nuestras creencias tienen apoyos afectivos. Querer y saber son funciones entrelazadas de las personas. A veces pensamos de acuerdo con nuestros deseos; a veces pensamos de acuerdo con nuestros motivos e intereses, evitando disonancias entre ambos aspectos. La inteligencia puede dar coherencia a los deseos, discernir sobre las consecuencias de que desencadenen determinadas acciones y estructurar éstas hacia metas de largo plazo. Como nos propone MARINA (1996, pág. 112), es la inteligencia la que prolonga los deseos en proyectos que nos seducen desde lejos y dirigen la acción. Hay formas de pensar que tienen explicación o al menos coinciden con ciertas maneras de sentir y de querer, y viceversa: una orientación en los valores asumidos que conformen nuestros deseos encarrila formas de pensar y de conocer.

El valor que damos a lo que hacemos es un componente *dinámico* que explica la acción porque la orienta, la dota de intencionalidad y la desencadena. Lo que nos lanza hacia el futuro es la *voluntad,* el órgano mental que nos mueve, bien eligiendo entre alternativas, bien iniciando cursos de acción. En esta segunda acepción, la voluntad que nos mueve, nos introduce en el mundo de lo posible por lograr, fuera de la realidad vigente en el presente. La idea de que el futuro no es algo que inexorablemente se nos aproxima como destino y fatalidad, sino que es camino a trazar y que podemos elegir, es una característica esencial de la idea moderna de progreso (ARENDT, 1984, pág. 430) que se hace ostensible a partir de la Revolución Francesa: la realidad podía ser construida. El tiempo ya no será cíclico, sino rectilíneo o en espiral, pero siempre en desarrollo. La idea de Humanidad y de progreso rellenaron las esperanzas del cambio apoyadas en el optimismo de la voluntad de hacer y de crear.

La voluntad es el órgano mental para el futuro, para iniciar algo nuevo, dice ARENDT (1984, pág. 281), y en ese sentido forma parte de la concepción esperanzada de la modernidad como lo fue también la razón. Al no asumir el destino o la predestinación, lo que ocurra no está escrito y dependerá de lo que queramos, de la representación que hagamos de lo posible y de lo deseable, negando lo que vemos como ya dado. Podemos elegir movernos en direcciones determinadas. Ni la historia ni nuestra biografía han terminado mientras podamos aspirar a otras situaciones y nos movamos coherentemente en la dirección adecuada. Desde luego, querer hacer algo no significa poder hacerlo, pues hay que analizar la particularidad de la situación en la que se ha de actuar y tener un diagnóstico adecuado de nuestras posibilidades y de la situación. De ahí que en el mundo de lo "pretendido", como es la educación guiada por proyectos y utopías, no haya seguridades ni normas universales. El yo que quiere, como dice ARENDT (1984, página 292), mirando hacia adelante, trae cosas a nuestro poder cuya cumplimentación no es segura, aunque, sin esa voluntad de ir más allá, el mundo no se movería, el mañana sería lo mismo que el hoy.

En educación este planteamiento es de una fuerza fundamental para mantener el optimismo pedagógico, superando el determinismo estructural, el fatalismo que anida en las creencias populares, para contrarrestar derivaciones interesadas de un cierto biologicismo innatista que reverdece o para combatir cualquier pensamiento único que inexorablemente profetice el curso de la historia. Es un asidero para la esperanza porque nos introduce en el reino de lo que es proyectado. En todo proyecto de cambio social, en toda pretensión de mejorar a los individuos, aparece la apelación a la educación. Una esperanza que es también un acicate para la responsabilidad.

© Ediciones Morata, S. L

2.2.1. La cientificidad ha expulsado el sentido

Desde SAN AGUSTÍN ("Si quieres conocer a una persona, no le preguntes lo que piensa, sino lo que ama") hasta BOURDIEU (1988a) se resaltan, como esencial a la condición humana y a las relaciones sociales, los gustos que nos satisfacen y que buscamos. Las formas de preferir nos unen y nos separan e individualizan (ORTEGA Y GASSET, 1995, pág. 143). El análisis de esta faceta es fundamental para entender a las personas y para comprender los lazos que las unen y los desencuentros que las separan. En educación esta dimensión resulta esencial porque, tratándose de realizar acciones que pueden tener orientaciones diversas y pueden servir a proyectos distintos, lo esencial no es preguntarse "cómo hacer", sino "qué hacer" entre lo que es posible y deseable hacer; es decir, antes de poner en marcha una práctica hay que plantearse por qué queremos realizar "una" determinada y no otra.

El dominio académico del positivismo y su proyección en las tradiciones del conductismo, primero, y del cognitivismo, después, han barrido toda la tradición de entendimiento de las formas y el papel de las pulsiones afectivas en la explicación de prácticas sociales como la educación. No podemos dejar de recordar aquí la mutilación de toda la tradición del psicoanálisis empleada en descubrir el fondo básico y elemental de la energía de las pulsiones del hombre, de los educandos y de los profesores (FOLLARI, 1997). Aunque la práctica educativa sigue dominada por aquella explicación freudiana de que la cultura implica represión y sublimación como exigencia, el fondo de las pulsiones inconscientes ha desaparecido en el tratamiento de la educación. La crítica antirrepresiva a la que contribuyó el pensamiento psicoanalítico carece de interés para una sociedad con mecanismos más dulces de domesticación y con la fuerza del mercado del empleo como excusa para aliviar males pasajeros hacia el paraíso prometido.

Sin contemplar la determinación energética de las acciones en educación no se puede comprender a los profesores, a los estilos educativos y a los sistemas escolares. La dificultad de la inobservabilidad del significado de la acción es la razón por la que la psicología científica prefirió hablar de conducta y no de acción. La conducta puede tener su origen en una reacción a estímulos externos, la acción es necesariamente propositiva. El objetivismo de una ciencia de la educación servil con esos supuestos niega la educación misma, que tiene la condición de tal en tanto es dirigida por intenciones, por proyectos y por utopías. Si HERBART concibió la cientificidad de la pedagogía ligada a la dependencia de la psicología y de la ética, el monopolio que ejerció una forma de entender lo científico en la primera llevó a olvidar la importancia de la segunda.

BRUNER (1991, pág. 26) ha llamado la atención sobre el hecho de que la psicología ha sido y es muy cautelosa ante la "agentividad" de la acción, con lo que está bajo el dominio de las intenciones y no pertenece en sentido estricto a la dinámica de esquemas cognitivos. Una prevención que se produce incluso en plena ola cognitivista, a pesar de la receptividad de ésta hacia los planteamientos que explican la conducta como algo tendente al logro de metas. La acción basada en creencias, deseos y compromisos morales —continua diciendo BRUNER— es algo que para muchos hay que relegar. La psicología ha explorado numerosas vías para explicar el componente "energético" de la conducta humana, pero no le ha sido fácil trasladar el concepto de energía de la física a la explicación del comportamiento humano (KELLY, 1966, pág. 55). El entendimiento se concibió como la cualidad esencial del hombre.

La visión moderna de la personalidad y del yo ha comprendido a ambos como orientados básicamente por la racionalidad de las creencias, por las ideas depuradas, olvidando el componente dinámico que acentuó el romanticismo y que recuperó la psicología profunda. Una negación que se hacía en nombre del combate contra la irracionalidad y de los métodos que aborrecieron lo que no fuese observable. La personalidad moderna, a imagen de la máquina, se entendió como si fuese un mecanismo congruentemente orientado que mantiene estable su curso de acción para conseguir resultados racionalmente orientados.

Esa misma racionalidad traspuesta a las instituciones ignoraba cualquier elemento disruptivo en el desarrollo de una acción coherente y racionalmente dirigida que sintetizaron las teorías de las organizaciones dirigidas por el modelo burocrático.

La modernidad confió en la racionalidad más que en el impulso y que en la pasión de las personas. La postmodernidad atempera la unilateralidad del racionalismo moderno y recobra el lado afectivo del romanticismo. El ser humano experimenta sentimientos, está orientado por pulsiones y motivos para actuar, una condición que han de contemplar las instituciones.

> "Hemos heredado, principalmente del siglo XIX, una visión *romántica* del yo que atribuye a cada individuo rasgos de personalidad: pasión, alma, creatividad, temple moral. Este vocabulario es esencial para el establecimiento de relaciones comprometidas, amistades fieles y objetivos vitales. Pero desde que surgió, a comienzos del siglo XX, la cosmovisión *modernista*, el vocabulario corre peligro. Para los modernistas, las principales características del yo no son una cuestión de intensidad sino más bien una capacidad de raciocinio para desarrollar nuestros conceptos, opiniones e intenciones conscientes. Para el idioma modernista, las personas normales son previsibles, honestas y sinceras." (GERGEN, 1992, pág. 25.)

Todo lo que hacemos, todo lo que pensamos, lo que percibimos, tiene una coloración afectiva. La realidad, nuestra realidad, lo que nos rodea, adquiere una tonalidad sentimental de manera natural, que no es simple acompañamiento del pensamiento, sino indicación y orientación selectiva. Decía ORTEGA Y GASSET (1995, pág. 143) que, en última instancia, no somos conocimiento, puesto que éste depende de un sistema de preferencias más profundo y anterior a él. Recordemos cómo un racionalista como Piaget decía que la afectividad es la energía que hace funcionar a los mecanismos de la inteligencia.

Ni máquinas racionales, ni personas cuya voluntad es arrebatada por el sentimiento irracional. La racionalidad aplicada a las acciones del sujeto o a la cultura en general, en todo caso, es un camino de perfección, porque es, como dice MOSTERÍN (1987, pág. 60) inevitablemente imperfecta o parcial, tanto si se refiere a las creencias, a los fines perseguidos o si hablamos de la racionalidad práctica entre medios y fines propuestos.

La moderación también ha de imponerse desde el extremo contrario: los motivos tienen que quedar sometidos al análisis y control de la racionalidad para no quedar esclavos del sentimiento. La razón nos permite ser conscientes de nuestros motivos y de los pertenecientes a los demás y analizar los valores que guían las acciones, dando preferencia a aquello que en función de normas racionales se considere prioritario cuando haya conflictos entre opciones. La entrada de los mecanismos intelectuales regidos por la racionalidad permite que los valores sean pensados y evaluados hasta el punto de que la aceptación de determinadas normas pueda limitar y dominar las motivaciones y deseos.

"Aparece una nueva consideración en la vida afectiva. Desde ella actuamos, ella nos proporciona el dinamismo de la acción, alumbra el mundo de los valores en el que, por una especie de limitación autoimpuesta, aparece un deseo de nivel superior que observa con recelo y hostilidad el poderío de las pasiones sobre el ser humano... *El ser humano necesita vivir sentimentalmente, pero necesita también vivir por encima de los sentimientos.* Aspira a vivir de acuerdo con los valores pensados, pero esta tensión entre valores pensados y valores sentidos le va a producir quebraderos de cabeza y de corazón." (MARINA, 1996, pág. 234.)

"La racionalidad es la actitud de segundo orden que nos lleva a analizar nuestros valores de primer orden y eventualmente a criticarlos y cambiarlos, si detectamos inconsistencias entre ellos, tratando de que nuestro sistema global de valores sea consistente y dé preferencia a los valores objetivamente preferibles, cuando se manifiesten conflictos entre valores ponderables opuestos." (MOSTERÍN, 1993, pág. 155.)

La segunda dificultad del pensamiento moderno para la comprensión de la acción es la de su parcelación. Falta un sistema comprensivo de explicación que integre esta dimensión dinámica de la acción con la cognitiva. Si algo ha caracterizado a la psicología científica ha sido la fragmentación desde la que ha entendido a los seres humanos. La ciencia moderna es analítica y en el caso que nos ocupa ha supuesto romper la unidad de la persona. A la hora de "aplicar" ese conocimiento científico fragmentado a las situaciones naturales, su insularidad nos hace impotentes y unilaterales. La psicología necesita de un giro cultural para que se preocupe del agente más que de la conducta, pues ésta sólo es equivalente a las acciones de aquél cuando se consideran sus intenciones. A partir de ahí se podrá pasar a comprender la acción situada en un escenario cultural cargado de significados (BRUNER, 1991, pág. 34).

2.2.2. De los fines de la educación a las acciones prácticas de los profesores

La fuerza que tienen las intenciones para explicar la acción, su inicio y desarrollo, no resulta fácil de explicar. Para entrar en esa comprensión conviene, en primer lugar, distinguir diferentes grados de directividad, por así decirlo, en la acción. O'NEILL (1981) considera que un comportamiento puede ser meramente *conativo*, lo que quiere decir que tiene un propósito implícito no consciente, una dirección que hace que las acciones tengan un orden y no sean arbitrarias; otras actuaciones son *volitivas*, con un propósito consciente y querido, lo que supone un compromiso adquirido con las mismas; un tercer grado de implicación lo representan las acciones *normativas*, que están dirigidas, implícita o explícitamente, por aquello que se considera bueno y deseable, lo que significa un acomodo buscado entre la acción querida y un sistema de valores objetivado. También la ética aristotélica proponía distinguir lo que es querido como resultado de la deliberación del querer en el sentido de experimentar una inclinación (CRUZ, 1995, pág. 131).

Existe, pues, una especie de graduación en cuanto al grado de formalización y de determinación del componente dinámico de la acción. En la actividad de enseñanza esas categorías las podemos ver en la práctica de cualquier profesor o de cualquier institución. Desde el mero orden que supone el que la acción por sí misma tenga un propósito, pasando por la asunción de valores y motivos colectivos, hasta la acción dirigida por *normas éticas* que implica criterios conscientes para discernir entre alternativas y compromiso con las más convenientes, hay toda una jerarquización de la pulsión dinámica de la acción. La aspiración a una racionalidad ética se expresaría en buscar que el orden conativo que tienen las actividades fuese explícitamente querido de acuerdo con la aceptación de unas ciertas normas. Pero la práctica es más compleja y no siempre tan coherente. Puede ser un buen ejercicio para la reflexión de los profesores durante su formación y en su perfeccionamiento cotidiano el hecho de analizar las incoherencias entre los motivos que anidan en las acciones de las personas, las incongruencias entre acciones y los contrastes entre motivos y acciones con las metas de la institución escolar o con las normas éticas. La reflexividad no es una propuesta que haya que nutrir sólo de contenidos cognitivos, sean éstos científicos o de conocimiento en general, sino también de los componentes dinámicos de las acciones educativas, de los motivos o de las metas públicas y de las personales. El autoconocimiento personal y la reflexión explorando y aclarando los fines de cada uno, junto al análisis de las motivaciones compartidas o sobre las que sean motivo de desencuentros es un reto importante para ganar racionalidad en educación. Se supone que si tenemos acceso a cuáles son y cómo se configuran nuestros intereses y preferencias, podremos potenciar su racionalidad depurándolas y corrigiéndolas en una dirección de autodeterminación racional (GÓMEZ, 1997, página 317). Se ha dicho que todo educador debería psicoanalizarse para ser más consciente de las necesidades que guían su acción.

El camino que enlaza las intenciones y los motivos con las acciones no es siempre recto. Hay intenciones nobles desencadenadas por muchos motivos diferentes, incluso algunos de poca nobleza, y la psicología profunda o el estudio de los mecanismos de defensa nos han alertado sobre algunas de nuestras pequeñas y grandes incoherencias como personas y como educadores.

Los motivos, por otro lado, son mudables, pueden ser unos al comienzo de iniciada una acción o un proyecto, pudiendo cambiar en el curso de la misma. Un candidato a profesor puede querer desempeñar esa actividad de ayuda a los demás por carencias personales, por afanes de posesión, y al cabo de un tiempo de ejercicio puede desearla por su valor para mejorar la condición de las personas y de la sociedad. Parecido argumento podría aplicarse a actividades concretas: se inician por una razón y se concluyen guiadas por otras. En esa peculiaridad se apoya la condición de arte que tiene la enseñanza, tal como argumentamos más adelante. Por eso el componente dinámico y energético de la acción se puede entender respecto de diferentes momentos de la experiencia que transcurre mientras dura la acción. Hay una intención previa que desencadena la acción y existe una *intención-en-la-acción* que mantiene a ésta mientras discurre. Hay acciones en las que podemos detectar ambos sentidos de la intención: acciones conscientemente emprendidas con un motivo deseado que mantiene la coherencia durante la experiencia de su realización, y acciones que descubren, aclaran y precisan su intención, o la cambian, mientras transcurren.

El efecto del propósito y su constancia hay que entenderlos dentro de un marco ecológico de la acción. En el mundo social las acciones quedan implicadas en un juego de interacciones en el que pueden ser desviadas de su sentido primigenio. Dinamismo que puede ser atribuido en ocasiones a la incoherencia personal, aunque también a la capacidad de descubrir significados "sobre la marcha", de acuerdo con la percepción de lo que va ocurriendo en un mundo de inter-*acciones* complejas. Es decir, que la coherencia entre los motivos y las acciones puede considerarse en dos dimensiones complementarias: la *preactiva* (antes de actuar) y la *interactiva* (mientras se actúa). Una distinción que cabe aplicar a las acciones individuales puntuales de un profesor, a los planes de un proyecto de reforma puntual o a los de carácter estratégico, caso de la política para todo el sistema educativo.

Este aspecto del cambio de intenciones y de motivaciones incluso en el transcurrir de la acción nos señala por otra vía el carácter imprevisible de la misma ligado a su carácter personal ya comentado en el apartado anterior.

2.2.3. *Las intenciones hechas objetivos. El poder movilizador de los planes en educación*

El componente energético o dinámico de las acciones de las personas o de las instituciones viene a coincidir con el papel que en otros discursos en educación se atribuye al fin, a la meta o al objetivo. La planificación y el diseño cobran de este modo un doble significado: previsión anticipada de lo que se va a hacer (con las posibilidades que esa operación ofrece de ser meditada y discutida públicamente) y compendio de razones que impulsan las acciones. Se trata de formalizar explícitamente el componente dinámico de un proyecto de *currículum*, del plan de un centro, la filosofía de un planteamiento educativo, de un sistema escolar, etc. Cuando fines y objetivos apuntan al futuro y son asumidos como fuerzas que nos guían, adquieren el valor de motivos personales y pasan del plano externo formal a la subjetividad, de ser finalidades valoradas por la cultura objetiva o por el consenso intersubjetivo a la cultura subjetiva de los docentes.

La importancia del *objetivo* ha sido destacada en demasía a la hora de formalizar la estructura de las acciones racionales dirigidas a fines en educación y, más concretamente en el diseño del *currículum* o en los diseños de instrucción, al plantear la acción educativa como una acción sistémicamente o tecnológicamente estructurada, que parte de la formulación de objetivos para pasar a la decisión de actividades (acciones). La acción tecnológicamente pensada puede poner a los sujetos-profesores en el papel de agentes instrumentales que llevan a cabo secuencias de actividades pensadas y decididas desde fuera.

La estructura tecnológica de la planificación de la acción que parte de la declaración de objetivos tiene poco valor movilizador de la acción comprometida sin ese compromiso del sujeto. Al paradigma de planificación o de diseño del *currículum* de origen tyleriano, que establece la secuencia de los pasos que hay que dar partiendo de la formulación de los objetivos concretados en términos con-

© Ediciones Morata, S. L.

ductuales le ocurre lo mismo: el olvidar si las metas son sentidas o no. Esos enfoques tecnológicos suelen descuidar también el carácter potencialmente cambiante de los motivos en el discurrir de la acción. La importancia de "sentir y querer el objetivo", curiosamente, se entiende muy bien en el mundo de las empresas de producción y de servicios para implicar a los trabajadores el cual, con frecuencia, ha ignorado, paradójicamente, la planificación didáctica y educativa cuando sigue esos esquemas de racionalidad. Es preciso incidir en la significación de la acción pedagógica con sentido para los sujetos que conecte con los significados, valores y motivaciones colectivas con las que se pueda comprometer personalmente cada sujeto (profesor en nuestro caso).

Cómo conectan, se acoplan, se enfrentan o se acomodan los móviles subjetivos reales de las acciones de los profesores con los fines de la educación públicamente decididos e institucionalmente formulados, cuya aceptación justifica la función delegada de los docentes, es un problema con multitud de aristas y perspectivas. El conflicto entre la profesionalidad autónoma, la libertad de cátedra y el respeto a la libre conciencia, por un lado y, por el otro, el acatamiento de los *currícula* establecidos o el ponerse al servicio del proyecto de otro (sea el Estado, el patrono, los padres o el grupo colegiado de profesores), no es fácil de resolver. Además de los interrogantes abiertos que esa confrontación descubre, es la propia lógica de la eficiencia la que ha impuesto considerar las motivaciones —lo mismo que las ideas— de los agentes-profesores para comprender el éxito o el fracaso de la implantación de proyectos de innovación decididos desde fuera que tienen que ser asumidos e interpretados inexorablemente por quienes los desarrollarán desde su mundo personal.

Por eso cabe distinguir en educación, y esto es clave para comprender a los profesores y la fuerza de los diseños de *currículum* o la de los planes de centro, entre objetivos externos subjetivados que calan en motivaciones, que son asumidos como fuerzas de la acción personal, y objetivos formales externos que pueden quedar marginados de las motivaciones del profesor. Por eso se dice que el docente siempre tiene objetivos (motivos), lo mismo que más tarde argumentaremos que siempre tiene "teorías". Entre los motivos del sujeto-profesor y los objetivos formales externos se puede producir un diálogo cuyos efectos se expresan en la transacción que implica toda práctica.

Estas consideraciones son importantes para entender la falta de empatía o, simplemente, la resistencia natural a las innovaciones y reformas, cuando éstas aparecen guiadas por motivaciones no explícitas o no suficientemente explicadas, de modo que puedan entrar en ese tipo de diálogo con los motivos para la acción que tienen los profesores. La "filosofía de las reformas" no es otra cosa que los valores que la orientan. Éste es el principio que opera en esa idea tan aceptada de que las reformas, para hacerse realidad, han de ser asumidas por los profesores, especialmente en lo que se refiere a los valores que las orientan. La comprensividad, por ejemplo, no sólo lleva consigo formas de saber hacer en las aulas con alumnos muy diversos, o contenidos curriculares diferentes a los que puedan estar acostumbrados los profesores. Implica, muy fundamentalmente, el valor de un modelo de escuela donde se atenúa la selección social. Si se asume ese valor como propio, las dificultades técnicas se apreciarán como algo secundario. Argumentos parecidos podrían utilizarse para explicar el apoyo o la falta del mismo a la educación pública en confrontación con las políticas conservadoras.

© Ediciones Morata, S. L

Lo que aquí queremos resaltar es la importancia de que los objetivos sean ante todo sentidos y queridos como atractivos por el sujeto de la acción, hasta el punto de que sean desencadenantes de la misma y le presten significado personal, lo que plantea una dimensión de la profesionalidad docente poco transitada por los investigadores y escasamente tenida en cuenta en los programas de formación. Una especie de pudor ecléctico proclive a no considerar temas de valores, sumado a los estragos del positivismo cientificista que ve en los motivos la fuerza que producen las recompensas y los castigos, ha dado lugar a esta situación. El mundo en crisis que vivimos exige recuperar la discusión de las filosofías de la educación que clarifiquen las direcciones del desarrollo personal, social y de la cultura que proponen, además de hablar de competencias o de profesionalidad cognitiva y de estímulos externos en la docencia.

2.2.4. La contextualización social de la dimensión dinámica en la acción educativa

La fuerza de determinación que pueda tener la intención o los motivos no podemos entenderla referida únicamente a las acciones del sujeto individualmente considerado, sino es *en relación con el contexto simbólico de reglas o prácticas sociales* (CRUZ, 1995, pág. 87). La dinámica de la acción personal no se da en el vacío, sino en el medio cultural del que se participa, el cual tiene incidencia sobre aquélla, y dentro de relaciones de reciprocidad marcadas por las acciones sociales (WEBER, 1984, pág. 38 y sgs.). Muchas acciones en educación son respuesta, incitación o se acometen en previsión de las acciones de otros, según los significados atribuidos a éstas.

Los motivos, las pulsiones, como después veremos pasa con las concepciones intelectuales, son del sujeto, aunque están moldeados culturalmente, razón por la que son educables: existen formas sociales de *querer* filtradas por unos sujetos que no son pasivos receptores de los modelos reinantes en su entorno. Ese medio cultural lo constituyen, en primer lugar, los *otros* que, con sus expectativas, sus motivos, lo que esperamos de ellos, hacen de referentes de nuestras acciones y ante los que no somos indiferentes. Podemos actuar para contrarrestar las intenciones que suponemos en otros o para coincidir con ellos, de acuerdo con sistemas de referencias sociales, patrones de formas de querer coincidentes que pueden sustentar los proyectos colectivos que conforman ideologías coherentes. Los otros, sus motivos, pueden también representar opciones contrapuestas a las nuestras en función de las cuales organizamos las contra-acciones.

La intencionalidad, más en educación, tiene en cuenta la existencia de otros, se halla significativamente orientada hacia la conducta de los demás, como decía WEBER (GINER, 1997, pág. 40). Los deseos que nos llevan a actuar enlazan con las necesidades humanas de los demás, se estructuran en pautas culturales de pulsiones y se prolongan en orientaciones estables en forma de proyectos y de luchas para la acción colectiva: en *esquemas dinámicos* de querer compartidos. Las normas objetivas marcadas por códigos éticos explícitos son también partes del medio cultural que nos rodea. Dicho en otros términos: las estructuras de la conciencia representan elaboraciones personales de filtraciones hasta los sistemas que rigen la personalidad de los individuos desde los planos de la cultura. De esa forma, las pautas asumidas colectivamente se convierten en patrones de racionalización normativa (HABERMAS, 1997, pág. 377). Los motivos de las acciones del docente son sus motivos en interacción con los de los demás y con los que son resaltados por modelos ético-pedagógicos: con los del sistema escolar, los de los padres, los modelos sociales generales, las finalidades de la política educativa y las recomendaciones deducidas de los modelos o filosofías normativas de la educación.

Los *esquemas dinámicos* asumidos colectivamente por grupos sociales numerosos o aquellos compartidos en forma colegiada por grupos de profesores, por ejemplo, y los potenciales conflictos entre nuestros esquemas y los de otros nos permiten enlazar las acciones de los individuos con la dinámica de las acciones y proyectos sociales concretos y con las grandes orientaciones que guían a la humanidad y a la educación en un momento dado. (CRUZ, 1995, pág. 101). En cada época, en cada cultura, en sectores sociales determinados, se pueden encontrar *esquemas* que denotan la existencia de una cierta orientación compartida en el querer y en los deseos de las gentes. Es posible hablar de estilos culturales en lo afectivo que prestan coincidencias a las motivaciones e impulsos de las personas, sustrato común sobre el que se fundamentan las preferencias individuales. Lo mismo que hay modos de pensar contextualizados histórica y culturalmente dentro de los que se mueven las mentes particulares, también hay modelos para querer y sentirse movidos por valores y necesidades propias de momentos históricos, de culturas o de grupos dentro de ellas.

Los proyectos en el plano social, como dice LUCKMANN (1996, pág. 53), son *utopías prácticas,* experiencia anticipada concebida como deseable que actúa como motor de la acción y como aglutinante que da coherencia y significado a la sucesión de acciones puntuales. Esas utopías son, pues, una representación de acciones que se deben emprender, lo que dota de sentido su secuencia hacia un objetivo. En el proyecto, lo último que conseguir se representa como lo primero (LUCKMANN, 1996, págs. 51 y 52). Aunque será preciso reconocer que tampoco en este plano social cabe admitir un estrecho determinismo entre proyecto y acción colectiva, pues la relación es no unívoca, ya que desde un mismo proyecto se pueden deducir diferentes acciones sociales, teniendo que reconocer además la traducción personal que de esos proyectos colectivos hacen los sujetos individualmente.

El plano de lo social tiene también su carga energética motriz que no deberían ocultar los enfoques metodológicos de reducidas miras. Como afirma MAFFESOLI (1993):

> "La honradez intelectual, o sencillamente la apertura de mente, obliga por encima de las peticiones de principio, a reconocer toda la carga pasional que interviene en la vida de la sociedad, lo que requiere que se corrijan constantemente las leyes demasiado rígidas mediante la referencia al hecho, al acontecimiento, a lo factual."
> (Pág. 50.)

> "Como sea, es importante reconocer que la pasión y su gesta son los pivotes esenciales de la vida social. Las justificaciones, las teorizaciones y las racionalizaciones vienen después. Lo primero es la pulsión que lleva a actuar." (Pág. 70.)

© Ediciones Morata, S. L

De esta suerte, lo que se denomina ideología, si utilizamos este término en sentido no peyorativo y le quitamos el sentido de mala conciencia, es un "conservatorio del desear vivir social" en una dirección, porque (sigue diciendo MAFFESOLI, 1993, pág. 70), para motivar, para convencer y para ilusionar, siempre es necesario apoyarse en la ideología. Lo cual vale tanto para el entendimiento de la vida diaria, como para explicar los grandes cambios sociales. El lazo simbólico, que como representaciones fundamentan la socialidad y explican su energía motriz, es esencial en las sociedades. En democracia, la energía social para llevar a cabo los proyectos para la educación, no puede quedar al albur de impulsos inmanentes de la práctica que se reproduce, sino que implica el ejercicio de la atración del grupo, convencido desde la racionalidad dialógica habermasiana para encontrar la dirección más apropiada para todos.

En educación y en democracia, es fundamental la posibilidad de la compatibilidad entre la orientación utópica compartida y la particularidad de la acción individual al interpretar el proyecto; si bien se trata de un equilibrio inestable y conflictivo. Como igualmente importante y también conflictivo es que en una sociedad compleja existan proyectos educativos diferenciados y hasta en conflicto. En democracia han de respetarse utopías educativas diferenciadas si no son excluyentes entre sí, arbitrando procedimientos de diálogo entre ellas. El problema será articular el derecho a la diferencia con el derecho a la igualdad en grupos y en sociedades heterogéneos.

Lo mismo que ocurre en el plano del sujeto, en el que hemos destacado que los motivos pueden aparecer rutinizados como orientaciones estables en el actuar, los motivos sociales compartidos pueden quedar también camuflados e inmanentes, cristalizados como orientaciones estabilizadas en la conducta colectiva, o bien aflorar al plano de la consciencia social como proyectos explícitamente perseguidos.

En el caso de la educación este aspecto es esencial para entender la dimensión personal y social de la práctica educativa guiada por proyectos asumidos por la sociedad en general o por determinados grupos de la misma y por los profesores. Esta condición de poder compartir proyectos es lo que dota de valor universal a determinadas propuestas en educación. Hay que disponer o acceder, primero, y aceptar, después, la información sobre valores que nos unen, abrirse al "saber ético" del que hablaba MOSTERÍN (1993, pág. 25) que agrupa el conocimiento que se refiere a lo que nos interesa, que nos habla acerca de nuestros deseos y metas, de los bienes y de las aspiraciones dignas de ser estimadas y apreciadas, queridas o buscadas. La información valorativa nos informa acerca de qué buscar y de qué evitar, hacia qué sentir atracción y hacia que sentir repulsión.

La importancia de ilusiones colectivas es muy importante de recordar en esta época de carencia de utopías en el mundo en el que, según los más modernos conservadores, ya no se deben buscar caminos y horizontes nuevos porque hemos llegado al final de la historia. Precisamente, uno de los rasgos esenciales de la encrucijada en la que nos encontramos es la crisis de esos elementos motrices a la hora de pensar y de desarrollar proyectos educativos, como veremos en otros capítulos de este trabajo.

El puente entre el componente dinámico de los individuos y el colectivo es esencial para crear vínculos sociales y lo es especialmente para la educación que está orientada por proyectos en torno a los que conjuntar la acción entre profesores o entre éstos, los estudiantes y los padres. Parte de la crisis actual de la educación es la crisis de la dispersión social de las aspiraciones, de las expectativas o de los motivos por los que se considera a la educación valiosa para cada cual o para cada grupo. Hay ruptura en el proyecto porque también hay dispersión de motivos. Si el diálogo entre perspectivas intelectuales individuales es difícil, mayores son los problemas que plantea la configuración de plataformas de valores compartidos o la compenetración de valores e intenciones subjetivas con los fines y objetivos externos.

Si el diálogo teoría-práctica es sugestivo cuando significa interacción entre las ideas o explicaciones (que son siempre algo universales) y las situaciones prácticas (que son singulares) menos explorado tenemos el camino de la relación entre principios normativos o éticos (universales) y los sistemas de motivaciones individuales de los sujetos concretos; los cuales, desde su orientación biográfica e idiosincrásica personal, aceptan y se identifican con esos principios normativos en situaciones prácticas. En el plano de la dimensión energética o *dinámica* de la acción cabe también hablar de la relación entre la universalidad y la concreción de la acción.

2.2.5. La acción educativa como acción moral y los compromisos profesionales

Recuperar el sentido de la acción, los motivos que la mueven, tiene algunas proyecciones prácticas importantes. La principal consecuencia es la de caracterizar a toda acción educativa y de enseñanza en sí misma como un asunto moral.

La acción de enseñanza no puede considerarse como un mero recurso instrumental, una técnica para conseguir metas en abstracto, porque esas metas no pueden ser cualquier fin y porque los medios para conseguirlas operan en contextos inciertos, sobre seres humanos que imponen criterios a lo que se haga con ellos: el fin no justifica los medios; mucho menos en educación donde los frutos son efectos de las acciones evaluados como valiosos. La enseñanza es una práctica moral y el ejercicio de la misma es una *habilidad moral* (*moral craft* lo denomina TOM, 1984, pág. 126), y a través de esta metáfora pueden extraerse algunos rasgos esenciales para pensarla. Este modo de comprensión de la enseñanza integra el análisis intelectual de las situaciones, la autonomía que exige opciones y compromisos, así como la experimentación y el pensamiento sistemático asociados a la condición abierta de la enseñanza.

No se trata de argumentar ahora que la enseñanza haya de ocuparse de la transmisión de valores morales, sino de que en sí misma es un problema moral. Ese carácter se aprecia o se deriva a partir de multitud de rasgos: porque tiene un sentido, porque camina guiada por motivos que no son indiferentes a valores, porque cada acción no mecanizada implica una elección entre caminos alternativos, porque la acción es abierta y en ella se goza de autonomía para elegir ante dilemas, porque muy frecuentemente se desarrolla a través de relaciones entre personas, lo que supone dirigir sus vidas y ejercer posiciones de poder, porque se toman constantemente decisiones que tienen que ver con las relaciones de igualdad, y porque el *currículum* es una selección cultural valorada, decidida, frente a otras posibilidades. En definitiva, como los quehaceres de la profesión docente tienen una cierta condición de ambigüedad (Burbules y Densmore, 1991), obligatoriamente tenemos que plantear controles éticos allí donde la ilusión objetivista había querido instalar leyes científicas a cuya racionalidad deberían someterse los sujetos. El neutralismo ético en educación o el relativismo aquiescente son, pues, actitudes radicalmente imposibles que ocultan las opciones que siempre se toman.

Concebir la práctica o las acciones de enseñanza como un asunto moral implica, pues, no sólo darle ese carácter a los fines del *currículum* y a los motivos personales, sino a las actividades mismas, al cómo hacer, a las interacciones entre profesores y estudiantes, a los métodos, a la evaluación, porque cada acción tiene significado y es una posibilidad entre otras que debería ser sopesada. En síntesis, se puede decir que se trata de una caracterización epistemológica del pensar sobre la educación como algo abierto en su concepción, en cuanto a la posibilidad de que tenga diversos significados y diferentes desarrollos, lo que obliga a plantearse siempre la pregunta de lo aceptable que es cada acción, antes de analizar su eficacia, trátese de la acción con un alumno, de la elección de un método, de una práctica de evaluación, de una política educativa o de una reivindicación profesional de los docentes.

Esa condición moral de la enseñanza sustenta la idea que lleva a Peters (1959) a sugerir la necesidad de considerar los "principios de procedimiento" como guía y límite de la acción para que ésta resulte éticamente aceptable como práctica educativa. La única práctica educativa defendible es la práctica buena, la que busca el bien, retomando el contenido aristotélico del término *praxis* como forma de vida que se dirige a la búsqueda y logro del bien humano, contrapuesto a la forma de vida contemplativa dedicada a la *theoria*.

El carácter moral inherente al significado de la acción extrae para la enseñanza la condición de tener que apoyarse en procesos de *reflexión* sobre el valor ético de las acciones que la componen. La reflexión como cualidad de la buena práctica, como mecanismo de análisis y mejora de la misma, como ejercicio para la formación y perfeccionamiento de los profesores, rescata a la enseñanza del ámbito de las prácticas improvisadas, del de la técnica de valor universal para cualquier situación práctica, del de la tecnología asentada en leyes científicas externas o del mundo del sometimiento pasivo a las normas dictadas por la burocracia. Pero, ante todo y antes que nada, la reflexión es una exigencia para la explicitación ante sí —y ante los demás, si fuese necesario— de los motivos que orientan la acción para que sean contrastados con las normas de comportamiento aceptable. En este sentido la reflexividad se presenta como el ejercicio de la razón en la clarificación de los fines y de los deseos personales y colectivos para evaluarlos y decidir a favor de un determinado compromiso. Es preciso unir esas dos dimensiones de la reflexión, la que supone el ejercicio de la capacidad cognitiva para analizar, diseñar y evaluar las acciones en contextos determinados, y su utilidad moral para discernir el valor y el significado que tienen.

En coherencia con esta dimensión abierta de la acción que el agente tiene que cerrar optando acerca de los dilemas alternativos que se le plantean, aparece un concepto de profesionalidad docente capacitadora no sólo para decidir cómo hacer esa acción que es indeterminada, sino como compromiso con opciones determinadas, una vez que se evalúan las consecuencias de las acciones

© Ediciones Morata, S. L.

(SYKES 1986, pág. 230). Aunque actuamos en contextos predeterminados que nos condicionan, cada acción es siempre radicalmente única e incorpora la necesidad de orientarse por criterios. Al no estar del todo institucionalizada y ser abierta, la acción supone responsabilidades personales.

Hay que recuperar la ética profesional en los enfoques, en las políticas y en los programas de formación del profesorado para desbordar la rutinización de una práctica burocratizada, para sobrepasar los enfoques profesionalizadores unilateralmente intelectualistas y para limar las reivindicaciones puramente corporativas. Una práctica profesional son muchas cosas; entre ellas está el sistema de valores que presta dirección al comportamiento personal (LANGFORD, 1989, página 24). Se ha insistido bastante en la importancia de la personalidad del docente en la explicación de su comportamiento, pero se ha insistido menos es esta subdimensión personal que son las intenciones, los motivos y la identificación con valores que llevará a actuar de una determinada forma. La acción pedagógica (como afirma REPUSSEAU, 1972, pág. 39), no puede concebirse sin que se tomen en consideración las intenciones últimas del pedagogo que está implicado en una relación con el otro. Es muy importante la forma de *sentir la profesión* porque los sentimientos que nos despierte su práctica tienen bastante que ver con las cosas que queramos hacer con ésta.

Apelar a la ética profesional es una consecuencia de rescatar a la utopía y a la ideología orientadora de lo que hacemos. En ellas se encuadran los valores, motivaciones y las satisfacciones que obtenemos por actuar de una forma y no de otra. La educación es proyecto de desarrollo humano y social, y como tal proyecto que se concreta en objetivos tiene que ser deseado y querido para que desencadene acciones comprometidas con el modelo a lograr. El *compromiso* de los prácticos respecto de la tarea que desempeñan para hacer viable el proyecto, sus *quereres*, es una dimensión esencial de su práctica y debe serlo también en su formación y en las regulaciones de su trabajo, si es que las acciones educativas son algo más que amaestrar, hacer memorizar asignaturas o ganarse la vida cuidando físicamente a los menores. Si las acciones están teñidas por las intenciones, prioridades, motivos o las satisfacciones que nos provocan quiere decirse que es muy importante cómo sientan los docentes la enseñanza. Sus afectos por la actividad profesional serán primordiales. La ilusión por lo que se hace, la satisfacción personal que produce, el deseo de hacer cada vez las cosas mejor, la dedicación que se pone en hacerlo, son sentimientos importantes que colorean y apoyan a las intenciones de la acción. Los sistemas de formación de profesores, los procedimientos de selección, los mecanismos de promoción, la asistencia y solidaridad con los docentes son condicionamientos externos que tienen mucha proyección en los esquemas dinámicos de la acción.

Es preciso fundamentar las bases morales de la profesionalidad de los docentes (SOCKETT, 1993), además de reclamar otras competencias culturales y pedagógicas para su adecuada formación. Después de la ola conductista que vio en el profesor un conglomerado de destrezas, en la pleamar del cognitivismo que ha descubierto en los profesores los mecanismos que intervienen en sus razonamientos y el valor de sus teorías implícitas, asistimos también a la crisis de los ideales de los proyectos ilustrados que sirvieron como base a la escolarización moderna un tanto vaciados de motivos. Para rehacer el protagonismo que exige una práctica comprometida, hemos de volver la mirada a algo que nos dirija, al sentido de la acción de educar, hacia la utopía que nos dé perspectiva, así como realzar la moral profesional al lado de otras reivindicaciones para los docentes.

En educación, en general, y en la de profesores, en particular, hay que atender a los mecanismos y condiciones de la adquisición de motivos y a la identificación con los valores: la "educación del querer hacer las cosas apropiadas de una manera determinada" —educación de la voluntad—, de cómo se adquieren los ideales y de las motivaciones de los agentes para comprender las acciones educativas que emprenden. Es un tipo de acción formativa que va más allá del cognitivismo dominante. Habrá que considerar la dimensión *sentimental* como un aspecto de la educación de los agentes y de la explicación del cambio o de las dificultades de éste. Formar a un profesor para la acción requiere contemplar sus motivaciones, sus compromisos sentimentales, su sistema de valores, estimular unas adhesiones éticamente defendibles. Una tarea complicada, tanto por dificultades de saber cómo hacer y lograr eso, como por la carencia de un sistema universal de motivos al que adherirse.

Los controles éticos son propios y necesarios en el caso de profesiones cuyas actuaciones tienen consecuencias morales, y más aún si tienen que tomar decisiones arriesgadas. Son controles que se reflejan en códigos de conducta (normas legales y códigos éticos profesionales) porque las vigilancias burocráticas ni siempre funcionan ni pueden entrar en las innumerables decisiones que toman los profesores. Los movimientos de profesionalización que persiguen la autonomía de los docentes reclaman la necesidad de incrementar la vigilancia ética. A menos controles externos y ante el control del mercado que impone la selección de los valores educativos según las demandas sociales, como proponen las políticas neoliberales, habrá que oponer la defensa de una ética profesional asumida y defendida públicamente. La lógica del mercado deja a la educación y a sus profesionales al albur de las demandas externas, al dominio de las motivaciones socialmente condicionadas, porque el mercado opera en un mundo donde unas cosas se han caracterizado como más o menos deseables, donde las finalidades de grupos e individuos obedecen a pautas culturales.

Nos queda presente el hecho de que la acción no sólo implica "saber hacer", sino que, en la medida en que actuamos guiados por motivos queridos que tienen que ver con sistemas de valores colectivos, también apela a un tipo de información sobre valores, a un tipo de saber de carácter ético, a compromisos con los fines que orientan la educación. Cambiar la práctica —cambiar las acciones— implicará alterar esos compromisos afectivos defendibles desde un punto de vista ético.

La relación teoría-práctica (aunque, por ahora, no quede claro qué responsabilidad corresponde al conocimiento en dicha relación) es un planteamiento radicalmente insuficiente para entender la acción, si no contempla la *inclinación* que nos lleva a actuar individual y colectivamente. La creencia, la teoría, puede tener una capacidad de desencadenar la acción mucho más débil que este otro elemento dinámico. Como mínimo, los componentes del binomio teoría-práctica y las relaciones que puedan o quieran establecerse entre ellos, tendrán que pensarse en una relación triangular en la que el tercer vértice lo constituye ese elemento no agotado en los componentes cognitivos de la conciencia de los sujetos ni en la conducta observable del obrar.

© Ediciones Morata, S. L.

2.3. La acción implica conciencia, comprensión y conocimiento. Un primer sentido de la enseñanza apoyada en la *reflexividad*

> "... ningún conocimiento de procesos culturales puede imaginarse de otro modo que sobre la base del significado que la realidad de la vida cobra para nosotros en determinadas relaciones singulares."
>
> ...
>
> "La premisa trascendental de cualquier ciencia de la cultura no es el hecho de que nosotros concedamos valor a una 'cultura' determinada o a la cultura en general, sino la circunstancia de que nosotros seamos seres civilizados, dotados con la capacidad y la voluntad de tomar una actitud consciente frente al mundo y conferirle un sentido. Cualquiera que sea dicho sentido, influirá para que en el curso de nuestra vida nos basemos en él para juzgar determinados fenómenos de la convivencia humana y tomar una actitud significativa (positiva o negativa)." (WEBER, 1985, pág. 54.)

Las acciones, en general, y las que se emprenden en educación, en particular, tienen sentido por doble motivo: porque poseen el significado de estar dirigidas a algo (racionalidad con arreglo a los fines), como acabamos de ver en el apartado anterior, y porque se nos representan como inteligibles a la conciencia del agente; es decir, porque tenemos comprensiones de ellas que nos dan seguridad sobre el acierto de lo que hacemos. Sin conectarlas a un propósito y sin esa inteligibilidad no habría propiamente acciones educativas y de enseñanza (OLSON, 1992, pág. 46). Sin atender a los significados de los sujetos no se pueden entender los fenómenos culturales y sociales que conciernen a la educación, de acuerdo con el principio weberiano aquí reflejado. Veamos ahora en qué consiste esa inteligibilidad.

En el análisis de la acción que venimos desarrollando se encuentran diversos rastros que señalan y apuntan hacia un componente cognitivo inherente a la misma que desempeña funciones diversas. Se trata de indagar en la raíz de la creencia de sentido común, posteriormente mantenida por sistemas de explicación más elaborados, que entiende que *lo que hacemos* tiene que ver con *lo que pensamos,* y al revés. Las personas sabemos lo que hacemos, tenemos autocomprensiones de la acción. Ésta es una suposición tan central como la que hemos comentado acerca de que lo que hacemos tiene que ver con lo que deseamos y queremos hacer. Otro problema es aclarar qué significa y qué entidad tiene esa forma de *saber.* El hecho de que la acción tenga un significado subjetivo que hay que considerar para entenderla marca todo un giro epistemológico en las ciencias sociales: dar importancia al entendimiento y a los valores de los actores para comprender la acción social, tal como señalaran DILTHEY y WEBER, y no poder separar de la ciencia social el problema del valor que tienen para los sujetos las realidades culturales. Todo conocimiento de la realidad social es un conocimiento bajo un punto de vista, nos dirá WEBER (1985, pág. 56); principio que se aplica al científico y al lego, sólo que los valores y las opiniones del científico podrán marcar toda una época y las del lego su propia vida y su entorno inmediato.

He aquí el arranque de un nuevo programa para comprender las interacciones entre teoría y práctica en educación: el que parte de la consideración del papel esencial de las comprensiones de los agentes de la acción —desde otra perspectiva se hablará de *procesos cognitivos*—, interpretando así el distanciamiento y los posibles modos de fecundación entre teoría y práctica. Este paradigma parte del rescate del sujeto en ese proceso de interacción. La teoría puede quedar alejada de la práctica, lo importante es entender qué papel están llamados a desempeñar los agentes intermediarios cuando pretendemos relacionarlas.

Ejecutar acciones, *querer* hacerlas y *pensar* sobre ellas son tres componentes básicos entrelazados de la actividad del sujeto. La interacción entre ellos forma el triángulo de relaciones recíprocas para entender el comportamiento humano, en general, con todas sus contradicciones y coherencias, y las acciones de educación y de enseñanza en particular. Es un triángulo, no una línea en la que poder situar con claridad qué componente antecede a cual otro para explicar el inicio de una acción.

Nuestra proposición es la de considerar que la acción implica comprensión y pensamiento como algo indisociablemente unido a la misma. Es decir, que también hay una racionalidad en el poder "dar razones" de lo que se hace o como justificaciones de las creencias, que es lo mismo que explicitar argumentos ante sí y ante los demás. Los seres humanos tenemos un cierto control de las acciones antes y durante su realización gracias a que tenemos conciencia sobre lo que ocurre. Aunque la posibilidad de obtener una mayor claridad se nos ofrece una vez que han ocurrido y "lo actuado" puede contemplarse retrospectivamente desde el final del proceso.

Si no se dan esas condiciones de motivación e inteligibilidad es que estamos hablando de acciones puramente mecánicas o pre-humanas. Cuando se plantea la relación de la teoría con la acción se da a entender subrepticiamente a partir de una metáfora que nos cuestionamos el problema de cómo un componente cognitivo externo al sujeto se liga con las acciones de éste o cómo se podría y se debería ligar. O incluso, centrándonos en el sujeto, podemos referirnos a cómo las ideas de éste desencadenan sus prácticas, en el sentido de que dispone de un *stock* identificable y separado de las primeras que puede utilizar como herramientas para desarrollar las segundas. Antes de que esta última posibilidad pueda plantearse hay que indagar cómo las acciones llevan consigo el "componente cognitivo o teórico" del cual no pueden separarse.

En todo caso partimos de que la interacción del *saber hacer* o del cómo hacer y del *saber sobre* lo que se hace no podría explicarnos por sí sola la acción. Como ya se señaló antes, la relación teoría-práctica analizada desde la perspectiva de la acción es preciso romperla y darle nuevo sentido en la relación triangular *teoría-pulsión-saber hacer*, tal como reflejamos en el gráfico que sigue. En el seno de ese triángulo se desarrollan los procesos de deliberación, elección de alternativas y toma de decisiones que se realizan en situaciones determinadas, convenientemente evaluadas por los sujetos. Los elementos pertinentes a la acción son las creencias del agente sobre la misma, sus motivos, los propósitos que persigue, la deliberación y elección que lleva a cabo y la sabiduría práctica que exhibe (RABOSSI, 1997, pág. 7).

La teoría aparece integrada con la práctica a través de la acción, y la relación entre ambas no podrá comprenderse sin entenderlas en un marco más amplio en el que encuentre cabida el componente dinámico: la intención y la dirección de las acciones, como propone el círculo hermenéutico (MACDONALD, 1996, página 176). O, como afirma GINER (1997, pág. 42), la senda de la verdad que entrañe asuntos humanos tiene que pasar por el cedazo interpretativo. Una epistemolo-

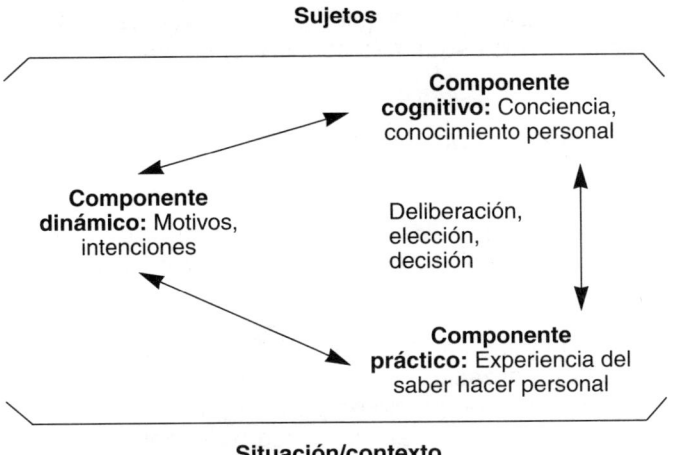

Figura 1. *Las dimensiones de las acciones.*

gía que quiera dar cuenta de los comportamientos en la educación y de la práctica de los profesores en particular tiene que salirse de la perspectiva racionalista pura y del positivismo científico; precisa de la consideración y del estudio de la articulación de tres categorías básicas: conocimientos, formas de hacer y componentes intencionales o morales (SOCKETT, 1993, pág. 99). Se trata, pues, de ver la interacción de las dimensiones o esquemas *prácticos, dinámicos* y *cognitivos* dentro de un triángulo cuyos vértices, referidos ahora al sujeto individual, conectan con otros homólogos en el plano cultural y social, como ya hemos señalado al considerar la dimensión dinámica.

La imagen gráfica que relaciona esos tres tipos de componentes de la acción nos sugiere que el triángulo podría tomar formas irregulares, desplazándose la figura más hacia alguno de los vértices, según las acciones concretas a las que se refiera. El peso o preponderancia de cada uno de ellos en la deliberación, elección, decisión y curso de la acción puede ser peculiar en cada caso. Las acciones son más o menos precisas y concretas, son más o menos complejas, unas aprovechan mejor que otras rutinas y experiencias previas, varían los contextos en los que ocurren, se refieren a personas o a otros aspectos (*currículum,* centro escolar, etc.), tienen que ver con intenciones de diferente complejidad y trascendencia, reclaman desigual grado de implicación personal, unas son iniciadas por el sujeto, mientras otras son sugeridas o impuestas. Podemos plantear numerosas dimensiones para distinguir tipologías de acciones en educación. En cada caso se combinan ingredientes en dosis diferentes de cada uno de los vértices del triángulo. Una acción de consecuencias graves exige activar y sopesar con detenimiento y cuidado las razones morales, mientras en otros casos no será preciso hacerlo con tanta atención. En unos casos se dispone de esquemas cognitivos más elaborados que en otros para entender la situación. En unas ocasiones dispondremos de más claridad que en otras respecto a los pasos que haya que dar en los pasos a dar en el saber cómo hacer. Es imposible llevar a cabo una taxonomía de situaciones y de tipos de acción para intentar una tecnología pedagógica medianamente precisa. En cualquier caso convendrá destacar el desigual peso en cada acción de los esquemas cognitivos, dinámicos y prácticos.

2.3.1. *El conocimiento sobre la educación como conciencia de la acción*

> "Todo pensamiento nace de la experiencia, pero ninguna experiencia obtiene algún sentido o coherencia sin haberse sometido antes a las operaciones de la imaginación o del pensar." (ARENDT, 1984, pág. 107.)

El primer atisbo de pensamiento "en" y "acerca" de la acción educativa aparece en el curso de su realización como la posibilidad de tomar conciencia sobre lo que hace el sujeto. Sin experiencia no puede haber pensamiento. Surge como el eco o la sombra que sigue a la acción y que podemos percibir como algo que *representa lo que hacemos*, gracias a lo cual podemos establecer algún tipo de control sobre nuestras actividades. Más o menos preciso, con grados variables de conciencia y estructuración, todos tenemos ese conocimiento de nuestras acciones. El conocer, el pensar, es consustancial al actuar y todos los seres humanos tienen conocimientos acerca de sus acciones. Si las realizan automáticamente, la conciencia puede quedar no manifiestamente explícita para el agente, pero potencialmente es posible recobrarla. El primer significado que se debe contemplar en la relación entre teoría y práctica es el de su indefectible proximidad y coexistencia en el plano de la subjetividad, en el sentido de que el pensamiento es una peculiaridad reflexiva de la acción. Somos reflexivos porque cobramos conciencia de lo que hacemos. Nos afecta no sólo lo que ocurre fuera en el mundo, sino también lo que hacemos. Como afirma GIDDENS (1993):

> "Todos los seres humanos se mantienen rutinariamente en contacto con fundamentos de lo que hacen, como elemento esencial del mismo hacer." (Pág. 45.)

La racionalidad del pensamiento se establece a partir de las representaciones mentales de los sujetos, de acuerdo a sus condiciones de claridad, precisión y veracidad.

El problema capital para nosotros no es el paso de la teoría a la práctica, como si en aquélla se contuviese el modelo de las buenas realizaciones, sino que es el paso de la racionalidad-irracionalidad a la racionalidad posible, de la rutina e inconsciencia a la reflexión, como sugiere CARR (1990, pág. 49). Este significado de la relación entre la teoría y la práctica se da en primer lugar en el plano de cultura subjetiva, porque ocurre dentro del sujeto, por lo que esa relación es la del conocimiento personal con la acción. Pronto veremos que esa cultura subjetiva no consiste en un producto y un proceso autónomos aislados de los demás y de las elaboraciones disponibles de la cultura objetivada (teorías plasmadas por escrito, por ejemplo). Esa racionalidad en el plano de la subjetividad entra en procesos de perfeccionamiento participando de las razones de otros en procesos de diálogo, y también puede ayudarse de la teoría que llamamos científica. No es, ni más ni menos que un proceso educativo de carácter intelectual. En definitiva, de lo que se trata es de recuperar el concepto de *formación* que significa transfor-

© Ediciones Morata, S. L.

mación y enriquecimiento personal a partir de las concepciones de otros, incluidas las objetivaciones que llamamos ciencia.

Ese reflejo de la acción que crea los contenidos de la conciencia tiene forma discursiva y podemos dar cuenta de él a nosotros mismos, en forma de diálogo interior con nosotros, y a los demás a través del lenguaje. Cuando nos "contamos interiormente" lo que estamos haciendo o lo que hemos hecho, tenemos y construimos una representación intelectual de la experiencia. Esa conciencia práctica *reflejo* de la acción puede no tenerse en mente, ser "inconsciente", y no operar de forma explícita en el momento de actuar; lo cual no es siempre un inconveniente, pues gracias a ese soterramiento podemos concentrarnos más en las tareas que acometemos, pero podemos hacerlo aflorar. Las barreras entre una simple conciencia práctica y la explicitación consciente en forma de discurso por el que narramos la acción para nosotros mismos son muy débiles o no existen.

Dice CRUZ (1995):

"[que] algo 'aflore a la superficie de la conciencia' es condición *sine qua non* para que dicho algo, además de tener eficacia ejecutiva, convierta en inteligible la acción al permitirnos reconstruir la deliberación del agente." (Pág. 129.)

Al ocurrir ese efecto reflejo, la acción, su sentido, el proceso que sigue y sus consecuencias se nos representan delante de nuestra conciencia y convierten lo que hacemos en objeto inteligible; es como si nos desdoblásemos en ejecutantes y en seres pensantes. Pensar sobre lo que se hace es una manifestación de la *condición reflexiva* de las personas en todas sus actividades conscientes. Es como un efecto interior de lo que ocurre en el exterior (ARENDT, 1984, pág. 93). Afirma WALLON (1978, pág. 151) que, ausentes las cosas, podemos pensar en ellas porque gracias a las representaciones las tornamos presentes al espíritu. De las acciones se desprenden figuraciones que, primero son una especie de simulacro de las mismas, para evolucionar después hasta convertirse en *representaciones* puras y esquemáticas de las acciones. De esta suerte la conciencia, que es comprensión, se transforma en conocimiento.

Para poder pensar es preciso representarse las cosas, y para pensar sobre las acciones, para comprenderlas, es necesario reconstruir mentalmente —eso es representarse— el proceso que hemos seguido al experimentarla, quedando así la acción abierta a la conciencia. Ese proceso reflexivo puede ser simultáneo al curso de la acción (conciencia en la acción) o posterior a la misma (conciencia sobre la acción). El sentido más inmediato de la reflexividad es el de autoanálisis de lo que hacemos, solos o con otros gracias al lenguaje. Eso nos distingue como seres pensantes separados, desdoblados, del mundo en el que nos desenvolvemos.

Las representaciones no sólo tienen un valor retrospectivo —efecto de eco— respecto de la acción (visión diferida de lo que ha ocurrido). Una vez que han aflorado a la conciencia las representaciones de las acciones, gracias a ellas podemos anticipar el curso de otras acciones semejantes que podemos emprender en el futuro y pensar en acciones posibles sin realizarlas materialmente; posibilidad que debemos a la mediación del lenguaje a través del que pensamos. Esas representaciones son una especie de "apunte" de las operaciones que se han sucedido en la acción, que podrá ser utilizado como "guión" de posteriores acciones, dando lugar al comienzo de la economía que supone la rutinización que faci-

© Ediciones Morata, S. L

lita la experiencia de lo ya vivido. Así, el pensamiento que representa la experiencia ya tenida puede ser guía anticipada de la experiencia por venir; es decir, avanza sobre la acción y puede ser previo a ella. Primero será la experiencia adquirida en unas situaciones que pueden rentabilizarse en otra futura, no necesariamente idénticas ni en las mismas condiciones, gracias a la economía que prestan los esquemas interiorizados de la acción. Tal como establecía KELLY (1966, pág. 102), el sistema de constructos de una persona tiene que ver con la réplica de acontecimientos que transcurren en su experiencia.

El primer saber que acompaña a la acción, en principio, no es instrumental, un medio o recurso para la consecución de algo, sino que deriva de una potencialidad de la actividad humana. Una vez que forma parte de los contenidos de la conciencia sí puede utilizarse instrumentalmente de manera intencionada para orientar el curso de otras acciones.

Podemos aprovechar la noción de *esquema*, tal como la emplea PIAGET en la explicación del funcionamiento intelectual, con un significado parecido al que nos proporciona el concepto de *representación* que hemos aclarado, y aproximarnos algo más a la tipificación del *conocimiento sobre* la acción. El *esquema* es una estructura cognoscitiva de representación respecto de una clase semejante de secuencias de acción que constituyen totalidades coherentes organizadas, referidas a formas integradas de comportamiento (FLAVELL, 1968, pág. 71). La complejidad de los esquemas es muy variable; desde los más sencillos, correspondientes a acciones simples, como la forma de asir un objeto, que se aplica a múltiples objetos, hasta un método de resolver un problema complejo que tiene utilidad funcional en situaciones diversas. Un profesor tiene unos esquemas mentales acerca de las formas de acomodar a los alumnos en clase y otros sobre cómo desarrollar una clase de historia. Los esquemas no son secuencias de operaciones estáticas y de acciones interiorizadas como piezas de un fichero y nada más, sino que se convierten en disposiciones organizadas entre sí para abordar el mundo. Su estabilidad no significa estatismo puesto que se crean y se modifican por su mismo funcionamiento.

Se puede decir que, al tomar conciencia ante lo que hemos hecho o estamos haciendo y, por simetría o empatía, ante lo que vemos en los demás, nos desdoblamos; al observarnos y observar a los otros, elaboramos las elementales o complejas *creencias* (*belief*), componiendo así, progresivamente, la comprensión que las personas tienen sobre los objetos, las personas, las acciones, las situaciones o sobre uno mismo. Las creencias son los contenidos de la conciencia que tenemos sobre las acciones, aunque son formas poco elaboradas de conocimiento (GRIFFITHS, 1982, pág. 232). Tomar conciencia es elaborar conocimiento, decía WALLON (1978, pág. 19). De ahí que la primera posibilidad de acceder a la teoría encarnada en los sujetos como posible componente ligado a la acción sea el análisis de sus representaciones de la acción y sus lazos con la acción misma: lo que piensan que han hecho, lo que creen que otros hacen cuando observan. Ésta será la base del significado intelectual de la acción para el agente.

Que un profesor nos cuente qué hace es una forma de comunicarnos sus representaciones mentales de las acciones que realiza. Lo que cuenta y lo que hace o ha hecho son cosas que pertenecen a órdenes distintos de su mundo, pero son planos interrelacionados por la forma en que extrae, primero, y verbaliza, después, los esquemas de su práctica. Decir que son órdenes distintos equi-

© Ediciones Morata, S. L.

vale a decir que incluso la representación "teórica" de la realidad creada por uno sobre sus acciones es de una naturaleza distinta de la acción real. El esquema de la acción no es la acción misma, al igual que un esquema de un motor no es el motor ni la materialidad de las operaciones para montarlo y desmontarlo; es decir, el esquema no es conducta práctica, lo mismo que un mapa detallado no es equivalente a ver y pisar o manejarse por el terreno real que representa, aunque esquema del motor y mapa, como información articulada que son, resultan muy útiles para los que se adentren por el mundo representado en ellos. En ese radical sentido mantendremos que el mundo de la teoría es otro mundo respecto del de la práctica, aunque hayamos comenzado por establecer sus interdependencias. Tan es cierto que existe una natural relación entre pensar y actuar, como radical es la diferente naturaleza de ambos, porque estamos ante manifestaciones bien diferentes de las posibilidades del hombre que pertenecen a mundos interconectados pero distintos.

Esta posición será decisiva para valorar el pensamiento y la cultura para las prácticas y para los prácticos de la educación; es decir, para su formación. Porque los esquemas sobre las acciones —cultura o teoría sobre la acción educativa— no sólo los poseen los prácticos, ni los tiene que inventar cada uno de ellos. Los mapas no los tiene que hacer cada caminante, salvo cuando se trata de exploradores de territorios ignotos.

Después de una acción puntual, transcurrida una sesión de clase o después de una experiencia prolongada, podemos relatar lo ocurrido (comunicar la representación consciente de la acción) y hacer público el *esquema* específico de la acción puntual o el de la concatenación y subordinación de esquemas correspondientes a acciones específicas incluidas en experiencias más dilatadas. Así se llega a tener una representación ordenada de lo que es la práctica de la enseñanza y de la educación. El sujeto empieza a elaborar teoría y a manejar esquemas de pensamiento, a constatar posibilidades. A estas primeras comprensiones originadas "con" y "en" la acción se añadirá el aprendizaje vicario que adquirimos a partir de lo que vemos en otros y todo lo que los demás nos cuentan sobre sus acciones o sobre acciones ya sin autores identificables, despersonalizadas, constituyendo originariamente el mundo de la cognición sobre la acción (SIGEL, 1985, pág. 347).

Estos planteamientos dejan claro que para "saber sobre algo" es necesario que alguien (el mismo sujeto u otros semejantes) haya tenido antes experiencia de hacerlo, de cuya acción se ha extraído un primer "saber hacer". O, como pronto, el saber hacer sobrevendrá al tiempo que hacemos algo. Como pensaba RYLE (1949) (citado por CARR, 1996, pág. 90), no es posible "saber qué" a menos que ya se "sepa cómo". Es decir, que la práctica es condición del conocimiento, lo que no quiere decir que ante una acción o una práctica no haya teoría previa acumulada o que no haya más práctica que la experimentada por uno mismo. El mundo no lo construimos de nuevo en cada acción. Sólo a partir de la experiencia acumulada, con una historia de la práctica como bagaje, puede pensarse que el conocimiento "sobre el hacer" sirve de guía para la acción de otros.

Así pues, lo mismo que partiendo de la acción se llega al pensamiento desde una perspectiva genético-evolutiva, en las acciones de los adultos y en aquellas que, aún siendo especializadas, tienen un carácter de ser bastante naturales, como es el caso de la enseñanza, tendría lugar un proceso de cognición parecido: de la conciencia de las acciones de enseñar, gracias a las representaciones que obtenemos de las mismas, tenemos conocimiento *de* y *sobre* la acción propia o de la que observamos en otros. Se acepta que el primer aprendizaje para comportarse como profesor es un aprendizaje por socialización como alumno, experiencia de la que se extraen las primeras representaciones de la práctica que más tarde se pueden reproducir y utilizar.

Las *creencias* acerca de lo que es la práctica entroncan con la raíz de la teoría si consideramos que recordar lo que hemos hecho y lo que nos ha ocurrido no es una *representación cognitiva* exacta de lo hecho, una reiteración o calco de lo hecho, sino que implica un primer atisbo de *abstracción* esquemática. Cuando recordamos, actualizamos el esquema, "re-actuamos", reconstruimos la acción, pero eso no es la acción misma, sino una abstracción de lo esencial de ella que no retiene todos sus detalles. La imagen reflejada de la acción que es la representación constituye un esquema, en el sentido de ser resumen esquematizado y no copia exacta de actividad. Ahí, en la elaboración del esquema de la representación se desprenden y se desechan ya aspectos y circunstancias accesorios; simplificamos las acciones, nos quedamos con unos rasgos y perdemos otros. Cuando me digo a mí mismo o a otros lo que creo que he hecho doy un resumen, realizo un primer esquema abstracto que, a cambio de perder detalles, cobra un poder de generalización y resulta más económico de retener y de combinar. Los esquemas son una manifestación del pensamiento que permite representar, examinar, reelaborar, comunicar y proyectar esa acción u otras parecidas. Esos esquemas pueden verse plasmados en creencias.

Venimos hablando de práctica de acciones y de esquemas, creencias o saberes que representan las acciones y que componen la sabiduría del *saber hacer* en un dominio determinado, como son las acciones de educación. Este bagaje práctico es esencial para los profesores y para su formación. Ahora bien, existe un matiz esencial a destacar. Como ha distinguido Martin (1971), existen diferentes formas de *saber hacer cómo* algo. Existe un saber hacer práctico que se expresa en la realización de algo. Es la interpretación más literal del *saber hacer.* Pero también *sabemos cómo* funciona un motor, aunque no lo desmontemos realmente, o cómo ejecutar un asesinato sin tener que hacerlo, lo que no equivale a la realización misma, pero sí es una aproximación, una posible predisposición o una cierta capacitación para hacerlo, porque podemos representar esas acciones por sus esquemas que nosotros asimilamos o elaboramos. Es posible, en cierto sentido, "aprender práctica" sin realizarla, simulándola, viéndola o leyendo-escuchando narraciones sobre ella. Desde luego, observar una batalla no es capacitarse para ganar la guerra, ni observar un acto sexual es equivalente a sus correspondientes prácticas reales, pero aproximan tanto que algo de aprendizaje práctico hay en ello. Y si eso es posible es porque disponemos del mecanismo de la representación de la acción. Con lo cual se abre un amplio camino para adueñarse de un *saber hacer* sin tener que hacerlo realmente; posibilidad que presta una enorme potencialidad a la educación, en general, y a la transmisión de la experiencia de realizarla para los profesores u otros agentes educativos. Mucho del contenido de la "teoría pedagógica" es experiencia codificada o destilación de ciertos principios de la misma, narrados y elaborados como cultura objetivada. Si se rechaza esta "acumulación a través de la teoría" estaríamos despreciando la simple comodidad de la aculturación.

© Ediciones Morata, S. L.

La *destreza práctica*, eso sí, exige la prueba de la experiencia personal dentro de situaciones particulares. De ahí la dificultad de comunicar a los profesores noveles el conocimiento práctico a partir de la experiencia de otros, porque está ligado a las condiciones concretas del contexto de la práctica. Podemos transmitirles saberes sobre y hasta simpatía por determinados motivos para actuar con procedimientos que no exigen la experiencia real; se podrán transmitir esquemas de cómo hacer o de cómo han hecho otros, aunque la eficacia de todo ese bagaje de experiencia vicaria exige el ensayo personal. Quien lee, entiende y ve la pedagogía Freinet o los métodos de Montessori capta una estructura de ideas, motivos, estrategias y de recursos prácticos entrelazados. Son modelos coherentes que han salido de la fecundación entre pensamiento y acción. Sería ridículo renunciar al bagaje de información acumulado argumentando que el profesor sólo se forma en la práctica. Pero sería igualmente erróneo esperar que todo ese saber sustituyese a la prueba de la experiencia.

No todo lo que conocemos tiene que ver con la forma de realizar acciones uno mismo. Puede existir el conocimiento de esquemas sobre la práctica sin haber tenido que realizar la acción personalmente, al existir el aprendizaje vicario por observación de la acción de otros o a través de la comunicación gracias al relato que permite el lenguaje. Una vez que el esquema cognitivo se elabora, puede adquirir independencia de la práctica, experimentar abstracciones, implicarse con otros esquemas y agrupar en torno de él creencias múltiples. Entonces es un bagaje previo a la acción que puede ser utilizado en su previsión, diseño, realización y crítica. Es decir, que el conocimiento —una forma de entender lo que genéricamente se llama a veces teoría— sí que puede existir sin que haya ejecución material y práctica de las acciones gracias a la autonomía liberadora que cobra el pensamiento. Los esquemas cognitivos que éste maneja pueden referirse a acciones concretas o a procesos más complejos y reconstruir creencias en planos abstractos alejados de prácticas reales. Pensamos sobre la acción también cuando analizamos políticas globales de educación y no sólo cuando hablamos de enseñar un determinado tópico del *currículum*.

El pensamiento pragmático de carácter estratégico, mezcla de esquemas cognitivos, dinámicos y prácticos, es una forma sustancial del conocimiento de los profesores, una manifestación de la especificidad de su sabiduría teórico-práctica. Para SHULMAN (1986) ese conglomerado de conocimiento entra en juego cuando el profesor aborda situaciones particulares o problemas que no tienen una solución predefinida; por eso trasciende a la sabiduría ligada a experiencias concretas.

En otros lugares hemos analizado cómo los esquemas extraídos de la puesta en práctica de las actividades académicas (GIMENO, 1988) y de la acción en general (GIMENO, 1993) forman el repertorio de las destrezas y estrategias cognitivo-prácticas del profesor. Una tarea académica (realizar un resumen, explicar-comprender una unidad de información, evaluar un trabajo del alumno, aclarar dudas a los estudiantes, etc.) implica un discurrir de acciones con una coherencia interna, de las se extraen esquemas de acción, conocimiento o representaciones. En torno a éstas, o con independencia directa de las mismas, se agrupan creencias diversas sobre la naturaleza de las tareas, de la personalidad del estudiante, sobre los contenidos, acerca de lo que representa esa acción en el conjunto de una secuencia de acciones más amplia, sobre cómo reaccionan alumnos

© Ediciones Morata, S. L

diferentes y un sinfín de posibilidades. Como señala Kuljutkin (1988, pág. 74), cada tarea pedagógica no es sólo una actividad, sino también una unidad estructurada de pensamiento del profesor, cuya función, si se relaciona con una actividad práctica, proporciona un análisis de la situación pedagógica concreta, plantea los objetivos en un contexto de actividad determinado, controla y regula el proceso de su consecución y evalúa los resultados. La tarea pedagógica tiene una estructura que comprende la perspectiva general del trabajo educativo, un *modus operandi*; en torno a ella se pueden asociar múltiples creencias y valoraciones.

Los esquemas correspondientes a acciones del profesor no sólo se refieren al contacto con el estudiante y al escenario de las aulas, sino también a cualquier tarea profesional en el centro escolar o fuera de él (diseño del *currículum*, organización de la clase, del centro, reuniones con los padres, etc.). Los saberes acerca de todas esas posibles acciones son mucho más amplios.

La disponibilidad del repertorio de esquemas de acción constituye el depósito de su experiencia "teórico-práctica" disponible, que está en constante proceso de reelaboración y le facilita el transcurrir ordenado de la actividad. El orden propiciado por la estructura de los esquemas, aplicados con una cierta flexibilidad según las circunstancias, componen la profesionalidad como un oficio-arte que se expresa en un saber hacer con una base cognitiva y un significado relacionado con sus intenciones y motivos. Ese orden que propician los esquemas tiene la virtualidad de que una actividad tan compleja como es la enseñanza, en la que intervienen componentes tan variados (personales, estímulos ambientales, contexto inmediato, alumnos diversos, contenido curricular, etc.) discurra de una forma aparentemente sencilla, porque el esquema del *saber hacer* ordena la acción y es un regulador de la misma. La capacidad práctica de los profesores es como el sumatorio de los esquemas prácticos puestos en juego ordenados en cada caso de forma particular, capaces de entrar en acción con cierta flexibilidad en situaciones nuevas. Su experiencia teórica la componen los esquemas cognitivos ligados a sus saberes prácticos y otros engarzados a estos saberes.

Los esquemas prácticos compartidos por los profesores hacen que éstos se parezcan entre sí, aceptando todas las matizaciones personales. De los esquemas compartidos no sólo participan los profesores, sino una amplia base social, en tanto forman parte de la cultura sobre la educación que tienen los grupos sociales. La estabilización de la estructura de la acción y el hecho de que esté adaptada a un contexto escolar muy estable homogeneiza la práctica y le da continuidad en el tiempo. La profesión docente se configura como oficio común de aquellos que lo desarrollan, porque todos comparten *repertorios* de esquemas prácticos, de esquemas cognitivos y dinámicos ligados entre sí. Los más generales, que denominamos esquemas *estratégicos*, son construcciones relativamente estables de esos tres componentes que versan sobre una acción o que se han generalizado y cubren a un tipo de acciones (a, b, c,...).

Se nos permite así gobernar acciones complejas y prolongadas, enfrentarnos con una base ante situaciones desconocidas y cerrar el carácter abierto que tiene la acción. Los esquemas estratégicos van más allá de situaciones concretas, sirven para crear cursos de acción alternativos. El conocimiento en forma de esquemas es útil en la práctica porque organiza el conocimiento profesional en torno a elementos o aspectos básicos de los procesos de enseñanza-aprendiza-

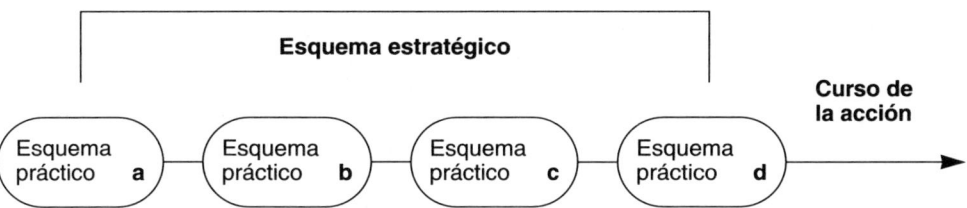

Figura 2. *Los esquemas de las acciones.*

je reales (ANDERSON, 1984) y se relaciona con las actividades dominantes que forman la práctica de la educación institucionalizada.

Desde un enfoque genético, en sus orígenes, saber hacer y saber sobre o acerca del hacer van estrechamente unidos y son indisociables cuando se actúa. Así pues, puede afirmarse que no existen destrezas prácticas sin esquemas cognitivos, no hay práctica sin un esbozo de teoría sobre ella inherente a la misma. El conocimiento no "se aplica" a la práctica, según una expresión muy socorrida que distorsiona la comprensión de cómo ambos términos se interrelacionan, sino que realizamos acciones acompañadas de conocimiento.

2.3.2. No sólo de práctica viven los seres humanos. ¿Y los profesores? El camino de la abstracción y de la teoría que guía la acción

En la medida en que las acciones se repiten en situaciones semejantes o diversificadas parcialmente y captamos las semejanzas y diferencias entre conjuntos de ellas, las representaciones de acciones parecidas pasan a ser esquemas más generales y algo más abstractos que ya no se corresponden con una acción particular, sino que son principios de explicación de tipos de ellas. De la variedad de acciones emprendidas en contextos diversos se extraen también diferenciaciones de esquemas tipificados como categorías distintas: las actividades de manejar a niños pequeños son en parte semejantes y en parte diferentes a las de tratar con adolescentes. La representaciones esquemáticas de esos tipos diferenciados hacen posible que los profesores expliquen las ventajas de estar con unos alumnos o con otros, sepan tipificar los problemas que surgen en un caso y otro o justificar sus preferencias profesionales. Comprendemos que las acciones varían en su desarrollo, en cuanto a las consecuencias que tienen y cómo se enlazan mejor unas con otras y unas dentro de otras. A partir de ahí podemos comparar no ya las acciones, materialmente, sino los esquemas que las representan: analizamos sus ventajas e inconvenientes, contrastamos los efectos apreciados, enlazamos unos esquemas con otros, los clasificamos por el éxito que alcanzan con diferentes estudiantes o en situaciones diversas e incluimos unos en otros más generales. Estructurando los esquemas ponemos un orden en el caótico fluir de la vida. El camino entre la representación o esquema y la primera teorización generalizadora está trazado, y de esta forma comienza a nutrirse el campo de la teoría subjetivamente asumida.

La profesionalidad docente está caracterizada esencialmente por ese pensamiento estratégico y pragmático, que relaciona saberes prácticos (cómo), teóricos o creencias (acerca de) y éticos (para qué o por qué), que relaciona acciones, ideas, intenciones, emociones y evaluación de condiciones de aplicación. Existen otras muchas creencias o saberes que no hacen referencia a cómo se desarrolla la acción (creencias sobre el *cómo*), sino que tienen otros contenidos variados relacionados con los agentes de la acción, con sus destinatarios, con los fines de la misma, con razones de por qué funciona o no en determinadas circunstancias, sobre el contexto de la práctica, sobre cómo ha sido en el pasado, o sobre cómo es en otros lugares, etc.

Saber realizar cierta actividad implica dominar determinadas operaciones y también algún saber de carácter proposicional sobre la actividad misma (VILLORO, 1996, pág. 127). El *saber hacer* (*know how*), la habilidad o capacidad para realizar algo prácticamente y sus correspondientes esquemas mentales es diferente del *saber qué* (*know that*), saber ideático o creencias sobre las acciones, distinción realizada por RYLE (1949) (citado por MOSTERÍN, 1987, pág. 121). El primer orden de saberes nos aproxima al conocimiento con un valor y una funcionalidad más pragmáticos, aunque es conocimiento, al cabo, mientras que el segundo nos acerca al mundo de la "teoría".

Entramos así en otra forma de abordar el significado de la relación teoría-práctica en educación: el de las interacciones y dependencias entre el *saber cómo*, el *saber qué* y el *sobre qué*. Sé, a mi manera, conducir una clase o guiar a un niño y sé muchas más cosas sobre los niños, sobre las clases, sobre lo que allí transmito, sobre lo que allí ocurre, sobre mí mismo, etc. El saber sobre el hacer no capacita para saber hacer con seguridad, obviamente, pero cuando el hacer del que se trata se refiere a acciones complejas con opciones posibles, el saber sobre el hacer da perspectiva, claridad, discriminación y buen juicio. Sería torpe y mutilante creer o desear que el mundo de las representaciones de las acciones, y todos los saberes que en torno a las mismas cabe relacionar, se limitase a saber ejecutar acciones, que es la opción más practicista al tratar la conveniencia de la relación entre el pensamiento y la acción en educación.

El saber sobre algo es valioso *per se*, por el poder formativo que tiene de la persona, porque la constituye haciéndola más valiosa. Además, esos saberes son útiles para la acción, si bien la utilidad tiene que entenderse no sólo de manera determinante —para guiar o determinar acciones con seguridad—, sino también como dotación de puntos de vista para una acción contextualizada, más racional y más ética. Esta perspectiva es válida para toda experiencia de formación o de aprendizaje, incluida la de la formación de profesores.

Con esa distinción entre *saber hacer* y saber *sobre el hacer* se sale del peligro tanto del pragmatismo más alicorto e irreal, como del círculo del intelectualismo que supondría considerar que el aprendizaje de toda habilidad práctica implica el previo aprendizaje intelectual de las reglas que la gobiernan, como si antes de saber ir en bicicleta hubiese que dominar unas reglas de comportamiento sobre cómo manejarse en ese artefacto. Un saber no sustituye al otro; el más práctico es necesario para sostenerse pedaleando, el que sabe las reglas puede mejorar más fácilmente y con más rendimiento el pedaleo. Y, desde luego, lo más importante sería saber hacia dónde se camina, cuál es la ruta más adecuada y por qué se elige esa dirección, que son saberes poco pragmáticos para pedalear pero muy prácticos cuando se va en bicicleta.

El conocimiento más o menos elaborado sobre la acción, con toda la comple-

© Ediciones Morata, S. L.

jidad estructurante de esquemas que conlleva y el añadido de diferentes tipos de saberes, se convierte así en guía orientadora de la acción futura. Y decimos orientadora, porque, como dice Cruz (1995, pág. 144) hablar de conciencia de la acción arrastra unas connotaciones que pueden inducir a alguna confusión, como la de crear una imagen racionalista excesivamente *controlada* de la acción.

La orientación, más que el control, es la posibilidad de una conciencia que trabaja más sobre recuerdos de acciones y de previsiones futuras que con momentos presentes. El transcurrir del presente es demasiado movedizo y fugaz, nos detenemos con más seguridades antes de actuar, visionando los futuros posibles, temidos o deseables, y después de que la acción haya ocurrido. El pensamiento trabaja básicamente con proyecciones o sobre la memoria. Su principal condición es el distanciamiento de los fenómenos, precisamente para poder entenderlos mejor. Todo pensamiento, y no sólo el que se entretiene en cuestiones últimas y esenciales, exige detenerse, como afirma Arendt (1984, pág. 97). La retirada es la condición inherente a toda la actividad mental.

> "El significado de lo que acontece realmente y aparece mientras está ocurriendo se revela una vez que ha desaparecido; el recuerdo, a través del cual se hace presente en el espíritu lo que realmente está ausente y pasado, revela el significado en forma de historia."
> (Arendt, 1984, pág. 159.)

Es la fugacidad del presente lo que da al pasado el lugar más propio para la reflexión que podrá utilizarse después como sabiduría prospectiva.

> "La cadena de 'momentos presentes' discurre inexorablemente de forma y manera que se comprende el presente como precaria ligazón del pasado y del futuro: en el momento que intentemos inmovilizarlo, se convertirá en un 'ya no', o en un 'todavía no'. Desde esta perspectiva, el presente duradero aparece como una especie de 'ahora' alargado —una contradicción en términos—, algo así como si el yo pensante fuera capaz de extender el momento, y producir de esa manera una especie de hábitat espacial para sí mismo."
> (Arendt, 1984, pág. 261.)

El presente es un espacio de tiempo prolongado hacia atrás y hacia adelante, por lo cual "pensar en la acción" da realmente muy pocas oportunidades al pensamiento. Lo que hacemos es más bien pensar sobre la acción posible o la ya realizada. En realidad sólo así se puede comprender el espectáculo en el sentido de que es necesaria la perspectiva, la retirada. No es la acción, sino la contemplación de ésta lo que revela mejor su significado, dice Arendt (1984, pág. 116). De la palabra griega que significa espectador (*theatai*) se derivó el término teoría. Lo cual no puede entenderse como extrapolación del supuesto aristotélico sobre la superioridad de la vida contemplativa o como que unos deben actuar y otros ver la función para entenderla y dar un juicio. Lo que queda resaltado es la casi imposible coexistencia de la reflexión sobre la práctica mientras se actúa. La distinción, que no independencia total, entre la teoría y la acción arranca también de esa condición que existe en cada uno de nosotros. Puede ser interpretada como una impotencia, pero, a cambio, el distanciamiento nos permitirá utilizar toda la cultura para racionalizar las acciones, que es lo que da sentido a la educación y la formación del profesorado.

© Ediciones Morata, S. L

Así como el agente de la acción es su único protagonista, la reflexión del espectador (de la acción de uno mismo o de las de los demás), el pensamiento para el futuro y sobre el pasado, se nutren de los significados del agente y de las creencias de todos los que le precedieron. Es miope la interpretación de que sólo los que están actuando y son protagonistas de una práctica son los que mejor pueden elaborar conocimiento para la práctica. Desde esa perspectiva, la clase obrera quizá nunca se hubiese enterado de que era una clase, por ejemplo. Cierto tipo de sabiduría práctica es indudable que sólo haciendo algo se posee de forma genuina, pero no todo saber es utilizado directamente en la práctica. Si lo que realmente pensamos es sobre el presente prolongado, la urgencia es menos apremiante y tendrán más valor para los actores todas las herramientas prestadas por los demás para el "antes" y "después" de la actividad.

De ahí que los procesos reflexivos sean más factibles en la fase previa (planificación o diseño —fase *preactiva*—) y posterior (revisión, crítica en fase *postactiva*) a la acción que en la fase de desarrollo de la actividad (fase *interactiva*). Cuando se reafirma la importancia de la teoría ligada a la práctica o la de la reflexión e investigación en la acción, estamos tratando de comprender metafóricamente posibilidades de conectar pensamiento y actividad en un tiempo real que casi no existe. La acción la dominamos por lo general con el pensamiento en un sentido retrospectivo (mirando lo hecho y sacando consecuencias) o prospectivamente (proyectando planes). En esos momentos el ser pensante nunca está sólo, le acompaña toda la cultura por él asimilada. Y es obvio que siempre podrá estar más y mejor acompañado. En estricto rigor, la expresión *investigar en la acción* debería sustituirse por *investigar sobre la acción*, pues *en* la acción es tan difícil hacerlo como inútil sería pararse a pensar cuando se está perdiendo el equilibrio al pasar el río por una pasarela. No decimos que sea imposible hacerlo siempre y para todos. Tampoco trataremos, ni mucho menos, de legitimar el reparto actual de la división del trabajo entre los agentes profesionalizados de la teoría y los de la práctica. Pero sería tan torpe despreciar a quienes mejor dominen la cultura pedagógica objetivada (las creencias sobre la educación) en la actual situación de división social, como pretencioso e inútil que los intelectuales se creyesen los poseedores del saber más útil para la práctica.

La acción se embrida proyectándola (diseño) y revisándola para poder proyectarla posteriormente. El conocimiento previo de la acción puede ser utilizado como prudente sabiduría en la previsión o planificación de la misma, aunque la idea-representación sobre lo que va a ser la acción no coincide de forma total con la práctica de la acción misma. Prever no es vivir, afirma REPUSSEAU (1972, página 39). He aquí una razón de la falta de racionalidad total en las acciones humanas.

Las creencias sobre las acciones no se ubican sólo en el plano de la pura representación mental, como venimos viendo. En nuestro triángulo los componentes cognitivos de la acción también conectan o se contaminan de la dimensión intencional. Los esquemas dinámicos y cognitivos se tocan en sus expresiones más elementales. Una creencia sobre la acción humana se diferencia de la que podamos tener sobre un fenómeno físico en que, en el primer caso, al utilizarse como explicación, incorpora justificaciones de la acción que la defienden como razonable (DENNETT, 1991, pág. 54). Las creencias sobre lo que hacemos tratan también de justificarnos. Al tiempo que pienso lo hecho o la acción que está

© Ediciones Morata, S. L.

en curso evalúo su idoneidad, lo que me satisface, estoy de acuerdo con lo que ocurre y lo acepto o lo rechazo.

Nos queda claro, pues, que el conocimiento y todo lo que puebla de significados al término *teoría* no puede reducirse al conocimiento científico, como ha pretendido el cientificismo positivista. Pensar, conocer, tener creencias, dar razones, reflexionar, son procesos que dan lugar a contenidos que tienen que ver con acepciones menos exigentes de la teoría. La ciencia es una forma de conocimiento. La más segura de todas ellas. Las fronteras entre la ciencia y otras formas de conocer no son nítidas porque la una y las otras son maneras heterogéneas que presentan continuidades e interferencias. La gente no suele guiar su vida con la ciencia, sino con otras formas de conocimiento, y ese bagaje no podemos despreciarlo para entender la educación y sus agentes.

2.4. La acción educativa, por ser personal, es abierta, incierta, imprevisible y creadora, aunque racional

> "Repitamos que no es justo exigir en todas las cosas un mismo grado de exactitud, y que en cada caso sólo debe pedirse una precisión relativa a la materia de que se trata. Es preciso, al mismo tiempo, resignarse a no obtenerla sino en la medida compatible con los procedimientos y el método que se aplique."
>
> (ARISTÓTELES, *Ética Nicomáquea*. Libro I. Cap. V.)

La acción es una experiencia procesual que transcurre en el tiempo y que, en sentido estricto, no permite conocer su final desde que la concebimos o desde el comienzo de la misma. El fin de la secuencia se determina y se elabora en el curso del desarrollo de la acción siguiendo procesos de acomodación a las circunstancias cambiantes dentro de las cuales el agente modifica sus objetivos y estrategias previas. Porque el bien que busca la acción no sólo lo podemos buscar en los resultados, sino en el mismo proceso de su transcurrir. Este entendimiento de la acción como proceso que discurre lleva a plantear, igualmente, el papel del conocimiento en la misma no como una elaboración previa y fija que ilumina desde el comienzo el diseño *a priori* de la acción y que la asiste o acompaña en su desarrollo, sino como elaboraciones que se deducen del proceso o que, pudiendo ser esquemas previos, pueden modificarse en el transcurso de las acciones.

La falta de control de la experiencia y del conocimiento previo sobre la acción se debe a la participación de un agente con libertad y a que éste actúa sobre otros agentes que también la poseen. Éste es un supuesto del todo determinante, a no ser que creamos o queramos que los sujetos se comporten como máquinas que no piensan. El que actuemos además dentro de un contexto que no es neutro para la acción es el segundo factor decisivo para considerar las acciones como procesos abiertos; nunca del todo determinados, ni por el conocimiento ni por las circunstancias externas. El mundo de la acción pedagógica no es el de la técnica (*techne*), en el que reglas fijas regulan acciones para conseguir metas. Tampoco es el de un mundo determinado totalmente por leyes y estructuras externas. Es, más bien, el de la *praxis* aristotélica descubierta por los sujetos, donde el razonamiento práctico lleva a encontrar la acción moralmente informada acerca de lo que es conveniente en cada momento. Éste es un saber que no se compone de reglas, sino de principios aplicados con sabiduría (*phronesis*). A esa clase de práctica no se le puede pedir exactitud. La técnica, aunque "funcione" logrando resultados aceptables siempre tendrá alternativas posibles, como afirma BEYER (1987):

> "Cuando una técnica funciona, es decir, cuando resuelve un problema inmediato con el que tenemos que vérnoslas, se suele percibir como buena o adecuada, sin relacionarla con sus posibles consecuencias menos inmediatas o sin ver otras alternativas posibles. En este sentido las técnicas de enseñanza se han apreciado a menudo más como fines en sí mismas que como medios para propósitos educativos razonados y articulados." (Pág. 21.)

La racionalidad atribuible a los seres humanos en sus acciones es, pues, una racionalidad imperfecta, pero perfectible, una imperfección inevitable como establecía el pensamiento de Aristóteles. Operamos en situaciones inciertas sin saber a qué conducen exactamente nuestras acciones; el grueso de la acción se plantea en términos de riesgo, de incertidumbre, de confusión.

> "Y es que los individuos actúan racionalmente en la medida en que, a partir de sus razones y de las oportunidades que les ofrecen las situaciones concretas en las que están inmersos, llevan a cabo la acción que consideran más adecuada."
> (CRUZ, 1995, pág. 150.)

> "Abandonada la pretensión legaliforme, excluidas del análisis por no considerarlas propiamente acciones aquellas conductas cuyo agente no pudiera en ningún momento apelar a razones, y desestimadas por irracionales únicamente aquellas acciones en las que se da una inconsecuencia entre decisión y acción, la pregunta que permanece, resistente, es: ¿debemos, a la vista de esto, considerar equiparables la noticia de las razones del agente y la evaluación de la racionalidad de la acción?"
> (CRUZ, 1995. pág. 151.)

Estamos ante un proceso no predeterminado en el que existe cierta imprevisión, aunque pueda hablarse de sus condicionamientos determinantes porque, como veremos más adelante, la acción se enmarca en situaciones creadas de antemano. Ahora queremos resaltar el componente creador, libre y, por tanto, responsable que lleva consigo la acción humana, sin caer en idealismos.

Con la acción, nos dice ARENDT (1993, pág. 252), se inician procesos cuyo transcurso y resultado final no se pueden vaticinar. Esta peculiaridad va ligada al hecho de que, normalmente, las acciones se concatenan unas con otras en un sujeto, las de éste tienen en cuenta efectos en otros. En definitiva, toda acción se produce en un marco de interacciones con las de los demás. De esta suerte, mientras no concluye una, e incluso una vez terminada, no sabemos cuáles le van a seguir.

> "...Toda acción provoca no sólo una reacción sino una reacción en cadena, todo proceso es la causa de nuevos procesos impredecibles. Ese carácter ilimitado es inevitable; no lo podemos remediar restringiendo nuestras acciones a un marco de circunstancias controlable o introduciendo todo el material pertinente en un ordenador gigante. (...) En la acción, por oposición al trabajo, es verdad que nunca podemos realmente saber qué estamos haciendo." (ARENDT, 1995, pág. 105-106.)

La incertidumbre, como señala la misma autora, es también el resultado de que la acción parta de manifestaciones de la voluntad, de lo que queremos, deseamos y nos parece posible. Ése no es el reino de los objetos o de la realidad, sino del futuro, y si algo caracteriza a éste es la inseguridad porque tratamos con asuntos que nunca fueron y que es posible que no lleguen a ser (ARENDT, 1984, página 262).

La acción deviene, pues, en algo imprevisible en su totalidad, lo es cada una de ellas, y no sabemos qué acciones futuras acometerá el agente como consecuencia de los resultados de la acción anterior (MACINTYRE, 1987, pág. 125). Las decisiones no tomadas dejan a la acción futura abierta y sin poder ser prevista. Esta imprevisibilidad en cada agente individual genera imprevisibilidad en el mundo social, terreno para el ejercicio de la libertad y de la creación individual y social. El futuro, como señala este último autor citado, sólo puede representarse como alternativas ramificadas ante las que todavía no se han tomado decisiones. Por eso en las ciencias sociales no caben predicciones al modo como lo hacen las ciencias de la naturaleza. Incluso aunque las acciones hayan generado prácticas de actuar estables, esto no quiere decir que las posibilidades de las acciones futuras queden cerradas. Si hubiese omnisciencia sobre cada acción y concatenaciones entre acciones, no habría que tomar decisiones entre alternativas que no sabemos adónde nos conducen. Cuando hay que tomar decisiones y elegir entre caminos entran en juego componentes que no se pueden agotar en razonamientos, sin querer decir que se sustraiga la decisión a la discusión racional. La imprevisibilidad del curso de la acción hace que todos nuestros proyectos personales o colectivos sean vulnerables y frágiles (MACINTYRE, 1987, pág. 134).

La inseguridad y la incertidumbre son, pues, condiciones definitorias de los asuntos humanos y lo son, por tanto, de la educación. Lo que no sólo nos constituye antropológicamente, sino que también caracteriza la necesidad de nuestras creaciones intelectuales para explicar el mundo. Gracias a que somos capaces de emprender y de comprender procesos, podemos entender y hemos llegado a captar la naturaleza y la historia como sistemas de procesos. Lo cual marca una línea de vigilancia epistemológica para todo conocimiento que se ocupe de acciones humanas, como es el caso de la educación. La acción educativa adquiere así su cuarta gran condición relevante, la de ser en sentido estricto abierta e *imprevisible* porque es procesual (DOYLE, 1977; GIMENO[4], 1988, pág. 245) y porque va guiada por una voluntad que nos dirige hacia lo desconocido y hacia lo deseable. Lo cual, más que evocarnos un mundo de caos y de arbitrariedad, nos recuerda que estamos en un mundo donde cabe la libertad de los individuos, lo cual lleva a exigir también su responsabilidad.

He aquí una característica contradictoria de los fenómenos educativos: son acciones de reproducción que llevan emparejada la posibilidad de creación en tanto se guían por proyectos que dan unidad a complejas concatenaciones de acciones o por motivos o fines específicos que guían una acción concreta. Defi-

---

[4] En este trabajo, como en el de DOYLE, se predica esa condición de la práctica aunque, con las distinciones que hacemos y seguiremos haciendo, ha de referirse con más propiedad a la *acción*. Porque lo que llamaremos *práctica* es, por el contrario, bastante más previsible que la acción, en la medida en que la práctica es cultura acrisolada, como más adelante explicaremos.

nir ese espacio abierto a lo posible, no dado por la naturaleza ni cerrado por el contexto, es la misión más difícil de los profesores, de las políticas educativas y de las tácticas de innovación puntual. Se plantea el problema de acordar el proyecto movilizador, consensuar las finalidades alternativas, arbitrar los modos de decidirlas, establecer la adjudicación de las responsabilidades, prever los mecanismos de vigilancia y autocorrección, definir qué será acierto y qué se verá como error. El conocimiento previo nos podrá recordar, prevenir y aconsejar desde lo ya hecho pero no determinar. El experto (es el caso de los técnicos en reformas o en política educativa) que acapare ese espacio de lo posible es un iluso y alguien que ilegítimamente sustrae a otros la capacidad de cierre de la realidad indefinida; la autoridad de cualquier tipo que hurte a los agentes la definición de lo indefinido anula la voluntad y la autonomía de los demás.

2.4.1. *La racionalidad limitada: la base para percibir a los profesores como investigadores*

¿Quiere todo esto decir que la acción pedagógica no está regulada o que no pueda serlo racionalmente? No, en absoluto. Las discusiones mantenidas hasta aquí hablan en sentido favorable a una cierta racionalización. En las acciones pedagógicas se refleja la idiosincrasia de la persona que las realiza y la singularidad de la situación y del momento en el que ocurren, lo que les concede un cierto carácter radicalmente imprevisible. En la medida en que tienen que ver con creencias, pensamientos, intereses, intenciones y motivos estables, en tanto reflejan la acumulación de saber práctico, las acciones muestran continuidad. Al ser también las acciones respuestas elaboradas dentro de contextos inmediatos estables y de producirse en el seno de una cultura envolvente en la que existen creencias, orientaciones de valor externas y modos de saber hacer establecidos, aparecerán de forma natural tendencias que la harán cristalizar en formas de actuar. Condicionamiento y continuidad de las razones de los sujetos proporcionan previsibilidad; participación personal y juego social generan el reino de la creación libre y el de la imprevisibilidad. El carácter creador y original se debe, pues, a la singularidad de los actores, al modo peculiar como responde en situaciones, a la concatenación de la acción y a su carácter social. Es la doble cara de la acción: ser del sujeto y estar anclada en la cultura.

Este marco nos obliga a pensar en un tipo de *racionalidad de las situaciones* que tiene que ver con los fines concretos que pretendemos en circunstancias también concretas, en una especie de racionalidad medioambiental (GINER, 1997, página 68), en línea con la racionalidad práctica aristotélica. Dada una determinada percepción de la situación, nos movemos de una forma que parece la más adecuada a lo que pretendemos. Actuamos racionalmente en la medida en que se realizan las acciones que se creen más idóneas, de acuerdo con la información disponible y a partir de una determinada evaluación de la situación. La situacionalidad implica consideración del contexto (el hombre es él y su circunstancia), aunque no sometimiento, pues con la acción se pueden cambiar las circunstancias.

La *racionalidad situacional*, imperfecta, mínima o limitada, pues de todas esas formas se la ha denominado (GINER, 1997; GÓMEZ, 1997; MOSTERÍN, 1987), no maneja todo lo que se sabe sobre una acción o sobre la situación, ni el conocimiento perfecto ni el de la ciencia; lo que no significa ningún tipo de relativismo cognoscitivo ni moral (GINER, 1997, pág. 64). Lo que puede ser racional en una situación podrá no serlo en otras. No es ésta una posición situacionalista, pues existen pautas de comportamiento racional para tipos de situaciones y de acuerdo con modelos de comportamiento compartidos por determinados grupos de personas —en nuestro caso, profesores, padres, estudiantes— e incluso por toda la especie.

Situaciones abiertas, procesos dinámicos, incertidumbres, imprevisibilidad, desconocimiento para el sujeto de las razones de lo que hace y ocurre, hacen difícil muchas veces la relación que las creencias y los motivos de la acción mantienen con la racionalidad en un sentido absoluto (GÓMEZ, 1997, pág. 311). La validez de la racionalidad de una acción se refiere a un tipo de racionalidad normativa, no a las explicaciones científicas, y depende de las condiciones en las que surge y se decide la acción, de acuerdo con los mecanismos cognitivos y afectivos que afectan al sujeto y en función de su repertorio de esquemas de saber hacer, lo cual supone admitir distorsiones e incertidumbres. El sujeto puede actuar racionalmente, pero no siempre de la forma más adecuada, debido a las distorsiones que le afectan. Dado este punto de partida, la primera irracionalidad es la hiperracionalidad, la ineptitud para reconocer la ineptitud, como afirma ELSTER (1991, pág. 24). Racionalidad *de* o *en* la acción no es la verdad o la ciencia, porque no se trata de una racionalidad explicativa, ni significa una facultad dada, sino un método que presupone el ejercicio de ciertas facultades, el uso de las informaciones disponibles utilizadas de la forma más adecuada, fundamentando las creencias del mejor modo posible (apoyándose, por supuesto, en el saber más autorizado que es la ciencia) y procurando la coherencia entre los fines pretendidos, las creencias y los medios empleados.

> "Una acción es racional cuando i) puede justificarse como la mejor manera de llevar a cabo los deseos del agente, dadas sus creencias, ii) dichas creencias pueden justificarse por las pruebas que tiene disponibles, y iii) el monto de evidencia recogida por el agente puede justificarse en términos de sus deseos y de las limitaciones sobre la información disponible." (ELSTER, 1988, pág. 134.)

Se actúa de acuerdo con un estado de conciencia no perfecta desde el punto de vista de una racionalidad objetiva, desde el dominio de una información y no de toda la información, no desde una neutralidad, sino a partir de nuestra conciencia y afectividad, según las posibilidades de situaciones evaluadas por nuestros esquemas. El que se trate de una racionalidad limitada o débil no quiere decir, como afirma ELSTER (1991), que sea una racionalidad inútil. Se trata de partir de un supuesto: el de que la tarea básica de la razón consiste en reconocer sus limitaciones. A partir del reconocimiento de los límites, tratamos de que la racionalidad se aplique a la deliberación, elección y selección de la acción, a sus fines, a los medios, a las creencias y a la percepción de la situación.

Las acciones son racionales o más racionales si parten de una conciencia clara de sus fines, si éstos están bien articulados, subordinando los fines intermedios a los finales, si son viables en una situación concreta, si se conocen los dispositivos para alcanzarlos, si se ponen en obra los más apropiados y si el plan de acción es suficientemente flexible para revisar el sistema de fines en función de las circunstancias (ELSTER, 1991, pág. 13; MOSTERÍN, 1987, pág. 57). Lo que importa entender es la evidencia que tiene un sujeto y no la que debería tener desde un punto de vista óptimo para entender su acción (GÓMEZ, 1997, pág. 313). El ciclo de interacciones que determinan la racionalidad práctica, según ELSTER (1988, pág. 134 y 1991, pág. 149) viene dado por las relaciones que se muestran en la Figura 3.

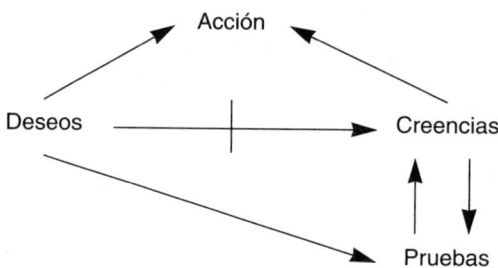

Figura 3. *La racionalidad práctica, según Elster.*

Los fallos de este esquema, según este autor, pueden provenir de la irracionalidad de alguno de sus componentes, de su inconsistencia y de su debilidad o indeterminación de las relaciones entre ellos. La incertidumbre es condición de moverse en territorios donde la racionalidad es imperfecta. No disponemos, como afirma ELSTER (1988), de una teoría global, sino de teorías parciales que no llegan a conformar una general. Como, además, los factores que actúan en situaciones como la política o la educación entran en interacciones complejas nunca del todo previsibles, la racionalidad es una guía débil para la acción que tiene que ser compensada por la experiencia y el tanteo prudente e inteligente. Siendo el pensamiento inherente a la acción, las creencias deben acomodarse en lo posible a patrones de racionalidad compartida, deben depurarse y contemplar la existencia de conocimiento autorizado. Pero todo esto sólo marca un camino a seguir.

La falta de racionalidad no sólo proviene de la carencia de teoría o de la complejidad de la situación. Hay a veces razones profundas no controlables que ponen de manifiesto que entendimiento y voluntad pueden llevarnos por caminos contradictorios. Las relaciones entre el pensamiento y la voluntad han dado lugar a posiciones muy opuestas: desde el platonismo que situaba a la razón como el centro del gobierno del alma, que retomó el racionalismo moderno, hasta el irracionalismo que parte de la impotencia de la razón y postula que ésta debe someterse a las pasiones (el caso de HUME). A pesar de todo, se puede actuar irracionalmente, porque el mundo de la pulsión puede imponerse sobre los débiles fundamentos de la racionalidad. Según el dicho ya popular: hay razones del corazón que la razón no entiende. "Realmente, mi proceder no lo comprendo, pues no hago lo que quiero y hago las cosas que aborrezco....querer el bien lo tengo a mi alcance, mas no el realizarlo, puesto que no hago el bien que quiero, sino que obro el mal que no quiero", decía San Pablo en la *Epístola a los Romanos* (7, 16-20). Ulises, de acuerdo con el vaticinio de Circe, pide ser atado al mástil de su barco para poder escuchar los cantos de las sirenas evitando sucumbir al hechizo de su llamada, a pesar de haber sido advertido de todas las buenas razones que tiene para no hacerlo, pues perecería[5].

Cuando hablamos de la acción del sujeto estamos hablando, pues, de racionalidad limitada, y lo mismo ocurre con la acción social (GINER, 1997, pág. 104), o con la modalidad de la acción social que son las acciones políticas (ELSTER, 1991) y con las decisiones a tomar en educación. La condición de no poder operar hiperracionalmente cabe aplicarla a las creencias, a los motivos o fines, elección de medios, a las decisiones y a la evaluación de la situación. Es decir, que tiene que ser una acción que contribuya al bien, tal como Aristóteles entendía la praxis. Se trata de una racionalidad que va más allá del juego de significados que sugiere la relación teoría-práctica en educación.

La explicación de la acción de los profesores, de aquello que ocurre en educación gracias a éstos, exige entender la interacción entre el sujeto y el contexto, participando el agente con sus creencias, sus motivos, su bagaje de experiencia y con toda su biografía en general. El contexto provee marcos de referencia de pensamiento y de finalidades así como también restricciones. Bien entendiendo que tienen responsabilidades directas sobre lo que acontece, pero no todas las de lo que ocurre, porque, en primer lugar, existen las consecuencias no esperadas de las acciones intencionales y, en segundo lugar, en sus manos no está el dominio de todo el contexto ("La historia es el resultado de la acción humana y no de la intención humana", frase atribuida a Ferguson, citada por GÓMEZ, 1997, página 322).

2.4.2. *Racionalizar no es regular: las resistencias de la acción educativa*

En el mundo de la racionalidad imperfecta no podemos pretender regular la acción educativa de manera estricta y total, porque ese intento supondría ignorar uno de sus rasgos entitativos más definitorio. En el mundo de las realidades complejas e indeterminadas, la coherencia absoluta es un delirio (MORIN, 1994, página 104). Ni siquiera un ciego sometimiento a las normas de las organizaciones burocráticas proporciona en la realidad un orden perfecto. Lo cual no significa que la educación no pueda someterse a principios de racionalización que sirvan de fundamentos ordenadores. No pretendemos situarnos en un mundo desordenado y azaroso, entre otras cosas porque la educación es dirigible y está dirigida; se trata de un fenómeno regulado con un orden. Al ser abiertas e imprevisibles las acciones desarrolladas dentro de cualquier proyecto educativo guiado por un orden, es posible intervenir en el mismo, reorientarlo y que los agentes aporten su autonomía. El orden de lo macro (proyecto o sistema educativo) tolera un cierto "desorden" en lo micro (acciones concretas); la conjunción de acumulaciones de "desórdenes" en lo micro puede alterar el orden en lo macro. La apertura de la acción educativa que contempla la intervención de agentes libres es compatible con una racionalidad limitada o contextual de las acciones en las prácticas edu-

---

[5] "Canto doce de la Odisea: Las sirenas, Escila, Caribdis, las vacas del Sol". Barcelona. Círculo de Lectores, 1971, pág. 466.

cativas. No podemos creer en el orden ilusorio y paralizante de los modelos de las burocracias deterministas que pretenden regular normativamente las prácticas, ni en el espejismo de que la acción pueda hacerse científica si se acomoda a los postulados de un determinado saber indiscutible proporcionado por las disciplinas autodenominadas científicas.

Desde el lenguaje de la ciencia positiva podrá decirse que esa condición abierta proviene de una limitación o de una deficiencia: la de que la educación es algo en lo que intervienen demasiadas variables como para querer ajustarlas en modelos explicativos formados por redes de conexiones causales para dar cuenta de los resultados y del curso de las acciones. En verdad, la imprevisibilidad de la acción se deduce de su misma indeterminación, porque en ella intervienen sujetos con opciones, autonomía y libertad, lo cual hace difícil anticipar el curso de las actividades que se emprenden. No es un defecto de la acción, sino una cualidad sustantiva que la constituye y una virtud cuyo respeto garantiza la libertad de los sujetos. Para entender la acción educativa, su cambio o su constancia a través del tiempo, hay que apelar a las personas que participan en ella, a sus biografías, a su libertad, a su autonomía y a cómo asumen todo eso y sus limitaciones, sin desechar el peso de la cultura, de la costumbre, de las instituciones y del pensamiento social compartido.

Esta matización es decisiva para comprender el papel de las políticas de innovación, el éxito inseguro de las propuestas de nuevos *currícula* o los resultados de los programas de formación de profesores (difusores de ideas, de conocimientos y de proyectos) cuando pretenden incidir en la experiencia real de los docentes. A éstos no se les puede pedir obediencia y adaptación total a modelos porque sus acciones no pueden predeterminarse, a no ser que pretendamos anularlos como personas. El profesor, en tanto que agente, es siempre intérprete de las ideas y de las propuestas; traduce sus contenidos. El proyecto o la idea es como una partitura para ser leída, porque al realizarse a través de acciones se introduce la indeterminación, la autonomía, la creatividad, las limitaciones, la libertad de los intérpretes. El desarrollo del *currículum* a través de acciones siempre hace de él un plan flexible.

Éstas son notas de esperanza que desesperan y exasperan a las políticas educativas autoritarias, a los modelos de innovación guiados burocráticamente al margen de los agentes y a quienes entienden que los modelos de actuar se deben acomodar a los dictados de modelos teóricos. Todos ellos están condenados a ver en los docentes a "deformadores" de la "bondad" establecida en las propuestas al explicar los inevitables fracasos. Los contextos plantean límites que las políticas no suelen contemplar y los profesores en sus acciones experimentan, expresan sus posibilidades, manifiestan su riqueza o su pobreza.

Este panorama da sentido, pues, a una actitud epistemológica que tiene que alejarse de enfoques estrictamente tecnológicos, que siempre serán pseudocientíficos, por querer forzar una condición radical de la realidad de la acción educativa. Si ésta es un proceso abierto, cualquier pretensión tecnológica cerrada que quiera entender los métodos pedagógicos y las acciones de los profesores como medios estructurados para conseguir metas precisas está abocada al fracaso más estrepitoso. Lo que no significa negar la categoría básica de que la acción racional se orienta a fines. Se trataría, en todo caso, de aceptar y usar el concepto de *técnica* con cierto grado de libertad y de flexibilidad, admitiendo bajo ese

© Ediciones Morata, S. L.

paraguas semántico a las actividades que incorporan acciones artesanales y creadoras y dejando el concepto de *tecnología* para las acciones estructuradas vinculadas estrechamente al conocimiento científico (LIZ, 1995, pág. 25).

Entre técnica y tecnología hay distinciones de grado que realizar, como hay semejanzas formales que destacar: ambas están dirigidas a metas e implican un saber cómo hacer. Aspectos que nos deben llevar al debate de la racionalidad de los fines y la de los medios, lo que supone ir mucho más allá de un enfoque instrumental y entrar en consideraciones morales, sociales y políticas. Las acciones educativas pueden denominarse *técnicas* sólo si utilizamos este término en su acepción más amplia. No constituyen tecnologías reguladas por el conocimiento científico porque son acciones. Desde la lógica positivista que a los profesores se les ha propuesto y hasta impuesto, que después éstos demandan como expresión de una forma de entender la relación entre conocimiento y acción, el *saber hacer* —lo que vulgarmente se denomina como práctica— debería estar regulado por leyes científicas. Pero ese modelo de racionalidad *científico-tecnológica* es más una promesa y una ideología que algo factible.

La inseguridad epistemológica que acompaña como condición esencial a la acción y a la "técnica" pedagógicas se suma a la incertidumbre de los fines que las orientan y a los contenidos que tienen que rellenarlas. Esas dudas tienen que resolverse por medio de la racionalidad dialógica o comunicativa de HABERMAS. Al tener la educación una vertiente creadora, es una incoherencia querer regular lo que está por venir, como nos recuerda MACINTYRE (1987, pág. 122).

En el contexto de la cultura actual se nos suman otras inseguridades. Estamos en una sociedad cada vez más compleja, cambiante y contradictoria que convierte en problemáticos de manera continuada los objetivos, los contenidos y los métodos pedagógicos, en un contexto en el que se llega a dudar del papel que puede desempeñar la escolarización. La escuela como aparato cultural de la modernidad es discutida, por un lado, por no haber dado cumplimiento a sus promesas ilustradoras de la población en general y por ser jerarquizadora. Se la acusa de no interesar a las masas de alumnos muy diversos que la frecuentan, obstinada en lograr la homogeneidad cultural. Se cree que no responde a las necesidades de una sociedad abierta, mientras que desde el conservadurismo rancio se reclama volver la mirada a las viejas funciones culturales y de socialización.

Si desde el cientifismo se habló de la educación como tecnología, creyendo o aspirando a un mundo de certidumbre previsible, instalados ahora en el paradigma de la incertidumbre cobra sentido otra de las metáforas pedagógicas postmodernas usadas para conceptuar las acciones que agrupamos bajo el amplio paraguas de la enseñanza. Nos referimos al entendimiento de ésta como una actividad *dilemática*, en el sentido de que obliga a tomar decisiones de efectos inciertos, con fundamentos inseguros, hacia la búsqueda de metas sobre las que tenemos dudas y en situaciones que ofrecen alternativas disyuntivas. Todo un universo de interrogaciones entre las que elegir, poco tranquilizador para mentes que busquen orden, regularidad y agarrarse a un asidero firme. La acción se nos manifiesta abierta y por lo mismo plural; lo son también los profesores, los *currícula*, los métodos, los contextos (BERLACK, 1981, pág. 107). Como la racionalidad no podrá ser sino circunstancial, no hay respuestas o técnicas correctas *a priori*, sino sujetos que con razones tienen que elegir opciones y tomar decisiones arriesgadas en condiciones que tienen que evaluar.

© Ediciones Morata, S. L

> "Los dilemas son un *lenguaje de los hechos*, un medio de representar a través del lenguaje la diversidad y aparente contradicción de esquemas en la escolaridad. No son ideas estáticas en estado estacionario en la mente, sino la muestra de una incesante interacción de fuerzas internas y externas, un mundo en constante transformación."
> (BERLACK, 1981, pág. 133.)

El planteamiento dilemático descubre el carácter conflictivo, contradictorio de las ideas, de las prácticas y de los intereses en educación; una incertidumbre que, a cambio de la inseguridad intelectual, moral y práctica, llama al protagonismo de los sujetos. Precisa de un clima abierto y democrático en la búsqueda de una racionalidad no suplida por ningún poder arbitrario, donde sea posible abrirse a formas alternativas de representación de la realidad y donde quepa la expresión de los intereses y puntos de vista, así como la vertebración entre colectivos con perspectivas muy diversas en sistemas escolares que han alcanzado una extensión y una práctica universales.

Incluso cuando se han intentado formalizar las bases científicas de la enseñanza, como ocurre en la obra paradigmática de GAGE (1977), la enseñanza se ha concebido como un "arte práctico" que reclama intuición, creatividad, improvisación y expresividad; un proceso que va más allá de normas, fórmulas o algoritmos (pág. 15). En la enseñanza, aunque estemos hablando de programas asistidos por computadores, dice este autor, es preciso echar mano de la "artisticidad". Es a ese arte al que habrá que buscarle las bases científicas, pretensión que no es lo mismo que sustituirlo por reglas científicas a las que ajustar las acciones. Será preciso distinguir, pues —afirma GAGE (1977, pág. 17)— entre el querer hacer de la enseñanza una ciencia, y el buscar las bases científicas para el arte de la enseñanza. En qué modo la ciencia puede disciplinar este arte es algo que desarrollaremos más adelante.

Autores como EISNER (1979 y 1996) y TOM (1984) han profundizado en el entendimiento de la enseñanza como un arte; una metáfora que, como afirman ambos, aceptan de muy buen grado los docentes para describir su trabajo, pero que sin embargo es desconsiderada por los investigadores. Si ha gozado de cierta aceptación es porque plantea una visión contrapuesta a la pretensión de tener al conocimiento sobre la educación como una ciencia y, en consecuencia, hacer del oficio del profesor una tecnología aplicada al estilo de la medicina o de la ingeniería. DEWEY (1968) sugería que:

> "Es incuestionable que en la aplicación concreta, la educación es un arte, sea un arte mecánica o una bella arte. Si existiera una oposición entre ciencia y el arte, me vería obligado a ponerme de lado de aquellos que afirman que la educación es un arte. Pero no existe tal oposición, aunque sí haya una distinción." (Pág. 17.)

El carácter artístico de la enseñanza se deduce del análisis del proceso mismo de la acción de realizarla. El trabajo artístico según EISNER (1979, pág. x) se guía más por el juego del curso de los acontecimientos que por el punto de referencia de adónde queremos llegar o por el seguimiento de reglas preestablecidas de antemano. Ese juego es la fuerza del trabajo del artista. El proceso que sigue la acción de la enseñanza no se puede regir por rutinas, sino por cualidades y contingencias que resultan imprevisibles, asegura nuestro autor (1979, pág. 154).

Para EISNER, si bien no todo en la enseñanza es un arte, sí que incorpora la dimensión de la singularidad y de la expresividad de la acción humana en todos los procesos que se desarrollan en ella, como ocurre en el arte en tanto que es acción creadora. Esta concepción de EISNER (1996, pág. 12) recupera una cierta dimensión emocional memorable que da cierta coherencia o unidad al trabajo y que le concede significación.

La enseñanza es un arte en la medida en que, para ejecutarla, cuenta la gracia y la maestría del que la conduce, porque se tiene que ir encontrando la dirección que ha de ir tomando la actividad en el proceso mismo de su desarrollo, en tanto que para darle esa dirección intervienen las cualidades personales de sus agentes, porque lo que va a conseguirse realmente no puede ser previsto del todo por ningún boceto hecho de antemano y porque la apreciación de lo que se logra requiere también sabiduría personal. Como afirma EISNER (1996, pág. 13), la concepción de la enseñanza no exige que los estudiantes aprendan necesariamente lo que el profesor ha intentado enseñarles. Los objetivos de la educación no pueden ser entendidos como posibles especificaciones de logros *a priori*, al margen del proceso que lleva a su consecución, como si se pudieran predecir los resultados que se han de conseguir en situaciones irrepetibles, con las particulares interacciones que se establecen entre sujetos y contextos (EISNER, 1983). Los fines pueden ser previstos y pretendidos antes de emprender la acción, pero su concreción se formula y se reformula en el mismo proceso de su logro. Prever lo que va a ser la práctica no puede convertirse en la realización de un algoritmo que guíe mecánica y minuciosamente los pasos que dar. Estas argumentaciones fueron claves en la década de los setenta, y aún de los ochenta entre nosotros, cuando se pretendió guiar la acción educativa y el diseño del *currículum* según el paradigma conductual y cientificista. Los fines debían ser planificados, desarrollados y evaluados con toda precisión, dando lugar a lo que se denominó el paradigma tecnológico eficientista (GIMENO, 1982). Hoy se acepta como normal que los planes, programas y propuestas para los centros y profesores tienen que ser adoptados y flexibilizados por ellos *in situ*.

La metáfora artística tiene también su proyección en las formas de entender la evaluación de la actividad educativa, en la eficiencia de los programas de intervención en el sistema educativo y en la forma de mejorar la práctica. Evaluar siempre implicará poner de manifiesto el buen sentido personal en la apreciación de situaciones y de resultados, al modo del crítico literario que aprecia la obra de arte por encima de las tecnologías que quieran realizar contrastes de eficacia en la constatación de resultados obtenidos. Hay formas de describir, de interpretar y de valorar lo que ocurre o ha ocurrido en la actividad de enseñanza que no son propias del lenguaje científico, dice EISNER, y que son expresión de la sabiduría y de la iluminación que introduce el sujeto. El carácter artístico penetra en la misma forma de entender la narración que ha de explicar esa realidad, admitiendo que la crítica externa de "la obra" es esencial para el conocimiento de su valor y trascendencia.

Comprender la enseñanza como un arte se presta a ciertas posibilidades pero, obviamente, tiene limitaciones, como señala TOM (1984, pág. 131). La enseñanza es comunicación de algo que nos obliga y no sólo proceso de comunicar con artisticidad. El contenido que se va a transmitir y otras finalidades remotas de las acciones exigen coherencia y sometimiento a una lógica. Por otra par-

© Ediciones Morata, S. L

te, el profesor se mueve en un marco dado y no goza de la libertad expresiva del artista para conectar con su público. Si nos guía algo, hay que apoyarse en valores y principios reguladores sin dejar la acción a la creación artística. En nuestro caso, el boceto de la obra ha de ser diseñado con detenimiento y con flexibilidad, manteniéndolo durante la realización del proyecto. No todo puede ser *jazz* improvisado.

La metáfora del arte o de los dilemas frenan la ilusión científica, pero exacerbar la indeterminación supondría desconocer la directividad realmente existente en la educación y en los sistemas educativos actuales que conocemos; supondría negarnos la posibilidad de dirigir y de proyectar la acción educativa al servicio de fines aceptables, lo que exige acciones y procesos regulados en cierto modo. La exageración de la artisticidad conduce a negar la dirección de la educación. A fin de cuentas, también en el arte ha habido reglas y existen escuelas y tendencias. Es difícil el equilibrio entre la modestia del que en educación no puede creerse científico, tecnólogo o iluminado por alguna razón, al tiempo que no quiere renunciar a tener y defender un proyecto que exige coherencia, dirección, objetivos y procedimientos adecuados. Es el equilibrio inestable de quien aprecia la desmesura de algunas pretensiones de la modernidad, pero busca un nuevo orden social y rechaza el relativismo "democrático" postmoderno para el que todas las razones y valores son iguales.

En el marco de una racionalidad limitada y de una realidad no clausurada ni totalmente determinada, el profesor queda definido como el profesional que tiene que enfrentarse y actuar ante dilemas, aceptando el conflicto permanente de una situación en la que indefectiblemente queda llamado a comprometerse (LAMPERT, 1985, pág. 182). Las metáforas del *profesor como investigador en el aula* de STENHOUSE (1984), la del *intelectual crítico* (GIROUX, 1990), todos los enfoques desarrollados bajo el paraguas del movimiento de *investigación en la acción,* la enseñanza *reflexiva* (SYKES, 1986) y los *prácticos reflexivos* (SCHÖN, 1983) o *autónomos* (CONTRERAS, 1997), antes que representar modelos propositivos con nuevas exigencias y perspectivas innovadoras para la concepción de la figura del profesor y para su formación, son derivaciones inexorables de la condición de la acción educativa que el cientificismo positivista y la racionalidad técnica cercenaron. Estas metáforas, que encuentran su justificación en los cambios paradigmáticos acerca de la validez del conocimiento en las ciencias sociales, son las nuevas viejas guías del pensamiento sobre la educación, el profesorado, el desarrollo del *currículum* y sobre los procesos de innovación. Políticas y prácticas de la educación no podrán ser pensadas ni gobernadas al margen de los agentes. La racionalidad técnica cede así su preeminencia a otra racionalidad imperfecta, más modesta en sus aspiraciones aunque más comprensiva de las realidades sociales y humanas. Encerrar a la acción de la educación y a sus agentes en la jaula de hierro de la organización burocrática, de las políticas impuestas y de la normatividad científico-técnica es contradictorio con la epistemología que se nos revela en el estudio de las acciones.

Una vez instalados, inseguros, en la incertidumbre, no significa que en educación nos tengamos que sentir desorientados. Lo que la nueva situación nos demanda es el rescatar la importancia de otros modos de legitimación de la acción y de la práctica apoyados en la dirección que prestan metas valiosas, en la provisionalidad del tanteo y del ensayo, en la comunicación de los hallazgos, en el diálogo y la deliberación abiertos ante lo que son opciones problemáticas, y donde no puede faltar la iluminación del conocimiento y de los criterios éticos.

Si la acción, tanto la individual como la colectiva, es abierta, ¿quién o quiénes están legitimados para plantear dilemas y tomar opciones ante ellos?, ¿cómo articular la diversidad de perspectivas que tendrán que ser reconocidas en un mundo sin un orden cerrado?, ¿cómo llegar a definir un proyecto educativo válido para todos? No hay más respuesta que apelar, por un lado, a la democracia participativa y al método de la *deliberación* como modos de articular la diversidad y, por otro lado, a la necesidad de unos profesores competentes para que respondan a la incertidumbre desde las mayores cotas de racionalidad y sentido común posibles. A éstos se les entenderá inexorablemente como actores autónomos, con la condición inevitable de tener que ejercer en territorios inciertos y cuyo acierto va ligado a sus capacidades creadoras personales y a las posibilidades que permite el contexto. El *saber hacer* se irá logrando tras el tanteo inteligente y con la comunicación de la experiencia. Es la actitud que reclama la visión de una *artesanía* enriquecida por la racionalidad posible. Sólo desde el reconocimiento de estas peculiaridades se puede promover un *ethos* de mejora continua de la enseñanza. La connotación de imprevisibilidad e indefinición está ligada muy estrechamente a la posibilidad de progreso.

CAPÍTULO II

La práctica se institucionaliza: el contexto de la acción educativa

1. Las huellas de la acción educativa

> "La acción no siempre hace la historia, pero 'hace' la sociedad."
> (Luckm Ann, 1996, pág. 12.)

El poder de los sujetos, considerados aisladamente, para generar prácticas aceptadas por otros en las sociedades complejas es escaso. Aunque, como nos recuerda la frase con la que comenzamos este capítulo, cada acción condiciona el curso del devenir; unas más que otras. Nada ni nadie es inútil, todo contribuye a dar contenido a la sociedad. La acción deja poso, rastro y huella en quienes la realizan y en el contexto interpersonal y social en el que tiene lugar; genera efectos, expectativas, reacciones, experiencia e historia, porque, como afirma Arendt, tiene la condición de ser imborrable. Éste es el principio que nos lleva a comprender la práctica como algo que se construye históricamente, desde el momento en que cada acción arrastra tras de sí el poso de otras previas. En circunstancias favorables, acciones concretas pueden dar lugar a cambios importantes. Lo hecho, en el sentido de actuado, hecho queda para sí y para otros.

> "Ni siquiera el olvido y la confusión, que encubren eficazmente el origen y la responsabilidad de todo acto individual, pueden deshacer un acto o impedir sus consecuencias. Y esta incapacidad para deshacer lo que se ha hecho va ligada a una casi completa imposibilidad para predecir las consecuencias de cualquier acto o tener un conocimiento digno de confianza de sus motivos." (Arendt, 1993, pág. 252-253.)

Los efectos de la acción permanecen en los sujetos bajo la forma de esquemas que pueden aprovecharse en otras acciones parecidas, según vimos en el capítulo anterior. Un esquema abstraído a partir de acciones semejantes es una primera generalización que se prolonga más allá de la experiencia actual y puntual. Aunque la acción humana siempre incorpora creatividad, singularidad y originalidad, y por ello es imprevisible en alguna forma, en tanto deja huellas y afianza "guiones", esquemas o rutinas para acciones posteriores, cada acción del sujeto incorpora la experiencia pasada y genera la base para las siguientes que ya no pueden arrancar de la nada. La experiencia no es inútil, no se puede borrar; es el capital que acumulamos para las acciones subsiguientes. Improvisamos, aunque partiendo de experiencias encauzadas por el poso dejado por otras acciones. La acción, pues, también se debe a sí misma, a cómo ha ocurrido en el pasado de la gente. En otro momento dijimos que las acciones nos constituyen como personas, nos educan, porque arrastramos la experiencia de las mismas creando nuestra propia biografía de forma continuada. Referidos estos razonamientos a las acciones en educación significan que no hay experiencia sin consecuencias para el agente que las realiza y para quien recibe los efectos de la acción, que no pasa nada en balde, y que la acumulación de experiencia crea cauces, lo cual es el germen de la estabilización de un tipo de práctica educativa, como una forma más de la consolidación de cultura. Las acciones pasadas guían a las futuras, la práctica dirige el futuro; y lo hacen desde la sabiduría acumulada y desde los errores y aciertos consolidados.

Es inherente, pues, a la acción del agente que educa un efecto de acumulación que facilita y economiza las actuaciones humanas a lo largo de la experiencia vital, al no tener que partir de cero en cada experiencia concreta. Emprendemos nuevas acciones apoyados en el *saber hacer* acumulado (conocimiento del *cómo*), con un bagaje cognitivo acerca del hacer (conocimiento *sobre*) y con una determinada orientación que da cierta estabilidad (componente dinámico, motivos estabilizados, valores, etc.). No tenemos que descubrir, diseñar y decidir cada acción *ex novo*, sino sólo en la medida en que se requiera que sea totalmente novedosa o exija adaptaciones de los esquemas y representaciones previos a circunstancias nuevas del contexto y de los sujetos a los que se dirige. No se trata de una acumulación de "rastros" independientes como sedimentaciones yuxtapuestas de añadidos, unas sobre otras, porque, como se dijo anteriormente, los esquemas se organizan, se subordinan, se incluyen unos en otros y se modifican entre sí creando una estructura que organiza las acciones posteriores. Es un aposentamiento ordenado. Usando la terminología piagetiana podemos afirmar que *asimilamos* lo nuevo a los esquemas previos y ello nos obliga a *acomodar* esos esquemas y a flexibilizarlos haciéndolos más adaptables, moldeables y valiosos.

La acción se prolonga, pues, en otras acciones y configura estilos de actuar, pudiendo generar patrones individuales en el curso de las biografías personales. El profesor se hace realizando las acciones propias de las funciones que lleva a cabo. La primera fuente de sabiduría sobre las acciones es la experiencia de lo hecho. Hoy está vigente la metodología del estudio de historias de vida de los profesores como una forma de comprender sus acciones, reconociendo así el sentido genético de la "práctica personal" anclado en sus biografías. Un profesor con recursos de acción es aquel que tiene experiencia muy variada, vivencias ricas, no el que tiene "mucha experiencia" sobre unos pocos tipos de acciones. Importa más que tenga esquemas diversos o conglomerados complejos de los mismos que si posee esquemas demasiado trillados como consecuencia de realizar las mismas acciones constantemente.

Conviene, pues, recordar que la estabilidad de la acción, su continuidad, tiene sus raíces en la acción misma, en la capacidad de los seres humanos de producirse a sí mismos como actores en el curso de las acciones. Nos podemos expresar con cierta originalidad en cada momento, pero no nos inventamos constantemente. Dicho de otra forma: los rastros de la acción generan cultura subjetiva. Con esa capitalización de la acción en términos de experiencia y de conocimiento sobre la misma que tiene lugar en cada sujeto, no sólo se economiza, sino que se fragua la identidad; también se reproduce uno a sí mismo a lo largo del tiempo, dotándose de una manera de actuar continuada fundada en unas coordenadas que imprimen en nosotros un estilo personal estable que, como contrapartida, puede dificultarnos la adaptación a nuevas situaciones. La experiencia es base desde la que partir, como posibilidad, y es lastre también, como limitación.

La experiencia o cultura subjetiva no se nutren sólo de biografía personal, ni pertenecen sólo a uno mismo, sino que pueden ser cultura compartida. Las acciones son imitables por otros y sus esquemas se pueden propagar y transmitir a agentes distintos de aquellos que los han generado; la eficacia de los rastros de la memoria de las acciones se multiplica así socialmente en el espacio y en el tiempo. Creando cauces transmisibles que serán compartidos, la reiteración de la acción, además de condensarse en biografía personal, crea *realidad social o cultura intersubjetiva* y aprovecha la realidad social ya creada. Las consecuencias de las acciones no son sólo inmediatas para sus agentes en forma de capital de experiencia, sino que dejan tras de sí *patrones* sociales a modo de rutinas, roles estabilizados, instituciones, sistemas recíprocos de expectativas, formas de saber hacer, a partir de los que actuaremos en el futuro: lo que hacemos depende del legado de lo que otros han hecho y de lo que cada uno ha realizado hasta ese momento; actuamos de acuerdo con los rastros de nuestra biografía y de las acciones de los otros. Éste es el primer mecanismo de estabilización de un tipo de práctica transmisible por mecanismos naturales inherentes a la comunicación humana, debidos a la imitación que se construye con la experiencia. A la hora de explicar cómo son las prácticas educativas es fundamental entender esos procesos de cristalización de la experiencia personal y de la compartida.

Como bien dice O'NEILL (1981, pág. 27), la mayoría de las prácticas son meramente extensiones de prácticas precedentes. La comodidad que esa acumulación introduce es tal, que puede decirse que la gente se comporta más por hábitos y costumbres, antes que apoyándose en serias convicciones y en motivos actualizados, pensados y considerados en cada ocasión en la que hay que actuar. Esta repetición no es un inconveniente en sí mismo, sino otra condición que añadir de la acción del sujeto y de la sociedad: la capacidad de reproducirse. A partir de esa realidad inexorable, porque no podemos considerar al sujeto sin historia personal o sin cultura de grupo compartida, la cultura acumulada en torno a las acciones prácticas es preciso entenderla genéticamente: en función de la biografía personal y en función de la historia colectiva. La práctica que puede observarse en el desarrollo de la educación es práctica anclada en esquemas personales que tienen una historia y en los cauces consolidados en la cultura, en las estructuras sociales (suma y producto colectivo), que también poseen su trayectoria.

En la educación, el cruce de lo subjetivo, la cultura social compartida y las objetivaciones de la cultura es esencial. Está en la esencia de la pervivencia de las sociedades: el compartir los rastros de la experiencia sobre las acciones. Así, cada persona participa de las acciones de otros y puede progresar gracias a que puede comenzar partiendo de las aportaciones de éstos, al tiempo que cada uno puede contribuir con rasgos originales a la cultura común. Ser cultivado o educado puede entenderse como efecto del esfuerzo personalmente creado a través de biografías —la figura del autodidacta—, pero eso siempre ocurrirá aprovechando lo creado por otros. Siempre será experiencia compartida. Así, los grupos de individuos implicados entre sí por un tipo de acciones que comparten, como pasa con los miembros de una familia, o como ocurre con las acciones en el marco de las instituciones escolares (que implican a profesores, estudiantes y padres) llegan a participar de una experiencia compartida de conductas, creencias, formas de comprender, de emociones y valores que les caracterizan como grupo y en la que no faltan los desacuerdos y los conflictos. Una comunión que regula la actividad de cada uno de los miembros, lo que esperan unos de otros, creándose las reglas de la actuación social y también el marco en el que se plantean las disidencias. El carácter compartido de las acciones de los sujetos genera realidad social que hace más estable la acción de cada uno y crea la posibilidad de plantear y mantener proyectos colegiados entre profesores y proyectos colectivos con otros muchos agentes implicados en la educación.

La asunción de lo que compartimos con otros no sólo se extiende entre los miembros de un grupo de sujetos presentes en un determinado momento, sino que alcanza en el tiempo a otros que nos transmitieron sus concepciones y anhelos generándose la cultura que da continuidad a la vida social a lo largo de la historia. La experiencia de la enseñanza y de la educación, como veremos más adelante, es una experiencia que es asumida por todos los miembros que participan de la cultura, porque es un rasgo, una dimensión más, del acervo cultural general. Pero es una cultura hoy tensionada y con rupturas importantes por la rapidez de los cambios que afectan a la educación.

Los rastros en cada uno de nosotros de las propias acciones y el carácter social de éstas nos están hablando de las formas más elementales de la generación de la cultura sobre la educación como sabiduría almacenada. Es, pues, un motivo importante para la reflexión de los docentes en la formación, en la recuperación explícita de la conciencia de la continuidad histórica de la acción humana relacionada con la educación y en el descubrimiento de las condiciones que explican los "cauces" labrados, aunque modificables, por los que al presente —y a nosotros con él— se le sugiere transcurrir. Las acciones de los profesores les pertenecen a ellos, aunque, en tanto se nutren de la experiencia colectiva acrisolada y responden a situaciones cristalizadas en el transcurrir histórico, tienen que situarse en esa experiencia colectiva, que pueden no aceptar.

Los rastros de la acción explican la creencia de sentido común de entender la enseñanza, en tanto que habilidad para ejercerla, como resultado de la experiencia destilada en el mismo hacer. El profesor, como el artesano, se hace en el oficio, en contacto con la obra. LORTIE (1975, pág. 266) define la habilidad del profesor como trabajo que mejora con la experiencia. Aunque la ambivalencia de la reproducción de la acción, facilitadora y limitadora a la vez, tiene una importante proyección en el caso de los profesores. Valorar la importancia de la extensión de la biografía personal —lo que en términos coloquiales se denomina como *experiencia*— como mérito profesional o como indicador de calidad de los docentes es coherente con una sociedad estática de prácticas estabilizadas que se reproducen. Puede ser un demérito si esa experiencia no se traduce en adaptabilidad de

© Ediciones Morata, S. L

esquemas flexibles para abordar nuevos retos. Las políticas de innovación ven también en esa "coherencia con el pasado" el lastre para tratar con situaciones sociales y educativas cambiantes, diversas y complejas. La experiencia sobre la educación acumulada en las prácticas dentro de los sistemas escolares ha tenido una dinámica lenta de evolución, lo mismo que los trazos arraigados de la personalidad en el intercambio con las circunstancias externas que se mueven a ese ritmo. Las sociedades actuales demandan otros ritmos, desestabilizan las biografías y los estilos arraigados en la cultura.

En el marco de este trabajo, denominaremos en sentido estricto *práctica* de la educación a esa cultura compartida sobre un tipo de acciones que tienen que ver con el cuidado, la enseñanza y la dirección de otros. La constituyen saberes estratégicos, conocimientos sobre esos saberes y motivaciones y deseos compartidos.

La conexión o continuidad entre la acción (que corresponde a los sujetos) y las estructuras ya creadas con las que se encuentran cuando vienen al mundo y cuando emprenden cualquiera de sus acciones es el punto difícil de toda la teoría social; es el problema de la continuidad entre la conciencia y el mundo externo y previo a ésta, entre el individuo y la objetividad social, que unas veces lleva a explicar el mundo en términos subjetivistas de acción y otras en términos estructuralistas de prolongación temporal de las estructuras (GINER, 1997, página 22). Esa doble lógica hay que incorporarla en modelos bidimensionales o bidireccionales en los que acción y estructura son inseparables: la acción está situada y la situación es afectada por la acción; sus dinámicas no son independientes. Hay instituciones y a ellas nos debemos, y hay individuos con intenciones particulares actuando dentro de ellas en una actividad permanente de compromiso (GINER, 1997, pág. 88). Como afirma este autor(pág. 37), ni la conciencia es sólo poso del mundo, ni éste es nada más que producto de la mente. Las realidades sociales son estables y sólidas como evidencia la resistencia al cambio que en muchos casos muestran. No son meras convenciones basadas en acuerdos, sino realidades objetivas. Las dificultades que muchos profesores innovadores en educación encuentran en las estructuras creadas dan fe de la realidad de éstas.

La acción se refiere a los sujetos, aunque por extensión podemos hablar de acciones colectivas; la práctica es la cultura acumulada sobre las acciones de las que aquélla se nutre. A partir de las acciones actuamos porque lo hacemos desde una cultura. La práctica es la cristalización colectiva de la experiencia histórica de las acciones, es el resultado de la consolidación de patrones de acción sedimentados en tradiciones y formas visibles de desarrollarse la actividad. Se puede adoptar el sentido que en sociología también se da al término *práctica*: como acciones sociales rutinarias propias de un grupo (GINER, 1997, pág. 37). Como ocurre con la acción de las personas, la práctica tiene una continuidad temporal ineludible y no es un simple pasado al que mirar como un objeto petrificado, sino que sigue siendo operativa organizando la acción de los miembros que comparten una cultura. Como señala CARR (1996, pág. 87 y 96), la "práctica educativa" es el producto final de un proceso histórico y el "practicar" será siempre actuar en el marco de una tradición a partir de la que los profesionales adquieren el conocimiento práctico que ellos podrán perfeccionar. Por eso las acciones de los sujetos, situados en determinados contextos, son previsibles en cierta forma, porque se anudan con tradiciones que dan continuidad a las actuaciones individuales. Un padre, como educador, o un profesor operan desde una tradición de educar, desde una práctica ya constituida.

La *práctica* es, pues, poso cultural de saber hacer compuesto de formas de *saber cómo*, aunque ligado también a creencias, a motivos y a valores colectivos, asentados y objetivados de carácter impersonal. Ese poso es cultura intersubjetiva y objetiva; se expresa en ritos, costumbres, sabiduría compartida, instituciones, espacios construidos para educar, formas de vida dentro de organizaciones escolares, estilos de hacer en contextos sociales e históricos, orientaciones básicas y roles estabilizados. Alumnos, padres y profesores, expertos y políticos se lo encuentran como condición previa a la acción.

Aunque en el lenguaje coloquial la palabra *práctica* de la enseñanza o de la educación se utiliza para referirse a la realización de la actividad, a la técnica en sentido amplio, nosotros distinguimos la actividad de los sujetos —lo que hemos venido discutiendo como *acción*— de lo que es todo el bagaje cultural consolidado acerca de la actividad educativa, que denominamos propiamente como *práctica* o *cultura sobre la práctica*. La acción pertenece a los agentes, la práctica pertenece al ámbito de lo social, es cultura objetivada que, una vez acumulada, aparece como algo dado a los sujetos, que existe como legado que se impone a éstos. La idea moderna de cultura objetiva es pensada como algo sustantivo, algo holístico, un mundo envolvente en el que nacen y se forman las personas. No está ahí inerte, sino que es operativa, normativa para los individuos (BUENO, 1996, pág. 48). En la acción se manifiestan y se expresan los sujetos, que lo hacen a partir del marco de la cultura de la práctica acumulada que les orienta y que ellos utilizan como capital. La práctica es fuente de la acción y los cauces generados por ésta dentro de aquélla la pueden enriquecer y redirigir, condicionando su desarrollo histórico.

No tenemos pretensión alguna por nuestra parte de alterar los usos consolidados del lenguaje; se trata de establecer una distinción terminológica necesaria para nuestros propósitos. La separación conceptual entre acciones de educación o de enseñanza que emprenden agentes personales y prácticas culturalmente acrisoladas tiene importantes consecuencias para nuestros propósitos.

a) Nos permite discutir el significado de la pretensión de buscar la relación teoría-práctica cuando ésta última es entendida como acción de los sujetos, en contraposición a como es posible hablar de dicha relación cuando la práctica se entiende como cultura acrisolada sobre la educación. La acción de los sujetos sobre las prácticas culturales es posible en la medida que la acción puede incidir en las estructuras en un circuito de ida y vuelta. La acción de las personas —actuación de los profesores— sitúa la primera acepción de la relación teoría-práctica en el plano de los sujetos como ya vimos, en la relación entre pensamiento personal y acción como elementos inexorablemente unidos en la acción racional.

b) La práctica como cultura objetiva acumulada permite plantear y entender la relación entre el conocimiento personal y la práctica como un proceso de apropiación por parte del primero del conocimiento en que queda condensada la práctica. En realidad esa relación es la que existe entre la cultura subjetiva y la objetiva, entre dos tipos de conocimiento: el personal o las creencias del sujeto y el conocimiento en el que se condensa el bagaje de la cultura objetivada acerca de

© Ediciones Morata, S. L

la educación. Podemos apreciar la práctica educativa como algo real en el funcionamiento actual de las instituciones, pero está también disponible en tanto esté codificada y a nuestra disposición como conocimiento elaborado.

La cultura objetiva sobre la educación se nos hace presente a través de saberes diversos acumulados relativos a acciones, narraciones de éstas, esquemas de explicación más elaborados y discusiones sobre las formas de entender y querer la educación que, en tanto son formas de conocimiento codificadas, se pueden asimilar intelectualmente. Esas acumulaciones presentan formas muy diferentes: desde la narración sobre estudios de casos, las experiencias sistemáticamente analizadas, hasta las teorías más estructuradas. Los métodos Freinet (saberes metodológicos de *cómo hacer*) y la filosofía de la educación de Freinet (saberes "teóricos" *sobre* el hacer y sobre el *por qué* hacer) son, por ejemplo, legados o fragmentos de la cultura sobre la educación accesibles a los nuevos profesores como cultura objetivada que se ofrece a su cultura subjetiva. El diálogo cultura subjetiva-cultura objetiva es el que se produce en los procesos de formación de profesorado cuando se desarrolla en unas determinadas condiciones que dan lugar a aprendizajes profesionales relevantes, significativos y útiles para descodificar situaciones e iluminar procesos posteriores de deliberación y de decisión. El programa confuso que se anuncia con la relación teoría-práctica significa también apropiarse del conocimiento en el que las formas de hacer, de entender y de querer la educación nos llegan a nosotros codificadas.

c) La diferenciación permite además considerar el valor del conocimiento para intervenir en la cultura objetiva de la educación; aquél puede descodificar, escrutar, encontrar significados perdidos y valorar de manera crítica prácticas establecidas, pero no dirigirlas directamente, salvo que sea mediante las acciones de los sujetos. De esa forma quizá pueda modificar el conocimiento social y analizar los valores compartidos, pudiendo convertirse en *guía reflexiva* que ilumine las acciones de todos los agentes que son quienes, con sus acciones, generan y modifican la cultura objetiva de la práctica educativa. El experto, el líder de opinión o el intelectual tienen funciones de aclarar problemas a los actores. La incidencia del pensamiento en la acción del sujeto es inherente a ésta, la proyección del pensamiento en la práctica objetivada es posible sumando los efectos de sus iluminaciones y sugerencias en las acciones socialmente compartidas. De este modo la acción sí que puede hacer historia.

2. *La consolidación de las prácticas como cultura*

Admitir que arrancamos de lo que otros han hecho, considerar la acción como algo entroncado en la práctica preexistente, no niega la autonomía de la acción de los sujetos. Como argumenta LUCKMANN (1996, pág. 89), en sentido estricto no deberíamos hablar de causalidad social de la acción. El agente sí se halla en relaciones causales sociales, pero los actos mismos no. Hay azar en lo que hacemos, hay libertad y decisión libre, hay actividad creadora, pero también necesidad al nutrirnos de la tradición acumulada. La libertad, afirma GINER (1997, página 71), tiene una estructura social y si la raza humana posee historia es porque la libertad penetra el mundo de las determinaciones y lo recompone constantemente haciendo de la iniciativa elemento de cambio al estar gobernada por intenciones imprevisibles. Las huellas de las acciones pasadas son bagaje de práctica que se acumula, una especie de capital cultural para las acciones siguientes; ese bagaje es posibilidad y condicionamiento que no cierra la acción futura. La sociedad crea las condiciones de la acción para que los seres humanos puedan actuar y para que lo hagan de una forma determinada, como fruto de la socialización, pero los actos implican decisiones humanas y motivos de los sujetos como ya vimos. Si bien las acciones educativas no se pueden librar de la existencia de un marco social, de una cultura y de las tradiciones acerca del educar, es evidente que el cambio es posible y eso significa que hay campo para la *elección* en la acción de los agentes humanos (padres, profesores, estudiantes) y para la responsabilidad de cada cual. Además, la experiencia acumulada sobre la educación como cultura es lo suficientemente diversa en las sociedades complejas como para poder apoyarse libremente en diferentes tradiciones.

La influencia de algunas posiciones estructuralistas nos ha dejado inánimes ante una visión de la acción y de la práctica educativas sometidas a la fuerza de la reproducción inexorable. La reproducción existe, desde luego, y no es en sí misma negativa —depende de qué sea lo que se reproduzca y en quiénes—, pero existe margen para la acción libre transformadora de los individuos y de los colectivos; no sólo en forma de resistencia y de subversión camuflada o de márgenes en la intimidad de la acción de cada uno. En el plano de las instituciones, en el de la estructura organizativa de las escuelas, las disposiciones y las reglas están marcadas, lo mismo que las prescripciones del *currículum* muestran el cauce por el que discurrirá la actividad de desarrollarlo; todo lo cual es un límite objetivo a la iniciativa de los docentes. Casi todo el mundo de lo escolar está regulado, pero en las sociedades democráticas, con limitaciones, el cambio es posible, los grupos se pueden organizar, pueden revisar la herencia y pueden provocar e introducir cambios y nuevas aportaciones culturales. Es un problema de voluntades y de organización de las acciones. El mundo de lo regulado en educación no es un marco de hierro que imposibilite la acción individual y colectiva de carácter innovador (GIMENO, 1994).

Hablar de práctica educativa como cultura —en realidad un rasgo más de la cultura como totalidad— es hablar de la continuidad de tradiciones. La práctica de la educación es una tradición generada en y para la función de propagar otros rasgos de cultura a los sujetos que no disponen de ella. Es decir, que la tradición es contenido y método de la educación. Se desarrolla una tradición práctica de educar para dar continuidad a ciertos contenidos de *la* tradición que, obviamente, no sólo tienen que ver con el conocimiento. El conservadurismo, en el sentido de conservación, es la esencia de la actividad educativa, como afirma ARENDT (1996, página 204), cuya misión es proteger al niño ante el mundo y al mundo ante el niño para garantizar la continuidad de la cultura. La educación, más que inventar, prolonga el pasado en el presente y lo proyecta hacia el futuro; en sus variadas formas es el instrumento básico de continuidad cultural. No hay educación sin reproducción. Esto es una advertencia para las pedagogías pretendidamente vacías de contenidos y de *autoritas*. Este principio lo retomaremos más adelante, porque una de las características de la crisis actual de la educación reside en que se discute la conveniencia de la continuidad de la tradición al tiempo que otra cara de la crisis acentúa la parcelación en esferas culturales separadas.

En las sociedades cerradas la tradición es inmutable, en las abiertas se renueva y se recrea porque se revisa la herencia recibida con la crítica y con la aportación autónoma y libre de los individuos. Si quitamos a la tradición el carácter de testamento sagrado y el descrédito que los conservadores tradicionales le han dado, aparecerá como un depósito de posibilidades del que tomar materiales. Con estas dos condiciones liberadoras —sociedad abierta y crítica del legado recibido— podemos adueñarnos de la herencia y reorientarla, pues hay aspectos culturales asentados que conviene mantener, aspectos que renovar e incluso sería conveniente recuperar otros perdidos. Admitir el valor de la tradición o cultura acumulada no implica ser tradicionalista, de manera que no podamos movernos sin mirar al pasado. Como dice GIDDENS (1996, pág. 57), hay formas tradicionales de defender la tradición que conducen al fundamentalismo y al inmovilismo, y hay formas abiertas de valorar las tradiciones de manera no tradicional. En la cultura occidental la idea de superación y de avance estuvo ligada a la del perfeccionamiento del legado recibido; el presente simboliza el culmen momentáneo que florece a partir de las raíces del pasado, dando sus frutos más apreciados y también algunos venenos. Esa idea de continuidad es para NISBET (1996) el motor de la idea de progreso que tan decisivo papel desempeña en nuestra cultura. La educación se nutre de la fuerza que impulsa dicha continuidad.

Esa esencial y radical condición reproductiva que tiene la educación marcará definitivamente las acciones educativas (el hacer, los fines de la acción y los saberes sobre ésta) dando continuidad histórica a la práctica. Con el rasgo cultural que constituye la *tradición práctica* heredada sobre la educación ocurre también que puede entenderse y se ha entendido a la manera fundamentalista o tradicionalista, mantenida a través de coerciones explícitas o de modelados más sutiles, aunque puede entenderse de forma abierta. Si bien una mayoría de sus acciones reproducen tradiciones de práctica más que crean otra nueva, en el espacio personal de su acción cada profesor puede ser innovador y, hasta en algunos casos y si lo hace en coordinación con otros, las aportaciones originales pueden enriquecer y revisar el pasado.

La trascendencia de una actitud abierta y crítica hacia la tradición de práctica sobre el hacer, el pensar y el querer la educación reside en que es mediadora de la transmisión de toda la cultura. El pensamiento moderno ilustrado y toda la tradición práctica progresista en educación consideraron a ésta y a sus agentes como medios para distribuir y extender los bienes culturales (reproducir la tradición valiosa entre el mayor número posible de personas). Cuando esa filosofía no fue anulada por autoritarismos diversos, el pensamiento progresista también vio en las prácticas educativas innovadoras la posibilidad de regenerar la cultura, y para ello se esforzó en dar legitimidad a nuevas formas de hacer. Aunar esas dos líneas básicas de acción (reproducir tradición valiosa extendiendo cultura, por un lado, y depurar y mejorar tradiciones educativas, por otro, para transmitir actitudes y capacidades creadoras) compone el reto de la síntesis difícil de la pedagogía moderna, en ocasiones traicionada a favor de una sola de esas dos direcciones: la posición ilustradora con prácticas tradicionales y las formas del progresismo pedagógico vacías de cultura.

Las condiciones sociales, las políticas educativas, los modos de gestión, los sistemas de control en los sistemas educativos y la formación de profesores pueden favorecer más la propagación cultural en ciclos reproductivos cerrados. Este proceso de estabilización de las tradiciones culturales y pedagógicas tiene lugar en momentos de poca movilidad social y cultural, en los que las acciones sirven de refuerzo de las tradiciones consolidadas u objetivadas: la tradición cultural presta el contenido que se va a reproducir gracias a la tradición de las prácticas educativas, que actúan como acciones reforzantes, aunque es difícil concebir un modelo conservador absoluto. En este modelo de ciclo reproductor el conocimiento sobre la educación tenderá a ser también refuerzo legitimador de la práctica establecida. El *interés* anejo al conocimiento, en términos habermasianos, reside en pretender que las creencias personales se amolden a las elaboraciones cognitivas socialmente dominantes que sustentan las prácticas consideradas legítimas. En la Figura 4 vemos el diferente papel de la acción respecto de la tradición en los ciclos innovadores.

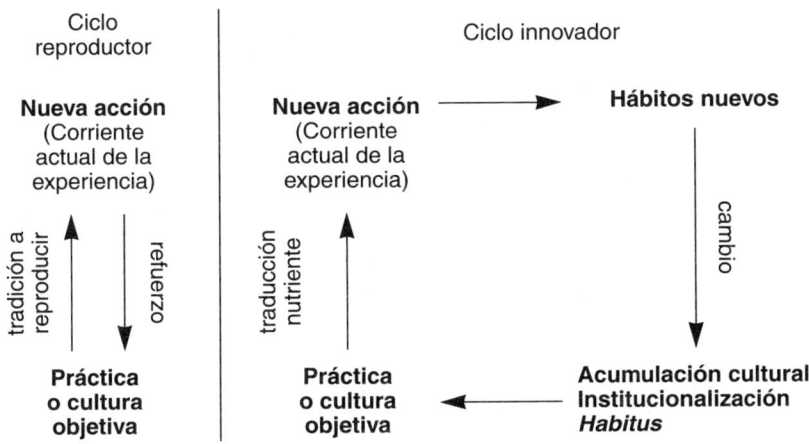

Figura 4. *Innovación y reproducción en las acciones.*

En el ciclo innovador la práctica se entiende como tradición nutriente, no para fijarla y declararla estática, sino para perfeccionarla. La percepción de que el ciclo reproductor no sirve en un momento dado tiene lugar cuando apreciamos que existen nuevas condiciones sociales o culturales a las que las prácticas educativas no suelen responder, o bien cuando la conciencia sobre un determinado "deber ser" que creemos necesario se enfrenta a un estado de las cosas insatisfactorio para ese ideal. La acción de la educación se inserta en el ciclo de reproducción-renovación de la cultura objetivada concebida como algo abierto. Actitud ante la cultura y actitud ante la práctica educativa deben tener cierta coherencia, si es que las prácticas educativas mantienen alguna consonancia con los procesos históricos y culturales en los que quedan insertadas. El conocimiento personal y social mostrará su contribución al ciclo innovador si es descodificador y depurador crítico de la tradición, luz en la creación de nuevos hábitos, al tiempo que es relato que narra y nos da cuenta a nosotros y a otros del sentido de la acción innovadora y de la práctica o cultura objetiva recreada.

© Ediciones Morata, S. L

En nuestras sociedades complejas y diferenciadas no es infrecuente que se produzcan desajustes entre los procesos de innovación que ocurren en la sociedad o en la cultura y las prácticas educativas que, en vez de servir a la recreación, sirven a la solidificación de viejos hábitos. Como tampoco es infrecuente que dinámicas innovadoras de educación se enfrenten con enfoques conservadores de la cultura. Diferentes segmentos de la sociedad con perspectivas diversas y distintos estilos educativos no siempre mantienen relaciones armoniosas. Así, cuando se producen ciclos reproductivos en unos ámbitos, quizá se estén desarrollando ciclos innovadores en otros, creándose contradicciones que estimulan conflictos y disonancias capaces de provocar avances o retrocesos. El neoliberalismo privatizador, por ejemplo, trata de imponer conservadurismo en lo cultural mientras rompe estructuras clásicas de producción y de control social que recomponen las relaciones sociales en general y también en el mundo de la educación. Los ciclos conservadores pueden estar entremezclados con los innovadores afectando a distintos rasgos de la cultura y de las prácticas de educación. Lo cual significa que la acumulación de cultura sobre las formas de hacer educación está lejos de representar una sedimentación ordenada sin contradicciones y variaciones posibles.

Los ciclos de carácter más reproductor o los más innovadores hacen que las acciones dentro de ellos sirvan para la consolidación de viejas prácticas o para que afloren otras nuevas. El proceso de estabilización de la práctica y su innovación depende de cómo y en qué condiciones las acciones tiendan a estabilizarse generando cultura. ¿Cómo lo hacen? Sabemos que la acción realizada deja de ser experiencia irrepetible y se acumula en formas culturales transmisibles, reproducibles y recreables a través de dos caminos fundamentales: a) por medio de su codificación a través del lenguaje, condensadas en *información* que después puede propagarse y conformar la base de otras acciones; b) a través del asentamiento de rutinas, instituciones y hábitos que se convierten en normas culturales para las acciones futuras.

2.1. La conservación por comunicación de información

La cultura sobre la educación en un determinado contexto la forman los esquemas subjetivos (relativos a los componentes práctico, cognitivo y dinámico de las acciones) y todas las elaboraciones en torno a esos componentes que han construido los sujetos. Esa primera significación de cultura se refiere a contenidos íntimos e invisibles del sujeto con experiencia sobre la educación. Esta "sabiduría" sobre el hacer, el mismo hacer y las motivaciones o valores que orientan las acciones se pueden comunicar por medio de la observación y de la imitación. Ahora bien, únicamente en tanto toda esa cultura subjetiva se codifique a través del lenguaje está universalmente disponible en el espacio y en el tiempo más allá del momento de su realización. Es decir, puede existir la reproducción de acciones, de saberes y de motivaciones ligadas a la acción sin que exista realización práctica de ésta.

Codificar y elaborar la información que da cuenta de algo, acumularla y transmitirla está en la base del progreso, porque así comprendemos lo que nos rodea y podemos hacérselo saber a los demás. Ayudar a captar, elaborar, acumular y reelaborar la información es competencia básica de la educación. La práctica educativa está también codificada en informaciones y con la transmisión de éstas se puede reproducir aquélla. Las informaciones sobre la práctica se transmiten a través de contactos informales con las fuentes de información, por encuentros espontáneos y a través de procedimientos formales.

Información cultural es todo: habilidades, creencias, datos, teorías, normas, instituciones, valores, ideologías, etc. Esta variedad se puede reagrupar en tres tipos que se corresponden con los componentes de las acciones (MOSTERÍN, 1993, pág. 25): saber sobre lo que se hace, saber hacerlo y saber acerca de los motivos para realizarlo. Son las dimensiones prácticas, cognitivas y dinámicas de la cultura acumulada. 1) La información descriptiva o teórica, los datos, el *saber qué* nos hablan de cómo es el mundo. Cada sujeto la posee en desigual medida y la capta según las posibilidades que le prestan sus concepciones previas, que son educables. El efecto pragmático que produce el hecho de apoderarse de esta información consiste en alterar las creencias y representaciones del receptor. Los tipos de información descriptiva son muy variados: desde las representaciones míticas y ficciones (descripciones no realistas de un mundo imaginario socialmente construido) hasta la ciencia, que está compuesta de datos, historias y teorías (implica también valores y técnicas). Las teorías son codificaciones de información, artilugios para comprenderla, simulacros para entender la realidad. 2) Información práctica, técnica, instrucciones y habilidades relativas al *saber cómo*. Comunica acerca del cómo hacer. 3) Información valorativa o evaluativa, compuesta por preferencias, valores, metas, actitudes, filias y fobias. Informa sobre el *qué hacer*.

El acervo cultural es el conjunto de la información que poseen todos y cada uno de los miembros de una cultura. Los elementos de los que está compuesto son compartidos en desigual medida y manera por cada uno de ellos. Ese acervo global disponible es la *cultura virtual*, el conjunto de la información disponible. Está sometido a un continuo cambio por incorporación de nuevos elementos, por pérdida, por olvido y dejación de uso y por transformación. Los cambios se producen por causas diversas (MOSTERÍN, 1993, pág. 93): por mutaciones o innovaciones, por alteración en la transmisión que no deja inerte el contenido, por deriva cultural que lleva a pérdidas de elementos culturales, por selección natural, según la eficacia de la información, etc. El concepto de cultura virtual como la suma de toda la información existente es útil porque nos hace que consideremos a todos los agentes que intervienen en la educación como depositarios de la misma. Al acervo cultural pedagógico contribuimos todos (teóricos, prácticos, expertos y legos). Facilita un entendimiento de la práctica como creación cultural rica en componentes diversos y diferenciados, pluralista.

Cada unidad de esa información que hace transmisible la cultura es un *meme*; término debido a DAWKINS (1979), que resulta equivalente al de *instrucciones culturales*, y que es denominado así por analogía con los genes que contienen la información que hace posible la reproducción de la vida. Una idea, una forma de hacer algo es un *meme* o rasgo cultural que, conectado con otros, constituye dimensiones culturales complejas. La cultura como contenido del aprendizaje, todo lo que no es "natura", es una acumulación estructurada de *memes*. MOSTERÍN (1993, pág. 80), continuando con la analogía, argumenta que es preciso distinguir entre un *meme* y sus manifestaciones fenotípicas visibles;

© Ediciones Morata, S. L

una cosa son las instrucciones o la información para hacer algo y otra cosa es el resultado de hacerlo de una determinada forma. El repertorio de formas de hacer recordadas es mucho más amplio que el de las realizadas. El repertorio mental, individual o colectivo, constituye la amplia cultura potencialmente disponible, mientras que el repertorio activo son sus manifestaciones fenotípicas. Trasladando la analogía, puede decirse que existen formas culturales consolidadas, virtualmente actualizables, de hacer la educación que se manifiestan fenotípicamente en cada caso con la acción de cada individuo.

Desde luego se trata de una interpretación —la cultura como conjuntos de *memes* de información— que resulta unilateral y que, como analiza BUENO (1996, página 165) desconsidera productos, objetos o procesos materiales de la misma. Las escuelas, en tanto que edificios, son productos de la cultura pedagógica, y contienen información pero no por sí mismas. El atomismo mémico, por otro lado, serviría para entender componentes aislados solamente si los *memes* no se organizan en rasgos más complejos que expliquen la unidad de las culturas (BUENO, 1996, pág. 192). La cultura como información se aproxima a una concepción semiótica como la que mantiene GEERTZ (1996a), para quien:

> "Creyendo con Max Weber que el hombre es un animal inserto en tramas de significación que él mismo ha tejido, considero que la cultura es esa urdimbre y que el análisis de la cultura ha de ser por tanto, no una ciencia experimental en busca de leyes, sino una ciencia interpretativa en busca de significaciones." (Pág. 20.)

Los significados, según este autor, organizan la conducta porque tienen el valor de ser esquemas organizadores que transmiten instrucciones.

> "... la cultura se comprende mejor no como complejos esquemas concretos de conducta —costumbres, usanzas, tradiciones, conjuntos de hábitos— como ha ocurrido en general hasta ahora, sino como una serie de mecanismos de control —planes, recetas, fórmulas, reglas, instrucciones (lo que los ingenieros de computación llaman 'programas')— que gobiernan la conducta." (GEERTZ, 1996a, pág. 51.)

Trasladando este análisis de la cultura de forma analógica a la educación, como información que controla las interacciones entre los individuos y que garantiza la continuidad de las acciones individuales y de la práctica, podemos extraer algunas consecuencias interesantes. La práctica educativa —cultura sobre la educación— la forman toda la amplia gama de la "información educativa" que dice cómo la educación es y ha sido en diferentes modelos y circunstancias, cómo se hace, cómo se ha hecho; consta de la información histórica recibida sobre hechos, personas, ideas, orientaciones de valor y técnicas; la componen sentencias populares, constructos que nos llevan a pensar de una determinada forma, sistemas teóricos, grandes filosofías educativas; la nutren modelos de funcionamiento en las instituciones y organizaciones, estilos de comportamiento ligados a especialidades y niveles en el sistema educativo; contiene además valores heredados, asumidos o no por cada uno de nosotros. Todo ese conocimiento compone un acervo cultural variado virtualmente disponible —la biodiversidad cultural pedagógica— que es parte del legado cultural general y está interrelacionado con otras facetas del mismo.

© Ediciones Morata, S. L.

Es una riqueza potencial de la que podemos disponer, que podemos conocer o no, que podrá ser asumida o rechazada, pero ahí está como una fuente codificada para poder dialogar con todo ese material. Dentro de la práctica, en su acepción más extensa y englobante, podemos encontrar configuraciones diferenciadas —estilos educativos diversos— que se construyen por combinaciones singulares de *memes* sobre la educación. Así, por ejemplo, se produce una combinación especial de elementos culturales en el modelo de educación preescolar que es específico, como peculiar es el modelo autoritario o la educación que difunde un modelo distinto para la mujer que para el varón, para el negro o para el blanco, etc. Deshacer el modelo racista o machista de educación implica rehacer la combinación de elementos culturales que lo sostienen. La práctica de enseñanza como plasmación particular de una manera de hacer, junto a formas de pensar y a modos de desear, es una configuración particular de toda la información virtualmente disponible, que ha seleccionado rasgos o *memes* y que ha olvidado otros muchos.

En la selección de la información (técnica, cognitiva o valorativa) que se reproduce como dominante operan, de manera fehaciente, todos los mecanismos de ejercicio del poder en educación en cada momento, filtrando de este modo el acervo cultural pedagógico potencial y reorientando su recreación, haciendo que las opciones menos deseables queden aisladas y se vayan perdiendo en el olvido. Este poder se ejerce en la selección e imposición de la perspectiva intelectual, en la elaboración y transmisión del conocimiento (paradigmas metodológicos), en las formas de gestionar la actividad (el caso de la "ocultación" que en la actualidad se percibe de los procedimientos de autogestión en las aulas, por ejemplo), o en la propuesta de opciones ideológicas que orientan la educación (la relegación de la solidaridad frente a la competitividad que impone el mercado). Cuando esos patrones de poder cambian o cuando evolucionan los intereses de la educación a los que sirve, asistimos también a la recuperación de informaciones que parecían arrinconadas, si bien su reincorporación se hará desde las nuevas informaciones atesoradas. Un ejemplo de cómo las pautas de poder seleccionan la información dentro de la cultura virtual sobre lo pedagógico lo representa la reaparición del debate entre la enseñanza pública y la privada en el sistema educativo español. Un nuevo bagaje informativo se actualiza y se recrea después de haber quedado adormecido por el sesgo de informaciones que se actualizaron en el debate sobre tecnicismos en las reformas de los últimos años.

La suma de las informaciones del tipo de *saber hacer,* que componen las prácticas de todos los profesores en ejercicio y las de los que han tenido ese oficio, es ingente, como lo es la suma de la información descriptiva acerca de lo que se ha pensado sobre la educación o sobre los ideales y motivos que mueven y han movido acciones y prácticas educativas. Sólo que, al no comunicarse a otros por contacto directo y al no estar sino mínimamente codificada esa información para comunicarla a otros no presentes, se pierde por deriva cultural o permanece aislada como cultura minoritaria. Como dice MOSTERÍN (1993, pág. 31), "la experiencia individual no transferida no es cultura". No existen mecanismos internos en el mundo educativo para difundir el *saber hacer* virtualmente existente, que es muy variado, más allá de la formación de profesores (centrada más en la información teórica o *saber sobre* la educación) y del ejemplo observado en el compañero más inmediato.

© Ediciones Morata, S. L

En contraposición a la riqueza virtual del saber hacer, sobre éste y acerca de los motivos y valores que guían las acciones, se camina hacia una estandarización cada vez más fuerte de los *currícula*, de las instituciones educativas, de las actividades o tareas gracias a la acción de fuerzas proclives a la estandarización, al control y a la burocratización de las políticas y prácticas educativas que llevan parejo el empobrecimiento y falta de protagonismo del saber práctico de los profesores. Cuando se pierde variedad, se pierden instrumentos culturales, *memes* pedagógicos, riqueza de información que en otros momentos puede necesitarse y hay que reinventar.

Hay más información codificada sobre lo pensado y hasta sobre lo querido que sobre las formas de saber hacer, porque hay más agentes dedicados a la codificación del pensar que a la del hacer. No es de extrañar, pues, que la formación de los profesores, en instituciones que además están especializadas en ese dominio de la cultura, se centre más en los conocimientos que en el saber hacer. A fin de cuentas, el saber hacer codificado sobre el desarrollo de acciones es menos abundante y su asimilación como información nunca garantiza una utilidad en la reproducción del mismo, pues sólo son esquemas sugeridos para ser ensayados en la acción real.

Ese sesgo a favor de "lo teórico" ofrece una gran posibilidad que nunca puede apreciarse como desviación. Las elaboraciones de la información sobre la práctica educativa, con sus seguridades e incertidumbres, son un medio de conservar y propagar la cultura práctica educativa. Muchos componentes del conocimiento sobre la educación que dan contenido al concepto de *teoría educativa* son informaciones sobre la práctica; son práctica codificada, la única forma que tenemos de acercarnos a lo que no sean acciones propias o directamente observables en los otros. La formación de profesores a través de la comunicación de esa información sobre la práctica presente y pasada es una manera de transmitirles práctica, no exactamente la realidad de las acciones que estuvieron en su origen, sino elaboraciones sobre fragmentos de la cultura práctica objetivada. Es la única manera de que accedan a la realidad amplia desarrollada en el espacio y en el tiempo no accesibles. El aprendizaje significativo de esa información es base fundamental de la continuidad cultural en el ciclo innovador del que acabamos de hablar. En estos tiempos de anti-intelectualismo, de practicismos hueros, de promesas de poder descubrir la ciencia en la acción, hay que recordar estos principios elementales. Esta información adopta muchas formas que no se agotan en los esquemas que trabajan las disciplinas científicas o ciencias sobre la educación. La narración de experiencias (que ya no son estrictamente experiencias, no lo olvidemos) es fundamental para los profesores y eso no es ciencia de la educación, pero sí conocimiento sobre ella.

Se critica la formación de profesores porque no es lo necesariamente eficiente como para transmitir o construir adecuadas formas de hacer. Es cierto, pero hay que distinguir entre las posibilidades de la formación, la experiencia práctica y la interacción entre ambas. Sin restarle importancia a esa faceta fundamental insuficientemente atendida, deteriorada la imagen de la teoría o del conocimiento en general, nos toca ahora romper una lanza por la teoría descubriendo los valores de ésta. El aprendizaje intelectual de los tres tipos de información sobre la práctica es una forma de adueñarse de la cultura pedagógica en la que anclar las acciones propias. En muchas situaciones y para determinados aspectos es la única forma de acceso al fondo cultural sobre la educación, y la única fundamentación posible para la acción personal. Las prácticas selectivas de los sistemas escolares, por ejemplo, sólo son accesibles a través de informaciones codificadas acerca de ese fenómeno, no se pueden comunicar de otra forma. En la acción de los profesores esa peculiaridad les puede pasar desapercibida.

Siendo, pues, el lenguaje de la "teoría" el depósito codificado de la experiencia práctica y uno de sus principales vehículos de propagación, la innovación de la experiencia práctica puede venir a través de la extensión de dicha codificación y por el acceso a la diversidad de la experiencia "teorizada", pues de ese modo puede accederse a la cultura virtualmente disponible que no es conocida en su totalidad por todos los miembros dedicados a desarrollar un tipo de acciones. Como ya se vio en el capítulo anterior, en el juego, contraste y adaptación de los esquemas conocidos reside la posibilidad de alterar la cultura práctica. El conocimiento acerca de ésta (con sus esquemas de saber hacer, sobre el hacer y sobre el querer hacer) es vía de estabilización de la acción descubierta y también el recurso fundamental para renovar las acciones estabilizadas en forma de prácticas, por cuanto sirve para rehacer y combinar esquemas prácticos que pueden dar lugar a nuevas acciones.

2.2. Los procesos de estabilización de las acciones en la práctica educativa a través del *habitus* y de la institucionalización

El enfoque anterior no nos explica por qué unas informaciones —*memes*— son más permanentes que otras y por qué agrupaciones de ciertas informaciones aparecen de manera constante en los sujetos de una misma cultura. ¿Por qué la reproducción de rasgos o informaciones culturales es ordenada y no se combina al azar en distintos sujetos? A esta pregunta viene a responder el concepto de *habitus* tratado por BOURDIEU (1991) y el de *institucionalización* propuesto por BERGER y LUCKMANN (1984) y por LUCKMANN (1996). Ambos constructos nos ponen en la pista acerca de los mecanismos por los que las acciones y todo lo que en ellas está implicado (saberes prácticos, creencias y valores) se reproducen como conglomerados ordenados y se convierten en prácticas consolidadas. Al reproducirse la práctica educativa, manifiesta mutaciones individuales en los agentes individuales porque la acción a través de la que logra continuidad tiene siempre carácter abierto y personal. A pesar de esto, sorprende la contumaz persistencia de las prácticas afianzadas.

Entre las acciones individuales y el orden global de una realidad social estabilizada o el de una práctica correspondiente a un subsector de esa realidad, como es el caso de la educación, se insertan instancias intermedias que ayudan a entender cómo las acciones marcan surcos y se convierten en prácticas, y cómo al mismo tiempo las nuevas acciones parten del capital cultural de dichas prácticas. Esas instancias intermedias son las que conectan el mundo de la cultura subjetiva con las realidades sociales externas previas a la acción y a los individuos. La realidad social estabilizada o la práctica educativa no la constituyen acciones de sujetos que surgen siempre como episodios novedosos en un fluir continuado de creación constante. Más bien lo creado por unos es la base para

© Ediciones Morata, S. L

que otros recreen a partir de ahí. El mundo social es una especie de híbrido entre lo inalterable del poso, que se acrisola y que se nos impone como realidad dada, y un margen que es campo permitido a la experimentación y a la creación individual, abierto a la actuación idiosincrásica de cada uno (LUCKMANN, 1996, pág. 31).

Dicho de otra forma: la suma de las acciones individuales de enseñanza o de educación no nos da una determinada realidad práctica, ésta no se explica sólo por ellas. Tampoco la realidad social se agota en la representación de roles preestablecidos sin que el actor introduzca en ellos originalidades por su parte. No hay lugar ni para el idealismo voluntarista ni para el materialismo determinista de carácter positivista. Hay que eludir el realismo de la estructura del objetivismo, como dice BOURDIEU (1991, pág. 91), sin caer en el subjetivismo que ignora la necesidad y el carácter inapelable de lo social que está ahí y que nos constituye. Las prácticas sociales se construyen, es decir que la práctica de la educación se constituye a sí misma a través de la continuidad que le proporciona el "diálogo" entre las acciones presentes y pasadas de los individuos, lo mismo que se constituye el conocimiento sobre esas prácticas.

La práctica genera a la práctica, dijimos en otro momento. Así como las acciones del sujeto se deben a otras acciones suyas, las de los individuos se generan en marcos prácticos construidos por las acciones de otros. Las prácticas, en tanto que reproducen las regularidades en las que se han gestado, implican la presencia y pervivencia de un pasado no muerto que es activo y que se perpetúa reactivándolo.

Esa mediación entre el individuo que actúa dentro de marcos dados pero con márgenes que hay que cerrar personalmente y la realidad social que se estabiliza la proporciona el *habitus*. Éste consiste en:

> "sistemas de *disposiciones* duraderas y transferibles, estructuras estructuradas predispuestas a funcionar como estructuras estructurantes, es decir como principios generadores y organizadores de prácticas y representaciones que pueden estar objetivamente adaptadas a su fin sin suponer la búsqueda consciente de fines y el dominio expreso de las operaciones necesarias para alcanzarlos, objetivamente 'reguladas' y 'regulares' sin ser el producto de la obediencia a reglas, y, a la vez de todo esto, colectivamente orquestadas sin ser producto de la acción organizadora de un director de orquesta." (BOURDIEU, 1991, pág. 92.)

Es decir que el *habitus* es una especie de orden impersonal que tiene una autoría colectiva. Es organización resultante de prácticas con capacidad para dirigir y regular acciones futuras, de suerte que permite que determinados fines se alcancen sin que cada individuo que asume el *habitus* tenga que proponérselos explícitamente. El *habitus* es:

> "Pasado que sobrevive en la actualidad y que tiende a perpetuarse en el porvenir actualizándose en las prácticas estructuradas según sus principios, ley interior a través de la cual se ejerce continuamente la ley de necesidades externas irreductibles a las constricciones inmediatas de la coyuntura..." (BOURDIEU, 1991, pág. 95.)

De este modo se genera una estabilidad de tipos de acciones que van creando historia y que excluyen la deliberación cada vez que se emprende una de ellas

© Ediciones Morata, S. L.

por parte de algún individuo. El *habitus* permite no plantearnos la intención de cada acción, la deliberación y las consiguientes interpretaciones ante los dilemas.

> "El mundo práctico que se constituye en la relación con el *habitus* como sistema de estructuras cognitivas y motivacionales es un mundo de fines ya realizados, modos de empleo o caminos a seguir, y de objetos dotados de un 'carácter teleológico permanente' como dice Husserl (...); pues las regularidades propias de una condición arbitraria (...) tienden a aparecer como necesarias, naturales incluso, debido a que están en el origen de los principios [*schèmes*] de percepción y apreciación a través de los que son aprehendidas." (BOURDIEU, 1991, págs. 93-94.)

En la generación de esas estructuras, las primeras experiencias son fundamentales porque a partir de ellas el *habitus*, como ocurre con las instituciones, tiende a asegurar su propia pervivencia frente al cambio que le soliciten las nuevas circunstancias, seleccionando, rechazando o evitando informaciones y las acciones contrarias a su lógica. Siempre se ha resaltado el valor decisivo de las primeras experiencias de los profesores para explicar sus estilos docentes pronto estabilizados.

Aquí aparece de nuevo la utilidad del concepto de *esquema*, ahora como elaboración social, empleado para definir estas estructuras orientadoras de la acción de los miembros que comparten los mismos hábitos.

Esos esquemas sociales compartidos refuerzan y amparan la solidez de los esquemas de la acción de los profesores, dando estabilidad a prácticas coherentes y constantes en el tiempo, dotando de congruencia a las acciones individuales entre sí, incluso diferenciando estilos de acciones y de prácticas. El *habitus* proporciona economía y garantiza continuidad.

> "... el *habitus*, en tanto que disposición general y transportable, realiza una aplicación sistemática y universal, extendida más allá de los límites de lo que ha sido directamente adquirido, de la necesidad inherente a las condiciones del aprendizaje: es lo que hace que el conjunto de las prácticas de un agente (...) sean sistemáticas, porque son producto de la aplicación de idénticos esquemas, y sistemáticamente distintas de las prácticas constitutivas de otro estilo de vida." (BOURDIEU, 1988a. pág. 170.)

Las acciones individuales y las prácticas colectivas que caigan dentro de las demarcaciones del *habitus* pertenecen al mundo de lo *impensable*. El *habitus* produce acciones y reproduce prácticas porque el esquema generado históricamente asegura su presencia en el futuro a través de formas de percibir, de pensar, de hacer y de sentir. Una vez asumido, el *habitus* tiene más fuerza que cualquier norma formal porque ha sido interiorizado y, gracias a ello, la reproducción de la práctica pasa inadvertida, simplemente actuando bajo las condiciones en las que se ha configurado. Nos pone a disposición el acervo cultural cubierto por él, sin hacerlo evidente, hasta el punto de que parece dotado de una cierta autonomía e independencia relativas. Asumimos y reproducimos la práctica con todo el capital cultural depositado con toda naturalidad, sin sentirnos forzados."Principio generador dotado duraderamente de improvisaciones reguladas, el habitus como sentido práctico realiza la *reactivación* del sentido objetivado en las instituciones: producto de trabajo de inculcación y apropiación necesario para que esos productos de la historia colectiva que son las estructuras objetivas consigan reproducirse bajo la forma de disposiciones duraderas y ajustadas (...), el habitus (...) es lo que permite habitar las instituciones, apropiárselas prácticamente y, de ese modo, mantenerlas activas, vivas, vigorosas (...), hacer revivir el sentido que se encuentra depositado en ellas, pero imponiéndoles las revisiones y transformaciones que son la contrapartida y condición de la reactivación" (BOURDIEU, 1991, pág. 99).

Recogiendo la metáfora de BOURDIEU, la práctica es como un tren que soporta sus propios raíles, una orquestación sin director de orquesta que dicta lo que se hace y lo que no se puede hacer, porque nos lleva a rehusar lo que ha sido rehusado y a querer lo inevitable. En la práctica educativa, lo mismo que ocurre en otras prácticas sociales, no dirigimos cada experiencia de manera racional con deliberaciones explícitas que, una vez realizadas, aceptamos o rechazamos según los resultados conseguidos. No es el caso de la práctica científica que corrige cada experiencia en función de los resultados (BOURDIEU, 1991, pág. 94). La racionalidad de las acciones, además de limitada, como ya vimos, no siempre es explícita, en la medida en que se ampara en hábitos sociales.

El efecto estabilizador del *habitus* no niega el proceso continuo de creación de novedades, especialmente cuando aquél se tope con condiciones y acontecimientos provocativos que no admiten las viejas respuestas y reclaman su adaptación. Es reproductor, aunque en procesos de reconstrucción continua. Hay, pues, libertad de engendrar, si bien controlada por las condiciones de su producción histórica socialmente situadas, tan alejadas de la reproducción mecánica como de la novedad imprevisible. Lo que aparenta ser el "estilo individual" es la desviación que resulta posible dentro del ejercicio del *habitus*. (BOURDIEU, 1991, página 104)

> "... es así como el *habitus,* igual que todo *arte de inventar*, permite producir un número infinito de prácticas, relativamente imprevisibles (como lo son las situaciones correspondientes), pero limitadas en su diversidad. En suma, siendo el *producto* de una clase determinada de regularidades objetivas, el *habitus* tiende a engendrar todas las conductas 'razonables' o de 'sentido común' posibles dentro de los límites de estas regularidades." (BOURDIEU, 1991, pág. 97.)
>
> "Espontaneidad sin conciencia ni voluntad, el habitus se opone por igual a la necesidad mecánica y a la libertad reflexiva, a las cosas sin historia de las teorías mecanicistas y a los sujetos 'sin inercia' de las teorías racionalistas."
> (BOURDIEU, 1991, págs. 97-98.)

La creación libre de los individuos, aun dentro de esos esquemas, pone en evidencia el proceso de efervescencia social paulatina y progresiva, más o menos acelerada según los casos y las circunstancias históricas. El cambio también es posible por la acción social colectiva de varios individuos y puede hacerse así presente de forma más rápida, pero para que exista movilización colectiva para provocar una práctica diferente se requiere una mínima coherencia entre los *habitus* de los agentes movilizadores y los de todos aquellos que se reconocen en sus prácticas. Es extremadamente peligroso, nos previene BOURDIEU (1991, página 103), pensar la acción colectiva según el modelo de la acción individual, ignorando todo lo que le debe a la lógica relativamente autónoma de las instituciones de movilización y a las situaciones institucionalizadas en las que opera.

© Ediciones Morata, S. L.

Una consecuencia de esta visión constructivista de la realidad social, lo mismo que ocurre con idéntica posición acerca del conocimiento, es la de extraer una visión difuminada del poder, muy propia de la postmodernidad, como se han encargado de demostrar los análisis de FOUCAULT. En la perspectiva constructivista, la autoridad no es individual ni es fácilmente identificable, sino socialmente compartida, inherente a las redes que rigen los intercambios sociales. La lectura que cada uno hace del legado existente forma parte de la definición del poder de reproducir repartido (GERGEN, 1995, pág. 30). El poder reside en cómo se realice la lectura del legado, en las limitaciones impuestas y en la negación de las capacidades para realizar lecturas personales e innovadoras desde una concepción abierta de la tradición. Las fuerzas exteriores, la autoridad y el poder se ejercen según la lógica de los organismos en los que se han incorporado, no mecánicamente. El *habitus* hace posible el pensamiento, la percepción y la acción libres inscritos dentro de los límites que marcan las condiciones de su producción (BOURDIEU, 1991, pág. 96).

El concepto de *institucionalización,* y los fenómenos que en torno al mismo pueden aclararse, tienen una significación parecida a la de *habitus,* corre paralelo a éste, aunque va algo más allá, en tanto se fija en las realidades sociales cristalizadas a través de los hábitos. Cuando el hábito es compartido, quiere decirse que estamos ligados por una cultura en la que las acciones de uno, generadas desde sus esquemas, son reconocidas por el otro y viceversa. Entonces se ha generado la institucionalización (BERGER y LUCKMANN, 1984, pág. 76). Una institución, como la define MOSTERÍN (1987, pág. 92), es un conjunto de reglas constitutivas que definen y determinan posiciones y relaciones en un área determinada de una manera convencional. Asentada aquélla, las acciones individuales ya no se pueden independizar del todo de ese precedente *cuasi* normativo. Las instituciones son componentes fundamentales de la cultura que pasan a ser contenido y ambiente de la educación, son cultura e historia heredadas.

La institucionalización de la acción supone una regulación de ésta para abordar los problemas más diversos. Puede producirse en cualquier ámbito del comportamiento que tenga relevancia colectiva (BERGER y LUCKMANN, 1984, pág. 85) porque toda actividad humana está sujeta a la habituación: la educación es una de ellas.

"Las instituciones estipulan la acción independientemente del individuo, liberándole por tanto de conducir su vida. Dicho sea simplificadamente: las instituciones son *sustitutivos del instinto.*" (LUCKMANN, 1996, pág. 118.)

"Las instituciones sociales *organizan* la solución de los problemas humanos fundamentales (y también no tan fundamentales). Lo hacen en la medida en que gobiernan de alguna manera obligadamente determinadas partes de la acción social y disponen para ello mecanismos de ejecución y —en ciertas circunstancias— un aparato coercitivo. Ellas *liberan* al individuo mediante un patrón de soluciones más o menos evidentes para los problemas de la conducción de su vida, garantizando y conservando al mismo tiempo con ello —por decirlo así en detalle— la permanencia del orden social." (LUCKMANN, 1996, pág. 119.)

Aunque cuando hablamos de instituciones solemos referirnos a fenómenos sociales que comprenden a grupos por lo general numerosos, la institucionalización comienza a desarrollarse en cuanto dos personas empiezan a interactuar en una situación nueva y crean cauces reconocidos recíprocamente. La institucionalización no es el fruto de una voluntad expresa, sino la consecuencia acumulativa de la ejecución de las acciones; es más consecuencia que objetivo de la acción social, sin perder la posibilidad de que también pueda ser un fin explícito que se debe lograr.

Las acciones que se repiten con frecuencia crean una pauta que luego puede reproducirse con economía de esfuerzos y que es aprehendida como pauta por el agente (BERGER y LUCKMANN, 1984, pág. 7). La institucionalización cumple funciones básicas de carácter educativo:

a) Asegura, en primer lugar, la continuidad de la sociedad introduciendo a los sujetos en la memoria colectiva.

b) Descarga liberando esfuerzos, al no tener que reinventar siempre (LUCKMANN, 1996, pág. 141); brinda de manera estable la sabiduría cristalizada en tradiciones y normas de funcionamiento que se han ido decantando como maneras útiles de abordar determinados retos formando el *bagaje cognitivo social*, que llama LUCKMANN.

c) Inherente a esas dos funciones está el ejercicio del control de la acción. La facticidad misma de la institución, su presencia, es un regulador de la conducta.

d) Ayuda a facilitar la percepción del otro, a interpretar su conducta y a prever sus reacciones, lo que facilita en gran medida las relaciones sociales. Profesor y estudiantes saben lo que se espera de uno y de otros, una vez se está dentro de una pauta de relación institucionalizada.

e) Cabe decir que tiene una función proactiva para guiar las nuevas acciones, siguiendo el pensamiento de Parsons, para quien las instituciones tenían carácter orientador. Tiene pues, como dice LUCKMANN (1996, pág. 145), dos caras: la una mira hacia atrás —es resultado de actos pasados— y con la otra mira hacia adelante: son modelos a seguir. Cuanto más urgente e inmediata es una acción, con tanta mayor comodidad nos podemos dejar llevar o nos sentimos llamados a dejarnos guiar por las tradiciones, por el cauce marcado por ellas, en vez de sopesar cada vez que lo precisamos el curso a seguir ayudándose de un pensamiento reposado.

f) Además de servir a la predicción de la acción del otro, nos proporcionan mucha información explícita sobre la acción en general que podemos esperar de una situación. Lo que, junto a la pervivencia de la tradición acumulada de la que las nuevas acciones se nutren, permite que el mundo de lo social, y concretamente nuestro particular mundo de la educación, sea previsible (MACINTYRE, 1987, pág. 134). La acción es singular y original en alguna medida; es irrepetible e imprevisible en todos sus términos, como ya se dijo, pero, en tanto enraíza en una práctica asentada, tiene una dimensión de reiteración que sí permite la predicción. El grado de previsibilidad de las acciones nos posibilita planear y comprometernos en proyectos a largo plazo para darle sentido al curso de la vida.

g) Puede ser también una traba cuando su carácter inherentemente conservador se sacraliza o cae, simplemente, en la rutinización rígida, dificultando el poder abordar nuevos retos o el adaptarse a nuevas circunstancias. En educación es muy válido aquel principio que estipula que si se quiere que el cambio dure y se estabilice hay que proveer instituciones adecuadas; si se desea que el cambio sea posible es preciso que las instituciones tengan vida limitada.

Comodidad, sentirse amparado por la experiencia e, incluso, quedar al abrigo de la aplicación de ciertas sanciones, son factores que explican la cristalización institucional. Si, al mismo tiempo, esos procesos de solidificación no guardan cierta flexibilidad de adaptación, perderán sentido para abordar nuevos retos. Entonces la acción ha de desinstitucionalizarse.

Aunque al tratar de estos fenómenos estamos planteando procesos de creación de rutinas con una razón de ser, puesto que obedecen a propósitos y, dado que la repetición, que no es absolutamente mimética respecto de las acciones anteriores, puede retener el significado para el individuo, es evidente que la institucionalización también lleva consigo la pérdida del primitivo sentido para los que heredan la práctica acrisolada. A muchos se les presenta la institucionalización de la enseñanza, por ejemplo, como una tradición tan natural como el paisaje, sin alcanzar a saber por qué está ahí. Vivimos en ella y para ella en cierto modo enajenados. Cuando se pierde la referencia del pasado que es el que constituye las instituciones o los hábitos, su poder es anónimo: no sabemos muy bien qué es lo que nos controla y nos guía. El mundo que nos rodea ha dejado de ser transparente para nosotros en la medida en que, siendo heredado, no hemos participado personalmente en su construcción. Es un mundo objetivo. La institución lleva a la *reificación* cuando los productos de la actividad humana se toman como si no fueran resultados humanos. Es un paso extremo del proceso de objetivación (BERGER y LUCKMANN, 1984, pág. 117).

Si bien la institucionalización afecta a una actividad tan importante como es la educación, cuya función es reproductora, en ella se desarrollan muchas actividades no sometidas al proceso de institucionalización o que son desinstitucionalizadoras. La personalidad postmoderna, —escéptica ante la posibilidad de cambiar un mundo tan gobernado por instituciones y sin participación democrática abierta— configura un yo dividido entre la esfera de la actuación social que desempeña papeles dentro de instituciones que no controla, por un lado, y otra esfera en la que busca espacios y tiempos para la expresión personal en facetas no controladas. El peso y la búsqueda progresivos de la vida privada disminuyen la esfera de institucionalización en la vida personal. La ganancia de privacidad, para aumentar posibilidades de expresión en los sujetos o recursos que compensen al mundo de la imposible desinstitucionalización, es un escape en un mundo tan institucionalizado. Rescatamos espacios no controlados aunque sea al precio de renunciar a "expresarse" personalmente en la recreación del espacio regulado por las instituciones ante las que nos sentimos impotentes, considerando que hemos perdido el control de su sentido. En los profesores es frecuente esa búsqueda de realización personal e incluso profesional al margen y en paralelo al desarrollo del trabajo institucionalizado que resulta poco gratificante.

Desenmascarar el carácter histórico que al *habitus* y a las instituciones les proporciona un cierto anonimato de objetivaciones heredadas es tarea del pensamiento que desvela y descodifica la realidad para devolver a los agentes la conciencia de sus actos, al menos de una manera simbólica indirecta. Es la forma de posibilitarles el que sean protagonistas de su propia historia. Hemos de enfrentarnos, como afirman BERGER y LUCKMANN (1984, pág. 83), a la paradoja de que el hombre sea capaz de producir un mundo social que se le propone después como objetivo, que se experimenta como algo distinto a un producto humano. Esta tarea es un objetivo primordial del conocimiento sobre la educación, de la teoría y de los intelectuales, en su misión de iluminar la práctica *retrospectivamente*. Es preciso encontrar sentido a las acciones y a las prácticas tratando de dar significado a lo que ha sido, actualizando ideas previas, seleccionando lo que merezca la pena conservar e inventar cambios en lo que sea conveniente mejorar. Así se proporciona función *prospectiva* a la teoría sobre la práctica; no tanto para inventarla, como para recrearla. Operar como si no nos guiara el pasado es una postura peligrosa. En la formación de profesores es esencial la perspectiva histórica y constructivista sobre el mundo creado de la educación. Hay que redescubrir el sentido de lo que tenemos. El futuro nos será siempre desconocido y abierto, pero lo hacemos en el presente a partir del legado del pasado. Ésta es una precaución que conviene tener en cuenta ante la prospectiva futurista que tan frecuentemente en educación nos sugiere la conveniencia de prepararnos para realidades desconocidas haciéndonos olvidar de dónde partimos.

Estos comentarios sobre el *habitus* y la *institucionalización* ilustran bastante bien la cristalización de las prácticas educativas familiares y escolares, su reproducción y su pervivencia histórica, que en el caso de la educación institucional es proverbial. Se convierten en sustratos muy arraigados en la sociedad en general y en cada individuo, aunque se mantengan manifestaciones diferenciadas en aspectos parciales y singularidades ligadas a cada profesor y a tipologías de centros o de estilos educativos.

Las prácticas educativas objetivas, consolidadas por los procesos de estructuración institucionalizada, por el *habitus*, son múltiples: roles profesionales definidos, rutinas pedagógicas consolidadas para desarrollar la acción de la enseñanza, modos de relacionarse con los alumnos, estilos profesionales diferenciados por niveles de enseñanza o por especialidades, la estructura del puesto de trabajo de los docentes, la organización escolar con toda su cultura interna, las formas de relacionarse ésta con las familias y el mundo externo, las prácticas de formación, evaluación y promoción del profesorado, los modelos de desarrollo y control del *currículum*, los modos de relación de la Administración y sus subordinados, los del mundo del trabajo con la educación, y los de los especialistas e intelectuales con los establecimientos escolares y con las prácticas de innovación del *currículum*. Esos esquemas colectivos son marcos consolidados por las ideas, por los modos de hacer y por las opciones de valor, campo endurecido de entramados y reglas de juego en el seno de los cuales opera la relación teoría-práctica.

La concepción social de la acción de los sujetos dentro de la práctica consolidada supone una prevención contra los modelos de innovación voluntaristas y tecnológicos, tan frecuentes en educación, que desconsideran el factor humano y el cultural, la "inercia que se recrea" y los mecanismos del cambio de las culturas institucionalizadas. Las seguras raíces de la práctica la hacen bastante invulnerable a estrategias superficiales de innovación o a programas puntuales de reforma; y, por supuesto, la convierten en impermeable a las retóricas de las políticas que pretenden cambiar con eslóganes puramente simbólicos la cultura pedagógica. No es que esa cultura sea refractaria al cambio, sino que éste tiene su ritmo y su dinámica. El voluntarismo pedagógico que mantiene la ilusión, en el sentido de motivación, de muchos profesores lleva a veces a ver las llamadas u observaciones sobre las dimensiones objetivas de la realidad como percepciones pesimistas acerca de sus posibilidades de introducir cambios. Las opciones del teórico ilustrador y vanguardista, las del político redentor y las del militante voluntarioso de la profesión docente, al desconsiderar la fuerza del *habitus* o de la institucionalización, chocan con el muro resistente de la continuidad social con raíces muy asentadas que no son cultura externa a los sujetos, sino que son parte constituyente de los mismos. Lo cual, como ya se ha argumentado, no supone asumir una actitud que considere inamovible la realidad.

El análisis de la práctica como reificación social de las acciones conduce a considerar que, una vez que se parte de una determinada práctica consolidada como producto humano, la acción individual y colectiva es la posibilidad dialécticamente configurada por la iniciativa y capacidades de los sujetos, jugando en el terreno de los límites, siempre flexibles, del *habitus* y de la institucionalización. Pero siempre ahí, no inventando desde la nada; a no ser que, convencidos del inmovilismo inquebrantable del *habitus* rígido y de las instituciones voraces, desplacemos la energía creadora a otros territorios que colonizar. Esto es algo que está pasando en educación, ante la desconfianza que produce la resistencia de las instituciones a reorientarse y dar cabida a nuevas acciones, y ante la falta de acción creadora de los que de ellas viven, enajenados del sentido que tuvieron y por el que se crearon. Los profesores creadores buscan *su* salida en la vida privada; los padres y los grupos sociales más y mejor organizados dan salida a sus necesidades queriendo tener sus instituciones propias, sin descartar alternativas radicalmente desescolarizadas.

La compatibilidad entre el plano de las realidades culturales objetivas, pero construidas, y la subjetividad constructora, aunque nutrida de aquella cultura, es un buen punto de partida para comprender las organizaciones escolares como algo que son gracias a la experiencia compartida y a los intercambios de los sujetos que viven en ellas. No son realidades burocráticas acrisoladas sin que los individuos tengan responsabilidades en ellas. Éste es un punto de partida que, de alguna forma, está presente en las concepciones postweberianas de la organización escolar como articulaciones imprecisas (TYLER, 1991); un enfoque adecuado para entender los centros educativos alejados de las imágenes autoritarias y disciplinarias. Los centros escolares, en tanto que organizaciones, existen indefectiblemente en la experiencia de los miembros que los experimentan, lo que no implica negar que realmente existan aspectos objetivos previos y al margen de esa experiencia (GRAY, 1988, pág. 143).

La imagen que nos proporciona esta perspectiva de las organizaciones es la de un territorio en el que sus participantes están "negociando" constantemente sus intercambios en un marco de reglas que pueden ser objetivas, donde el significado de la organización se crea gracias a esos intercambios. Al margen de eso, la organización es una abstracción. Sólo cuando los sujetos renuncian a esa negociación y se aíslan en su individualismo aflora como relevante la fuerza de la objetividad burocrática y la perpetuación de la rutina como realidades culturales al margen de aquéllos.

La estructuración de la cultura compartida nos facilita comprender cómo a través de ella se explican no sólo las prácticas educativas institucionalizadas —la educación en las escuelas— y las que son propias del colectivo especializado de los profesores, sino el enlace de ese ámbito práctico profesionalizado con el de otros agentes que, en diferentes ámbitos, también generan práctica educativa. Hasta podremos llegar a decir que esa práctica profesional puede ser la apropiación de unos hábitos generados en estos otros ámbitos de la acción social, como podremos ver.

3. La correspondencia entre la cultura subjetiva y la cultura externa objetivada en la práctica de la educación

La continuidad y comunicación entre la acción y la práctica, entre el sujeto y el mundo social, entre el mundo de la cultura subjetiva y el de la objetiva están aseguradas. Los sujetos se reflejan en el cultural externo y viceversa. Sujeto y cultura se constituyen recíprocamente: las acciones crean realidad práctica y ésta es la cultura de la que se nutren las acciones, estableciéndose una dialéctica de reflejos recíprocos entre el mundo subjetivo y el de la cultura objetivada que se plasman en los mecanismos de reproducción y de recreación, tal como se pretende reflejar en el esquema gráfico que sigue. En éste se plantean las correspondencias que en los planos cognitivo, dinámico y práctico ligan a los sujetos y a las prácticas educativas. El agente pedagógico (padre, profesor, ...) lo es dentro de una cultura general y dentro de la subcultura relativa a las prácticas educativas presentes en ella. Con sus acciones (como agente educador y como ciudadano y miembro de una sociedad) puede incidir en aquellos rasgos y en la cultura en general.

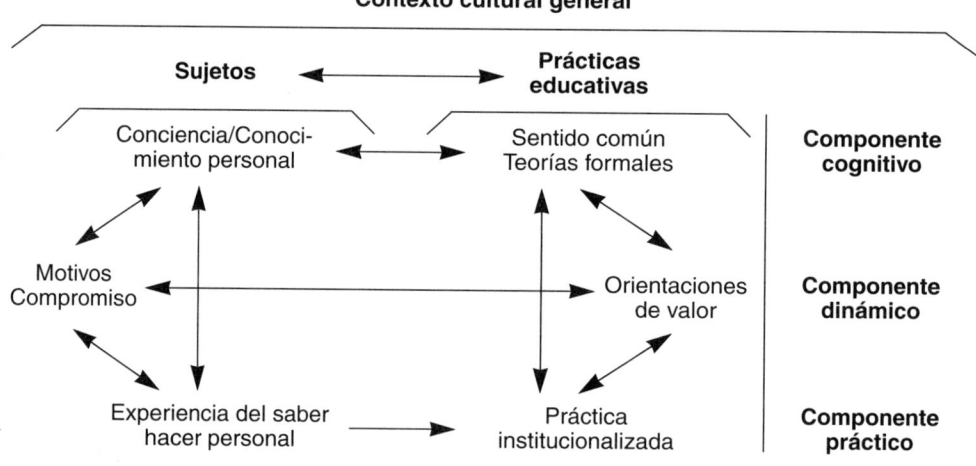

Figura 5. Las interacciones entre las acciones y las prácticas.

La reciprocidad y los reflejos cabe plantearlos en cada uno de los tres componentes esenciales de la acción personal y de la práctica educativa o cultura externa a los sujetos:

a) El saber hacer de cada agente personal se nutre de la información práctica del tipo *saber cómo* colectivo e institucionalizado, y éste es recreado y enriquecido por aquél. Cada profesor no inventa *ex novo* los métodos y las formas de hacer, sino que se nutre de la práctica colectiva, bien se trate de un aprendizaje por ósmosis o por procedimientos para una transmisión explícita y consciente, como ocurre con la formación de profesores. El saber práctico de los docentes se alimenta de una matriz cultural compartida sobre "lo pedagógico", de la que participan otros profesionales semejantes a él (la tradición de saber hacer la educación); aunque esta subcultura está enraizada, a su vez, en la cultura más general de la que se nutre y en la que participa que dispone de un saber hacer más amplio acerca de cómo enseñar y guiar a las personas en general. Ese saber hacer personal sobre la educación y la práctica institucionalizada no está aislado de otros saberes no directamente ligados con la educación. El profesor de química, por ejemplo, "sabe hacer" clases de química dentro del marco de *habitus* y prácticas institucionalizadas de educación, poniendo en acción competencias relacionadas con el desempeño en laboratorios o con el saber hacer que consiste en guardar la disciplina en clase y que ha aprendido en otros ámbitos de la cultura.

b) El conocimiento personal que emana de la conciencia de la acción se puede transmitir y comunicar a otros constituyendo el *saber sobre* la educación acumulado, que será la base de información cognitiva compartida por el sentido común sobre la educación del que se nutren después algunas creencias personales. Si a la acción del sujeto le era inherente el conocimiento, la práctica —en tanto es fruto histórico de las acciones acumuladas y transformadas— tiene también adheridas creencias colectivas, y sobre ella existen explicaciones científicas. El conocimiento social compartido y el científico son referentes de racionalización de las creencias personales que permiten saber sobre las acciones humanas sin limitarse al ámbito de la experiencia personal. Los conocimientos personal y social sobre la educación tampoco son independientes de otras esferas del pensamiento no directamente relacionadas con la educación. Las personas y los profesores piensan metafóricamente en la educación de acuerdo con modelos de pensamiento que se relacionan con el arte, la economía y la agricultura, por ejemplo.

c) Los motivos personales que dotan de significado a la acción entroncan con las aspiraciones colectivas compartidas, al menos por determinados grupos de referencia importantes para cada sujeto, o entran en relaciones conflictivas con ellos. Ya se comentó que los motivos y necesidades de los sujetos no se dan en el vacío, sino en una sociedad y en determinado momento de su historia; el *componente dinámico* de la acción de los sujetos —en sus coincidencias y en sus disonancias— conecta con simétrico aspecto en el plano cultural, pudiéndose hablar de las relaciones entre proyectos individuales y proyectos compartidos socialmente. Mis motivos y mis conflictos entre ellos reflejan orientaciones y conflictos en la cultura. Lo mismo que ocurre en el plano del sujeto con sus motivos que son fuerza energética determinante de la acción, la práctica culturalmente compartida que es elaboración social está también impregnada de proyectos de acción deseable que constituyen la fuerza de la dinámica de la reproducción. Lo cual supone que la conducta de las personas y sus acciones también pueden ser guiadas por creencias y por motivaciones de otros (LANGFORD, 1989, pág. 26). Las

© Ediciones Morata, S. L

"querencias" y orientaciones de valor respecto a la educación tienen, a su vez, que ver con valores sociales más generales: quiero (yo) una educación igual para todos dentro de una escuela comprensiva igualadora (institución), de acuerdo con un ideal general de solidaridad (ideal de y para una cultura, en general) que pueden compartir otros muchos de mis semejantes.

4. La diversidad de las prácticas educativas

Las acciones humanas que tienen que ver con el desarrollo de la educación se desenvuelven, y lo han hecho en el pasado, en ámbitos diversos, de suerte que la práctica educativa como rasgo de la cultura, con toda la información variada y rica que todo eso supone, está esparcida por distintas esferas de las sociedades, no quedando reducida a sus manifestaciones en las escuelas. Puede decirse que podemos encontrar práctica de la educación por muchos sitios.

El significado que se adjudica a la *práctica* se halla implícito en las expresiones en las que queda acogido, por lo que no se puede precisar de antemano, como ya quedó indicado con anterioridad. No es fácil ajustar un concepto que se expresa en la acción o es resultado de acciones. Y no lo es además porque, como ocurre con cualquier otro concepto, el de "práctica" está inmerso en las circunstancias históricas en las que surge y en él se manifiestan los cambios que acontecen en el mundo de la educación, que, como decimos, no se circunscriben a la educación escolarizada. Ni los profesores ni los investigadores disponemos de un vocabulario acertado para describir el conocimiento práctico y la cultura que delimita "la práctica". Lo cual explica las confusiones e incomprensiones que se producen al manejarlo. Por ejemplo, *educación, enseñanza, escolarización, instrucción, pedagogía, didáctica, metodología,* son conceptos muchas veces intercambiables entre sí, aunque podemos convenir en que definen campos semánticos con cierta especificidad, que se utilizan para denominar prácticas cuyos significados se solapan.

Parece a todas luces muy claro que la acción de educar en sus diversas acepciones (transmitir cultura, comunicar conocimiento, modelar a los sujetos, estimular el desarrollo de su personalidad,...), se expresa y se puede encontrar reflejada en ámbitos prácticos que están localizados en nichos de influencia singulares, provocando efectos en los individuos que se pueden sumar y potenciar entre sí, o bien contrarrestarse, o pueden ser influencias desconectadas, según los casos. Es importante que entendamos que la práctica educativa adopta formas diversas, se especializa en cumplir funciones particulares dentro de ámbitos específicos, configurando una realidad compleja, a veces inaprensible, que se extiende por instituciones, espacios y tiempos donde existen relaciones humanas o a través de la influencia de procedimientos técnicos de comunicación. Educa la lectura de un libro, la acción de un profesor, la relación con unos padres, la influencia de unos amigos, ... La práctica se encuentra allí donde se ejercitan formas de educar, y como éstas son muy diferentes y tienen lugar en contextos variados, el concepto de práctica se diversifica. Es muy pertinente, pues, la pregunta que se hace CARR (1996, pág. 94) acerca de si hoy podemos encontrar un concepto específico de práctica que nos permita reconciliar los criterios que rigen su uso.

© Ediciones Morata, S. L.

Como primera propuesta, parece oportuno partir de la necesidad de desbordar el sentido que da el pensamiento y el lenguaje dominantes cuando hablamos entre docentes de *práctica educativa*. El empirismo, que tan fuerte ha calado en la mentalidad moderna, nos lega una acepción bastante restringida, reducida a la interacción observable entre individuos; aunque ni todo es observable, ni la enseñanza y la educación son sólo acciones interindividuales, que no pueden ser confinadas a los componentes psicológicos individuales porque se expresan y se desarrollan en un mundo social.

Analizar un concepto tan proteico como el que nos ocupa es una forma de clarificar qué hay detrás de la práctica y qué posibles relaciones puede tener con el conocimiento, con los proyectos individuales y colectivos, con la investigación y la teorización sobre la educación. La práctica educativa es algo más que la expresión del oficio de los profesores; es algo que no les pertenece por entero a ellos, sino que es un rasgo cultural *compartido*, lo mismo que el médico no posee el dominio de todas las acciones para favorecer la salud, sino que las comparte con otros agentes, unas veces en relaciones de complementariedad y de colaboración, y otras en relaciones de competencia.

La práctica educativa tiene su génesis en otras prácticas que interactúan con el sistema escolar y además es deudora de sí misma, de su pasado. Son características que nos pueden ayudar a entender las razones de los cambios que se producen y los que no llegan a cuajar.

Lo mismo que el pensamiento sobre la educación no se puede explicar sin apelar a otras esferas del pensamiento y de la cultura, otro tanto pasa con las prácticas educativas, que no se pueden comprender sin ver cómo otras prácticas sociales se proyectan, inciden o provocan reacciones en ellas. Por poner un ejemplo trivial, diremos que la bajada de la *ratio* de alumnos por profesor que facilita determinadas prácticas educativas se puede deber a una determinada forma de desarrollar la práctica de procreación y a una política decidida a dotar de más recursos al sistema educativo. La investigación puede poner de manifiesto las consecuencias de *ratios* altas o bajas, crear conciencia sobre su importancia, aunque en la determinación de las prácticas y acciones que contribuyen realmente a bajarlas hay causas externas al mundo de la educación. De la investigación se podrán deducir argumentos que incitaran a bajar la *ratio*. Otro ejemplo: el auge de las políticas neoliberales y sus correspondientes prácticas económicas, con el consiguiente aumento de las desigualdades y la recesión de fondos destinados a los sistemas públicos de educación, conduce a que en la práctica del sistema educativo se instale la competencia, a que los padres pidan determinados énfasis en el *currículum*, etc. La práctica educativa es obvio que tiene que ver con lo que ocurre en otros ámbitos, como acabamos de argumentar, y que no se debe exclusivamente a sí misma. No es un rasgo cultural autónomo.

El sistema educativo y los usos culturales en su seno cambian por sus reacciones ante demandas, propuestas, funciones, ideales y concepciones nuevas; es decir, sus cambios se explican por adaptaciones e interacciones con lo que ocurre fuera de ellos, no son islas. No aparecen *ex novo*. Teorías como la de la *correspondencia* establecen el principio de explicación de que en las escuelas se reproducen prácticas de selección y de jerarquización que existen en la sociedad. Con la perspectiva histórica se comprueba que los contenidos y las formas de enseñarlos (véase el caso de los libros de texto) se corresponden con mentalida-

© Ediciones Morata, S. L

des y prácticas sociales y políticas de una determinada época. Estudios sobre la psicosociología del aula demuestran que las relaciones de los alumnos tienen a veces vinculación con prácticas de educación sobre los hermanos en el seno familiar. Prácticas discriminatorias para con las mujeres, los negros o los gitanos en las aulas, reproducen y son efecto de prácticas sociales del mismo cariz. Entender la educación requiere, pues, el ejercicio de explicar lo que ocurre dentro de la misma en relación con lo que sucede en el exterior, y no puede ser de otra manera. De ahí la dificultad en origen de la investigación y del pensamiento educativos a la hora de señalar las delimitaciones del territorio que hay que acotar.

4.1. Dispersión de actividades dentro de la práctica de educación institucionalizada

Como sustantivo, el significado de *práctica* educativa más comúnmente aceptado entre los que hablan, estudian, investigan y realizan la educación institucionalizada es el que hace referencia a la práctica didáctica que implica a estudiantes, profesores, *currículum* y los medios para su desarrollo en un marco de organización escolar definido. Esa realidad está bastante mediatizada por otras formas de acción sobre los sistemas educativos que condicionan los marcos de desarrollo de la acción de los docentes, sin que, en la mayoría de los casos, éstos puedan escapar a sus determinaciones. Existen regulaciones curriculares, formas de producir y de distribuir materiales para el desarrollo del *currículum* ajenas a la acción de los profesores, procedimientos de control que inciden en lo que "les está tolerado hacer", modos de organizar el tiempo, el espacio y los recursos que dependen de estructuras organizativas y de usos muy asentados; existen programas de innovación escolar, se establecen mecanismos de participación social que condicionan lo que ocurre en las aulas, etc.

El desarrollo de la enseñanza, o lo que desde otro ángulo hemos denominado como el *currículum en acción,* es una práctica en concurrencia con la acción de otras que operan en los sistemas escolares sobre el propio *currículum*, sobre su desarrollo, sobre los profesores o sobre el contexto. El desarrollo real de la enseñanza es el resultado de un combinado complejo de prácticas diversas (GIMENO, 1988). La eficacia de los modos de control sobre el material didáctico tiene consecuencias muy directas sobre el contenido cultural llevado a las aulas y sobre las formas de hacer educación (GIMENO, 1996b). Los efectos que tienen las prácticas de evaluación externa y de *accountability* (rendir cuentas) sobre las prácticas de enseñanza han sido muy destacados en aquellos sistemas educativos que disponen de esos mecanismos de control (BROADFOOT, 1996). Son dos ejemplos fehacientes de que lo que más comúnmente llamamos práctica educativa depende de otros ámbitos y de otros agentes que operan de puertas afuera de las aulas, pero que son muy decididamente activos sobre lo que ocurre dentro.

Junto a la experiencia, la tradición y los estilos de trabajar de los profesores, existen una serie de reguladores explícitos de las actividades relacionadas con el *currículum,* como son las leyes y los reglamentos, la organización escolar, la ordenación del puesto de trabajo, la formación de profesores, los sistemas de evaluación y el establecimiento de ciertas reglas éticas que definen ámbitos de práctica que se proyectan en las acciones de enseñanza: en los contenidos abordados en las aulas, en los métodos, en la interacción personal, en las relaciones con la cultura externa a los centros y en los procesos de innovación.

Este planteamiento tiene algunas consecuencias importantes. *La primera,* la de evitar visiones que responsabilicen en exceso a los profesores al explicar lo que ocurre en educación y su participación en la calidad de la misma. Sabemos que la práctica es fruto institucionalizado en el que se desarrollan acciones de agentes. *La segunda,* es la llamada a que los docentes se responsabilicen en la intervención en todos los ámbitos que regulan sus prácticas profesionales, si es que aspiran a algún grado de control y de autonomía de la profesión. El oficio se juega fuera de las aulas y dentro de éstas. *La tercera,* nos lleva a rechazar con un argumento más los enfoques empiristas centrados en lo observable de la realidad de la práctica más estrictamente pedagógica, como si lo que ocurre en las aulas fuesen prácticas culturales autónomas.

La acción de enseñanza no se puede aislar del marco en el que tiene lugar, no ya en un sentido de que estén condicionadas por un ambiente social y cultural general lejano, sino que se hallan ligadas de manera inmediata a determinaciones que gravitan sobre la acción.

Una última proyección consiste en entender que el cambio que tiene lugar en ese contexto práctico pedagógico de inmediata observación viene inducido, estimulado, entorpecido y dirigido por acciones, movimientos, marcos de comprensión, intereses y valores que operan en esos otros campos prácticos concurrentes, como sobradamente han comprobado muy diferentes estudios. Y esto es esencial para enfocar los mecanismos de conexión entre conocimiento y acción en educación, que no pueden entenderse sin apelar a ese marco de codeterminaciones recíprocas entre prácticas internas y externas a las aulas. Baste resaltar alguna obviedad. El movimiento de innovación del *currículum* o el de reformas escolares han sido intentos de incidir, de controlar y de cambiar las prácticas de los profesores de manera indirecta pero eficaz. Hoy la fe neoliberal, que tiene como uno de sus valores de referencia básicos el control de los consumidores sobre los productos de las escuelas, estima que dicho control hará cambiar decisivamente las prácticas de los docentes dotándolas de más calidad. Lo que transcurre ante nuestros ojos sólo nos pertenece en una pequeña medida.

4.2. Variedad de tareas en las actividades de la enseñanza

Para terminar este recorrido que nos ha llevado a través de un proceso de diferenciación a la percepción de la complejidad que se aglutina en el mundo de la práctica de la educación, llamaremos la atención sobre el carácter igualmente proteico de la práctica de enseñanza. La situación de enseñanza es aparentemente sencilla aunque se presenta en manifestaciones que son muy variadas entre sí. Hablamos de enseñanza individualizada, en grupos, impartida por medio de ordenadores, de estudio independiente del alumno, a distancia, en laboratorio o clínica, centrada en el profesor o centrada en el alumno, etc., de suerte que el significado real de *enseñar* queda implícito en la expresión concreta en la que se

© Ediciones Morata, S. L

utiliza el término (Husen, 1992, pág. 2.257). Esas manifestaciones diferenciadas de hacer la enseñanza llevan a hablar de *culturas de* enseñanza en la investigación didáctica, para dar cabida a tal diversidad (Feiman-Nemser, 1986, pág. 506). Este autor, en un intento de clarificar la variedad de tareas y acepciones que se mezclan en la *enseñanza*, sugiere desmenuzarla en función de los tipos de interacción que se establecen en su realización: con los estudiantes, con otros profesores, con los administradores, con los padres. Hargreaves (1992, pág. 217) habla también de las *culturas de la enseñanza* como referentes globales que prestan significado, soporte e identidad a los profesores en su trabajo, a pesar del individualismo en que generalmente desarrollan su labor.

Fenstermacher (1986, pág. 38) sugiere una especie de esquema formal para ceñir la significación de lo que es la enseñanza a una especie de definición esencial válida para cualquier situación en la que pudiese manifestarse la acción de ese tipo. La situación de enseñanza existe allí donde se nos presentan las siguientes cinco condiciones:

1. Hay una persona **P** que posee un
2. contenido, **C**, que
3. intenta proporcionar o transmitirlo
4. a una persona, **R**, que inicialmente carece de C, de tal modo que
5. P y R se implican en una relación con el propósito de que R adquiera C

Pero en una definición de este tipo no faltan problemas como señala el mismo autor. ¿Tiene que estar dispuesto R a recibir C? ¿Acaso no puede existir enseñanza sin que haya una P personal? Tenemos procedimientos de autoinstrucción guiados por materiales y programas de ordenador que suponen tareas previas de preparación que, en el caso de la enseñanza presencial, las realiza un profesor. Quizá convendría, como sugiere Smith y Ennis (1971), no utilizar a las personas como fuente de enseñanza solamente y referir el término en general a un "sistema de acciones que tienen el propósito de favorecer el aprendizaje" (pág. 99) y que se produce en un medio determinado del que recibe sus influencias. ¿Tiene que dominar P el C, o basta con poner a R en contacto con el mismo? ¿Puede decirse que P enseña a R si éste no aprende?

A poco que se profundice, aparece la complejidad. Por otro lado, no podemos despegarnos de la fuerza que presta la imagen asentada acerca de lo que es la enseñanza, muy ligada a todo aquello que realizan los profesores. En tanto se hace referencia a un trabajo, el contenido de *enseñar* suele llenarse de las variadas actividades de esa ocupación laboral, sabiendo que en el ejercicio de dicha función se realizan actividades no estrictamente de enseñar a los alumnos. Extendiendo el concepto de enseñanza a las tareas de los profesores, damos cabida a actividades como puede ser evaluar, preparar las clases, diseñar unidades y materiales, gobernar el grupo de alumnos en clase, mantener la disciplina, relacionarse con los padres, colaborar en el gobierno de los centros, realizar trabajos con los alumnos en el exterior, organizar las llamadas tareas extraescolares, etc.

A esta amplitud de tareas posibles bajo el paraguas semántico de *enseñanza*, se añade otra fuente de complejidad, partiendo de la diferenciación diacrónica que hizo Jackson (1992), distinguiendo la enseñanza *preactiva* (preparación de la práctica), la práctica *interactiva o reactiva* (la interacción misma en la clase con los alumnos) y la práctica *postactiva* (formada por las actividades del profesor una vez que esa interacción ha concluido). Al incluir la dimensión previa y posterior a la acción como ocupación de los docentes y como un aspecto inherentemente ligado a la enseñanza, estamos sugiriendo que forman parte constitutiva de la misma, por ejemplo, los procesos de deliberación, análisis de alternativas y la evaluación de opciones como contenido del "saber hacer" de la enseñanza y de los profesores.

A la dispersión de manifestaciones de la práctica de las tareas de enseñar, cabe añadir la elemental consideración de que la educación no es una actividad unívocamente orientada que admite opciones diferentes, de acuerdo con las particulares finalidades que se persiguen. Tanto desde el punto de vista histórico como en el panorama actual, cabe hablar de tradiciones o de modelos educativos como cuerpos consistentes de pensamiento y de práctica vinculados con determinados valores. Desde que BRAMELD en 1955 plantease la aproximación a la comprensión de las diferentes manifestaciones de la educación, estableciendo agrupaciones congruentes relativamente estables de pensamiento-valores-práctica, han seguido los intentos en esa misma dirección para caracterizar ordenadamente las manifestaciones de la variedad de la práctica educativa. O'NEILL (1981) desde las filosofías de la educación, LISTON y ZEICHNER (1993) refiriéndose al profesorado, e infinidad de tratadistas de la teoría del *currículum*, han tratado de ordenar la riqueza de la "biodiversidad" de las manifestaciones pedagógicas, planteando clasificaciones de *filosofías, tradiciones, modelos, paradigmas, estilos profesionales* colectivos, para dar cuenta ordenada de cómo se articula una práctica con manifestaciones tan variadas.

La deconstrucción que hemos llevado a cabo del concepto de *práctica* en la educación nos conduce a la necesidad de una mirada amplia capaz de entenderla en su complejidad. Aunque refiriésemos la significación de la práctica a su manifestación más restringida, la que se desarrolla en el sistema educativo, y aun cuando optásemos por seguir reduciendo la acepción a las estrictas prácticas didácticas de enseñanza en las aulas, debemos desbordar dos límites implícitos en el lenguaje dominante. El primero, el que nos lleva a entender la práctica como una serie de acciones individuales, ligada a la destreza de personas concretas; el segundo, el que nos hace presuponer que esas destrezas están delimitadas en una técnica específica aislada del contexto y de la cultura en cuyo seno se ha construido y se sigue modelando. La práctica no es, o no es solamente, una técnica derivada de un conocimiento acerca de una forma de hacer; no es sólo el ejercicio y expresión de destrezas individuales, ni se circunscribe exclusivamente a las aulas; desborda las acciones de profesores y estudiantes. No se puede comprender y explicar si nos limitamos a su expresión actual, pues tiene su historia, porque es una cultura. No está motivada o dirigida sólo, ni quizá fundamentalmente, por el conocimiento o por la ciencia; en su complejidad encierra supuestos, motivos que la dirigen y formas de hacer que no son exclusivos de ella, que son variados y no siempre coherentes entre sí.

4.3. Relaciones cruzadas entre conocimientos y prácticas

Así las cosas, tras ver el sentido y las interacciones entre prácticas educativas, si ya el problema y reto de la relación teoría-práctica es complejo pensado dentro de la educación, tenemos que cobrar conciencia de que ni la teoría o el pensamiento sobre la educación son independientes de otras teorías, ni que todas esas prácticas educativas son autónomas respecto de otros rasgos culturales que tienen que ver con la economía, la industria del ocio y de la cultura, la acción de los medios de comunicación, los cambios en los comportamientos en el seno de las familias, los modelos familiares nuevos, etc. Es decir, para explicar las relaciones que se producen en educación entre pensamiento y acción o la práctica precisamos inexcusablemente un esquema más complejo, del tipo del que se plantea en la Figura 6.

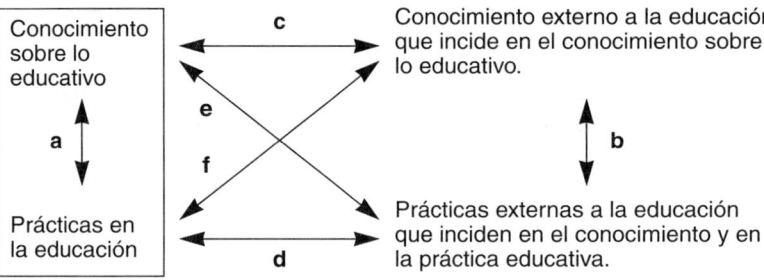

Figura 6. *La interacción entre tipos de teorías y de prácticas.*

Éste es un marco heurístico a partir del cual plantear una serie de hipotéticas relaciones. En principio, podemos pensarlas como incidencias o reacciones recíprocas o de doble sentido, pasando por alto, de momento, otras precisiones.

a) *Relación entre la teoría sobre la educación y las acciones o prácticas educativas.* Acabamos de comentar que no podremos entender esta primera relación sin considerar las derivaciones que se extraen desde las demás interacciones. Para comenzar, admitimos que esta relación es de doble sentido. Significa cosas distintas según hablemos de la relación entre conocimiento y acción de los agentes o entre aquél y la práctica. Creencias personales, sentido común compartido y la ciencia racionalizan las acciones y las prácticas. Prácticas consolidadas y acciones planificadas estimulan desarrollos determinados del conocimiento. Quienes piensan e investigan lo hacen desde unos determinados marcos de prácticas.
b) *Relaciones entre conocimientos y prácticas foráneas a la educación.* Obviamente en otros ámbitos de la realidad social y rasgos de la cultura se producen parecidas relaciones a las que tienen lugar en educación. Son interacciones que pueden acabar teniendo incidencia en la práctica o en el conocimiento educativos. Muchas de esas relaciones pasarán inadvertidas para el universo de la educación, otras no. La proyección de determinados avances tecnológicos, por

© Ediciones Morata, S. L.

ejemplo, como consecuencia de la aplicación de logros de la ciencia, ha tenido importantes incidencias en educación. Es el caso de los computadores que han calado en las prácticas sociales en general y en las escolares, cuyos efectos se han reflejado no sólo en usos prácticos, sino en formas de pensar los procesos mentales y los didácticos, por ejemplo. Y uno de los efectos más sutiles de esos ámbitos científico-tecnológicos sobre la educación ha sido la forma de entender la relación teoría-práctica. En este caso la forma de transferir resultados de la ciencia a la tecnología se ha trasladado metafóricamente al terreno de lo educativo. Otro ejemplo notable de este tipo de "emigración" de esquemas de relación teoría-práctica desde fuera hacia el ámbito de lo educativo es el de la teoría económica y toda la elaboración filosófica e ideológica que en torno al libre mercado se está aplicando en los más variados ámbitos sociales. A partir de los modos de entender la eficiencia, el estímulo para el cambio o la satisfacción de necesidades sociales se piensa el servicio educativo, la práctica de gestionar los centros, las relaciones. En ocasiones se piensa y se quiere en educación por analogía con ideas y motivaciones propias de otros campos.

c) *La nutrición del conocimiento sobre la educación a partir de otras áreas del conocimiento.* Que el pensamiento sobre la educación no es autónomo respecto de otras esferas de la investigación y del saber es una evidencia histórica, señalada en ocasiones incluso como una debilidad del primero, lo que ha servido como coartada para procesos de colonización que han llegado a desnaturalizar la misma educación. Es el caso de ciertas dependencias más allá de lo necesario respecto de la psicología. El pensamiento o la teoría sobre la educación tiene que nutrirse inevitablemente de otros elementos externos, a no ser que esa teoría se convierta en una explicación imposible de otros muchos campos realizando la colonización en sentido inverso. No puede ser de otra manera desde el momento en que la educación es una actividad central en la sociedad que mantiene relaciones con otros muchos subsistemas sociales y aspectos de la vida de las personas y de la sociedad en su conjunto. Desde el mismo HERBART, padre de la pedagogía como disciplina, la ciencia de la educación se entendió ligada a la psicología y a la ética. Hoy sería ininteligible sin apelar a la sociología, a la economía, a la epistemología, a la teoría de la comunicación, por citar algunos otros campos. Aquí empezamos a entender mejor aquello de que la relación teoría-práctica nos llevaba a la necesidad de una gran teoría de la educación que conecta con la historia (porque da cuenta de la génesis del pensamiento y de la práctica) y con el contenido de las ciencias sociales, en la medida en que se ocupa de cómo se constituye una parte importante de la sociedad y de las interacciones entre aspectos y agentes diversos de la misma. Naturalmente, esa macroteoría ni está disponible ni es factible.

Esta relación de fecundaciones cruzadas puede ser puramente imperialista de sustitución o sencillamente mimética, a través de la mera absorción de contenidos, como, por ejemplo, cuando de la teoría de organización de empresas se deduce el pensamiento sobre las organizaciones escolares, o cuando desde la teoría psicológica del aprendizaje se deriva la forma de teorizar sobre los premios, castigos o motivación de los estudiantes. Hoy estamos recibiendo la impronta del cognitivismo. En otros casos, la interacción es un diálogo del que pueden salir favorecidas tanto la teoría sobre lo educativo como las foráneas, si bien este segundo sentido de la interacción es menos frecuente.

© Ediciones Morata, S. L

Lo cierto es que por teoría y conocimiento de "lo educativo" se alude a una serie de componentes variados que en ocasiones parecen integrados y amalgamados en una especie simbiosis ordenada transdisciplinar. En otros casos se trata de préstamos coyunturales que dan ese carácter disperso y desestructurado que se percibe en la pedagogía, a la que durante mucho tiempo se la ha reconocido como "Ciencias de la Educación", en plural.

El préstamo, colonización y diálogo, según los casos, tiene lugar en torno a conceptos y leyes o principios aislados; en otras ocasiones ocurre en relación a enfoques generales (paradigma proceso-producto, enfoque ecológico, etc.) sobre los temas educativos; frecuentemente la fertilización tiene que ver con métodos de investigación y de diagnóstico. La aportación de los métodos psicométricos orientó durante mucho tiempo la investigación educativa, la orientación escolar y la evaluación de estudiantes; toda la metodología cuantitativa tomada de las ciencias naturales, generalmente a través de la psicología, o el más reciente vuelco hacia los métodos de la etnografía y cualitativos en general, muestran los vasos comunicantes y la fecundación cruzada entre áreas del saber humano a las que no escapa el pensamiento sobre la educación. Algo parecido les ocurre a otros campos del saber, si bien en nuestro caso se conjugan dos condiciones que lo hacen más notable: es territorio apetecido de múltiples tribus profesionales y académicas, por una parte y, por otra, el pensamiento sobre la educación ha tenido una presencia menos notable en el mundo de la academia. Por eso se convierte en víctima propiciatoria de otros campos más potentes.

d) *Relaciones entre prácticas educativas y otras prácticas*. Tan evidente como la relación comentada entre el pensamiento foráneo a la educación y el que versa más directamente sobre ésta, es la que se produce entre prácticas educativas y otras prácticas sociales. Es la consecuencia de la estrecha relación que en una misma sociedad y cultura tienen entre sí esferas de la actividad humana. Para ilustrar esta nueva emigración pongamos algunos ejemplos. Las practicas de control simbólico en las sociedades modernas, que han desterrado y convertido en innecesarios los controles coercitivos sobre los individuos, explican bastante la razón de que el control de la disciplina en las aulas, por ejemplo, se haga también por medios no coercitivos. Es el caso de la utilización de la emulación y de la competencia entre estudiantes o de la evaluación, nueva forma de control por antonomasia. El auge de las prácticas de examen tiene que ver con la aparición de nuevas prácticas sociales de control. Véanse las explicaciones de FOUCAULT al respecto. Algo parecido pasa con la evaluación de centros, práctica a la que se trasladan otras prácticas de evaluación y de auditoría de otros ámbitos de la actividad en los servicios o en la industria. La fecundación tiene consecuencias a veces negativas y en otros casos positivas. Éste es el caso de la mejora de la práctica de tratar a los alumnos como consecuencia del progreso ocurrido en las prácticas de respeto a los derechos del niño en la sociedad en general. La integración de niños con deficiencias en las aulas es consecuencia de prácticas de integración más democráticas en la sociedad. También es el caso de la absorción en la práctica de la enseñanza de ciertas tecnologías relacionadas con los medios audiovisuales provenientes de aplicaciones militares y del entrenamiento militar (NOBLE, 1991).

e) *Relaciones cruzadas difusas de conocimientos y prácticas*. La "contaminación" entre teorías y entre prácticas de lo educativo con otras foráneas a este ámbito se producen también de forma cruzada. Queremos decir que, admitida la relación del tipo b) ya comentada, sus efectos bien sobre el conocimiento, bien sobre la práctica de la educación no es fácil ni posible separarlos. Así, por ejemplo, cabe preguntarse: ¿qué condiciona el entendimiento de la educación como un mercado de servicios y las prácticas de competir la enseñanza pública con la privada? Obviamente, las prácticas de mercado foráneas se imponen como cosmovisiones al pensamiento y a la práctica educativos a la vez.

f) *Conocimiento foráneo que toma a la práctica educativa como objeto.* Es más evidente y claro este efecto de colonización cruzada. La traslación de las teorías psicológicas constructivistas al desarrollo curricular y a la práctica de los profesores nos las ha presentado en la última década como una forma de innovar la realidad nada menos que del oficio de los profesores, de las actividades metodológicas, de la evaluación escolar y del sistema educativo en general. Otro ejemplo: la organización de los centros escolares tiene que ver bastante con determinadas teorías de la organización y gestión de empresas. Hablamos en muchas ocasiones de la taylorización de la práctica escolar a imagen y semejanza del esquema de racionalización de la producción industrial que ideó Taylor.

Nos queda claro, pues, que la relación entre conocimiento o "teoría" y práctica en educación no puede desconsiderar el carácter insuficiente del pensamiento sobre lo educativo para dar cuenta de las prácticas de educación reales; incluso entendiendo que ese pensamiento es abierto y que está muy mediatizado y fecundado por el desarrollo e incidencias de otros ámbitos del conocimiento. Dicho de otro modo: se dan muy diferentes tipos de relaciones entre teoría y práctica en el caso de la teoría-práctica educativas. Si la teoría sobre lo educativo tiene conciencia de sí misma debe analizar la proyección de esos procesos de colonización y de ósmosis en sus mismas elaboraciones teóricas y en las prácticas educativas que se deducen de tales procesos, así como el condicionamiento que suponen para la formulación de los problemas y de los retos en educación. Ésta es una importante labor del pensamiento sobre la educación (una utilidad poco práctica) de la que últimamente ha habido muestras muy notables, que actúa de espejo reflexivo para autoconocerse y comprender procesos de hegemonización sobre el pensamiento y sobre las prácticas educativas.

© Ediciones Morata, S. L

CAPÍTULO III

Estratos del conocimiento personal y social en educación. De la conciencia a la reflexividad con la ciencia

1. ... y la acción y la práctica se hicieron reflexivas. El pensamiento de los agentes o el primer nivel de la reflexividad

La *información práctica* y *sobre la práctica* se plasma en noticias o instrucciones prácticas, a partir de acciones inventadas, ensayadas, realizadas, perfeccionadas y transformadas que se pueden transmitir a otros por imitación o bien a través de la articulación de ese saber hacer. Lo que nos dicen otros de la acción de enseñanza lo entendemos y lo reconstruimos al entenderlo, pero sólo se nos representa como esquema propio cuando lo reinventamos al realizar nosotros la acción. La experiencia de otros es transmisible como información que podemos probar y traducirla en la experiencia vivida por uno mismo. Se saben hacer cosas, se sabe cómo se hacen y sabemos acerca de ese *saber hacer*. A partir de ahí el sujeto puede aclarar y aclararse *sus* "por qué", las razones de lo que hace. Claro que esos saberes no implican conciencia acerca de qué tipo de saber es lo que sabemos, ni por qué se sabe, pero son los materiales que de forma natural constituyen los contenidos de la *reflexión* sobre la práctica.

La acción genuinamente humana, aquella que merece tal nombre, es siempre refleja, se reflecta, y eso quiere decir que tiene efectos duraderos en la persona que la realiza y no sólo en el medio en que se desarrolla. Lo que hacemos, lo que actuamos, nos hace. Pues, bien, un efecto de ese reflejo de la acción (*reflexión* es el proceso o el resultado de *reflejar* y de *reflexionar*) es la generación de consciencia sobre la acción que queda plasmada en forma de representaciones, recuerdos o esquemas cognitivos y creencias que pueden comunicarse, nutriendo a la memoria del material para pensar sobre las acciones pasadas y presentes y para orientar otras futuras. Saberes acerca de *cómo, sobre qué, por qué* y *para qué* de nuestras acciones y sobre las de otros constituyen un acervo de información que los sujetos extraemos de la acción. El conocimiento se liga en sus raíces a la práctica entendida como acción. Reflexionar sobre la práctica es consustancial a los seres humanos. Bueno es que caigamos en la cuenta de que los profesores lo son, y de que lo hacen como tales, antes y a la vez que como expertos de una práctica especializada como es la docencia.

Argumentamos que el pensamiento es inherente, pues, a la acción humana, constitutivo de la misma, un efecto de su eco, una consecuencia refleja que opera de forma retrospectiva mirando hacia atrás y que media prospectivamente después en las actuaciones proyectadas. El pensamiento sigue pegado a la acción como si fuese su sombra; unas veces, las más, prolongada hacia lo ocurrido, volcada sobre lo actuado, otras proyectada hacia delante. Desde luego ésta no será la única mediación de la actividad, como bien sabemos (a la acción la mueven y la determinan más cosas: objetivos, pulsiones, motivos éticos, fuerza institucional, roles, rutinas, imposiciones, etc.), aunque sí es una de las más importantes, porque entronca con la condición esencialmente racional de los seres humanos.

Una primera manifestación o acepción de la relación entre teoría y práctica se presenta en este plano del sujeto, como un problema de interrelaciones entre *pensamiento* o *conocimiento* y *actividad* de los sujetos. Ese saber va unido al saber hacer y a la información sobre valores.

Esa primera observación nos lleva a una radical caracterización: todo profesor, por el hecho de ser un sujeto humano, dispone de material cognitivo, tiene "teorías", pensamientos sobre lo que hace, sobre lo que se puede y sobre lo que hay que hacer; tiene creencias sobre sus prácticas, elabora explicaciones sobre lo que ha hecho, lo que sigue haciendo y sobre los planes alternativos que hay que desarrollar. Son sus teorías. Algunas de esas elaboraciones quizá las comparta con otros agentes, por aquello de estar inmersos en la misma matriz comunal y ser la educación una actividad compartida por muchos. Además, por el hecho de formar parte de una cultura profesional y por haber asimilado informaciones específicas (no necesariamente científicas), tendrá "teorías" sobre su actividad que pueden ser sólo propias de los miembros que forman esa cultura profesional.

Por esa condición admitimos el principio de que toda actividad práctica tiene tras de sí la orientación del conocimiento, de algún tipo de conocimiento. Otra cosa es la consideración de qué conocimiento se trata y de cuál podría ser. Sin caer en una visión excesivamente racionalista, podemos decir que el pensamiento sobre la actividad o, si queremos, sobre la práctica, es consustancial a la acción consciente, aunque también sabemos que la institucionalización de la misma y su rutinización puede llevar a que los sujetos pierdan esa conciencia y entonces aparezca la acción desligada de fundamentos racionales subjetivos, reflejando sólo la racionalidad de la institución.

Éste es un supuesto que en ciencias sociales propuso la teoría de WEBER, como ya se comentó en otro lugar. Dice CARR (1996, pág. 32) que todo esto no supone sino aceptar el dato elemental de que todo práctico tiene ideas, aunque estas verdades elementales sean innovadores descubrimientos cuando se ha alterado u oscurecido el sentido común bajo el peso del positivismo. Y eso es lo que ocurre cuando hoy se resalta el valor de la reflexión sobre la práctica como mecanismo de formación y de perfeccionamiento de profesores. Después de la indigestión conductista y de un cientificismo mal entendido, nos reafirmamos en el valor del sentido común que da significado a las acciones y que proporciona, por tanto, una primera orientación de las mismas que acompaña a la intencionalidad. Descubrir la importancia del pensamiento de los profesores, como ha hecho el cognitivismo durante los últimos veinte años en la investigación educativa, es como darse cuenta de que respiramos cuando habíamos perdido la sensación vivificante que tiene la atmósfera limpia. Como nos recuerdan CARR y KEMMIS (1988):

> "Los profesores no podrían ni empezar a 'practicar' siquiera si no tuviesen algún conocimiento sobre la situación dentro de la que actúan y alguna idea de lo que hay que hacer. En ese sentido, los dedicados a la 'práctica' de la educación deben poseer alguna 'teoría' previa de la educación que estructure sus actividades y guíe sus decisiones"....
> "La enseñanza, —para estos autores— es una empresa práctica cuya teoría conductora reside en la conciencia reflexiva de los respectivos practicantes"...
> "... Hablar de teorizantes o de maestros, por consiguiente, es hablar de unas comunidades sociales cuyos miembros practican conforme a un conjunto de creencias, actitudes y expectativas ... La circunstancia de que la teoría orientadora de una práctica teórica se pueda adquirir de una manera más consciente que la que guía una actividad práctica no altera el hecho de que ambas son vías de pensamiento prescritas que se transmiten mediante un proceso de iniciación." (Pág. 126.)

Si pensar y tener esquemas cognitivos requiere que previamente alguien haya actuado, a partir de una cierta acumulación cultural ya nadie actuará sin basarse en algún material cognitivo. Estamos ante un planteamiento que rescata al sujeto de los excesos de ciertos enfoques de la hiperracionalidad de la modernidad. Es también la consecuencia de la crisis del positivismo, y todo ello viene a decirnos que cada cual debemos recuperar el protagonismo ante la soledad en que la pérdida de la autoridad de la Razón abstracta de la ciencia nos deja. El mensaje de poner en la *reflexividad* el motor de la racionalización de la práctica educativa es una forma de entender la razón desde las "razones" de los sujetos, consecuencia también de la desconfianza en la Razón, o al menos en su poder normativo en la ciencia social. WEBER (1985) nos aclara que de la Razón no podemos esperar norma, sino, en el mejor de los casos, información sobre lo que podemos hacer y sobre las consecuencias del hacer, pero no el *qué debemos hacer*. Ahora bien, entender la enseñanza y querer hacer de ella una actividad reflexiva no es una orientación diferente, como recuerda ZEICHNER (1995, página 394), si no se pone al servicio de nuevos compromisos y proyectos de trabajo en los docentes.

Este primer sentido de la interpenetración entre el conocer y el hacer puede constituirse, quizá, en una visión individualista del problema de la relación teoría-práctica, como sugiere CARR (1996, pág. 32). Si tal apreciación significase que es en el individuo —en el interior del sujeto—, antes que en ningún otro sitio, donde ocurren esas interrelaciones, nada sería más cierto. Si, por individualismo, en este caso, se interpretase que el sujeto queda encerrado en sí mismo, creemos que no es así porque desde el inicio (aunque el conocimiento personal tiene formas y contenidos idiosincrásicos) los pensamientos sobre la acción educativa son compartidos en alguna medida y se nutren de la cultura, por lo que adquieren un radical carácter social. A partir de un mínimo nivel de acumulación de experiencia, la acción pasa a ser cultura y a depender de ésta, y los pensamientos sobre la práctica tienen una apoyatura social en la conciencia común, origen

© Ediciones Morata, S. L.

nutriente de las categorías cognitivas individuales. La comprensión puede ser compartida por los sujetos y en ese sentido se puede decir que las cogniciones privadas son reflejos no mecánicos del discurso compartido públicamente. De hecho, buena parte del sentido común personal es sentido compartido.

Resaltar el valor de la reflexividad no supone concebir a unos individuos dejados a sus propias invenciones, sino su consideración como sujetos convertidos en *nexos* en los que se entrecruzan las elaboraciones culturales públicas —como es la ciencia—, los significados intersubjetivos compartidos propios de la acción social y las construcciones idiosincrásicas de la consciencia ligada a la acción personal. Es decir, no se pueden separar los procesos reflexivos individuales de los procesos de comunicación de significados entre las elaboraciones subjetivas y las culturales.

El mismo lenguaje interior con el que se desarrolla el pensamiento supone compartir significados. Es el lenguaje, y no sólo la imitación, el vehículo de la comunicación de la experiencia personal que pasa a ser social. Y será esta condición la que nos conduce a plantear la relación de otra forma social de conocimiento, como es la ciencia, con el hacer humano. La psicología y las ciencias sociales (sociología, antropología, historia) se han ocupado de este primer sentido del "hacer teoría", correspondiente a un plano pre-científico que la ciencia tiene que considerar como una parte más de la realidad de la que dar cuenta. Sin considerar los significados de los agentes no se pueden entender sus comportamientos ni sus interacciones.

Tratar de caracterizar las formas que adopta el *pensamiento personal* de los profesores ligado a la acción es tarea importante, no tanto por el afán de extraer otra vez explicaciones y leyes universales sobre cómo es ese pensamiento o con la intención de hacer taxonomías con sus componentes, sino para entender cómo funcionan en la práctica cotidiana los elementos de la cultura sobre la educación, tanto entre los profanos como en los profesionales, que sirven de reguladores de las prácticas vigentes y que son sus primeras racionalizaciones.

El *saber* que se deduce de las acciones, que se utiliza y se ordena en torno a éstas, no es directamente observable en la conducta. Se puede deducir de ella, pero ya es una categoría formal; tampoco se confunde totalmente con las explicaciones o justificaciones que los profesores pueden ofrecer de su propia actuación, si bien éstas facilitan una vía de acceso. El *saber hacer* como esquema y todas las creencias que le acompañan son *conocimiento tácito*, prearticulado, de acuerdo con la distinción que hacía POLANYI (1958), para distinguirlo del conocimiento articulado al que precede. Constituye la particular arquitectura de nuestro pensamiento —una arquitectura popular, por supuesto, siguiendo con la metáfora— y a través de ella percibimos y nos situamos en el mundo, reaccionamos ante los acontecimientos y ponemos nuestro orden particular a ese mundo y a nuestra vida. Cuando se quiere entender a un hombre, decía ORTEGA Y GASSET (1995, página 23 y sgs.), procuramos ante todo averiguar cuáles son sus ideas. ¿Cómo éstas y las ideas de su tiempo no van a influir en la existencia?, se preguntaba. Tan fundamental debería ser el papel que desempeñen las creencias básicas que, más que ser contenidos particulares de nuestra vida, son el continente de la misma, lo que la contiene. Es decir, que no son ideas que tenemos, sino ideas con las que somos. Las ideas que tenemos y se nos ocurren (como también pasa con las de la ciencia) se pueden discutir, cambiar, transmitir, etc.; las creen-

© Ediciones Morata, S. L.

cias raíces nos tienen a nosotros, *estamos* en ellas, son el fondo desde el que nos ponemos a pensar y desde el que tenemos ideas. Para ORTEGA, convenía distinguir entre esas elaboraciones móviles que eran las ideas y las convicciones de fondo que son las "creencias".

Desde el punto de vista del método, accedemos a lo que puede ser este conocimiento tácito por vías de aproximación laterales apoyadas en el lenguaje: narraciones del pensamiento en voz alta, por escrito o como respuesta a petición de pronunciamientos, modelos explicativos a partir de lo que oímos o leemos, etc. La narración, como dice BRUNER (1991, pág. 63), sirve para dar cuenta del tejido de la acción y de la intencionalidad que la anima mediando entre el mundo canónico de la cultura y el de las creencias, los deseos y las esperanzas del sujeto. No tenemos más posibilidad que confiar en que cada cual hable de acuerdo con sus creencias, si bien como considera KELLY (1966, pág. 149), es imposible que una persona exprese todo su sistema de construcción de conocimiento. Hemos de suponer que el lenguaje es una forma de conducta que está guiado por la cognición y que es el depositario de las creencias que asimilamos a través de él y de las interacciones que con este instrumento llevamos a cabo en el medio social. Y si el lenguaje está ligado a la cognición y ésta al mundo real, podemos creer en la posibilidad de la comunicación del conocimiento que elaboran las personas (GERGEN y SEMIN, 199, pág. 4). Ahora bien, el pensamiento articulado y expresado es una realidad, el conocimiento tácito es una suposición que tenemos que hacer. Aunque este ámbito resulta confuso, actuamos en un terreno más seguro que cuando buceamos en el componente dinámico.

1.1. La racionalidad del sentido común personal

Un concepto con tradición en la historia del pensamiento para hacer valer la importancia del conocimiento disponible para la acción, ha sido la categoría de *sentido común*. Esta expresión, tan frecuente, tiene varias acepciones y se utiliza en diferentes contextos discursivos. La empleamos en su acepción antropológica como contenido de las creencias populares, también en el sentido social de significados compartidos que aglutinan a los miembros de una sociedad. A la acepción social del sentido común le dedicaremos atención más adelante.

En el lenguaje común han permanecido, sin embargo, los posos de toda una larga tradición humanística. Así como una de las acepciones de la palabra "sentido" que tienen las personas es la de inteligencia con la que se ejecutan algunas cosas, la expresión "sentido común" sería la facultad que la generalidad de las personas tienen para juzgar razonablemente las cosas, aquella facultad que ordena lo que aportan todos los demás sentidos. La persona con "sentido común" es razonable, sensata, aquella que opera con unos parámetros previsibles de racionalidad que se suponen en todos los seres humanos, una mezcla de buen juicio, sabiduría y prudencia. "Tiene mucho sentido común", "no tiene sentido común", decimos de las personas para hablar de la racionalidad y adecuación de sus pensamientos y comportamientos a las situaciones.

El concepto de *sentido común* recoge los significados de la tradición clásica aristotélica que vio en la *phronesis* el ideal práctico de la sabiduría que guía la práctica para lograr el bien. Se trata de un saber que nos capacita para actuar adecuadamente en situaciones vitales concretas que suelen ser complejas y multidimensionales. Su aplicabilidad no es la de una ley que se cumple inexorablemente y que puede prever efectos seguros en cada caso particular. El práctico que dispone de ese saber no es el técnico supremo, como afirma GADAMER (1992, página 160), que tiene una capacidad de utilidad segura, sino alguien pertrechado de principios que le facilitan ponderar posibilidades para llegar a metas elegidas. Hay que sustituir la imagen del fabricante por la del gobernante con cosmovisión, tacto, prudencia, sensatez, capacidad de discernimiento y acierto. Si hay alguna forma de caracterizar esa competencia, en todo caso sería antes un arte que una técnica.

La idea de sentido común también recoge la tradición retórica para la que *hablar bien* —la elocuencia— no sólo es un ideal retórico, sino saber decir lo correcto, lo verdadero.

Es Vico (GADAMER, 1977, pág. 50) quien comienza a contraponer el saber de la ciencia moderna, cuya misión consiste en alcanzar la razón en abstracto, con la sabiduría que orienta la voluntad humana y al mismo tiempo constituye la comunidad de un grupo. El primero aspira o se nutre de lo que es verdadero, la segunda de lo que es verosímil y justo. Para GADAMER el *sensus communis* no sólo significa "cierta capacidad general en todos los hombres, sino al mismo tiempo el sentido que funda la comunidad" (pág. 50). En esa distinción entre razón en abstracto y sabiduría sigue operando la diferenciación aristotélica entre el saber práctico gobernado por la *phronesis* que está dirigida a enfocar las situaciones prácticas y el saber propio de la teoría que no tiene intereses prácticos. El "común sentido" vendría a ser como la raíz de los demás sentidos externos, la capacidad para combinarlos, como pensó Tomás de Aquino, lo que ha quedado recogido en el lenguaje común como el "sexto sentido". Más tarde KANT reforzaría esa distinción entre el pensamiento especulativo y el conocer de la experiencia sensorial. El *sensus communis* o el entendimiento humano común para KANT es una especie de norma en el ejercicio de la razón que implica pensar por uno mismo, hacerlo poniéndose en el lugar de los demás y pensar estando siempre de acuerdo consigo mismo. Son las normas del correcto razonar, una especie de razón práctica que, por medio de la argumentación, puede mantener la intersubjetividad y transcender los confines de las creencias y razonamientos particulares (WELLMER, 1988). Hablar, argumentar y discutir con otros es una forma de establecer, mantener y poder revisar el sentido del pensamiento común.

El sentido común articulado y contrastado toma así un sentido intelectual o cognitivo que lo convierte en un componente normativo en el ejercicio del pensamiento con un sentido ético: un saber que se adquiere a través de la vida en situaciones prácticas y para ser utilizado en ellas.

No es que se niegue el valor a la ciencia, sino que se le señalan límites en la explicación de las acciones humanas y en su capacidad de guiarlas, reclamando la validez práctica de lo verosímil, admitiendo que puede existir una continuidad entre pensamiento científico y pensamiento de sentido común. A fin de cuentas, han sido las deducciones del razonamiento de sentido común hechas por algunos clarividentes las que han dado lugar a la ruptura de las ilusiones que anidan en el sentido común de la mayoría conduciendo a la ciencia.

© Ediciones Morata, S. L.

"Dicho de otro modo, en las teorías científicas es el razonamiento de sentido común el que se aventura, en última instancia, en el ámbito de la especulación pura, y la principal debilidad del sentido común en este aspecto siempre ha radicado en carecer de las salvaguardas que se dan en el pensamiento puro, a saber, su capacidad crítica que ... alberga en sí misma una tendencia altamente autodestructiva."

(ARENDT, 1984, pág. 73.)

Los nuevos métodos de las ciencias del espíritu y de las que hoy llamamos ciencias sociales recuperan ese sentido atrofiado por el imperialismo de la ciencia como forma válida de aproximación a lo que se nos presenta como verdadero. Una verdad capaz de explicarnos el funcionamiento de las personas en sus acciones. La verdad del sentido común no radica en su valor absoluto como saber, sino en la coherencia interna que le presta verosimilitud, que la podemos ver aflorar en los juicios sobre lo justo e injusto, sobre lo correcto e incorrecto. Como afirma GADAMER (1977, pág. 63), el *sensus communis* es un momento del ser ciudadano y ético, que también acumularía con KANT un significado relacionado con el buen gusto estético.

¿Qué otro ha sido el objetivo de la educación, sino el asentamiento de ese sentido común, con sus componentes intelectuales y éticos, cuando se ha pensado como tarea global de la mejora de la condición humana? No cabe duda de que la gran mayoría de nuestras acciones, incluidas las de la educación que ejercen padres y profesores, tienen y deberían tener un fundamento en el sentido común. La educación como práctica no es mala o inadecuada porque no se haga de acuerdo con la racionalidad que puedan contener las disciplinas científicas que se ocupan de ella, sino porque no se guía por la razonabilidad del sentido común. Más adelante veremos posibles continuidades entre aquella racionalidad —la de la ciencia— y esta razonabilidad. Desde luego que la gran mayoría de las prácticas educativas no son (no siempre para mal) científicas; lo grave es que no sean razonables.

El pensar es actividad natural del hombre y las formas de hacerlo en que se puede plasmar y que acompañan a las acciones no pertenecen al mundo de la ciencia o al de la Razón que trata de escudriñar en las cuestiones últimas, que no se mueve en el mundo de los fenómenos. Desde KANT se distingue entre las facultades del pensamiento especulativo y la capacidad de conocer nacida de la experiencia a partir de las cuales se elaboran las intuiciones (ARENDT, 1984, pág. 81). El espíritu no es capaz de obtener conocimiento cierto y verificable con su actividad de pensar. Lo que busca y en lo que se ocupa el pensamiento que razona de manera espontánea, satisfaciendo la necesidad natural de saber, es en el significado de lo que acontece y de lo que percibimos, abriendo un lugar para las *creencias*. Los criterios que se pueden aplicar a las elaboraciones del razonamiento no son los mismos que los que aplicaríamos a la verdad a la que aspira el intelecto kantiano o a la ciencia moderna. "La necesidad de la razón no está inspirada por la búsqueda de la verdad, sino por la búsqueda del sentido. Y verdad y sentido no son una misma cosa", dice ARENDT (1984, pág. 26).

Estamos hablando del *pensamiento cotidiano*, el cual, originariamente ligado a la acción, al poder operar de manera prospectiva como previsión mental para la nueva actividad o como reflexión retrospectiva sobre acciones ya realizadas, nos sitúa ante el inicio de una actitud teórica personal que puede desligarse de la actividad en el espacio y en el tiempo (HELLER, 1977, pág. 334). Se puede pensar en acometer acciones, en cómo acometerlas, sin llegar a realizarlas o antes de hacerlas. El pensamiento no se liga ya necesariamente a la acción, entrando así en el juego libre y despreocupado, iniciándose la actitud teorética, el pensamiento de contemplación que ya no tiene intereses pragmáticos. Pensamos sobre el mundo que nos rodea, sobre lo que podríamos hacer o sobre lo ya realizado desligados de la actividad. El mundo de las representaciones mentales goza de una libertad —la del juego de las combinaciones abstractas— de la que no goza el mundo de la acción. Pensar es algo, como tocar un instrumento, con sentido en sí mismo. No es necesario tener que actuar para pensar, pues reelaboramos lejanos ecos de acciones. Sería una mutilación considerar que todo pensamiento tiene su razón de ser en la práctica.

Éste es el primer sentido de la reflexividad, que denominaremos de primer nivel, referido a los componentes cognoscitivos de la acción: el distanciamiento que el agente (sujeto) puede hacer de su práctica (objeto) para poder verla, entenderla, valorarla y afrontarla con una determinada concepción. Es una primera acepción del "teorizar" sobre la acción que extenderemos a la práctica consolidada. Podemos mirar la acción como si fuera independiente de nosotros, aunque esto nunca podrá ser del todo cierto. La misión de esa reflectividad es explicitar y representarse conscientemente las creencias para aceptarlas o rechazarlas, pensarlas racionalmente, pulirlas, comunicarlas, enlazar unas con otras y formular hipótesis sobre sus contenidos. La reflexión es un método para lograr más altas cotas de racionalidad en la práctica y en las mismas creencias, un proceso que la educación debe consolidar como disposición permanente y abierta para someter a elaboración y revisión constante lo que "nos parece el mundo" y las contradicciones entre algunas de nuestras creencias.

Pensar y actuar, reflecta lo uno sobre lo otro. Una vez lograda esa distancia, el pensamiento puede incidir en la acción y la reflexión puede ser un mecanismo de perfeccionamiento tanto de los esquemas y representaciones mentales como del saber hacer. Existe una posición cada vez más sólida en torno al principio de que la enseñanza cambiará y se perfeccionará en tanto los profesores comprendan mejor el mundo de las acciones, haciendo aflorar y puliendo sus esquemas, al tiempo que mejoran como profesores, y esto no se logrará sin entender cómo los profesores dan sentido a la práctica (BROWN y MCINTYRE, 1993). La coherencia de los procedimientos de formación y perfeccionamiento de profesores (incluida la investigación-acción) se apoya en la naturaleza reflexiva de la acción humana.

El saber hacer o actuar y el saber sobre las acciones es todo un bagaje predispuesto a ser utilizado en las acciones posteriores que se acumula como *experiencia* individual y colectiva para interpretar el presente. La experiencia hace la historia a partir de la que se afrontan los retos de las acciones del presente y del futuro. La experiencia tiene esa doble cara: saber hacer y esquemas cognitivos depurados y engarzados unos en otros. Cuando los profesores dicen tener experiencia, la tienen de carácter práctico y cognitiva al tiempo, lo que le presta estabilidad por doble motivo; de ahí que el cambio de los profesores implique necesarias alteraciones de pautas prácticas y de los esquemas teóricos engarzados con ellas.

Los esquemas correspondientes a la propia acción y a la de los demás, sea presente o pasada, constituyen todo el acervo de *información práctica,* como la denomina MOSTERÍN (1993, pág. 121), de la cultura en torno a un tipo de actividad como la educación. Esa cultura no sólo es, pues, la posesión de un conjunto de habilidades prácticas sino un *saber hacer* en forma de esquemas cognitivos que se basan en el uso de capacidades congénitas previas y en el perfeccionamiento de las mismas. Lo que no significa que el agente que sabe hacer tenga conciencia explícitamente de las reglas que sigue.

El sistema conceptual, que proporciona el pensamiento personal o sentido común para los individuos, determina lo que se toma como realidad, condiciona su comprensión y la primera actitud ante el mundo. Los supuestos y creencias compartidos sobre la práctica operan a modo de marco de referencia teórico común para los grupos. Tanto la acción de los sujetos, como la práctica culturalmente asentada están cargadas, pues, de teoría. Admitir, reflejar, dialogar con ese pensamiento personal y compartido es la primera manifestación de la reflexividad, mecanismo esencial para dotar de racionalidad a las prácticas haciendo conscientes a los agentes de los supuestos que las animan.

Ésta es la orientación que ha seguido el llamado paradigma del *pensamiento de los profesores,* tan socorrido en los últimos veinte años en investigación educativa, que postula, en primer lugar, la existencia de una teoría subjetiva sobre la educación en los docentes y, en segundo lugar, que esa teoría tiene proyecciones en la práctica. Dicho así, nos parece que el primer efecto de ese enfoque sobre los profesores es el de recuperar una imagen de "pensadores naturales" de su profesionalidad, como manifestación inherente al hecho de ser sujetos conscientes de las acciones educativas. Lo novedoso del enfoque no está tanto en lo que descubre como en las orientaciones que anula: la concepción mecanicista y burocrática de una práctica despersonalizada. Ese poso cognitivo de las acciones y sobre las acciones será, como segundo efecto, un referente inexcusable para entender las prácticas educativas, la formación de profesores y la innovación en educación, porque no podrá darse el cambio en las prácticas si no se produce transformación de su entendimiento. Como afirma BRUNER (1997) con el rescate de la psicología y pedagogía *folk* o sentido común popular:

> "... ha crecido una idea nueva, tal vez incluso revolucionaria. Es ésta: al teorizar sobre la práctica de la educación en el aula (o en cualquier otro contexto, en su caso), vale más tomar en cuenta las teorías populares que ya tienen aquellos implicados en enseñar y aprender. Pues cualesquiera innovaciones que, como pedagogos teóricos 'en condiciones', queramos introducir, tendrán que competir con, reemplazar, o si no modificar las teorías populares que ya guían tanto a las maestras como a los alumnos." (BRUNER, 1997, pág. 64.)

Admitiendo que la ciencia representa una forma moderna y depurada de racionalidad que puede ayudar a mejorar la racionalidad imperfecta dentro de la que se mueven las acciones humanas y las prácticas sociales, es evidente que en la cultura de un grupo social, el conocimiento formalizado y depurado convive con otras formas de conocimiento ajenas a la racionalidad científica o en interacciones con ella que no podemos dejar de considerar. El mundo de lo que pensamos o de "lo que se piensa" es más amplio que el mundo del pensamiento científico. Todo eso junto, dentro de procesos de interacción complejos, interviene en las percepciones de realidades que, como la educación, se expresan en actividades y prácticas arraigadas desde hace tiempo en la cultura. Por lo que es de suponer que el pensamiento "no disciplinar" sobre la educación ha de ser un componente esencial para comprender los significados que despierta en los sujetos y en los grupos sociales un fenómeno de tanta importancia para todos ellos.

2. Las formas de la conciencia individual sobre la educación: el pensamiento de los agentes

Por todo lo dicho consideramos las acciones de educación y de desarrollo del *currículum* como consecuencias de la iniciativa de los sujetos animados por motivos, en situaciones institucionalizadas y de acuerdo con sus "teorías de la acción". Unas teorías que suponen importantes conocimientos, sólo que por lo general no son del tipo de los que contienen las disciplinas científicas (ARGYRIS y SCHÖN, 1981). Es el *conocimiento tácito* o las *teorías implícitas*. Las acciones en educación tienen tras de sí una cultura sobre lo pedagógico. Ese conocimiento puede formularse o extraerse a partir de la acción, lo mismo que se puede extraer la gramática del lenguaje usualmente utilizado, sin que el hablante sea conocedor de aquélla como tal formalización. La propuesta para una profesionalización basada en racionalizaciones explícitas y contrastadas consiste, haciendo extensiva la metáfora, en que los profesores sean poseedores conscientes de la gramática y sintaxis de su actividad, pudiendo añadir en ese proceso de toma de conciencia toda la literatura que puede enriquecer su lenguaje, su gramática y su sintaxis.

La investigación en ciencias sociales ha avanzado conceptos, además de los de *sentido común* y de pensamiento *tácito,* como los de *teorías de la vida cotidiana, teorías implícitas, teorías subjetivas, teorías de la acción, constructos personales, teoría de la atribución, teorías intuitivas o ingenuas, teorías legas* o del hombre de la calle, *teorías subyacentes, creencias, teorías* folk*, discurso ordinario, filosofía intuitiva*, como formas de categorizar el conocimiento que, sin tener las características del saber propio de la ciencia, tienen sin embargo funciones importantes en la acción de los sujetos y en la vida social. Son nuevas formas de apelar a la *doxa* platónica, al mundo que se nos aparenta que, aunque sin la perfección de las ideas puras, es tan importante en la vida. Como dice ARENDT (1984, página 37), la supremacía de la apariencia, aunque conoce el error y la ilusión, es un hecho de la vida cotidiana al que no se han podido sustraer científicos ni filósofos. El astrónomo no puede ser ajeno a la experiencia que le dice que el sol sale por la mañana, aunque sabe perfectamente que "salir" es una ficción del lenguaje.

> "El sentido común nos parece lo que subsiste cuando todos esos tipos de sistemas simbólicos más articulados han agotado sus cometidos, lo que queda de la razón cuando se han desestimado sus conquistas más sofisticadas."
> (GEERTZ, 1994, pág. 115.)

Para las ciencias sociales, ese tipo de construcciones tan diversamente denominadas son parte constitutiva de los sujetos y de la realidad social que se debe explicar. La antropología, sociología, psicología, o el mismo conocimiento sobre la educación, al tener que explicar la realidad cultural, social, psicológica y educativa, las acciones pasadas y presentes, tienen que contar con este tipo de construcciones de los sujetos. Lo que la gente cree está ahí y tiene que ver con lo que hacen los seres humanos, aunque la relación no sea sencilla ni lineal. Si no se considera, el conocimiento científico pierde de vista la realidad misma. Este nuevo paradigma de explicar la construcción del ser humano frente al conductismo supone poner a la acción, y no a la conducta, como el tema central sobre el que debatir, por lo que hay que tomar en consideración conceptos como la intencionalidad, la libre decisión, la elección, el significado, la dependencia del contexto, la motivación, las metas, las normas, la orientación personal, la planificación y el control del proceso de decisiones (GROEBEN, 1990, pág. 22). Se parte de la asunción de que el sistema cognitivo en el que se inserta el conocimiento desempeña algún papel importante en la acción. Una conexión que resulta tan sencilla de admitir como difícil es explicar cómo tiene lugar, ya que es también objeto de las creencias más admitidas el hecho de que no siempre el pensamiento se corresponde con la conducta. De esa incongruencia ya se ha hablado. La primera manifestación de la proyección de este mundo teórico subjetivo en la acción se mostrará en el lenguaje como una forma de conducta, pues lo suponemos guiado por la cognición y lo consideramos como depositario de las creencias que asimilamos a través de él y de las interacciones que con este instrumento llevamos a cabo en el medio social. Si el lenguaje está ligado a la cognición y ésta al mundo real, podemos hablar de la posibilidad de la comunicación del conocimiento personal (GERGEN y SEMIN, 1990).

La educación, que trata con sujetos, que trasmite contenidos culturales y que se apoya en los procesos de construcción del conocimiento, algo tendrá que hacer para incorporar estos componentes en sus esquemas explicativos y en sus principios de acción. Además, como un campo más de la realidad, la educación es referente para la constitución de teorías implícitas sobre ella por parte de padres, estudiantes, profesores y agentes en general que tendrán alguna significación en los procesos educativos y en el establecimiento de aspiraciones para la educación.

La consideración de estos elementos, que en otros momentos pueden haber sido calificados de acientíficos, de pre-racionales y hasta de irracionales e inaprensibles, se explica porque se integran en una tradición post-conductista y post-positivista que retoma la tradición hermenéutica para la que tiene un papel la interpretación y la construcción de los significados de los sujetos y de los grupos sociales. Afirma BRUNER (1991, pág. 31) que, saliendo del positivismo y del cognitivismo más estrechos, hemos de lavarnos el pecado de no tomar lo subjetivo como conceptos con capacidad de aportar explicaciones; lo cual, lejos de hacernos caer en el cenagal del relativismo, nos da la oportunidad de entender lo que hace la gente, no sólo viendo lo que hacen sino también a partir de lo que dicen que hacen y de lo que dicen que les llevó a hacerlo. Si bien lo que dice que hace la gente no siempre coincide con lo que hace, es curioso —observa BRUNER— que se le dé más importancia al hacer que al decir, como si quisiésemos liberarnos de lo que significan los estados mentales, sin indagar en ver la relación de lo que se hace con lo que se piensa, se cree o se siente. En términos de comparación, la psicología y la sociología han prestado escaso interés al papel del sentido común en la explicación de las formas de pensamiento y su proyección en el comportamiento. No podemos despreciar ni lo que la gente dice ni tampoco dar, sin más, capacidad predictiva a lo dicho acerca de lo que se hará, sino postular una relación que es interpretable. A fin de cuentas muchas teorías autodenominadas científicas no pueden aspirar a generalizar tanto como pretenden, no siempre reconocen los supuestos de los que parten, tampoco son sistemas lógicos totalmente coherentes, ignoran las variaciones importantes que se dan en la cultura y entre los individuos y pecan en muchos casos de imprecisiones en los términos y en el aparato conceptual que utilizan (FURNHAM, 1988, pág. 32).

Desde una concepción menos pretenciosa de la ciencia —sobre todo de las disciplinas que están lejos de ser realmente ciencias, como ocurre con las llamadas ciencias de la educación— podríamos considerar la existencia de puentes que superen el dualismo de creer separados los mundos de las ciencias sociales y de la cultura, encargadas de lo humano, del mundo de las ciencias naturales que se centra en las leyes universales (partiendo de la distinción que hiciera Dilthey). La polarización sigue existiendo, si bien las ciencias duras se han "ablandado", reconociendo la incertidumbre, la complejidad y la indeterminación, por lo que la polarización ya no es tan pronunciada. Será interesante hacer esfuerzos por superar la dicotomía entre mundo cognitivo subjetivo y elaboraciones objetivas, y tratar de ver cómo se integran las construcciones de los sujetos con las leyes de la ciencia (GROEBEN, 1990). La misma denominación de *teorías subjetivas* para hablar de los significados de los sujetos es una apuesta por la relación entre el conocimiento que elaboran las personas y el de carácter científico, como postuló KELLY (1996) y como trataremos de mostrar más adelante.

2.1. La estructura del conocimiento informal

Toda construcción del conocimiento personal tiene como condición inherente, en primer lugar, el carácter de ser algo radicalmente individual o *personal*, como señaló KELLY (1966, pág. 80) en su teoría sobre los constructos, lo cual no significa que no pueda hablarse de componentes compartidos o al menos la existencia de determinadas características formales, como es su estructura argumental, que los identifican como una categoría de conocimiento. Esa estructura narrativa no sólo implica un orden deductivo, sino también una capacidad de generar conclusiones creando nuevo conocimiento. Con sus argumentos, el sujeto explica, actúa y predice dentro del mundo en que se desenvuelve y fuera de él.

En segundo lugar, se trata de construcciones que, sólo a efectos de su tratamiento formal, pueden separarse de los valores personales que las acompañan, de la tonalidad afectiva que es inherente a los acontecimientos y contextos en las que se ponen de manifiesto y de las situaciones prácticas en las que se proyectan y de las que se tiene experiencia (ELBAZ, 1983). Es un tipo de pensamiento muy estrechamente ligado a la acción. ARGYRIS y SCHÖN (1974), utilizan, precisamente, el nombre de *teorías de acción*.

En tercer lugar, cabe señalar que se trata de un conocimiento contextualizado, es decir que se obtiene, se ejercita y se corrige ligado a situaciones prácticas que tienen una cierta complejidad, lo que no impide que se vayan extrayendo esquemas más generalizables como consecuencia de la semejanza de los contextos en los que se ejerce la actividad.

En cuarto lugar, adquiere un carácter social por extraerse y proyectarse en situaciones de interacción con los demás, nutriéndose de contenidos elaborados por otros.

Como quinta característica puede mencionarse su estructura interna. Las teorías implícitas no están, ni aparecen, ni funcionan o se modifican de manera aislada, sino que forman estructuras más o menos complejas con cierta coherencia o consistencia interna, como se ha mostrado, por ejemplo, en los análisis de la personalidad autoritaria (que conecta ideas sobre la religión, la patria, la familia, el aborto, etc.). Esas estructuras y el grado de su trabazón pueden facilitar o entorpecer la entrada de nuevos datos que las puedan modificar. La permeabilidad de las construcciones de una persona es lo que permite que sus esquemas puedan variar (KELLY, 1966, pág. 109). De aquí que sea fundamental depurar racionalmente las creencias, abriéndolas al escrutinio de otros para maximizar la veracidad que puedan contener. Una forma de hacerlo es enterarse de lo que dice la comunidad científica, aunque la ciencia no nos dirá todo lo que nos interesa y es relevante para nosotros. La complejidad de estas estructuras y el que se liguen a lo que hemos denominado componente dinámico de la acción es lo que hace tan difícil predecir a partir de ellas la conducta.

Finalmente, cabe decir que este tipo de conocimiento se caracteriza por la variedad de sus contenidos sobre el sí mismo y sobre el mundo. Hace referencia a cuantos aspectos personales, interpersonales, sociales, institucionales, curriculares, metodológicos y materiales intervienen o están relacionados con la educación, tanto los relativos a la propia experiencia como a la de otros contextos más alejados de la propia biografía.

Las teorías subjetivas se ligan como sabemos a la acción, son su sombra, y se configuran como tales constructosLa creencia (belief) es el conocimiento que las personas tienen sobre los objetos, construido a partir de lo que otros nos transmiten, a partir de la acción directa sobre los objetos, a partir de las interacciones con otros y a partir de las reflexiones sobre la acción (SIGEL, 1985, página 347). a través de la inducción, de la experiencia, en procesos de deducción, a partir de la observación, por analogía y extrapolaciones. Las creencias que componen esas teorías pueden basarse no sólo en la evidencia de la experiencia que les da verdad, sino en la fe y en la convicción, por la autoridad o aceptación de las ideas de otros (FURNHAM, 1988). Es decir, que se constituyen en el contexto de recíprocas interacciones con las personas, con los sucesos y con las instituciones. Son información y conocimiento sobre el mundo, en el sentido de que el individuo conoce lo que para él es probablemente una verdad, sin que la evidencia sea necesaria.

Con la pretensión de caracterizar mejor el tipo de conocimiento al que se refieren las elaboraciones del sujeto y con la finalidad de establecer hilos de conexión con otros tipos de conocimiento, se han comparado las semejanzas y distinciones entre la ciencia y las compresiones en la vida cotidiana. Frente a posiciones epistemológicas que plantean, de entrada, la condición de la ruptura epistemológica con el sentido común, contra las imágenes, las analogías y las metáforas, como condición del conocimiento científico (BACHELARD, 1974), la crítica postmoderna, reivindicando el papel del sujeto constructor, trata de desdibujar esas fronteras nítidas proponiendo un panorama más matizado de semejanzas, continuidades y diferencias partiendo de un concepto de ciencia que no sea monolítico y de una comprensión del ser humano que elabora y construye significados. Así, por ejemplo, FEYERABEND (1984) llama la atención sobre la multiplicidad de ideas, métodos, preferencias y aversiones que una mirada superficial puede detectar en el mundo de la ciencia; una observación que nos debe inclinar a resistir cualquier intento de unificación teórica. Según él no hay elementos en la estructura de las ciencias que se den en toda investigación científica y que, sin embargo, no aparezcan en otros dominios del conocimiento (pág. 20). Desde la perspectiva psicológica, en tanto se reconoce que el ser humano se acerca al mundo mediante construcciones subjetivas que median en el conocimiento que se elabora, se está en una posición racionalista y, de alguna forma, como afirma KELLY (1966, pág. 15), cabe hablar del "hombre-científico" referido a toda la humanidad y no sólo a los que hacen ciencia. Ambos mundos plantean epistemologías que se ubican en polos de un continuo en el que apreciar posiciones intermedias: ni todo lo que se refiere al sujeto es deformación, ni todo lo que se denomina científico es pura verdad. Se rompe así la barrera infranqueable entre conocimiento de la ciencia y conocimiento de los sujetos, lo que no quiere llegar a significar que el sentido común pase a tener la estructura de la ciencia ni que toda ella penetre en el sentido común. En principio, nos basta con el reconocimiento de que entre ambos tipos de conocimiento existe la posibilidad de un diálogo que no anula ninguno de los dos polos porque tienen un sentido propio y una funcionalidad peculiar, admitiendo que en tal diálogo los conocimientos personales y los sociales compartidos quedan transformados.

Las representaciones cognitivas del sujeto pueden representar mejor las propiedades del mundo real tal como nos aproximamos a él, con todas las adherencias afectivas y de significado que aportan las condiciones personales desde las que percibimos el mundo. Las representaciones de la ciencia manejan lenguajes más precisos, son más depuradas y están en proceso riguroso de evaluación, tienen más coherencia y no son retazos dispersos. La ciencia se somete a un constante juego de prueba de hipótesis. Aunque con menos rigor en sus formulaciones, las expresiones del conocimiento informal las entienden todos, incluido el científico, mientras que el conocimiento de éste tiene un público más restringido.

En un afán de clarificar el tipo de conocimiento subyacente respecto del científico, FURNHAM (1988) plantea una serie de dimensiones que diferencian a ambos: a) El carácter explícito y el grado de formalidad de las teorías científicas que son siempre explícitas, con un orden formal que respeta una lógica consistente frente a las mismas condiciones aunque en el grado mucho más débil de las teorías subyacentes. b) La coherencia y consistencia de las teorías científicas se contrapone al carácter ambiguo, a la incoherencia e inconsistencia, con contradicciones internas, de las teorías subjetivas. c) Las teorías subyacentes operan a menudo por inducción; acumulando experiencia, van de los datos a la teoría, mientras que las científicas son deductivas. d) Las teorías subjetivas confunden a menudo causa y efecto porque son en buena medida correlacionales. e) Las teorías científicas se orientan más al estudio de procesos, aunque no siempre, mientras que las subjetivas se centran más en los contenidos, son más de tipo descriptivo. f) Las teorías subjetivas dan más importancia a los factores humanos de tipo individual, mientras que las científicas ponen más énfasis en el efecto de los contextos sobre los fenómenos. g) Las teorías subjetivas se centran más en aspectos o fenómenos específicos mientras que las científicas tratan de explicar

© Ediciones Morata, S. L.

aspectos más generales. No se trata de contraponer radicalmente lo simple frente a lo complejo, porque casos de ambas polaridades se pueden encontrar en los dos tipos de teorías. h) Finalmente, las teorías científicas tienen un carácter fuerte, por poseer una serie de características que las identifican, son menos ambiguas y son interdependientes. Las teorías débiles pueden ser útiles para investigar áreas problemáticas, son imprecisas y ocasionalmente equívocas.

3. Las formas de la conciencia colectiva. El sentido común compartido sobre la educación

Por conciencia colectiva entenderemos aquellas creencias compartidas que constituyen el correlato en el plano social de lo que son las teorías o constructos personales para el individuo. Unas tienen que ver con las otras, pues las sociales constituyen el alimento para las segundas, y éstas, mostrando rasgos idiosincrásicos en cada sujeto, van reconstruyendo el mundo de lo heredado. Las elaboraciones de la conciencia colectiva se hallan ligadas a las prácticas sociales y hay que buscarlas en la realidad de la vida cotidiana, la realidad por excelencia para los actores, a los que se les presenta con toda contundencia en forma de paisaje ordenado de lo real, como si fuera independiente de ellos mismos, con una presencia casi inapelable ya objetivada antes de que los individuos aparezcan en el mundo. No es una realidad ajena sino presente en tanto que es comprendida e interpretada por ellos.

Esa vida cotidiana nos muestra la realidad estabilizada de un mundo que se mantiene ordenado, aunque de manera constante nos propone también pequeñas incertidumbres que abren esa vida permanentemente a lo inexplorado. Como dicen BERGER y LUCKMANN (1984, pág. 42), el sector no problemático de la realidad cotidiana sigue siéndolo mientras no es interrumpido por algún problema cuya solución tiene que ser integrada al ámbito de lo conocido. Ese mundo de la vida cotidiana no se establece sólo a partir de los comportamientos de cada cual, sino que es un mundo formado también por sus pensamientos.

Las acciones, siendo muchas de ellas sociales, y especialmente la educación, al ser tarea que implica a varios agentes, apelan también a categorías de conocimiento *compartido* por diversos sujetos. Existe conocimiento común (los significados intersubjetivos de la cultura) que une a los miembros de ciertos grupos y especialmente a los que realizan actividades parecidas dentro de la sociedad, constituyendo comunidades de pensamiento. La sociedad es posible porque existen comunidades de creencia, hábitos y lenguaje (GINER, 1997, pág. 54). Delimitar la cultura compartida no es fácil, es una plataforma de contornos difuminados que sólo podemos ver representada en interpretaciones idiosincrásicas de los sujetos. En psicología se habla de *inteligencia distribuida* o *compartida*, como la denomina BRUNER (1997, pág. 172), cuya existencia nos ayuda a entender los marcos de pensamiento común, la permanencia de las prácticas que se han acumulado culturalmente y las racionalizaciones que usan las personas para explicar el mundo. Las disensiones entre sectores sociales o entre grupos también se explican por falta de correspondencia en sus respectivas formas de pensar. No hay contradicción entre la condición social y colectiva de razones o de deseos y

© Ediciones Morata, S. L.

el requisito de que los motivos, intenciones y razones de la acción sean personales, en tanto el agente pueda reconocerse en ellos (CRUZ, 1995, pág. 162). Como la educación es proyecto compartido y como su desarrollo implica la concurrencia y colaboración entre diversos agentes (profesores, padres, etc.) los significados compartidos son importantes para conocer la dinámica en la que quedan implicados todos ellos. El pensamiento compartido es sumamente importante para explicar, como primera proyección, la coherencia entre los miembros de la profesión docente y las posibilidades de que haya colaboración entre ellos.

La experiencia acumulada sobre la educación se halla distribuida socialmente y no todos los agentes sociales tienen la misma perspectiva, idénticos intereses o participan con el mismo grado de consciencia sobre ella. La cultura sobre la educación que admitimos como tradición operativa es sólo la parte reconocida de la cultura virtualmente disponible. Muchos *memes* que han formado parte de la información virtual acumulada se han perdido; otros están presentes pero no son reconocidos como tales. Como dicen BERGER y LUCKMANN (1984, pág. 91), la conciencia retiene sólo una pequeña parte de las experiencias humanas que, una vez sedimentadas y reconocidas recíprocamente, formarán las tradiciones que se perpetúan. Los seres humanos realizan actividades comunes cuyo sentido se les escapa. Se puede ser y no ser a la vez consciente de la ignorancia de la realidad. El pensamiento que es compartido socialmente es un recurso para entrar en el análisis de los procesos de selección y en la consolidación de la cultura operativa sobre la educación.

Son múltiples las aportaciones de las ciencias sociales que han explorado la importancia de las concepciones que elaboran los grupos, las sociedades y las culturas en la explicación de sus comportamientos, de sus costumbres, de sus ritos, de sus afanes y de los usos sociales. Desde la antropología, la sociología o la historia, pasando por el psicoanálisis y la psicología social, se han realizado interesantes aportaciones al respecto, destacando la importancia de los constructos cognitivos compartidos. Se trata de una *doxa* objetivable, pues en tanto que es una elaboración social la suponemos relativamente independiente de las porciones de la misma de las que se adueña cada sujeto en particular (HELLER, 1977, pág. 317).

El *sentido común,* empleado ahora en sentido social, es el acervo de creencias compartidas, un elemento capital en las culturas destinado a resolver los problemas cotidianos. HELLER (1977, pág. 317) lo denomina *saber cotidiano.* Son ideas que enriquecen una tradición de investigación que entronca con la idea de las *representaciones colectivas* de Durkheim. MOSCOVICI (1984) plantea, por su parte, el concepto de *representaciones sociales,* y desde la psicología social se utiliza también la categoría de *pensamiento social compartido* (IBÁÑEZ, 1988). Estos conceptos tienen cierto parecido con el de *ideología,* la cual constituiría un constructo integrador de esos otros más específicos, un inclusor en un sistema coherente más complejo de representaciones sociales. Sin embargo, este tipo de articulación no nos aporta demasiado, pues las representaciones sociales son de algo concreto y constituyen a alguien, mientras que la ideología no tiene un objeto particular, sino que se asimila, como dice IBÁÑEZ (1988, pág. 59), a un código interpretativo genérico que contribuye a la generación de representaciones sociales y que se refiere a la sociedad en su conjunto.

A veces se utiliza el término *filosofía,* como es el caso de GRAMSCI (1986, página 40), para designar no sólo el pensamiento propio de unos intelectuales llamados filósofos, sino la combinación ideológica de ese pensamiento junto a las concepciones del mundo de otros sectores y al de las masas. La filosofía de una época es así la historia de la misma —dirá este autor— y ella constituye la plataforma desde la que actuamos.

Otro concepto alusivo a esas elaboraciones cognitivas colectivas, más inclusivo que todos los anteriores, es el de *mentalidad*. Es utilizado en la historiografía, básicamente a partir de la escuela de los Annales (VOVELLE, 1985), para explicar la forma genérica de pensar en torno a aspectos centrales no anecdóticos de la cultura y de la sociedad en etapas de larga duración. La mentalidad alude a las visiones del mundo estables y prolongadas que constituyen el imaginario colectivo de una sociedad y que explican las actitudes colectivas de una época. Frente al reduccionismo materialista, se recupera el valor de la cultura, de las ideas, como componente que explica la forma de ser de una sociedad en un momento histórico determinado. Resulta ser un concepto más comprensivo de lo social, porque en este tipo de análisis hay que incorporar la historia de las masas anónimas y no ceñirse a los rastros que proporcionan las clases privilegiadas, que son las que más fuentes y vestigios han dejado al historiador. La historia a través del análisis de las mentalidades tiene que recoger ideas y actitudes de toda la sociedad.

Estas formas de entender, de conocer y de dar significados a lo que nos rodea no constituyen visiones perfeccionadas del mundo, aunque sí son la primera forma de aproximarse a él, con la que los seres humanos operan en su vida cotidiana. Citando a Nagel y a Austin, CRUZ (1995, pág. 30) sugiere que el sentido común no tiene la última palabra ni en el campo de la ética ni en ningún otro, pero tiene la primera palabra, y como tal debe ser examinado. No posee la clave de la explicación del mundo, pero contiene la seguridad por la que mantenemos con cierta seguridad las explicaciones que damos a lo que ocurre a nuestro alrededor. Como afirma GEERTZ (1994, pág. 96), constituye un sistema cultural que, aunque no esté integrado, descansa sobre la convicción de que su posesión tiene cierto valor y validez.

> "El sentido común representa el mundo como algo familiar, un mundo que cualquiera puede o podría reconocer, y en el que cualquiera puede o podría mantenerse sobre sus propios pies." (GEERTZ, 1994, pág. 114.)

Si bien no es una forma de conocimiento sistematizada, las representaciones sociales sobre aspectos concretos de la vida y del mundo que constituyen el sentido común sintetizan de manera un tanto ordenada la *información* sobre los objetos representados. Esa primera y peculiar función de ordenación, señalada por MOSCOVICI (citado por IBÁÑEZ, 1988, pág. 46), a partir del estudio que él hace de las representaciones sociales en el psicoanálisis, estructura el *campo de representación* como marco en el que las informaciones adoptan una jerarquía en torno a un núcleo central *figurativo* que hace de aglutinante básico y estabilizador de la representación.

La segunda funcionalidad importante del sentido común reside en garantizar la continuidad y la cohesión social. Estableciendo las reglas a las que cada miembro se debe atener, se convierte en aglutinante del comportamiento institucionalizado. Presenta, pues, un cierto carácter normativo porque, para que cumpla una función de conjunción en un determinado estrato social, debe ser compartido por todo el estrato.

Las elaboraciones del sentido común, además de hacer comprensible el mundo y dar cohesión al grupo social tienen, como tercera función, una dimensión activa en dos sentidos. *En primer lugar,* lo mismo que ocurre con las teorías o constructos personales, podemos suponer que esas construcciones del conocimiento compartido tienen una cierta correspondencia con la conducta colectiva de los grupos en las que aquéllas están enraizadas. Estamos ante el problema de saber cómo la conducta social es gobernada por las ideas, como planteaba WEBER. Ese carácter dinámico de las ideas respecto de la conducta se expresa, por ejemplo, como señala MOSCOVICI, en la *actitud,* que implica una orientación evaluativa hacia los objetos y que también hace de aglutinante esencial de las representaciones del mundo, imprimiendo un carácter dinámico al incitar a tomar determinadas posturas. Nadie duda, por ejemplo, de la importancia de orientar en un cierto sentido a la opinión pública para que el colectivo se mueva en una determinada dirección, plantee ciertas reivindicaciones, vote por una opción en unas elecciones, etc. La representación no sólo comprende el mundo, sino que nos orienta en él, afecta a las actitudes y al comportamiento.

En segundo lugar, la dimensión activa del sentido común reside en su practicidad en general: tiene el valor de ser eficaz para resolver situaciones, como si dotase a sus poseedores de la astucia imprescindible para abordar los retos de la vida cotidiana. Al disponer de esta condición pragmática no quiere decirse que el saber cotidiano sea algo preparado específicamente para resolver objetivos prácticos, sino que tal pensamiento es inherente a los problemas que se deben resolver (HELLER, 1977, pág. 333).

El sentido común está formado por componentes de desigual valor. En él se aúnan el conjunto de asunciones fundamentales compartidas sobre la naturaleza del mundo sustentadas universal y tácitamente. Lo componen máximas en forma de proverbios, alegorías, fábulas; máximas culturales y creencias sobre ese mundo físico y social explícitamente sustentadas, que pueden variar entre las culturas. Lo forman la *manera* compartida de pensar sobre el mundo, los procesos mediante los que se elaboran juicios que se mantienen de forma tácita.

Algunas de las propiedades del conocimiento personal se aplican también analógicamente al sentido común compartido socialmente. Los sistemas colectivos de creencias muestran en muchos casos una considerable estabilidad; a veces los cambios sólo pueden ser apreciados con la renovación de generaciones (INGLEHART, 1991). Esa perdurabilidad puede provocar la inadecuación de la percepción sobre determinados cambios sociales y la falta de respuesta adecuada a los mismos. Pero todo lo que tiene que ver con la vida cotidiana tiene también el carácter fugaz de muchos de los fenómenos que aparecen y desaparecen en ella. Así, al lado de construcciones mentales que perduran enormemente en el tiempo, que resurgen cuando se creían perdidas y que resisten a cambios coyunturales, existen otras circunscritas a aspectos circunstanciales que se alteran con rapidez. Esa fugacidad lleva a autores, como GEERTZ (1994) a afirmar la ausencia de carácter definitorio para estas elaboraciones sociales:

"Su contenido real, como ocurre con la religión, el arte y otras cosas semejantes, varía demasiado radicalmente de un lugar y época a la siguiente como para que podamos tener esperanzas de encontrar alguna constante definitoria en su interior, una suerte de historia en cadena siempre repetida." (Pág. 106.)

Las sociedades modernas, menos sujetas a tradiciones seculares, estimulan mucho los cambios de creencias ligados a los hábitos de vida cotidianos.

Además de su estructura narrativa y de su relativa estabilidad, GEERTZ (1994) destaca otras cualidades del sentido común social. *Naturalidad:* representa contenidos de naturaleza simple, como si fuesen apreciaciones obvias inherentes a la situación, como si intrínsecamente fuesen propias de la realidad. *Transparencia:* es sobrio, sencillo, realista, una obviedad que se manifiesta como es. *Asistematicidad:* se presenta inarticulado, aunque con una cierta estructura, en forma de proverbios y anécdotas sin formalizar. *Accesibilidad:* como consecuencia de todas las condiciones anteriores es accesible a cualquier persona normal, no lo posee ningún experto ni se divulga a través de lenguajes complicados. Esa cercanía, como sugiere HELLER (1977, pág. 333), se debe a que está indisociablemente unido a las situaciones prácticas, lo que no le confiere autonomía respecto de las mismas, formando una totalidad (inorgánica, ordenada pero heterogénea) con los conocimientos necesarios para la conducta cotidiana. Otra de sus características esenciales es la de su *particularidad*. Del fondo de sabiduría colectiva, extrayendo sus componentes esenciales, cada sujeto lo expresa en situaciones concretas.

"Del saber cotidiano, de la experiencia acumulada, el particular se apropia sólo de lo que es necesario o puede serle necesario para mantener y estructurar su vida en la época y en el ambiente determinado. Tenemos, por tanto, *no un pragmatismo en general, sino un pragmatismo personal*, cuya materia está dada por el saber cotidiano recibido preformado o por el conocimiento personal adquirido sobre esta base."
(HELLER, 1977, págs. 333-334.)

En las sociedades complejas con una importante diferenciación interna de subculturas, en realidad resulta difícil hablar de un sentido común. Sólo son compartidos algunos componentes, y lo son por parte de determinados grupos. No es algo que todos los sujetos posean en el mismo grado y de la misma manera, pues está distribuido socialmente. Con la división del trabajo, cada sujeto y grupo de sujetos, en función del puesto que ocupan y desempeñan en la sociedad, se adueñan y desarrollan una especialización del saber ligada a su particular forma de vida cotidiana. En las sociedades modernas complejas esa diversificación es extrema y, dada su heterogeneidad y la rapidez con la que cambian, esta base compartida de sentido común es cada vez una herencia menos común y menos duradera frente a la estabilidad del pasado. Los medios de comunicación y la cultura de masas son los nuevos instrumentos para el logro de la homogeneización de la opinión.

Lo mismo que ocurre con el conocimiento personal, el saber cotidiano une indisociablemente la *percepción,* el *sentimiento* y el *pensamiento*, aspectos que tampoco se pueden separar en la vida de las personas y que sólo cabe hacerlo en el plano de la consideración teórica (HELLER, 1977, pág. 329). Finalmente, cabe hablar de la diversidad y variedad de los significados compartidos, en la medida en que se refieren a los más diversos aspectos de la vida que nos rodea.

© Ediciones Morata, S. L.

El sentido común tiene respuestas, sus respuestas, para casi todo. Es toda una filosofía para andar por la vida. Ahora bien, su ligazón a las circunstancias vitales hace que como elaboración cognitiva muestre variaciones importantes en distintas épocas y en distintos lugares, planteándose de este modo el problema de su proclividad a la estabilidad universalizante frente al de su variabilidad relativizadora.

¿Cómo se forman estas elaboraciones sociales del conocimiento compartido? Las representaciones sociales se construyen, según IBÁÑEZ (1988), a partir de: a) Materiales acumulados en la cultura, como son las creencias, las referencias históricas, los valores y prácticas ampliamente compartidos. Se manifiestan en la lengua y en las instituciones. Son resultado de las condiciones económicas, sociales e históricas que marcan una época. b) Se forman también siguiendo la propia dinámica y lógica interna de dichas construcciones, de acuerdo con los fenómenos de anclaje de nuevos materiales añadidos en las estructuraciones previamente constituidas. c) Se configuran a partir de prácticas sociales relacionadas con la comunicación social que afectan e integran a los sujetos en muy diversas situaciones y contextos: conversaciones entre sujetos, gracias a la influencia de los medios de comunicación masivos o restringidos, etc.

En la función de reproducción y en los procesos de cambio social es básico entender el trasiego de concepciones que, reiteradas y envueltas en los argumentos más diversos, van constituyendo las formas compartidas de pensar y de querer en una dirección determinada.

3.1. Las comprensiones compartidas y su importancia en educación

Qué se dice, qué se oye, qué se escribe y qué se lee sobre educación es la base a partir de la que se constituye el sentido común compartido. La información sobre las prácticas educativas en general es copiosa, si bien no lo es tanto sobre el sistema educativo. Está, como ya se comentó, desigualmente repartida, siendo el nivel de escolarización alcanzado un factor determinante de ese reparto. Diferencias en el *status* y en la posición social vinculadas al género, a la etnia y a la clase social van ligadas a la distribución de un conocimiento que tan directamente se mezcla con la experiencia cotidiana. Desde el político que tiene un modelo general de educación para un tipo de sociedad, desde el empresario que entiende que la formación de los trabajadores es fundamental para la productividad de su empresa, pasando por un líder religioso que considera que el sistema educativo favorece o entorpece la difusión de sus creencias, hasta llegar a los padres que entienden la realidad cercana a sus hijos o al profesor que vive la realidad de las aulas y de un centro desde su cultura especializada, hasta un neófito estudiante que asoma por primera vez a las aulas, la distribución del conocimiento sobre la realidad cotidiana de la educación está estratificada y muy desigualmente distribuida. La desigualdad en esa posesión marca las diferencias en el poder de participar y los límites de la colaboración en proyectos colectivos. No es fácil apelar, pues, a una especie de *weltanschaung* unitaria a modo de razón fuertemente estructurada y universal. Existe, por el contrario, como diría FOUCAULT (1991), una *episteme* compleja de desniveles sucesivos.

© Ediciones Morata, S. L.

Lo que queremos retener es la idea general de que los significados compartidos por los sujetos o por determinados grupos, gracias a su función dinámica, marcan orientaciones de valor, opciones y direcciones para desarrollar las prácticas educativas. Éstas, al fin y al cabo, se desarrollan en marcos institucionales que necesariamente conjuntan a múltiples profesores, estudiantes, padres y grupos sociales. Aunque sólo sea por la forma de su organización, la empresa de la educación es una tarea colectiva. La comunalidad de significados puede ser consciente, y entonces existe un proyecto asumido, o puede estar representada por la racionalidad inherente a la institución que los sujetos asumen pasivamente. En este caso puede darse una comunión implícita, pero el proyecto carecerá seguramente de fuerza integradora y será menos capaz de concitar la colaboración. El proyecto colectivo como tal se apoya, pues, en un mínimo de sentido común compartido. Cuando éste no existe, el proyecto o no existe o es más conflictivo su desarrollo, porque necesita compromisos ideológicos conjuntados y la necesidad de colaboraciones más estrechas entre los individuos para realizarlo: entre profesores, entre éstos y los estudiantes, entre ambos y los padres.

En nuestras sociedades el consenso en torno a proyectos de educación es difícil, al estar el sentido común compartido circunscrito a grupos profesionales determinados y a grupos sociales diferenciados. Ya se ha dicho en otro lugar que educar y enseñar son prácticas que se desarrollan de manera natural en la vida de los grupos sociales, y que implican de alguna forma a todos los miembros de una cultura. En torno a las actividades cotidianas de educación en la vida social (familia, contacto personal con otros, etc.) se genera el conocimiento personal y compartido de carácter precientífico sobre la educación. Padres, profesores y miembros de la sociedad en general comparten cierto sentido común sobre la educación que actúa de aglutinante para entender de mutuo acuerdo lo que se hace y se quiere hacer en general, y para actuar en colaboración en las prácticas que les implican más directamente; aunque profesores entre sí y padres entre sí se diferencian también como sectores singulares en tanto conforman subgrupos con un sentido común compartido de forma singular por ellos.

La aglutinación de informaciones, modos de entender y de aspiraciones sobre la educación en representaciones sociales coherentes del sentido común es importante para mantener la vigencia y el sostenimiento legitimado de un proyecto colectivo de educación. La crisis de la universalidad de la educación hoy en día tiene una parte de su explicación en la carencia de entendimientos compartidos en una sociedad cada vez más heterogénea y fragmentada que, como consecuencia de tener experiencias y expectativas diferentes, carece de apoyos que prestar a proyectos más universales.

Esta condición es hoy bastante evidente al observar, por ejemplo, el esfuerzo de los nacionalismos por desarrollar un discurso que asiente las bases de un sentido común acerca de la particularidad cultural del territorio en el cual quieren establecer su soberanía para legitimar un proyecto específico de educación. Para la defensa de cualquier proyecto colectivo, la búsqueda de una legitimidad fundada o presentada como si lo fuese en una sociedad democrática implica extender la existencia de alguna concepción común que ordena de manera particular las informaciones sobre la realidad y las aspiraciones que en ella encuentran forma, de suerte que las actitudes de apoyo al proyecto se conviertan en operativas.

© Ediciones Morata, S. L.

La confrontación entre los modelos público y privado de educación es otro ejemplo del papel que cumplen las representaciones compartidas por parte de los defensores y consumidores de uno y de otro tipo de educación. Buena parte del ataque y deslegitimación que se está hoy haciendo de los sistemas públicos en sociedades democráticas se realiza en el plano de las argumentaciones con las que se cantan las virtudes del sistema privado. La finalidad de los debates es la de transformar el sentido común para apoyar determinados modelos educativos.

Cuando se pasa al terreno del desarrollo práctico de experiencias educativas, como es el caso de la implantación de reformas educativas, la apoyatura de las representaciones de conocimiento compartidas es esencial para el éxito de las mismas. Los conflictos, ansiedades y resistencias que se producen apelan a acepciones no compartidas del sentido común. Por eso, las tareas de difusión, formación, discusión y hasta de confrontación dialogada son tan esenciales en los procesos de cambio. Cuanta mayor participación exista, aflorará más la diversidad de significados por parte de los individuos y de los grupos profesionales, familiares y sociales.

Estos comentarios avalan la importancia de comprender la trascendencia que tienen las concepciones compartidas en situaciones prácticas. Existe además otra perspectiva para valorarlas. La relación entre teoría y práctica, entre las ideas y las acciones, tiene que entenderse dentro de marcos sociales de práctica institucionalizada y de pensamiento compartido: el pensamiento o las creencias de las que participa un grupo, una época o una sociedad. La radical individualidad de los significados personales no es incompatible con el hecho de que los sujetos que los elaboran están condicionados por determinaciones sociales, por los sedimentos culturales ya dados. Pensar dentro de las ordenaciones sociales del conocimiento disponible es una forma de disciplinar, de guiar y de enriquecer el pensamiento personal, si bien una excesiva dependencia de los marcos establecidos limitaría las posibilidades del desarrollo individual. Esos órdenes sociales se reflejan en las creencias personales. Éste es un defecto importante de ciertos enfoques cognitivos sobre la profesionalidad docente. Los profesores piensan dentro de esquemas sociales de pensamiento, sean éstos los del sentido común de grupos de profesores, los del colectivo profesional general, los de la cultura en general y hasta los de la ciencia. El pensamiento del profesor participará de las elaboraciones del conocimiento en general y del que hay disponible sobre la educación.

4. Reflexionar con el conocimiento científico. La transformación del sentido común

> "Saber lo que otros pensaron significa, en primer lugar, salir de la supuesta soledad de la consciencia, romper la monotonía del habla de uno mismo consigo mismo, y hablar con otros."
> (LLEDÓ, 1992a, pág. 50.)

El pensamiento representa la conciencia sobre la realidad, el distanciamiento de ella para su dominio, al poder representársela y entenderla. Ésta era la primera acepción de la reflexividad que comentamos como dimensión inherente a la acción. Es una reflexividad de carácter bastante inmediato, que tiene su origen en la experiencia. Gracias al razonamiento de sentido común podemos ir cada vez más allá de las aparentes evidencias que nos muestran las sensaciones y las primeras apariencias.

Estos procesos se desarrollan, como hemos podido ver, en el marco de relaciones interpersonales y en el seno de una sociedad y de una determinada cultura, en un momento histórico; es decir que están enmarcados y alimentados culturalmente. Entrar en contacto con lo que dicen y han dicho otros es una necesidad para enriquecernos La reflexividad adquiere así un enorme potencial en comunicación con los demás. Quienes actúan son personas y quienes conocen también lo son, y no pueden hacer una cosa u otra al margen de sus condiciones personales (religión, género, edad, clase social, biografía,...) y de los contextos de interpretación desde los que lo hacen, de la cultura y de la educación que los constituyen. Desde la circunstancia de cada cual se adquiere la perspectiva sobre el mundo. El reconocimiento del hecho de que ni hay una sola verdad que debe ser encontrada en actos de interpretación, ni un sólo método por el que proceder en ese camino, es la contribución básica de la epistemología hermenéutica contemporánea y del constructivismo. De aquí la importancia del contraste entre lo que cada cual cree, lo que otros creen y lo que se ha dicho para llegar a acuerdos provisionales.

Los contenidos del conocimiento personal y los del pensamiento compartido están ligados inexorablemente, como sabemos, a las condiciones de las situaciones particulares en las que surgen, se crean y recrean; están conectados a la vida cotidiana de manera pragmática. En las sociedades tradicionales, la experiencia es más estable, se rinde pleitesía al pasado y a sus símbolos porque contienen y perpetúan esa experiencia. La reflexión se aplica más a la interpretación y clarificación de la tradición, porque la cotidianeidad es más permanente. En las sociedades modernas la experiencia es cambiante y la reflexión se introduce en los procesos de reproducción-innovación, proyectándose como un factor del cambio en la construcción del futuro como algo diferente del presente (GIDDENS, 1993, pág. 45).

Pues bien, una condición del presente de nuestra sociedad y de la cultura en la que estamos inmersos, con procesos de reproducción alterados por los cambios rápidos, es la de que la reflexión es nutrida, contaminada o guiada por el conocimiento científico, en su acepción más amplia, que en principio, no pertenece a la esfera del sentido común. Ese saber elaborado no sólo se proyecta en la realidad a través de las aplicaciones de la tecnología, sino que tiene múltiples implicaciones en la vida cotidiana al vincularse los procesos reflexivos que llevan a cabo los sujetos en las más variadas áreas de la actividad humana. El conocimiento disciplinar elaborado y articulado propio de "la ciencia" se infiltra inevitablemente en las condiciones de la vida cotidiana en la que elaboramos el conocimiento personal y el compartido; modela la realidad misma e interviene en nuestras acciones.

Aparece así un segundo nivel o un grado superior de la *reflexividad* que contribuye a una racionalidad más depurada y elaborada, que se sitúa en la interacción recíproca entre el conocimiento científico y el conocimiento personal o el compartido, ligados éstos a la acción y a las prácticas sociales que quedarán mediatizadas por aquél. Esto no significa, como ya se señaló en otro lugar, que

© Ediciones Morata, S. L.

todas nuestras acciones o todas las dimensiones de cada una de ellas, ni todo lo que creemos pueda someterse al imperio de la ciencia. La reflexividad *con* la ciencia marca el matiz que diferencia un modelo de relación positivista entre la teoría y la práctica, y otro en el que la ciencia es incorporada gracias a su penetración en los procesos de reflexión-acción.

Las ciencias, como corpus de conocimientos o elaboraciones culturales objetivas externas a los sujetos, pueden y deben pensarse como un tipo de saber que implica una ruptura con el sentido común, que es cultura personal e intersubjetiva compartida. No obstante, en la práctica educativa como en otros ámbitos sociales, la ciencia no interviene directamente en la realidad ni en la acción de las personas, sino en la medida en que se convierta en un instrumento del pensamiento que diagnostica, desvela y critica, en una herramienta para la reflexión retrospectiva y para la proyección prospectiva de acciones. Es decir, la ciencia se hace operativa en las acciones transformando el sentido común desde el que y con el que operan los agentes. De manera que puede hablarse de cierta mezcla y de alguna continuidad ascendente entre el sentido común y la ciencia, y al revés. En nuestras argumentaciones "cultas" combinamos elementos de sentido común y componentes de conocimiento más elaborado. La ciencia misma como construcción histórica es una prolongación muy perfeccionada del sentido común en proceso constante de revisión por la labor que realiza el pensamiento disciplinado; mecanismo depurador que no tiene el sentido común (ARENDT, 1984, página 72). Los saberes objetivos sobre el mundo son cultura objetiva externa a los sujetos, que cobran vida cuando los vive la conciencia humana (GINER, 1997, página 59). En términos popperianos puede decirse que el *mundo dos*, el de la conciencia, se fecunda con el *mundo tres* (el de las elaboraciones objetivas del conocimiento).

La contaminación del saber cotidiano personal y social por el saber científico es un fenómeno totalmente moderno que no se producía en las sociedades tradicionales. Su efecto es contradictorio: es fecundante, porque amplía perspectivas y pule la racionalidad imperfecta que nos orienta, puede destruir errores y prejuicios, liberando el conocimiento personal de la determinación contextual y local; pero puede también deslegitimar y hasta destruir sabiduría útil del sentido común válida para evaluar situaciones y afrontar las decisiones en las acciones en educación.

Esa impregnación no significa la incorporación intacta de la ciencia como tal por parte del sentido común, sino de partes aisladas que quedan englobadas y amalgamadas en la estructura del saber cotidiano (HELLER, 1977, pág. 321). Son asimilaciones realizadas desde la estructura de este saber, a través de un proceso de aprendizaje por medio del cual determinadas aportaciones o conceptos de la ciencia se integran en la estructura del conocimiento preexistente, bien nos refiramos al de orden personal o al compartido por un grupo o por la sociedad en general.

HELLER cita el ejemplo de cómo la gente puede justificar la conveniencia de tomar vitamina C, sin saber la razón de por qué eso es recomendable. Un conocimiento que nos conduce (nos gobierna) a que durante el invierno, por ejemplo, intensifiquemos la toma de esa vitamina para prevenir enfermedades. La extensión del conocimiento científico en amplias capas de la población, relacionado con los hábitos de vida que inciden en la salud, es un fenómeno constatable. Ahí

© Ediciones Morata, S. L.

están las prácticas de automedicación, realizadas con mayor o menor acierto. Compramos productos y nos nutrimos, orientados por el conocimiento del poder vitamínico y calórico de los alimentos. Hasta puede que adquiramos unos con preferencia sobre otros, guiados por los efectos que nuestros hábitos de consumo pueden tener en la economía agrícola local o en la balanza de pagos de nuestro país. Es decir, que una faceta importante de nuestras vidas se guía por consideraciones teórico-científicas. Podemos relatar otros ejemplos muy visibles: un público cada vez más amplio comparte el conocimiento de que la presencia de un anticiclón va ligada a tiempo despejado, sin saber dar las razones de por qué tal asociación se produce. Ese conocimiento se utiliza en la elección de la ropa que se ponen por la mañana o en la que seleccionan cuando van a realizar un viaje. El conocimiento sobre astronomía ha cambiado sensiblemente las creencias populares de explicación del universo, y gran parte de los adultos saben, como afirma la ciencia, que el Sol no da vueltas alrededor de la Tierra, a pesar de que la percepción observa a primera vista el fenómeno contrario. En este caso una aportación científica muy concreta ha alterado definitivamente el sentido común. Son ejemplos sencillos de cómo el conocimiento científico penetra en las prácticas sociales de la vida cotidiana, en las percepciones de la realidad y en los planes de vida de las gentes. A medida que la divulgación científica se extiende y profundiza más y la cultura general de los sujetos se va incrementando, los contenidos del sentido común se van alterando por las transformaciones que en él operan las incorporaciones de la ciencia.

Esta infiltración ocurre en cualquiera de los ámbitos de la vida cotidiana, afectando a las comprensiones sobre acontecimientos de orden físico y social. El trabajador corriente relaciona sus condiciones de existencia con conceptos proporcionados por la ciencia de la economía y los utiliza en sus reivindicaciones laborales: reclama salarios en relación con el índice que carestía de la vida. El ejercicio de la política no se entiende sin la aportación de estadísticas, la comparación entre contextos nacionales, la apelación a conocimientos sobre la sociedad, el derecho y la psicología de las gentes. Lo mismo ocurre con la percepción de realidades de tipo psicológico, cuando conceptos como los de *cociente intelectual*, *frustración*, *complejo*, *catarsis* o *mecanismo de defensa* son empleados profusamente por un público no especialista que los asimila a partir del cine, la literatura o la divulgación. La psicología *folk* con la que operamos en la vida cotidiana se va contaminando de la psicología científica.

En el mundo referido a la educación pasa otro tanto. Los padres hablan de *rendimiento*, de *evaluación*, de *métodos educativos*, etc. Ellos pueden dialogar con un profesor incorporando a su lenguaje cotidiano conceptos como el de *motivación* para hablar de los intereses del hijo y para explicar la aplicación con la que se dedica al estudio. Esa primera incorporación de un concepto de la psicopedagogía no cambia mucho su conocimiento cotidiano, pero a partir de ahí pueden empezar a diferenciar en sus hijos problemas escolares, fracasos puntuales, distinguiendo lo que puede ser causado por un déficit de motivación de lo que es provocado por una carencia de competencia intelectual. Así podrán argumentar, explicar y proyectar acciones percibiendo que el hijo es inteligente pero que una determinada asignatura no le *motiva*, utilizando un primer inicio de explicación de la personalidad y del comportamiento en función de los constructos de inteligencia y de motivación.

© Ediciones Morata, S. L.

El conocimiento experto de la ciencia pasa a formar parte de la intimidad de las personas y de las relaciones sociales en las condiciones de la modernidad (GIDDENS, 1993, pág. 136). Se trata de una peculiaridad de las sociedades modernas que debe ser analizada en toda su amplitud porque tiene efectos extensos, profundos y contradictorios. Es cierto que existe cierta base para las decepciones de la postmodernidad sobre el valor civilizador de la ciencia (ELIAS, 1989, página 24). La incorporación de la ciencia no va ligada inexorablemente a una mejora continuada de la condición humana, vista la experiencia del siglo xx; aunque es indudable su impronta en la racionalidad con la que se afrontan muchas actividades de la vida cotidiana, en los proyectos de futuro y en los análisis de lo ocurrido. Se trata de un fenómeno extenso, no limitado a las tecnologías dedicadas al control de la naturaleza y de los procesos sociales.

Esta valoración lleva a GIDDENS a discutir la posición de HABERMAS (1982), que postula que los intereses inherentes a la utilización de la ciencia están ligados a ese control. La proyección del conocimiento científico constituye una condición antropológica que no se agota en el hecho de que tenga poderes e intereses de control en las relaciones sociales, derivadas de que la ciencia moderna está ligada al desarrollo tecnológico (por tanto, al servicio de intereses económicos, políticos, militares, etc.). Las implicaciones del conocimiento científico, tanto el de las ciencias naturales como el de las sociales, son más amplias y lo son en sentidos muy diversos por una serie de razones. GIDDENS (1993, pág. 50 y sgs.) señala algunas de ellas. En primer lugar, la apropiación del conocimiento no se produce de forma homogénea por parte de los sujetos y de los grupos. Existe una incorporación a través de la interpretación, lo que da lugar a efectos diversificados. En segundo lugar, son agentes profanos los que también se adueñan del conocimiento científico, en un proceso de difusión donde nadie domina todo, aunque se trate de una apropiación muy desigual. En tercer lugar, los valores que orientan a individuos y grupos sociales no son independientes de los cambios que el mismo conocimiento introduce en el mundo social. En cuarto lugar, el impacto de la apropiación llega a tener consecuencias imprevistas. Ninguna cantidad de conocimiento acumulada tiene decididas *a priori* todas las circunstancias en las que será posible su utilización, incluso en el caso de que ese conocimiento fuera algo totalmente diferenciado del medio al que ha de aplicarse. El conocimiento sobre las reacciones nucleares vertebra también los movimientos ciudadanos en contra de políticas militares y energéticas que tienen como base el desarrollo de la industria nuclear.

Estamos ante una de las condiciones más notables de la sociedad moderna, la de ser *reflexiva* utilizando la ciencia, lo que quiere decir que aprovecha el conocimiento elaborado para pensarse a sí misma y para actuar o gobernarse en consecuencia. El hombre moderno sabe que puede inventar utilizando el conocimiento, cosa que no sabe el primitivo (ORTEGA Y GASSET, 1965, págs. 73 y 85). Éste inventa por azar, el moderno dirige la invención.

Con la penetración del conocimiento de la ciencia en la cotidianidad a través de los procesos reflexivos se produce uno de los efectos más característicos de la modernidad: la inestabilidad del pensamiento y de la realidad, la incertidumbre. Al actuar nos guiamos por el conocimiento y eso quiere decir que de manera progresiva la realidad que se va generando con las acciones es el resultado (no necesariamente querido) de lo que pensamos (LAMO, 1996). De lo que se deduce

© Ediciones Morata, S. L.

que el pensamiento y la realidad en ese proceso reflexivo quedan constantemente abiertos gracias a la acción de uno de los polos sobre otro: un pensamiento genera cambio y crea realidad nueva y ésta se abre como nuevo reto a ser conocida de nuevo. Nunca podemos conocer todo de manera definitiva porque los retos al pensamiento los va planteando la realidad que se recrea. Estamos en una sociedad que puede volverse a programar y elegir su destino pero que no puede preverse en un plan definitivo porque éste se va generando a medida que se construye. El cambio es seguro que va a ocurrir, pero no podemos prever en ciclos largos de tiempo en qué dirección lo hará y cuáles serán sus efectos. La sociedad puede utilizar su consciencia para programarse pero no puede tener planes definitivos. La historia no sólo no ha terminado, sino que sabemos que va a cambiar con seguridad. Las sociedades modernas, como sugiere GIDDENS (1993), dado el enorme caudal de información que fluye en su seno, son por eso sociedades inestables que provocan el riesgo y el cambio de manera permanente.

"En las condiciones de modernidad, el mundo social nunca puede conformar un entorno estable debido a la incorporación de nuevo conocimiento sobre su carácter y su funcionamiento. El nuevo conocimiento (conceptos, teorías, descubrimientos), no sólo ofrece un mundo social más transparente, sino que altera su misma naturaleza lanzándolo en nuevas direcciones." (GIDDENS, 1993, pág. 144.)

Es la propia reflexividad, ahora acelerada, la que estimula el cambio, la apertura y la inestabilidad. Con la modernidad, la reflexión apoyada en la ciencia es la base misma del proceso de reproducción social, de tal manera que el pensamiento y la acción son constantemente reflectados el uno sobre el otro.

"La reflexión de la vida social moderna consiste en el hecho de que las prácticas sociales son examinadas constantemente y reformadas a la luz de nueva información sobre esas mismas prácticas, que de esa manera alteran su carácter constituyente." (GIDDENS, 1993, pág. 46.)

Esa indefinición o apertura de la realidad como consecuencia de la proyección del conocimiento sobre las prácticas coincide con la visión que ELIAS (1989, pág. 449) da del proceso civilizador de ciclo largo, como transformación que se produce sin un plan previo, aunque siga un orden, porque se trata de un proceso que no resulta de un tanteo arbitrario. No es un proceso totalmente racional que surja de una reflexión intencional, aunque tampoco es irracional e incomprensible, y, en todo caso, siempre se puede hacer algo más racional. En las sociedades modernas esa ganancia de racionalidad la estimula la capacidad que presta el conocimiento científico de dirigir las prácticas. En ellas, como afirma LAMO (1994, pág. 629), los actores son cada vez más sofisticados, controlan su conducta y los resultados de ésta.

El supuesto de que se va instalando la *racionalidad del actor* debe aceptarse al menos como una tendencia empírica creciente, al desarrollar una orientación racional instrumental de la acción. Nos planteamos anticipadamente las consecuencias de nuestros actos antes de ejecutarlos, frenando las emociones. Aprendemos a relegar el principio del placer por el principio de la realidad y del futuro.

© Ediciones Morata, S. L.

Esta racionalidad moderna se halla especialmente estimulada en el entorno material y social de las sociedades industriales. En éstas los seres humanos viven de forma más clara en entornos creados por el hombre que han dejado de ser contextos naturales. Una condición que sirve para entender el paisaje urbano, las relaciones sociales, los hábitos de la vida cotidiana y cualquier aspecto de nuestras vidas. Los entornos creados son muy cambiantes, lo cual nos condena a vivir en medio de la "incertidumbre fabricada" por nosotros mismos, como dice GIDDENS (1996, pág. 13).

> "La modernidad está totalmente constituida por la aplicación del conocimiento reflexivo, pero la ecuación conocimiento-certidumbre resultó ser un concepto erróneo. Nos encontramos en un mundo totalmente constituido a través del conocimiento aplicado reflexivamente, pero en donde al mismo tiempo nunca podemos estar seguros de que no será revisado algún elemento dado de ese conocimiento."
> (GIDDENS, 1993, pág. 47.)

Las sociedades de la tradición disponen de una cartografía con los caminos del orden y del desorden bien señalados, como afirma BALANDIER (1996, página 143); con la modernidad sólo podemos disponer de cartas cambiantes y lo que tiene que hacer el conocimiento es comprender el movimiento, que es la única certeza. Para este autor, la modernidad es el movimiento más la incertidumbre: "Pensar este tiempo y en este tiempo es necesariamente pensar el movimiento" (página 156). La modernidad nos ha introducido en un orden no apoyado en la tradición y en las costumbres, perdiendo la seguridad que proporcionaban éstas y, a cambio, la inseguridad que introduce no es resuelta por la certidumbre del conocimiento racional. Es la misma aplicación del conocimiento la que, al cambiar la realidad, crea inseguridad y nueva realidad que conocer como reto para otro nuevo conocimiento, abriéndose así una espiral que es compleja y acelerada. La proyección refleja del conocimiento en la realidad crea el futuro en el presente.

> "La cuestión no radica en que no exista un mundo social estable para ser conocido, sino que el conocimiento de ese mundo contribuye a su carácter cambiante e inestable."
> (GIDDENS, 1993, pág. 51.)

Incluso en el mundo marcado por el desarrollo científico-tecnológico, base de la economía moderna, del trabajo y de las relaciones sociales, la línea de progreso es imprevisible, lo que invalida la posibilidad de hacer profecías. BELL (1996), uno de los teóricos de la sociedad post-industrial, analizando cómo se han instalado o cómo han dejado de hacerlo determinadas innovaciones de la tecnología, sugiere que se trata de un terreno en el que las previsiones son inciertas, puesto que el comienzo decisivo de los cambios que propician se produce con su difusión, un proceso que no esta prefigurado, sino que queda sometido a azares y circunstancias como su coste económico, las costumbres sociales arraigadas, las barreras legales y demás factores de la situación en la que aparecen las innovaciones. Sabemos que tecnologías como la informática y su utilización en las llamadas autopistas de la información están cambiado la sociedad y que lo harán mucho más, pero no sabemos muy bien en qué sentido ni a favor de quienes. Ya se están discutiendo, por ejemplo, problemas no previstos con la utilización de la

© Ediciones Morata, S. L.

red Internet. Los cambios no sólo son de la realidad externa a nosotros, sino de las relaciones que mantenemos con ella y en nosotros mismos, en el yo.

En ese mundo es difícil definir y mantener proyectos hacia algo. La modernidad reduce el riesgo en muchas áreas, pero introduce inseguridades básicas en otras. Una parte de la incertidumbre ante la que se enfrenta hoy día la educación viene condicionada por esta peculiar apertura e indeterminación del mundo en que vivimos. La tradición parece que no nos sirve en una sociedad que vive de cara al futuro y éste nos resulta imprevisible, más aún cuando las viejas ideas que vertebraron los proyectos educativos están buena parte de ellas en una crisis que les resta valor de guía para construir la utopía del futuro inexistente. Las reformas permanentes marcarán la experiencia en los sistemas educativos.

La tradición no se borra, ni mucho menos, pues sigue desempeñando un papel y pervive como reguladora de muchos comportamientos, aunque cada vez es menos significativa para abordar nuevos retos en la vida moderna y, en todo caso, quedará teñida por las elaboraciones reflexionadas de concebir el mundo y de actuar sobre él. La simbiosis de tradición y modernidad no dejará de manifestar conflictos y contradicciones. Una característica de las sociedades actuales y de los comportamientos individuales es la de compaginar acciones guiadas por la ciencia y comportamientos regulados por las tradiciones, incluso, a veces, por la irracionalidad más evidente. Y es que el desarrollo de la nueva racionalidad moderna pasa por encima de muchos componentes culturales que dan sentido a la vida cotidiana y que han sido la base del establecimiento de las identidades de los sujetos, lo que lleva a que éstos desdoblen sus vidas: acepten facetas de su vida reguladas por el orden moderno y mantengan otras ligadas a la tradición.

Puede considerarse que se va instalando la norma general de que para actuar los individuos deben apoyarse en la consideración de múltiples informaciones significativas para sus situaciones vitales que no proceden de su experiencia en la vida cotidiana, que no pertenecen al conocimiento personal y social de sentido común. Sin embargo, ésta es una tendencia que sigue procesos de instauración irregulares, según de qué faceta se trate, adoptando ritmos desiguales según a qué sectores sociales afecte.

En las sociedades modernas, el fenómeno reflexivo apoyado en la ciencia no es algo excepcional ni exclusivo de minorías, sino un proceso extenso y normal que afecta a todos y a todas las esferas de la vida, porque son sociedades en buena parte "fabricadas" por el conocimiento que precisan del autoconocimiento social (LAMO, 1994, pág. 625). En estas sociedades el actor se desdobla y se distancia del juego de la acción inmediata como parte esencial del proceso civilizador, utilizando el conocimiento en la acción como parte de un alejamiento que controla los instintos, los impulsos y el mundo de las pasiones, incidiendo en el comportamiento al transformar la personalidad (ELIAS, 1989).

Ofrecer conocimiento a los actores de la educación es proporcionar instrumentos para enriquecer y depurar su sentido común ganando capacidad reflexiva. La peculiar condición de ciencia social respecto de las naturales reside en que el conocimiento del que se ocupa transforma a los actores sociales mucho más decisivamente a través del paso del conocimiento científico a la sociedad, condicionando los mapas cognitivos de los actores. Las representaciones mentales del mundo externo y la organización del mundo ante el que se actúa se hace desde la particular "predilección cognitiva" de los sujetos transformados por el conocimiento social.

© Ediciones Morata, S. L.

El ser humano y la sociedad modernos están inevitablemente dirigidos por la cultura y ésta es hoy ininteligible sin considerar la penetración de componentes de conocimiento articulado procedentes de diferentes disciplinas científicas. El conocimiento propio de las ciencias afecta, como se ha dicho, a la intimidad de las personas, a la estructura de la subjetividad y a las relaciones sociales. Y lo hace al ser incorporado en la red de significados que nutren los conocimientos personales y el sentido común. Ese sentido de transformación es el que animaba a GRAMSCI (1986, pág. 20) al considerar que la cultura especializada no debía quedar restringida a su uso por parte de grupos de especialistas, sino que su sentido transformador residía en ser un pensamiento superior al sentido común que no olvida el contacto con las "gentes sencillas", encontrar en dicho acercamiento los problemas que se deben estudiar y resolver.

Éste es un contrapunto importante a una gran tradición sociológica, sobre todo la de raíz marxista, que parte del supuesto de que la sociedad determina, causa o genera el pensamiento y, por esta vía, determina la conducta. Esa tradición que ve una sola dirección en la relación entre sociedad y pensamiento, al menos tiene que abrirse a la dirección inversa: la que entiende que la cultura también genera y gobierna a la sociedad, según los supuestos de la tradición weberiana. Las estructuras simbólicas, si bien no puede decirse que sean la causa de la realidad social, sí que tienen un importante papel en la constitución de la misma (BOURDIEU, 1988b, página 30). La ciencia, el pensamiento, las ideas son un componente energético en el motor de la historia. De hecho, sabemos de la fuerza que han tenido sistemas de pensamiento (cristianismo, marxismo) y autores de ideas originales.

4.1. La lectura del conocimiento formal a través del sentido común del lector que queda transformado

La relación entre el conocimiento de la ciencia y el sentido común como un diálogo o interpenetración puede entenderse mejor a partir del esquema representado en la Figura 7.

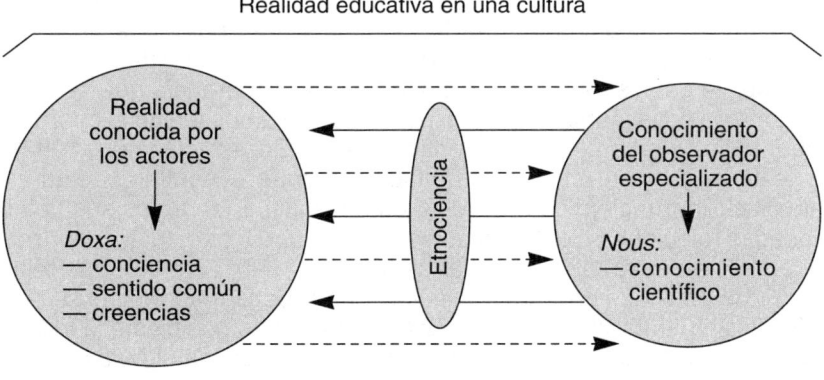

Figura 7. *Las interacciones entre el sentido común y el conocimiento científico.*

Refiriéndonos al mundo de la educación, podemos postular que es misión de todo conocimiento disponible el dar cuenta de la realidad existente en una determinada cultura en un momento histórico. Parte de esa realidad es accesible a la conciencia individual y colectiva de los actores en forma de conocimiento personal, de creencias y representaciones del sentido común. El submundo platónico de la *doxa*. La condición original de las sociedades modernas es que en ellas existen actividades y agentes que tienen como ocupación básica la de actuar de observadores especializados que elaboran su propio conocimiento sobre la realidad, el cual posee unas características especiales y que llamamos conocimiento científico que se corresponde al *nous* platónico. Estos agentes cognoscentes especializados no son seres diferentes a todos los demás. Ellos también tienen conocimientos personales que condicionan sus elaboraciones científicas, aunque son capaces, siguiendo determinadas reglas, de depurarlos y de ofrecer explicaciones complejas y provisionalmente objetivas de la realidad. Éstas, presentadas y difundidas adecuadamente, generan una transformación del conocimiento de sentido común cuyo resultado es la *etnociencia*: aquella parte de la ciencia que queda incorporada al sentido común transformado. En las sociedades modernas toda la vida cotidiana está cada vez más influenciada por esas importaciones, como también señalan BERGER y LUCKMANN (1997). La etnociencia es el resultado inevitable de las sociedades modernas en las que es de primera importancia la estructura de la comunicación científica para provocar procesos reflexivos que reorientan las acciones. Como afirma LAMO (1994):

> "Es posible argumentar que los modelos científico-sociales, al ser difundidos, alteran su estatuto epistemológico pasando de ser teorías puras, usadas por los científicos sociales, a ser mapas cognitivos que, integrados en la etnociencia, orientan a los actores, quienes, eventualmente, utilizan esos mapas o teorías para generar estrategias, en un proceso de deslizamiento desde la theoria (científica) a las praxis (etnociencia) sin solución de continuidad." (Pág. 615.)

El pensamiento del profesor participa de las elaboraciones del conocimiento de sentido común disponible sobre la educación y de las concepciones más elaboradas, tanto de sus contenidos como de su ordenación. MARRERO (1993, página 248) señala, por ejemplo, que la mentalidad del profesorado sobre cómo entender el *currículum,* si bien no se corresponde en su totalidad con las teorías científicas sobre éste, sí que parece mostrar cierta coherencia que se corresponde con alguna de esas teorías. También nosotros habíamos tenido la oportunidad de comprobar indicios en este mismo sentido (PÉREZ GÓMEZ y GIMENO, 1988).

Supuesta esta comunicación, las relaciones entre el sentido común y el pensamiento disciplinar o científico son difíciles de clarificar en todos sus detalles por las intrincadas relaciones que se establecen entre uno y otro, más cuando las fronteras de ambos no están bien delimitadas (GIORGI, 1990, pág. 64). Esa relación ha sido un foco de polémica en la investigación y en el pensamiento que se remonta a la filosofía clásica, tratando de establecer las relaciones posibles o la independencia entre el conocimiento de sentido común y el científico. Ya el *Mito de la Caverna* de Platón, planteaba la distinción entre el conocimiento de opinión (*doxa*), que refleja las apariencias del mundo sensible, y el conocimiento de verdad (*nous*), así como el camino que había que recorrer para llegar desde el primero al segundo.

© Ediciones Morata, S. L.

Si se presume que la explicación científica es superior al sentido común, entonces éste tiene que sustituirse por aquélla. Si la ciencia es una forma de percepción más, aunque importante, entonces puede no ser completa y precisar del complemento de otras formas de percibir. Una tercera posición establece que la relación entre ambos tipos de conocimiento trata de considerar que la comprensión de lo cotidiano precisa o se puede ayudar de la ciencia, pero ésta no reemplaza del todo al sentido común (GIORGI, 1990, pág. 81) que sigue manteniendo su vigencia en el gobierno de la vida cotidiana. Esta posición intermedia se ve como necesaria porque, partiendo de la capacidad orientadora que el conocimiento de sentido común pueda tener de la práctica, es la forma de que los hechos de la ciencia no se desconecten de los hechos reales (MAFFESOLI, 1993, página 47). Éste es un punto de vista que se debe considerar en aquellas parcelas que, como la educación, ni disponen de ciencias sólidas como para pretender agotar la comprensión de la realidad, ni tampoco permiten pensar en un mundo de regularidades previsibles en las acciones y en las prácticas que son abiertas, complejas e indeterminadas.

Desde esta perspectiva es posible defender la existencia de un conocimiento disciplinar como potencial enriquecedor de la práctica o de la acción a partir de sus efectos en el sujeto mediador. Una posición que tiene dos proyecciones importantes: a) Enfocar de forma abierta, no determinista, la relación entre conocimiento elaborado y sujeto, donde desaparece el poder de imposición de la ciencia sobre los no-científicos. (Pensemos en la importancia de esta sugerencia para enfocar la formación del profesorado.) b) Comprender esa transformación del sujeto como clarificación de su sentido común, como teoría crítica que abra los contenidos de la propia conciencia y de la reflexión de primer nivel a la discusión, destruyendo las barreras que ocultan la deformación ideológica, abriéndole caminos para su emancipación personal y para la liberación social a partir de un discurso que desvela la realidad de manera más rigurosa.

Veamos la primera proyección, pues sobre la segunda el lector dispone de documentación abundante sobre enfoques de la llamada *pedagogía crítica*. Desde nuestro punto de vista, esta proyección, en una sociedad democrática, es un enfoque más para así evitar los excesos de la Razón ilustrada o de las vanguardias poseídas del *espíritu crítico*, aceptando la forma abierta no determinista de la comunicación pensamiento-acción.

El conocimiento de la ciencia en sentido amplio representa la memoria colectiva depurada; no ha de verse sólo como un entramado de principios y leyes alejadas de las formas de entender que tiene la consciencia. Es una especie de texto con el que dialogar y cuyos efectos posibles en los sujetos no están predeterminados. Como afirma LLEDÓ (1992a):

> "La voz del escrito que hace la monocorde propuesta de lo dicho en él, abre una multiplicidad de posibilidades, que se engarzan y adecuan a las variedades de la consciencia que analiza, critica, entiende, y que están a "este lado" del texto, en la inteligencia de quien lee." (Pág. 29.)
>
> "Todo acto de lectura, como todo acto de lenguaje, constituye la posibilidad de que el mundo de la consciencia despierte en cada instante de diferente y, en principio, enriquecedora manera." (Pág. 97.)

Deberíamos tomar las aportaciones de las disciplinas científicas desde el enfoque hermenéutico de la crítica textual. Las aportaciones articuladas pasadas o presentes son estímulos para el diálogo de significados entre lo que el texto quiere expresar y lo que el lector percibe. La teoría, las aportaciones de la investigación y del pensamiento son potencialmente útiles, siempre y cuando no se las tome como fuentes directas de la práctica al modo de la ilusión positivista. Su potencialidad reside en poder estimular un diálogo entre los lectores y el texto. Éste ha de contener significado, como primera condición, aunque también necesita que el lector tenga posibilidades y disponibilidad para participar en el encuentro, de lo contrario no se deducen significados del texto. El texto puede tener capacidad de iluminar al lector, pero éste ha de poner en juego su propia luz como lector que evoca las ideas del texto para enriquecerse con su sentido. Esta concepción del encuentro con la experiencia y con el pensamiento del otro considera la voz del lector, lo que él tiene y que aporta necesariamente para dar significado al texto. Permite contemplar el conflicto entre ambas voces, la escrita (el conocimiento disciplinar) y la interior del lector (el sentido común), el conflicto dentro del mismo lector, el sentimiento y la ambigüedad, el significado subyacente y la presencia de la ideología.

El texto en una situación de crítica textual es una construcción cuyo significado surge del juego entre una serie de fuerzas: las intenciones del autor, la respuesta del lector, los ecos de otros textos aludidos, las fricciones y conexiones entre los signos del texto y las ideologías subyacentes a esos signos. El acceso al texto está mediado, ya que el lector no es neutral. Todo esto lo mismo vale en el caso de un texto científico que en un diario o una narración de la experiencia que hace un profesor. La relación entre un texto que contiene una idea y el lector es un mecanismo de mediación que informa. Así también puede interpretarse la relación entre un resultado de una investigación y la práctica. Es una forma de conexión cultural, de participación en el acervo cultural. Al discurso heredado hay que acompañarlo con el discurso que paralelamente va despertando sentido en el receptor. Lo escrito, como dice LLEDÓ (1992b, pág. 24), el texto, no es sino el pretexto para una reelaboración tanto del texto como de los significados interiores del lector, pues los signos sólo tienen sentido en el diálogo con el lector que es su intérprete.

> "Cada texto es, en sí mismo, una propuesta de reflexión que es también una propuesta de reconstrucción." (LLEDÓ, 1992b, pág. 52.)

En definitiva, a través del encuentro de quien lee el texto se aprende y se llega a articular el conocimiento, adueñándose de la lectura que elaboró el autor que dialogaba con la realidad. De esta forma se enriquece la reflexión de primer nivel, abriéndola a los demás y al conocimiento más elaborado.

De alguna forma, todos estos fenómenos que vamos describiendo son los que conforman la educación: es decir que ésta es, en general, formación del conocimiento y de la personalidad a partir de las aportaciones culturales elaboradas por otros, incluida la ciencia. Son fenómenos que ocurren para todos los sujetos, pues todos pueden ser "lectores". Afectan a jóvenes y a adultos, a profanos y a especialistas, sólo que en distinto grado de profundidad. La reflexividad de primero y de segundo orden se mejoran con la educación intelectual, que tiene como misión ampliar la formación del ser humano con las aportaciones de la ciencia y con el conocimiento articulado, creando formas y modelos de entender y de conocer el mundo y gobernar el comportamiento regido por una cierta racionalidad. Se trata del proceso mismo de construcción del ser humano.

En este sentido hemos de entender la capacidad creadora que tiene la cultura a través de la educación: el poder *ilustrar* y romper tradiciones. Ésta fue una de las principales funciones que le atribuyó la modernidad: la de poder alterar los *folkways* o modos de pensar y de hacer recibidos. En las sociedades del conocimiento, los fenómenos relacionados con la *reflexividad* de segundo nivel son esenciales para comprender y orientar la educación. La cultura de lo popular y de lo local, la cultura del grupo de referencia no pueden ser la guía fundamental para establecer los *currícula* escolares. Sin un cierto grado de dominio de los saberes científicos no se puede interactuar con los sistemas abstractos que masivamente se infiltran en la vida cotidiana, porque hoy la vida y la sociedad son complejas. La máxima de "educar para la vida y a través de la vida" no se puede hoy aceptar sin comprender los efectos del conocimiento articulado en las realidades cotidianas que tienen delante de sí los estudiantes. Toda educación, en tanto es transmisión de conocimiento especializado, es un motivo de expansión del particular estado del área etnocientífica de cada sujeto, puesto que las mentes educadas son las mentes formadas por el conocimiento elaborado que extiende la experiencia, enriqueciendo las formas de percibir el mundo. Las actividades de educación no pueden escapar a esa condición moderna, que es una necesidad para entender y participar en el mundo. El conocimiento humanístico completa esa dimensión expansiva de la reflexividad hacia el pasado y hacia otras culturas. Todos los conocimientos formalizados depositados en elaboraciones objetivadas tienen la potencialidad de alargar así la experiencia de los sujetos y de la sociedad porque nos permiten el acceso a lo lejano en el tiempo y en el espacio, a lo que no nos es inmediato, a la experiencia de otros, a lo que ellos han pensado. Éste es el valor de la cultura en la concepción moderna que en otro capítulo analizaremos con más detenimiento.

Los procesos de mediación entre el conocimiento personal o el compartido y las aportaciones de la ciencia afectan a todos los agentes sociales, a todos los grupos y a todas las esferas de la cultura, si bien en desigual medida y manera. No son fenómenos ni misión exclusivos de las instituciones de educación. Tampoco es, pues, algo que interese para entender el papel del alumno o el de los profesores, sino que también afecta a padres y al público en general. El área etnocientífica se está ensanchando para todos y dentro de escenarios muy variados.

Las diferencias en el grado de desarrollo de ese área etnocientífica en el tipo de sociedad en la que nos movemos marcan un nuevo sentido de la diferenciación entre clases sociales, distinguidas ahora más en función de grados de disponibilidad de capital cultural por ellas poseído que por el acceso a los medios económicos. Como afirma GIDDENS (1996, pág. 16), un mundo con mayor capacidad de reflexión es un mundo de *gente lista*, donde hay más autonomía para los que más conocimiento poseen. Quienes dispongan de más capital simbólico, más posibilidades tienen de entender y de participar en el mundo, algo que no ocurría en las sociedades tradicionales, más reguladas por las costumbres estabilizadas. Se produce así un proceso de creación de nuevas elites y de marginación cada vez

© Ediciones Morata, S. L.

más profunda e irrecuperable de quienes no pueden acceder a los niveles cada vez más complejos de conocimiento, quedando sumergidos en el analfabetismo funcional. Entre los desposeídos del saber y las elites que lo dominan en alto grado existe una clase intermedia sobre la que se vuelcan importantes posibilidades de participar, que si bien no pueden alcanzar las cotas más altas del conocimiento especializado, sí pueden acceder a una "divulgación" de calidad o a partes importantes de la cultura depositada en soportes muy variados.

En este proceso universal de impregnación etnocientífica de la sabiduría común, el papel de las instituciones escolares se ve trastocado. En una sociedad con abundantes flujos de información, el dominio del conocimiento especializado, articulado, disciplinar o científico trasciende a importantes y amplias capas de la población y ya no tiene a los canales escolares como las únicas vías de propagación, ni siquiera como a una de las más importantes para esa función. En la medida en que, en ese reparto social del saber, los *currícula* no se substancien más y los profesores no ganen más distancia respecto de otros agentes, escuelas y docentes pueden ir perdiendo el predominio de sus posiciones respecto de la posesión y distribución del conocimiento, una de las pocas fuentes de poder y de autoridad en las relaciones pedagógicas que les quedaban. Hoy es cada vez más frecuente que determinados padres aprecien deficiencias de formación en profesores en cuyas manos encomiendan la educación de sus hijos. No es infrecuente que estudiantes pertenecientes a medios sociofamiliares cultos puedan sobrepasar a algunos de sus profesores en el dominio de técnicas informáticas, idiomas, conocimientos de la cultura cinematográfica e incluso en otros aprendizajes más básicos. El conocimiento ya no se transmite de forma casi exclusiva a través de relaciones verticales "ilustradoras", sino que aprovecha el gran flujo de comunicación de cultura que existe en nuestras sociedades en todos los sentidos. La institución escolar guarda celosamente su exclusividad dedicándose a un tipo de conocimiento que sólo se justifica en demasiados casos en función de los ritos escolares vigentes. La incorporación de elementos del conocimiento experto a la vida cotidiana ocurre para todos y lo hace por canales ajenos a las instituciones tradicionalmente dedicadas a ello; ya no es propiedad de una casta de mandarines que lo poseen como algo exclusivo y excluyente. La institución escolar ilustradora y el profesorado dejan de ser fuente esencial de la transformación del sentido común.

Estos comentarios no son expresiones de un optimismo ingenuo sin límites, sino insinuación de tendencias que no deben ocultar otros procesos de control del saber, y más cuando éste está implicado en el desarrollo económico, en la competencia entre países y bloques, en el dominio de unos sobre otros, precisamente, a través de los procesos de acumulación, salvaguardia y monopolio de los desarrollos punteros de la ciencia. El acceso a la información dista de ser libre, pero en donde y para lo que lo es, las instituciones escolares no son sus únicos agentes difusores.

4.2. La alteración del sentido común sobre lo que significa la educación

El conocimiento sobre el "hacer educación" nunca fue poseído exclusivamente, como argumentaremos en otro lugar, por los profesores, dado que la profesionalidad de éstos se nutre de una *matriz cultural*, cúmulo de informaciones de variados tipos compartidas por la sociedad. En ésta existe un sentido común y un saber hacer sobre la educación antes de que existiese conocimiento especializado sobre la misma. La proliferación de circuitos de comunicación de la ciencia con el sentido común y con los conocimientos personales, que tienen proyecciones en las acciones de los individuos y de los grupos, afecta a la *etnociencia* pedagógica y transforma la *matriz cultural* compartida del conocimiento sobre la educación. Así va cambiando el sentido común sobre las prácticas educativas, las formas de entenderla, las demandas que se hacen a la misma y las formas que tienen los agentes de percibir y de valorar el sistema educativo.

La función del conocimiento elaborado en la alteración del sentido común de las personas se aplica de igual modo al conocimiento que tienen los agentes sociales de la educación, especialmente padres y profesores, como una faceta personal y social más de la actividad humana y de la cultura. Sabemos sobre la educación por el conocimiento de sentido común afectado por las comprensiones compartidas. Con los mecanismos reflexivos de la modernidad lo que conocemos sobre lo que representa educar gobernará de algún modo la acción y las prácticas educativas gracias al efecto de la reflexión sobre éstas, empezando por la transformación de los lenguajes. Lo que se piense desde las llamadas ciencias de la educación entrará con mayor o menor éxito en la autoconsciencia que dirige y desestabiliza la práctica. El mundo de los expertos puede así transformar el sentido común; en primer lugar el de los profesores y personas especializadas en el sistema educativo, aunque también afectará al de los padres y a toda la sociedad en general. La relación entre conocimiento y acción, entre teoría y práctica, que originalmente tiene lugar en un proceso que se refiere al mundo de la experiencia radicado en las personas y en los colectivos, pasará a ser un proceso mediado por los conocimientos elaborados de las disciplinas científicas que contaminarán con su racionalidad las razones de los sujetos y de los grupos. El experto como sustituto del intelectual y los "conocedores" de un determinado campo de estudio y de actividad serán los encargados de procurar formas de pensar y de hablar sobre la práctica. El valor práctico de la ciencia para dirigir la actividad educativa reside en su valor de mediación sin sustituir al agente. Como afirma GIDDENS (1993):

> "... los resultados de la ciencia social no pueden ser aplicados sobre una materia inerte sino que han de filtrarse a través de la autocomprensión de los agentes sociales."
> (Pág. 27.)

Es decir, que recuperamos el sentido de la *formación* como transformación que procura el saber externo a los sujetos. El poder mediador del conocimiento elaborado será un aspecto esencial para comprender y favorecer el desarrollo de la profesionalidad de los docentes a través de las prácticas de formación. El efecto del conocimiento científico, en la medida en que aporte dosis de racionalidad y capacidad de desvelar realizará su función modernizadora en tanto sea capaz de generar un nuevo sentido común, que siga manteniendo la capacidad de disponer de una visión ordenada y global del mundo por los sujetos, sin pretender acaparar toda la responsabilidad en la determinación de las acciones y de las prácticas que nunca puede ni debe tener en educación. No puede pretenderse que la comprensión y el gobierno de la acción de educar de los sujetos pueda llevarse a

© Ediciones Morata, S. L.

cabo sólo a partir del conocimiento disciplinar o científico, sustituidos los conocimientos personales, el sentido común y todo el bagaje que proporciona la cultura acumulada. No se trata de desbancar o de suplir al sentido común borrándolo, pues el sujeto quedaría de esa forma aniquilado. Como el sujeto no puede dejar de actuar como agente en el mundo dotándolo de sentido, con una actitud radical ilustradora que pretendiese inscribir sus comprensiones en una tabla rasa, de la que se borrase cualquiera otra comprensión, lo que se provocaría es una falta de integración del conocimiento elaborado, dado que el sentido común sigue siendo necesario, porque orienta y da sentido a la acción de los sujetos en las actividades en que se implican. Eso es lo que ocurre cuando el lenguaje de la ciencia y de la investigación se aleja de los significados de los sujetos, disyunción que queda mitigada por la divulgación científica.

El conocimiento elaborado, el de la ciencia, en el caso de las ciencias sociales y de la educación, tiene que aspirar a dotar de sentido y de coherencia al mundo del sujeto impregnando su sentido común. No hay que sustituir al profano por el sabio o por el experto, sino aspirar a educarle, a proporcionarle materiales para nutrir su sabiduría práctica, pero no para suplantarla. Porque, entre otras razones, es dudoso que la ciencia especializada pueda sustituir la sensatez global que exige la acción educativa, al ser aquélla analítica y ofrecer perspectivas parciales aunque sean valiosas. Quizá, después de prolongados y fecundos contactos con el conocimiento elaborado, se llegue a una sustitución real del sentido común. Ése es el reto a largo plazo de toda la educación, incluida la de los educadores; en el camino hay que contar con las interferencias, contaminaciones y ayudas mutuas entre el saber del *nous* elaborado y la *doxa* de los sujetos y de los grupos sociales.

Si el sentido común sobre la educación es un factor que se debe tener en cuenta para entender las posibilidades de diálogo, así como algunos conflictos entre colectivos sociales, entre padres y profesores, etc., el conocimiento especializado, con sus influencias en el sentido común, se interfiere, lógicamente en ese diálogo y en los conflictos. Como los componentes y los ritmos de evolución del sentido común son diferentes en distintos grupos sociales, las desigualdades en la posesión de la etnociencia pedagógica afectan a la comunicación y colaboración en torno a proyectos educativos. Éste es el problema que detectaba BERNSTEIN (1988, pág. 116) cuando argumentaba que la pedagogía moderna o *invisible,* que se halla más orientada por los conocimientos científicos sobre la naturaleza del niño que la tradicional, entre otras diferencias, puede encontrar más apoyos en las clases sociales medias que en las menos favorecidas, dado que éstas últimas no comparten, en igual medida que las primeras, las formas "nuevas" de entender la educación de sus hijos. De hecho, según este autor, la pedagogía *invisible* se institucionalizó primero en el sistema privado y después pasó al sistema público. Los diferentes modelos pedagógicos pueden parecer alternativas de valor desigual según los esquemas con que son apreciados por profesores, padres o por la sociedad en general, o por diferentes grupos de unos y de otros. No es infrecuente que una pedagogía innovadora en cuanto a los procedimientos pedagógicos que quiere desarrollar pueda ser valorada negativamente o ser incomprendida por quienes no comparten los fundamentos de la misma; es decir, por quienes no participan del sentido común y de los supuestos científicos que la fundamentan.

© Ediciones Morata, S. L.

Este fenómeno hace distanciarse más a las clases medias y altas del proyecto de una educación conjunta con los más débiles, dificultando el consenso para mantener una escuela única y un *currículum* comprensivo conjunto igual para todos.

Las desigualdades entre padres y profesores a causa de la distinta posesión del conocimiento experto pueden llevar a los docentes a encerrarse en la defensa de un corporativismo apoyado en el mayor grado de dominio del conocimiento especializado, en vez de utilizar su mejor posición como herramienta para transformar el sentido común de los padres. Claro que, como el conocimiento de sentido común no es propiedad en exclusiva de los profesores, los padres y otros agentes sociales pueden, a su vez, llegar a disputar el conocimiento escolar, el extraescolar y la técnica pedagógica al profesorado cuando se desarrollan prácticas de participación democrática en los órganos de gobierno de las instituciones; una "invasión" que se acentuará si los profesores no ocupan posiciones de liderazgo gracias a una preparación que no debe imponerse sino con razones en el diálogo. Los profesores podrán ser autoridad frente a los sectores sociales menos dotados culturalmente, pero serán más observados por los sectores de padres más capacitados, que cada día son más amplios.

La sociedad del conocimiento que se basa y que estimula los procesos de reflexividad reclama una formación de primera calidad en los profesores, en sus sistemas de formación, rigor en los procedimientos de selección y mejora constante de su práctica. Si los mejores "productos" del sistema educativo no son los que dedicamos después como profesionales del conocimiento a reproducir y recrear a éste y a la cultura, la deslegitimación del sistema educativo está anunciada porque no podrá ser mediadora en una sociedad en donde la cultura elaborada matiza la vida cotidiana y el sentido común.

La inevitable y deseable racionalización del pensamiento y de la acción en las sociedades modernas destierra el practicismo alicorto de valorar la experiencia profesional por sí misma y la formación de los docentes alejada del conocimiento formalizado. La experiencia por sí sola es reiterativa y reproductora circular de la cultura. La reflexividad de primer nivel es importante y necesaria, porque de ella dependen las determinaciones del sentido común para obrar. Esta reflexividad se agotará o caminará más lentamente, al quedar relegada a sus propios recursos y a sus propias invenciones, si la del segundo nivel no le aporta otros materiales. Gracias al conocimiento disciplinar sabemos cómo son otros sistemas educativos, lo que allí ha pasado o está pasando, cómo se perciben los problemas, las soluciones ensayadas, etc. Tenemos otra forma de ver nuestros propios problemas a través de la incorporación de cómo han visto y entendido otros la educación.

Los canales de comunicación entre el conocimiento científico más articulado y el sentido común o las formas de conocimiento personal creando ese espacio etnocientífico tienen, pues, algunas consecuencias importantes para la comprensión de la relación entre teoría y práctica. La primera de ellas es que se trata de un fenómeno social, porque afecta a las formas sociales del pensamiento de toda una sociedad en una determinada coyuntura histórica. El conocimiento experto y los poseedores del mismo que quieran actuar de elementos de incitación al cambio tienen que saber que es preciso extender la acción de divulgar a diversos agentes sociales, uno de los cuales es el profesorado, pero sólo uno. Siendo la práctica educativa algo en lo que están implicados múltiples agentes y ya que el conocimiento sobre la misma es compartido por todos ellos, la acción del intelec-

© Ediciones Morata, S. L.

tual tiene que volcarse sobre varios públicos. El circuito de comunicación entre el conocimiento el científico y el personal opera en todos los agentes que tienen que ver con la educación, aunque, como se dijo, en desigual medida: expertos, políticos, administradores, padres, profesores, creándose complejas interacciones entre todos ellos. La relación entre teoría y práctica afecta a todos los agentes intervinientes en el proceso educativo bajo formas de acción muy distintas.

La segunda consecuencia tiene que ver con la manera de entender la relación entre teoría y práctica: no como una proyección directa de la primera sobre la segunda, sino a través de las modificaciones que operan en la estructura cognitiva de los individuos y de la sociedad en general. El conocimiento disciplinar es una forma de ver la realidad, de entender realidades posibles, que altera las maneras personales y compartidas de enfrentarse, de diagnosticar y de decidir ante las realidades. Como afirman CARR y KEMMIS (1988):

> "...una actividad teórica que pretenda explícitamente ejercer una influencia sobre la práctica educativa sólo podrá conseguirlo influyendo sobre el marco de referencia teórico en virtud del cual dichas prácticas devienen inteligibles. Desde este punto de vista, la 'teoría educativa' no es una teoría aplicada que 'beba' de teorías de las ciencias sociales, sino que se trata de toda una empresa, la de valorar críticamente la idoneidad de los conceptos, las creencias, los supuestos y los valores que incorporan las teorías de la práctica educativa vigentes en la actualidad." (Pág. 128.)

La teoría no refleja la práctica, no deriva ni se valida en ella; tampoco se impone a la misma o al sentido común en nombre de una racionalidad superior. El intelectual y su degradación en el experto no son rectores de prácticos, sino portadores de textos que pueden conectar con el sentido común. Y como no debe haber respeto a las ideas, en el sentido de que queden salvaguardadas de la crítica, el práctico poseedor de "su" sentido común puede interpelar al teórico (que opina desde otro sentido común) y éste puede hacerlo con el práctico. Ahora bien, todas las razones o ideas no tienen el mismo valor, debiéndose aceptar los métodos de contraste para evaluar cuáles de ellas son las más apropiadas.

No estaba lejos de esta posición DEWEY (1968), cuando se cuestionaba la comunicación entre el conocimiento de la ciencia de la educación y la acción.

> "Es muy fácil para la ciencia el ser considerada como una garantía que acompaña a la venta de mercancías más que como una luz para los ojos y una linterna para los pies. Es apreciada por su valor de prestigio más que como un órgano de iluminación y liberación personales." (Pág. 19.)
>
> "Su valor para la práctica educativa —y toda educación es o un modo de práctica inteligente o accidental y rutinario— es indirecto; consiste en ofrecer instrumentalidades intelectuales que puedan ser utilizadas por el educador." (Pág. 31.)

DEWEY partía de la constatación de que la educación o enseñanza de calidad va ligada a la existencia de personalidades originales que realizan prácticas inspiradas, y preconizaba la necesidad de que los métodos científicos capacitasen para realizar el análisis de lo que hacen intuitivamente los buenos maestros, plasmando así el reto de que la ciencia de la educación para la buena práctica pedagógica partiese de la práctica de calidad, y poniendo en el conocimiento científico la esperanza de transmitir a los demás la seguridad de la experiencia práctica de calidad ampliando sus horizontes. La ciencia de la educación no tenía como función esencial ser *normativa* de la acción, sino que adjudicaba al conocimiento científico la esperanza de transmitir a los demás la seguridad de esa experiencia de calidad. El conocimiento científico tendría que hacer la formalización de la "buena práctica", más que ser entendido como el origen de las acciones educativas.

"El práctico que conoce el sistema (los principios interrelacionados que forman una ciencia) y sus leyes está evidentemente en posesión de un poderoso instrumento para observar e interpretar lo que ocurre ante él. Este instrumento afecta a su actitud y modos de reaccionar en lo que hace. Como el radio de comprensión se profundiza y amplía, puede tener en cuenta consecuencias remotas que originariamente se hallaban ocultas a su vista y por tanto eran ignoradas en sus acciones (...) Al mismo tiempo llega a hacer más flexible su proceder práctico. Viendo más relaciones ve más posibilidades, más oportunidades. Se emancipa de la necesidad de seguir la tradición y los precedentes especiales. Habiéndose enriquecido su juicio, tiene un radio más amplio de alternativas para seleccionar al tratar las situaciones individuales."
(DEWEY, 1968, págs. 24-25.)

"[Los resultados científicos] *dirigen* su atención [se refiere a la de los prácticos], en la observación y la reflexión, a condiciones y relaciones que de otro modo se le escaparían. Si queremos retener la palabra 'regla', tenemos que decir que los resultados científicos ofrecen una regla para la conducta de observaciones e indagaciones, y no una regla para la acción directa. Las reglas no funcionan inmediatamente respecto a la práctica y sus resultados, sino indirectamente, por medio de una actitud mental modificada."
(Pág. 33.)

"Tenemos que distinguir entre las fuentes de la ciencia pedagógica y el contenido científico. Nos hallamos en constante peligro de confundir los dos: tendemos a suponer que ciertos resultados por ser científicos, son ya ciencia pedagógica. Su explicación, claridad y progreso sólo pueden producirse cuando recordamos que tales resultados son fuentes que han de utilizarse, por medio de las mentes de los educadores, para hacer más inteligentes las funciones educativas."
(Pág. 35.)

5. Pensar cómo y sobre quiénes pensamos en educación: la reflexividad de tercer nivel. Algunas coordenadas para los que trabajan en educación

La educación para los agentes que la realizan supone desarrollar procesos reflexivos de primer nivel enmarcados en el contexto de su sentido común y de las instituciones dentro de las que operan. En la modernidad se instala con toda vigencia el principio de que esos procesos, lo mismo que el proyecto de educación que anima el sistema escolar, han de ser dirigidos racionalmente y de forma científica, desarrollando así un ámbito de reflexividad de segundo nivel que enriquece al primero. Pensar qué características tienen ambos tipos de reflexividad es desarrollar otra de tercer nivel. En realidad eso es lo que venimos haciendo hasta ahora en este trabajo. Éste es el programa de la epistemología de las Ciencias de la Educación o de la Pedagogía. Ahora sólo vamos a resumir algunas de sus características esenciales que, por otro lado, ya han ido quedando señaladas y tratadas.

© Ediciones Morata, S. L.

El interés que ofrece la clarificación de este nivel de reflexividad, centrado en el análisis del conocimiento sobre la educación, es múltiple. Lo peculiar de las ciencias sociales es que el objeto y el sujeto se superponen: el sujeto del conocimiento es parte del objeto (el pensador de la educación es parte de la educación y es preciso comprender qué papel desempeña). Al no existir un conocimiento en abstracto y definitivamente objetivo, el análisis epistemológico es más urgente. Como afirma MANNHEIM (1971, pág. 15), la epistemología fue el primer producto filosófico significativo del derrumbamiento de la concepción unitaria del mundo. La reflexividad modifica las relaciones del sujeto y el objeto sobre el que se reflexiona, es decir: la acción de la reflexión recrea el objeto. Entender lo que ocurre en los procesos de configuración del pensamiento sobre la educación implica entrar en el análisis de cómo incide, pues, en la práctica. La teorización acerca del universo simbólico que legitimará determinadas prácticas es una legitimación de segundo grado, como afirman BERGER y LUCKMANN (1968, pág. 135). Ese papel en la historia lo han desempeñado los mitos, la teología, la filosofía y, a partir de la modernidad, fundamentalmente la ciencia. El trabajo intelectual que crea cultura tiene un papel esencial en la determinación de la cultura dominante, o bien en las luchas contrahegemónicas para lograr su cambio y, con él, el de la realidad, tal como consideraba GRAMSCI (1986). Porque el trabajo intelectual crea autoconciencia crítica que actúa de nexo entre las ideas y prácticas a través de la política. Se pone así al conocimiento en el papel de ser la base del orden establecido o el instrumento de su debilitamiento.

Un somero análisis en este sentido introduce alguna luz para examinar y evaluar las fuerzas que pelean por establecer el control y la hegemonía en el discurso sobre la educación, prestando la caracterización del *campo intelectual de la educación,* como lo ha denominado DÍAZ (1995), como forma discursiva particular, si bien no aislada de otros campos y de otras formas, señalando su estructuración, sus dependencias y su evolución. Un campo es un espacio social en el que rigen unas reglas de juego, donde se dan relaciones de dominio y de igualdad-desigualdad y donde existen luchas por mantener y cambiar posiciones. Las características del discurso y las reglas que rigen en la creación de dicho campo son la base en la que se apoya la "distribución" conflictiva de las competencias entre profesiones que tienen su territorio de actuación en la educación. Si introducimos alguna luz sobre todo esto, tal vez limitemos los excesos del corporativismo profesional. Por otro lado, nos dará conciencia de las condiciones de seguridad y de las limitaciones dentro de las que se mueven los intentos de racionalizar las prácticas educativas, lo que puede contribuir a moderar la ansiedad ante el panorama de incertidumbre al que nos asomamos, que es, por otro lado, también una llamada al ejercicio de la libertad.

La investigación es un proceso de construcción social enraizado en el lenguaje, un constructivismo que anula la creencia de que el conocimiento verdadero es la representación del mundo existente, antes e independientemente del que conoce. Ese mundo que experimentamos, y en el que el propio cognoscente se reconoce, es un mundo construido porque es el resultado producido por agentes que conocen. El investigador es parte de los sistemas que él estudia y por eso tenemos que contarnos la historia acerca de nosotros (STEIER, 1991, pág. 3). La conciencia del conocimiento sobre la educación disponible es una ganancia de más reflexividad que matizará nuestra actitud ante la práctica. La teoría, como afirma COLEMAN (1990), además de reflejar la realidad, debe dar cuenta de los efectos que ella misma produce en esa realidad: la pedagogía debe reflexionar sobre la realidad de la educación y sobre los efectos que ella produce en ésta. Éste es el significado del tercer nivel de la reflexividad: formamos parte de la realidad que queremos entender y debemos ser conscientes de nuestras peculiaridades como seres que hacen teoría de la educación.

El discurso no se produce en el vacío, como ha demostrado Foucault, sino dentro de un entramado de relaciones entre agentes, instituciones y discursos de los profesionales del que resulta la delimitación en un momento dado de lo que se considera saber pertinente, el *status* del mismo y el reconocimiento de quiénes son sus legítimos oficiantes; es decir, desde qué ámbitos de especialización se hablará con legitimidad de la educación y quiénes introducirán "su" racionalidad

¿Qué caracteriza al aparato simbólico legitimador o contrahegemónico en el caso de la educación?:

a) Fragmentación y dispersión de los saberes.
b) Inestabilidad de la educación.
c) La necesidad de no olvidar a los "actores".
d) Conocimiento inseparable de los motivos.
e) Nuevos escenarios para la voz de los intelectuales.

a) Fragmentación y dispersión de los saberes

Si el discurso se produce, reproduce y especializa en función de contextos institucionales y posiciones de sus hacedores y divulgadores, la forma en que éstos estén relacionados entre sí nos dará alguna idea sobre las características del discurso. Una primera evaluación nos dice que no es un discurso relevante y muy valorado el que versa sobre la educación, y que una de las fuentes de su debilidad radica en el hecho de estar bastante fragmentado e incomunicadas las partes.

Para comenzar, el estatuto del saber sobre la educación no ha gozado ni disfruta de un alto nivel de prestigio en las sociedades actuales (tampoco siempre en las instituciones académicas) como para asignarle fuerte incidencia en la determinación de la práctica. La educación se gobierna mucho más por hábitos inveterados y por la fuerza que dimana de sus instituciones que por el ejercicio de una reflexividad puesta al día. La idea de que la actividad educativa pueda ser un espacio de acción que, generado con el fenómeno de la escolaridad, delimita un territorio teórico y profesional con algún grado de autonomía choca con muchas dificultades. La dependencia de la educación respecto de fuertes poderes externos de carácter económico o ideológico, en el pasado y en el presente, le resta autonomía. La educación antes que nada fue y es una práctica que se organiza de acuerdo con las necesidades a las que sirve y en función de los marcos de valores y creencias, implícitos más que explícitos, que dominan en el momento en que se extiende como práctica. Las racionalizaciones explícitas fueron posteriores a la existencia de la práctica. Las características del campo, su dependencia de determinaciones exteriores inevitables, dejan, como punto de partida, un margen no muy boyante para un conocimiento que tiene fuertes adherencias del sentido común y que por eso puede ser ampliamente disputado. Si además se cuen-

© Ediciones Morata, S. L.

ta con un pasado como el nuestro en donde el pensamiento educativo ha tenido demasiadas connivencias con ideologías políticas y religiosas conservadoras y hasta reaccionarias, el panorama presenta serias dificultades para tener cierta audiencia social en una sociedad secularizada y moderna.

Cuando el pensamiento sobre la educación ha tenido prestigio y fuerza simbólica ha sido porque especialistas de otros campos elaboraron discursos sobre la educación. Sigue pesando la idea que señalaba ORTEGA Y GASSET (1992) en un artículo publicado en *Revista de Pedagogía* en 1923:

> "La pedagogía no es sino la aplicación a los problemas educativos de una manera de pensar y sentir sobre el mundo, digamos de una filosofía. Nada importa la cuestión que esta filosofía sea un sistema científico riguroso o una ideología difusa. El dato importante está en que el pedagogo no ha sido casi nunca el filósofo de su pedagogía." (Pág. 155.)

Los saberes sobre la educación que han gozado de más legitimidad han sido, bien el "saber hacer" del que son depositarios los profesores, alejado de grandes y complejas teorizaciones, bien el saber académico sobre la educación, que suele estar alejado de las circunstancias en las que se desarrolla la práctica institucionalizada. Así es notoria la falta de perspectiva general por parte de la mayoría de profesores (su trabajo no está concebido como de reflexión) y la falta de enfoque certero de los sistemas más generales de pensamiento de las ciencias sociales para con las prácticas cotidianas y con todo el sistema educativo. Este lugar de indefinición intermedia es el que vienen a ocupar los desarrollos de las llamadas Ciencias de la Educación o la Pedagogía, en constante proceso de constitución, en la medida en que quieren seguir los desarrollos del pensamiento de las ciencias sociales y a la vez comprometerse con las precisiones que requiere la práctica. La debilidad del campo ha provocado en demasiadas ocasiones la simple ocupación del vacío desde los esquemas del "colonizador", con las deformaciones que ello comporta.

La condición primera de la "teoría" sobre la educación es la de una fragmentación y dispersión notables, consecuencia de la existencia (no siempre en buena convivencia) de las especializaciones entre los agentes que producen y divulgan sus contenidos. Ésta es una tendencia que caracteriza al mundo intelectual en general en la modernidad. Nuestro campo intelectual está estructurado, fundamentalmente, sobre una división del trabajo que implica un "reparto social" de las acciones y discursos en función de cinco ejes básicos que diferencian categorías no independientes entre sí.

En primer lugar, se produce una división según las relaciones de complementariedad y de antagonismo entre "teóricos" y "prácticos", a la que ya hemos dedicado nuestra atención. Sus lenguajes, sus referentes, sus medios de expresión y sus audiencias pueden coincidir parcialmente, aunque difieren notablemente entre sí. Mientras exista la división del trabajo, con su correspondiente distribución en instituciones distintas, la diferenciación del discurso será difícil de evitar. Dada su existencia, podemos inventar estrategias para aproximar los mundos de la teoría y de la práctica, en primer lugar no entendiéndolos como incompatibles, algo a lo que hemos dedicado algún esfuerzo hasta aquí. Pero tampoco podemos negar su especificidad El "teórico" no debe imponer (no pue-

© Ediciones Morata, S. L.

de hacerlo) su racionalidad al "práctico"; éste no puede acotar tampoco el campo del primero a partir de sus necesidades.

En segundo lugar, se produce otro eje de separación entre protagonistas y agentes más directos de la acción y del discurso sobre la educación (profesores, especialistas y estudiosos de la educación) por un lado y, por otro, los agentes que se sitúan más alejados de los escenarios de las prácticas, en tanto que analistas, gestores, promotores y planificadores de políticas educativas o de beneficiarios-consumidores de las mismas (caso de los padres). La práctica de la educación y los discursos sobre la misma tienen lugar dentro y fuera de las instituciones educativas. Las propuestas y argumentaciones de las asociaciones de empresarios respecto a las necesidades de educación que reclama el sistema productivo son un ejemplo de discurso influyente para la práctica proveniente de agentes alejados del escenario de la práctica escolar. Las asociaciones de padres elaboran un discurso no sólo relacionado con prácticas para sus hijos, sino también sobre macropolítica educativa. Como ocurre con cualquier dicotomía sobre la realidad, nos vamos a encontrar con situaciones ambiguas. Este eje de diferenciación entre los "de fuera" y los "de dentro" se superpone al de teóricos y prácticos: los agentes más directos de la acción no son sólo prácticos; los agentes más alejados crean y difunden discurso y también práctica.

Una tercera línea de diferenciación y reparto del campo discursivo se sitúa en la competición entre diferentes tipos de profesores especializados pugnando por el reparto del *currículum,* con las respectivas cohortes de especialistas del discurso en cada una de las áreas del mismo. Humanistas frente a científicos, lenguas clásicas pugnando por su supervivencia, ciencias sociales compitiendo entre sí, generan y divulgan pensamiento sobre la educación que en muchos casos evidencia intereses corporativos ligados a especialidades universitarias y del profesorado en general más que ser argumentaciones en favor de una formación integral. Unas divisiones y pugnas asociadas a procesos de ganancia y pérdida del *status* por parte de los diferentes tipos de conocimiento, que se acentúan cuando se ligan a desiguales remuneraciones salariales y a otros incentivos para los profesores de distinta especialidad. Los matices que aportan al discurso afectan a la visión de los fines de la educación, a sus prácticas y metodologías de investigación, valoración de paradigmas científicos, etc.

El cuarto eje de diferenciación viene motivado por la separación y relaciones de complementariedad entre funciones de enseñanza (profesores) y especialistas encargados de otras prácticas dentro del sistema escolar y de los centros (orientadores, psicopedagogos, asesores, etc.). No es una división que se corresponda del todo con la separación entre teóricos y prácticos, aunque toma alguna de sus connotaciones, dado que los especialistas están ligados a campos discursivos con fuerte tradición y peso institucional. La coordinación entre profesores (agentes del desarrollo del *currículum*) y las funciones de los especialistas (asesoría personal, orientación profesional, asistencia en dificultades de aprendizaje, contactos con padres, diagnósticos especializados, etc.) no siempre es la más adecuada, dividiéndose no sólo el discurso y la práctica en general, sino quedando afectada la unidad del proceso educativo que viven los estudiantes. La acción del especialista se sostiene a partir de una división ya dada del proceso educativo en funciones de enseñanza del *currículum* y otras funciones atentas a aspectos educativos de carácter no instructivo. Sus aportaciones pueden lograr la

© Ediciones Morata, S. L.

complementariedad entre ambas, pero también reforzar su separación en las instituciones escolares.

Finalmente, existe otro eje de fragmentación del discurso: el que se produce entre los especialistas del mismo (antropólogos, filósofos, pedagogos, psicólogos, sociólogos e intelectuales en general), consecuencia y causa de la fragmentación de la teoría y la investigación institucionalizadas. Aun dentro de estas "familias" se continúan produciendo otras fragmentaciones de clanes internos. Esta afluencia de marcos de conocimiento, de paradigmas de investigación y de enfoques sesgados sobre lo educativo es un enriquecimiento para el campo, pero también es el origen de sesgos y de conflictos corporativos ajenos al interés general del sistema educativo. Es un fenómeno que es consecuencia de la especialización del conocimiento y de la sustitución del intelectual humanista por la del experto especializado que se ha convertido en una nueva clase social muy diferenciada (GOULDNER, 1980). Una situación que se refuerza por la lucha gremial de grupos académicos entre sí, coaligados con intereses profesionales en dura competencia por los correspondientes puestos de trabajo. Una lucha que se racionaliza con argumentos científicos.

Este eje de fragmentación del discurso se muestra, como primera manifestación, en la existencia de foros de debate y de comunicación científica separados unos de otros, así como en el casi general desconocimiento de los discursos entre sí. Se pueden encontrar trabajos científicos de psicología o de sociología que analizan aspectos relacionados con ciertos tópicos que desconsideran perfectamente otras tradiciones de pensamiento, por ejemplo. La división se proyecta en las instituciones y en los *currícula* de la formación de profesores y se acentúa por la elección de expertos que realiza la administración educativa, que es quien regula en buena medida los puestos de trabajo de esos especialistas.

No queremos sugerir, ni de lejos, la defensa de un campo acotado para unos especialistas respecto de otros, generando la nueva fragmentación entre propietarios naturales del campo intelectual que ahora nos concierne e intrusos. Pero tampoco creemos en la bondad del poder simbólico con sus derivaciones prácticas ejercido desde la fragmentación actual del campo intelectual de la educación. Será legítimo cualquier acercamiento desde la unilateralidad del especialista, si bien debe hacerse desde las exigencias del campo práctico, que reclama un sentido común amplio y depurado. MANNHEIM (1971, pág. 26) afirma que lo que puede ser bueno como hipótesis de investigación para una disciplina especializada, puede ser fatal para la conducta de los seres humanos. La impresión que obtenemos a veces —continúa diciendo, tomando como ejemplo a la psicología— es la de que el psicólogo existe en un mundo distinto y que reúne observaciones para unos ciudadanos que viven en alguna ciudad ajena a la nuestra.

No hay campos prácticos acotados *a priori* para parcelas especializadas del conocimiento, salvo cuando ya están debidamente ocupados por una legitimidad científica. El mundo simbólico de la legitimación, encerrado y definido por el campo de estudio, crea y genera su propio régimen y se puede olvidar de las acciones concretas de los seres humanos; es decir, de las necesidades de éstos y de las prácticas en las que están inmersos. El saber más objetivo de la ciencia, en su ansia de autolegitimarse, pasa a regular las prácticas a través del control simbólico, sustituyendo a las motivaciones estrictamente morales y políticas de carácter reformista (POPKEWITZ, 1994). Incluso, en la pretensión de ganar legitimidad,

© Ediciones Morata, S. L.

cumplirá un importante papel la sofisticación de los lenguajes de la ciencia a través de los cuales se articula y se hace presente el conocimiento.

Un terreno tan repartido y competido como es el de las prácticas y el de los discursos sobre la educación no puede producir otra cosa que una teoría "puzzle" compuesta por piezas que encajan no todo lo bien que sería de desear y que dificulta la comprensión ordenada de la realidad y la confección de alternativas para mejorar la educación. La primera condición de la teoría de la educación es que no existe como una Teoría suficientemente estructurada; constituye una *episteme* dispersa que está compuesta, más bien, de retazos de muy desigual valor, capacidad explicativa e iluminadora y con desigual posibilidad de conectarse entre sí. Hablar de grandes filosofías de la educación como marcos de comprensión y de orientación práctica es cada vez más difícil. Existen aproximaciones y enfoques interdisciplinares con afán de integración que no resultan fáciles de lograr ante tanta dispersión de temas, perspectivas metodológicas e intereses subyacentes. Siguen teniendo validez las grandes orientaciones sobre la educación, aunque permanentemente se ven oscurecidas por el discurso de la especialización cada vez más presente.

b) Inestabilidad de la educación

La fragmentación del discurso crea dificultades varias y, desde luego complica el panorama para obtener un cuadro orientativo coherente. La realidad educativa es de por sí compleja. Cuando hemos diseccionado el complejo concepto de práctica hemos encontrado un mundo de significados variados: vimos que ésta tiene que ver con relaciones interpersonales, contenidos, planes, proyectos, métodos, contextos, prácticas de asesoramiento personal, formas de control de la conducta y del aprendizaje.

El objeto *educación* es además mudable, cambia por la acción de los actores sociales y se ve afectado por las formas de comprenderlo. Es, pues, una realidad no cerrada, imposible de conocer de una vez para siempre, y menos aún poder gobernarla técnicamente. Ésta sería siempre una aspiración ilusa. El programa posible para su conocimiento, acorde con esa cualidad cambiante, se desarrolla adquiriendo información o comprensión de manera progresiva sobre la forma que va adoptando, sin caer en una dictadura de la razón. La indeterminación y la incertidumbre del pensamiento sobre la educación son condiciones derivadas de su mismo objeto y, por tanto son rasgos de las teorizaciones sobre él, lo cual matiza el poder de prescribir el curso de las acciones que pudieran adjudicárseles (sobre todo desde el punto de vista de los que aspiran a la ingeniería pedagógica). Por otro lado, estamos ante una indeterminación que, en contrapartida, es garantía para el ejercicio de la libertad y para el protagonismo de los sujetos-agentes de las prácticas educativas; lo que en tiempos de inseguridades teleológicas se traduce en perplejidad y hasta quizá en parálisis. El orden teológico fue sustituido por el de la ciencia. La epistemología de la indeterminación, de la contingencia y del constructivismo nos instalan en la provisionalidad y nos dejan solos y perplejos en la toma de decisiones. El saber total y definitivo ya no es posible.

La incertidumbre no significa necesariamente el desorden o el caos, sino la incitación a un pensamiento más complejo, como afirma MORIN (1984 y 1994), que vaya aclarando el entramado de elementos y relaciones internas entre ellos,

© Ediciones Morata, S. L.

penetrando en la oscuridad de las *cajas* negras, así como en las reciprocidades entre la educación y los sistemas externos, con la dificultad metodológica que supone estudiar sistemas abiertos como si fuesen aislables; es una apelación a la necesidad de un aparato lógico más complejo aunque con supuestos más débiles, como si las pérdidas de univocidad del mundo hubiesen de ser compensadas de esa manera en la sociedad moderna (LUHMANN, 1997, pág. 91). Curiosamente, como recuerda MORIN (1994), la idea de complejidad estaba más diseminada en el vocabulario común que en el de la ciencia.

Esta condición implica una apelación a la modestia respecto de nuestras capacidades para poner orden en el mundo, a la tolerancia con las contradicciones inevitables, a la modestia con la cual exhibimos las certezas. Es una llamada a construir el futuro en diálogo con los demás. La teoría está fragmentada, pero incluso las integraciones más potentes serán provisionales y no nos librarán de la posibilidad y de la responsabilidad de tomar decisiones de acuerdo a razones que no son sólo del conocimiento.

En la sociedad abierta de la reflexividad, de la incertidumbre fabricada y de la tradición inestable no hay referentes inamovibles, caminos definitivos o certezas seguras. Estamos condenados al tanteo permanente, a la reforma o innovación educativas constantes, al riesgo de tomar decisiones y al error. En toda acción humana, y en la educación por supuesto, hay azar y necesidad que no se excluyen entre sí. Los paradigmas de la irregularidad y del desorden están matizando el conocimiento del mundo natural y del social. El mundo no puede reducirse a una visión alternativa de orden o de desorden, de determinación o de indeterminación, sino a una mezcla y confrontación entre ambos. Pensar es tanto servirse del orden como del desorden, como dice MORIN (1984 y 1994). Abrir el pensamiento a objetos que son complejos y que se manifiestan con toda su ambigüedad en el mundo de lo real reclama flexibilidad mental. Curiosamente, la ciencia que buscaba con modelos unidimensionales las leyes que dieran explicaciones de la determinación, hoy se refugia en la sombra de la incertidumbre, mientras que el pensamiento social, que por necesidad no puede aspirar a la objetividad absoluta, quiere instalarse en un mundo engañoso de pretendida cientificidad (MAFFESOLI, 1993). La incertidumbre no es sino la consecuencia de conocer la propia ignorancia sobre la complejidad que es lo que estimula la inteligencia. Eso implica darle valor a lo singular, al evento, al caso, a lo personal, a la experiencia singular fenoménica que será asimilada en términos de cultura por los sistemas sociales, pudiendo desempeñar por sí sola cambios importantes en los mismos. Y más aún cuando nosotros no podemos prescindir de lo imaginario, de los proyectos, de las utopías, de los motivos que dan sentido a la actividad humana. El mundo en ebullición no puede ser captado con esquemas simples.

La ciencia es hoy consciente de sus límites y de su provisionalidad, no se comprende como una acumulación ordenada, sino como unas reglas de juego que se deben seguir en su desarrollo, que estabilizan y desestabilizan los logros que denominamos como sus contenidos. Una provisionalidad que, en el caso de las ciencias sociales, se añade a la de su objeto y a la que introduce en éste el sujeto cognoscente con el mismo conocimiento.

"... el conocimiento científico no es el reflejo de las leyes de la naturaleza. Lleva un universo de teorías, de ideas, de paradigmas, que nos remite a las condiciones bioantropológicas del conocimiento (pues no hay espíritu sin cerebro), por una parte, y al enraizamiento cultural, social, histórico de las teorías, por la otra. Las teorías científicas surgen de los espíritus humanos en el seno de una cultura *hic et nunc*."

(MORIN, 1984, pág. 42.)

Los aspectos imprevisibles de las acciones en educación y el carácter abierto de todo proyecto para la misma restan importancia, objetivamente hablando, al papel de los expertos de la acción social. Como señala MACINTYRE (1987, páginas 138-139), la noción de pericia es ficticia para gobernar un orden social que está, en el sentido más literal, fuera de nuestro control y del de cualquiera. Los que pretenden propósitos objetivamente fundamentados, en realidad funcionan como la expresión arbitraria, pero disfrazada, de la voluntad y la preferencia. El experto, cualquiera que sea el grado de especialización desde el que actúe (especialista o investigador respecto de profesores, éstos frente a los padres, etcétera), fundamenta su privilegio en la definición de la práctica en el dominio relativo del saber sobre los demás, no porque disponga generalmente de toda la información suficiente sobre el funcionamiento de la realidad como para poder gobernarla.

La consecuencia de esta actitud de modestia, que no de relativismo donde todo vale, es que no hay un cuerpo de teoría definida como saber completo, cerrado y articulado en forma débil sobre la educación. La información disponible que opera, ilumina o acompaña como racionalizaciones a las acciones y a las prácticas educativas está compuesta por elementos muy variados: los contenidos de las conciencias individuales en situaciones concretas, el conocimiento de sentido común compartido ligado a las situaciones de la vida cotidiana y a comportamientos institucionalizados, manifestaciones de la opinión pública (encuestas, por ejemplo), retazos de etnociencia fragmentada, noticias y relatos estructurados de experiencias prácticas que describen formas de hacer, conceptos provenientes de disciplinas diversas, principios generales procedentes de teorías o visiones globales de la educación en las que se entremezclan explicaciones y prescripciones y, finalmente, sistematizaciones emergentes más o menos logradas de toda esa amalgama de componentes. Todo esto constituye la base de conocimiento inherente a las prácticas de educación que asienta la consciencia a partir de la que se estructuran, deciden y sopesan las acciones. No es un sistema, sino un "puzzle" de muchos fragmentos en procesos de organización emergentes. Por teoría de la educación podemos denominar a los componentes e intentos de formalización más logrados, pero entonces no podremos explicar toda la práctica a partir de ella, ni entenderemos cómo se guía ésta sin admitir la importancia de otros saberes. Ya comentamos que el mundo de "lo pensado" es más amplio que el campo abarcado por las disciplinas científicas.

Un panorama de tal variedad puede darnos la sensación de un caos que nos aboca al desánimo. Sin embargo, este cúmulo de información teórica, práctica y también ética sobre la educación tiende a organizarse de forma que facilita su estructuración y operatividad práctica. Varios son los factores que contribuyen a seleccionar, ordenar y depurar esa amalgama de significados: el grado de codificación explícita que presentan, su coherencia interna, su capacidad más o menos universal para abordar situaciones diversas, el poder de legitimación de que dispongan de acuerdo con su posición institucional, la audiencia que logran entre el público especializado y en la opinión pública en general, etc.

© Ediciones Morata, S. L.

En primer lugar, se produce un principio de ordenación en la información en el plano individual. Ésta, aunque manteniendo contradicciones e incoherencias, se estructura en complejas organizaciones que prestan sentido a las actuaciones individuales que portan un sello y un estilo personales. En segundo lugar, no todo el diversificado campo de significados y de sentido que tienen los individuos en su conjunto tiende a estabilizarse como sentido común compartido, que es otra forma de organización del pensamiento educativo. Existen procesos selectivos relacionados con la fuerza de las instituciones, las relaciones de poder, las posiciones de preeminencia, la influencia de los expertos y de los medios de comunicación que depuran los significados personales que se estabilizan y transmiten, como han señalado BERGER y LUCKMANN (1997). De este modo se decantan formas de entender, de percibir, de querer y de actuar que configuran estilos profesionales o tradiciones diferenciadas con cierta coherencia. Finalmente, el esfuerzo de caracterizar y de sistematizar el conocimiento es otro proceder más, muy importante en la sociedad del conocimiento, en esa búsqueda del orden.

c) La necesidad de no olvidar a los "actores"

No podemos olvidar al sujeto como causa y agente beneficiado del paradigma de la complejidad, al querer caracterizar las formas de racionalizar mejor las comprensiones y acciones en educación. Un sujeto que está dentro de unas condiciones sociales, culturales e históricas en ese mundo. El sujeto nos ha reclamado su presencia en: la disección que hemos realizado de la acción, al ver la relación débil que ésta mantiene con la ciencia a través de la remodelación del sentido común, en la inevitabilidad de un cierre personal en las determinaciones de la conducta que pueda condicionar la acción institucionalizada, en la relación simbólica de los textos con sus intérpretes como forma de comprender el acercamiento entre conocimiento formalizado y los sujetos. Desde todos estos flancos se reclaman marcos de comprensión holísticos no deterministas que compaginen el valor de la racionalidad con un espíritu no cerrado de ésta, que admita la diferencia, la creación y la expresión de la libertad de los sujetos. La posición postmoderna en la ciencia implica un retorno a la "cosmología" en el sentido de una reintegración de la ciencia y de la filosofía que reoriente la tendencia dominante del objetivismo y de la mercantilización del conocimiento. Esa cosmovisión es una forma de humanizar la modernidad (PETERS, 1996; TOULMIN, 1990).

Si aplicamos la visión científica clásica a la vida social sólo veremos determinismos que borran toda idea de autonomía de los individuos y de los grupos, excluyéndose el sujeto, la individualidad, la finalidad y los proyectos (MORIN, 1984, página 217). Es decir, no podemos prescindir de los actores, aun a riesgo de que nuestro quehacer no se reconozca como ciencia. Y si bien es cierto que, como comenta este último autor, para que haya libertad es preciso que exista cierta constancia y regularidad sobre la que apoyar la acción, también son necesarias dosis de juego libre y de incertidumbre para que la acción pueda desarrollarse de forma que sus logros contribuyan a una racionalidad más perfecta de las acciones. Sin este margen de maniobra no habría libertad.

El ser que se sabe reflexivo aprende que su conducta está controlada por programas culturales. Así aprende que puede analizar éstos, las normas o los há-

© Ediciones Morata, S. L.

bitos, y reorientarlos. Lo cual proporciona libertad, pues si somos conscientes de aquello que nos determina, en ese mismo instante comenzamos a ser libres de esa determinación (LAMO, 1996, pág. 37). Nuestro objetivo como poseedores de un conocimiento más depurado por la reflexividad de segundo y tercer nivel es el de explicar y ayudar a hacerse conscientes a los demás de los programas culturales que controlan una sociedad, la educación y el papel que desempeña o podría desempeñar ésta en aquélla. Ésta es una primera contribución del intelectual. El pensamiento formalizado o científico sobre la educación representa ganancia de la reflexividad, el poder entender mejor la práctica, la posibilidad de explicar lo que se reproduce con sentido, lo que merece la pena ser reproducido y alterar lo que merezca la pena ser alterado. Es decir, implica ganar conciencia sobre la *reproducción consciente* que es la educación, como la define GUTMANN (1987).

La potencia de lo cognitivo, de las elaboraciones intelectuales que denominamos ciencias o disciplinas científicas, en orden a gobernar el mundo de la práctica ha de verse desde la óptica de la potenciación de los sujetos y de los grupos sociales organizados como tales a través de las ganancias y perfeccionamiento de su reflexividad. Ahí está el lugar, como educadores, de los expertos e intelectuales.

d) Conocimiento inseparable de los motivos

No hay conocimiento que opere independiente de los motivos de la acción, como no hay teoría educativa que oriente un proyecto de educación indiferente a los valores. La objetividad del saber no es independiente de los valores a la hora de entender o de querer iluminar la práctica. En el reino de lo social el objeto del conocimiento es sujeto del conocer y el acto del conocer no se aísla de la trama de valores y circunstancias en las que ocurre, por lo que no cabe un objetivismo a ultranza (MANNHEIM, 1971).

El conocimiento no es puro reflejo de los objetos, sino que está mediado por sujetos orientados de manera particular. La objetividad es una búsqueda, un resultado o consenso provisional resultado del diálogo y del contraste. Es el giro hermenéutico y reflexivo de la postmodernidad que da entrada a las condiciones del sujeto y a las razones locales, a la multiculturalidad que corrige la aséptica neutralidad del positivismo.

> "Los métodos y teorías de la ciencia social no son producidos por ordenadores, sino por el hombre; y, en su mayor parte, por hombres que no trabajan en laboratorios, sino en el mismo mundo social en el que se aplican los métodos y al que pertenecen las teorías.... La mayor parte de la investigación social científica implica encuentros directos, estrechos y más o menos molestos con los inmediatos detalles de la vida contemporánea, encuentros de una clase que difícilmente ayuda, sino que más bien afecta a las sensibilidades de los hombres que la practican." (GEERTZ, 1996b, pág. 41.)

La posición constructivista en los investigadores, intelectuales o teóricos supone reconocer sus implicaciones en la construcción de la realidad, lo que reclama responsabilidad e integridad. El constructivismo científico no sólo es una rebelión contra un realismo ingenuo y contra la verdad objetiva, sino también es una contestación de la objetividad convencional y acríticamente aceptada que define lo que es bueno; implica una serie de valores y una actitud acerca de las posibilidades de los individuos de intervenir en la modificación de las instituciones recibidas (RAVN, 1991). Si la realidad no está cerrada, puedo intervenir en ella. Si el mundo es interpretable, existen diversos otros que pueden interpretarlo y hay que establecer ciertas reglas para llegar a acuerdos con ellos y depurar posiciones. La indeterminación e imprecisión con que se nos muestra el mundo social al ser percibido y al ser expresadas sus comprensiones nos pone de manifiesto la pluralidad de las visiones del mundo, ligada a la pluralidad de los puntos de vista (BOURDIEU, 1988b, pág. 136). La unidad sin la diversidad llevaría al absolutismo, la diversidad sin unidad nos conduce al relativismo, dice este último autor.

En el análisis de la educación, la asepsia de valores es no sólo irreal, sino ilógica, por cuanto nos presenta una idea de ser humano y de sociedad determinados. Es además un mundo plural que dentro de la sociedad tiene que ser organizado haciendo compatible la libertad y la solidaridad para una vida en común. Como buena parte de las prácticas de enseñanza son de carácter político, moral y social (de alguna forma, como vimos en otro lugar, toda la enseñanza es un asunto moral), el conocimiento más apropiado para dilucidar los problemas de la educación y formar a los profesores tiene que apoyarse, como dice BEYER (1987, página 19), en la tradición del pensamiento social y moral, sin negar otras aportaciones clarificadoras y depuradoras del sentido común.

Desde el momento en que admitimos que el pensamiento introduce modificaciones en la realidad —el fenómeno de la reflexividad—, tiene que entrar la consideración de una dimensión moral en el conocimiento.

En la educación intervenimos, cerramos, acotamos, dirigimos, participamos, nos comprometemos. Siendo un proceso colectivo de *reproducción consciente*, la reflexividad no sólo es un proceso moralmente orientado para cada agente, para cada padre o para cada profesor, sino que reclama la organización democrática de esa capacidad de intervención para plantear explícitamente a dónde nos dirigimos colectivamente, de modo que la capacidad de cierre de la acción no quede reducida al margen de maniobra que a todo individuo le queda para interpretar los marcos institucionales, las reglas y las normas establecidas. Habrá que articular procedimientos para satisfacer las aspiraciones conscientes y los motivos meditados de toda la sociedad. La admisión de la diversidad complica los procedimientos e introduce el reto de elaborar y contrastar una teoría democrática de la educación.

"Desde este ideal democrático de la educación —la reproducción social *consciente*—, una teoría democrática trata de las prácticas de deliberar sobre la instrucción por parte de los individuos y sobre la influencia educativa de las instituciones diseñadas, al menos parcialmente, para estos propósitos educativos."

(GUTMANN, 1987, pág. 14.)

e) Nuevos escenarios para la voz de los intelectuales

Es preciso analizar las relaciones entre los agentes de las prácticas educativas y el saber de los intelectuales o de los expertos. Si el hecho de admitir la función explicativa del conocimiento sobre la educación, su función desveladora, está sometido a las restricciones que hemos comentado, no hay menos razones

© Ediciones Morata, S. L.

para no ser moderados sobre la posibilidad de que oriente la práctica. Como ocurre en el conocimiento social en general, la dirección de la práctica educativa se realiza fundamentalmente a través de las acciones de agentes personales, individualmente u organizados en grupos. Ahora es el momento de preguntarse por el papel de los que detentan en mayor medida el dominio del pensamiento en la guía de la práctica.

Del cuadro general que hemos descrito en este capítulo extraemos la consecuencia de que el conocimiento sobre la educación que resulta operativo en las prácticas no se agota en el conocimiento disciplinar, así como que existe una cierta continuidad y comunicación entre el contenido de la "ciencia" y el de sentido común. Una mezcla particular de ambos es poseída por todos: especialistas, intelectuales, profesores y legos.

Un mundo abierto, indeterminado, en el que se requiere optar, aunque nos hallemos guiados en nuestras opciones por el *habitus,* plantea un panorama en el cual los poseedores del conocimiento pueden ejercer bastante poder de determinación de la realidad. Siendo la educación un campo en el que están implicados no sólo sujetos de manera particular, sino grupos sociales y la sociedad en conjunto, parece que cerrar ese mundo abierto y comprometido en un medio democrático no se puede dejar en las manos de grupos determinados, cúpulas de poder o de individuos relevantes que se arroguen el poder de decidir por los demás, en nombre de una racionalidad pretendidamente científica, o simplemente amparados en su mayor grado de dominio del mundo simbólico. Una prevención semejante puede hacerse respecto de los profesores y de sus organizaciones. Nos jugamos cosas demasiado serias para dejar su deliberación en las manos de unos pocos. El ejercicio de la influencia del experto y del intelectual habría, pues, de realizarse en un marco de actuación democrático y abierto. En educación, práctica y teoría están compartidas y tiene que ser en un marco de colaboración donde se diluciden posiciones y opciones entre las perspectivas y orientaciones de diferentes agentes. Se requieren mecanismos para ordenarlas democráticamente, como veremos con más detenimiento en el último capítulo de esta obra.

¿Qué papel juegan los poseedores del conocimiento experto y formalizado, aunque débilmente articulado, o cuál es el que corresponde, simplemente, a aquellos que dominan más el sentido común desigualmente repartido? Dadas las desigualdades ante la posibilidad de establecer diálogos con argumentos, la diferente distribución del saber tendrá su correlativa desigualdad en la elaboración del mundo simbólico que legitima y orienta las prácticas educativas. La desigualdad en dicha posesión, que se produce más en sociedades complejas, determina posibilidades desiguales de participar en la *reproducción consciente* que es la educación. A partir de ese desequilibrio no se puede aceptar sin más la legitimidad de los más ilustrados para actuar de guías de los legos; aunque, por otra parte, democracia en este campo significa básicamente el respeto a reglas de juego en la discusión, y no creer ingenuamente o proponer demagógicamente que todas las opiniones tienen la misma validez, por el hecho de que sean dignas de consideración. Igualdad de oportunidades a las ideas no es lo mismo que adjudicarles igual valor y legitimidad. Lo poco de verdad que poseamos no se puede votar, lo que decidamos hacer con la verdad que quiera admitirse sí puede hacerse.

Una de las funciones esenciales que cumple el conocimiento es la de legitimación: dotar de sentido al mundo objetivado para presentarlo como plausible a

© Ediciones Morata, S. L.

los sujetos (BERGER y LUCKMANN, 1968, pág. 120). Como sugieren estos autores, la legitimación se hace más necesaria a medida que el sentido que tienen los procesos institucionalizados se va alejando del sentido que tienen las actividades institucionalizadas para los nuevos sujetos que se encuentran con las instituciones, a los cuales hay que transmitirles la necesidad e importancia de las mismas a través del conocimiento. El lenguaje y las explicaciones rudimentarias y sofisticadas se encargan de hacer evidente la "necesidad de las instituciones" para los que, por ser "recién llegados" al proceso histórico, no ven por sí mismos su necesidad. Con una visión puramente reproductivista de la tradición, la legitimación será meramente continuista; con una visión abierta de la misma será crítica.

La labor de legitimación está afectada por los cambios sociales y culturales que repercuten tanto en el discurso legitimador como en las prácticas educativas a las que legitimar. Estos cambios se proyectan en algunas consecuencias.

En primer lugar, en las sociedades complejas actuales el intelectual está quedando marginado del ámbito de lo político, retirándosele el privilegio de ser la voz que tuvo en la tradición burguesa, sometido a un proceso de privatización de sus herramientas, de su facultad de juicio político (RIPALDA, 1996, pág. 178). Como mucho, podría creerse, como considera BOURDIEU (1988b, pág. 147), que hoy los intelectuales tienen la posición inestable que les da su condición de formar el sector dominado de la clase dominante. Ejercen el poder que les presta su capital cultural en el terreno que les es propio, pero son dominados respecto del poder político y económico. Son depositarios de ideas y de lenguajes, pero sólo las pueden desarrollar, cuando es posible hacerlo, de manera subordinada.

En segundo lugar, la crítica sociológica, y en general el desendiosamiento que encarna la postmodernidad, rebajan la preeminencia de los poseedores de las visiones del *todo* social en la marcha de la sociedad y en los procesos de cambio. En la actualidad sólo son admisibles visiones más modestas de las funciones de los intelectuales. Es decir, se rebaja su poder para actuar de vanguardias. Es ésta una actitud de modestia derivada de la crisis de la idea de que los expertos e intelectuales puedan ofrecer la crítica radical que devuelve a los demás un mundo y unas instituciones transparentes, más allá de las apariencias. Ellos no pueden actuar como si se mantuvieran, sin velos ni telarañas, al margen de la realidad y de las "contaminaciones" que impregnan la construcción social del conocimiento (RORTY, 1996, pág. 63). Si el conocimiento social está impregnado del sujeto cognoscente, lo está para todos, incluidos sus oficiantes más conspicuos. BOURDIEU (1988b, pág. 27) ve en la aceptación de la determinación social de las prácticas intelectuales la liberación de la ilusión de la libertad. Admitida esa limitación, quedaríamos bien orientados en el camino para lograrla. No aceptando las restricciones del trabajo intelectual lo que hacemos, precisamente, es dar rienda suelta a las determinaciones sociales. El poseedor del conocimiento en un grado superior no es un ser "puro", digno representante de la racionalidad a secas, sino que es un ser cuyo conocimiento está contaminado igual que el de los demás, por lo que no tiene una legitimidad absoluta para hablar en nombre de la racionalidad pura y convertirse en su sacerdote. No hay anchos caminos teóricos para transformar la realidad por los iluminadores de otros agentes que les sigan, sino pequeños caminos experimentales, dice RORTY. Desde la postmodernidad no hay paraísos que descubrir ni huestes a las que guiar desde la vanguardia.

En segundo lugar, el intelectual en la postmodernidad es un ser sospechoso y sin objetivo, por el miedo a que pretenda encarnar la Razón ilustrada en solitario fuera de todo control frente a los demás. Ha de actuar con los otros, aunque en relaciones dialógicas desiguales. En este sentido afirma POPKEWITZ (1994), refiriéndose a la posición institucional y en las relaciones sociales de los intelectuales:

> "Considero que cualquier afirmación de la ciencia (o de los científicos) respecto a su posesión de conocimientos estratégicos superiores sobre el cambio social lleva consigo peligrosas consecuencias éticas, morales y políticas para la democracia."
> (Pág. 237.)
> "Creo que ocuparse de los peligros del intelectual que actúa como vanguardia contribuye a trabajar a favor de la misma democracia." (Pág. 247.)

Es decir, hay que pensar el proyecto educativo sin el proyecto de progreso de los intelectuales, como dice este autor, lo que no significa apartarlos de la acción social, ni mucho menos limitar su libertad y autonomía, sino que ha de reconocerse esa autonomía a todos los demás agentes sociales. Una autonomía para oponerse a cualquier régimen de verdad, incluido el que ellos mismos pudiesen crear (POKPEWITZ, 1994, pág. 263).

En tercer lugar, la fragmentación del conocimiento quita al intelectual el papel de visionario del *todo*, para ser especialista de las partes en que se ha fragmentado el saber. Le invalida como guía en procesos complejos para cuya dirección se precisaría de la disponibilidad de ingentes cantidades de información conjuntada en un todo con sentido.

Finalmente, cabe recordar que si el discurso no se produce en el vacío, como ha demostrado Foucault, sino dentro de un entramado de relaciones entre agentes, instituciones y discursos de los profesionales del que resulta la delimitación en un momento dado de lo que se considera saber pertinente, el *status* del mismo y el reconocimiento de quiénes son sus legítimos oficiantes va a depender de los poderes que rigen la escolaridad, que son quienes delimitan la racionalidad admisible en las ideas y en las prácticas. Como el desarrollo de la escolarización se ha llevado a cabo por el impulso y el amparo de los Estados, los discursos oficializados, según los expertos que los asesoren en cada momento, se convierten en legitimaciones cognitivas e ideológicas de las prácticas educativas a través del desarrollo del *currículum,* las políticas de formación de profesores, las estrategias de control, la definición laboral de los especialistas, los programas de investigación educativa calificados de prioritarios, el patrocinio de publicaciones, etc.

Con todas las limitaciones que se quieran poner, una prevención absoluta frente a los peligros de las desigualdades de saber-poder conduciría al absurdo, pues el mismo sentido común está desigualmente repartido entre individuos y grupos. Si el conocimiento es poder, como indican los análisis foucaultianos y la perspectiva reflexiva, a mayor desigualdad de conocimiento mayor desigualdad de poder. Por esta vía, para no ejercer sus posiciones de más preeminencia, los intelectuales deberían quedar relegados a ser meros testigos de la historia, los que levantan acta de lo ocurrido. La admisión del desigual reparto del saber, así como la acumulación del conocimiento especializado sobre los fenómenos sociales y de la educación por parte de grupos minoritarios que están fragmentados entre sí, hay que hacerlas compatibles con la visión democrática, resituando el papel de los que por la división del trabajo acumulan en mayor medida el capital cultural. Si no les dejamos poder alguno en la orientación de la sociedad, ésta quedaría exclusivamente en manos de "iluminadores" seguramente menos democráticos, como los líderes religiosos, los vendedores de opinión pública, o en manos de los poderes anónimos que regulan a través de las economías globalizadas toda la sociedad.

A pesar de los límites y precauciones, el intelectual tiene y preserva un tipo de poder. Como señala BOURDIEU (1988b):

> "Los productores culturales tienen un poder específico, el poder propiamente simbólico de hacer ver y de hacer creer, de llevar a la luz, al estado explícito, objetivado, experiencias más o menos confusas, imprecisas, no formuladas, hasta informulables, del mundo natural y del mundo social, y de ese modo, de hacerlas existir."
>
> (Pág. 148.)

Este poder simbólico puede ponerse al servicio de otros poderes no simbólicos legitimándolos, como cuando actúa como experto, o puede brindar al resto de la sociedad y al servicio de grupos intermedios que, como es el caso de los profesores y los padres, tienen papeles de agentes influyentes en la construcción de la realidad de la educación.

En la educación institucionalizada, la función legitimadora del poseedor del conocimiento en su papel de técnico experto sobre la educación se pone al servicio, bien de la iniciativa privada, bien del sistema público. En nuestras sociedades existe muy escaso margen para la creación original de modelos educativos originales por iniciativa de visionarios de nuevas posibilidades que ofrecer a unos receptores muy sensibilizados al valor de cambio que la educación tiene en el mercado de trabajo. Donde puede expresarse con más autonomía es en el ámbito universitario.

Cuando el intelectual puede alcanzar su máximo nivel de protagonismo y cuando quedan en evidencia sus posibilidades es al implicarse en la política educativa. Es aquí donde se aprecian muy a las claras las posibilidades de su autonomía. Su dominio del conocimiento sirve para legitimar el discurso político y hasta para dar ideas, aunque las limitaciones del pragmatismo en el que se mueven los programas políticos difícilmente le permitirán administrarlas. Si actúa de desvelador de la realidad, sirve como ayuda en la oposición, pero no cuando ésta llega al poder. Para permanecer junto al poder tendrá que pagar el precio de la moderación de su lenguaje y la rebaja tanto en el plano de la crítica como en la radicalidad de las propuestas. Por tanto, no es de extrañar que, sin un ágora pública a su medida, el trabajo de los intelectuales o bien se vea compelido hoy a integrarse en el sistema ofreciéndole sus competencias y profesionalizándose o bien se le relega y se automargina en el modesto y tranquilo regazo de las instituciones académicas donde ejercer su sacerdocio limitado entre los neófitos y aspirantes al mismo oficio poco operante al que él ha llegado. El intelectual se profesionaliza en cualquier caso, vive de su trabajo y lucha por parcelas profesionales lo mismo que ocurre en cualquier otra profesión en el libre mercado. Una retirada de la esfera pública coherente con la dimisión de la política como proponedora de nuevos modos de vida. Sigue manteniendo su público en la medida en que divulga sus escritos, que necesariamente no tienen que estar en relación con su valía intelectual o con la académica. Es el intelectual comunicador (RIPALDA, 1996, pág. 184), de influencia difusa.

Al tiempo que se limitan sus posibilidades por la vía de la profesionalización y de la integración al servicio de las burocracias y de los programas políticos, al trabajo intelectual se le abren nuevas e interesantes vías que volverán a plantear la disyuntiva entre la integración y el mantenimiento de la autonomía. En las sociedades actuales en donde se producen procesos complejos de comunicación (admitiendo además que las prácticas educativas se desarrollan no sólo en las tradicionales instituciones escolares y que implican a numerosos y variados tipos de agentes), el trabajo intelectual se ejerce y se puede desarrollar en multitud de espacios sociales y a través de diferentes medios, bien sea en su función de experto, como intelectual crítico o al servicio de la legitimación del poder como intelectual orgánico. Los medios de comunicación, las revistas especializadas, la universidad, los cursos de formación de profesores, la asistencia a asociaciones de padres, sindicatos, movimientos ciudadanos, agencias estatales y supraestatales, etc. son canales divulgadores y receptores de la capacidad de influencia reflexiva del conocimiento sobre la educación. Como las clásicas instituciones de la modernidad han quedado desbordadas (burocracias estatales e instituciones escolares), el trabajo intelectual se ha dispersado y con ello se han multiplicado y difuminado también las relaciones de la teoría con la práctica.

Los que trabajan con el conocimiento deberán ganar flexibilidad en dos sentidos. En primer lugar, con esta desubicación y reubicación constante, los intelectuales de la educación se ven obligados a modelar los discursos y los lenguajes para atender las necesidades de muy variados receptores del conocimiento, trabajar con registros diversificados y adaptarse a las necesidades de foros variados. Mantener las formas "expertas" más elaboradas les condenaría a la irrelevancia o a la ineficiencia. En segundo lugar, habrán de aprender las reglas con las que juegan las fuerzas y los poderes que actúan en los nuevos campos en los que pueden proyectarse.

Quizá los intelectuales hayan perdido el papel de ilustrados o príncipes del saber, nítidamente identificados y localizados, pero pueden haber ganado poder, sólo que ejercido éste de forma diseminada, más difusa y extensa (BOGGS, 1993). Las nuevas formas de ejercer la hegemonía aparecen menos confinadas, la política se diluye, las aristas de los debates se vuelven más suaves, las confrontaciones van desapareciendo y la necesidad de perfilar bien las opciones ideológicas y las concepciones alternativas del mundo se disuelven en el mundo de lo "políticamente correcto".

SEGUNDA PARTE

Significados añadidos de la cultura en la educación. La vigencia del pensamiento moderno matizado

CAPÍTULO IV

¿La cultura para los sujetos o los sujetos para la cultura? El mapa cambiante de los contenidos en la escolaridad

1. La construcción de la confianza en el valor de la cultura y en el de la educación: el programa educativo de la modernidad

La idea de que todo ser humano es portador del derecho a la educación y la realización de ésta a través de la escolarización universal, motivo por el cual se la dota de contenidos, constituye una de las creaciones culturales y una de las realizaciones más relevantes para caracterizar las transformaciones ocurridas en las sociedades durante el siglo xx. Tanto las ideas como las prácticas que caminan en esa dirección tuvieron su historia previa, aunque ha sido en este siglo cuando más se ha caminado en esa dirección, especialmente en su segunda mitad. Es, pues, un fenómeno reciente no suficientemente asentado.

Esas ideas y las realidades que surgieron bajo la inspiración de un ideal de educación universalizada han servido a múltiples objetivos, relacionados con el mantenimiento de un sistema de producción basado en la industrialización, con la socialización y control de los individuos al servicio de una sociedad caracterizada por el modelo capitalista de producción y con la preservación de unos valores enraizados en la cultura occidental. La evolución de las sociedades industrializadas y urbanas supusieron grandes cambios en la estructura y en la vida de la familia, trasladándose a las escuelas funciones que antes desempeñaron los miembros de aquélla; la más inmediatamente llamativa ha sido el cuidado de la infancia (físico y psíquico) y más tarde también de la juventud.

No olvidamos, pues, que al hablar de escuela y de educación escolarizada nos situamos ante fenómenos que desbordan el ámbito de la transmisión de la cultura como conjunto de significados "desinteresados" que nutren los *currícula* escolares. Educación escolar e instituciones creadas para llevarla a cabo son respuestas prácticas a necesidades de un tipo específico de sociedad, a determinados modelos de vida y a una cierta jerarquía de valores. La dispersión de fines de la educación, la complementariedad y "competencia" que mantienen entre sí, es

© Ediciones Morata, S. L.

una consecuencia ineludible de las variadas esperanzas vertidas sobre esa institución salvífica en que hemos convertido a la escuela. Por eso en el *currículum* se tienden a concentrar todas las urgencias que desde diferentes áreas de interés se vuelcan sobre las instituciones escolares. El significado de los "contenidos" de la escolarización sobrepasa, pues, la acepción más restringida, referida a la selección de materias o de asignaturas.

Las escuelas que conocemos, con su estructura, su funcionamiento, sus prácticas internas y el papel asignado a sus agentes no son el fruto maduro nutrido de una filosofía concreta de la educación, sino un producto histórico creado por la sedimentación y amalgama de ideas diversas, intereses variados y prácticas multiformes. Como ya se ha argumentado anteriormente, las prácticas escolares desbordan el ámbito de la aplicación de modos de pensamiento o de teorías sobre la educación.

Es importante considerar el tema de la cultura para entender la educación y para proyectarla. En caso de olvidarlo, estaríamos hablando de acciones y de prácticas vaciadas en buena medida de su sentido. Sin contenidos culturales *densos*, en el sentido de sustanciales y relevantes, la escolaridad pierde su significación modernizadora de elevación de los sujetos y una de sus más fundamentales funciones de socialización. El debate esencial de la educación es, pues, el de a qué proyecto cultural queremos que sirva.

En relación con los problemas tratados de la interacción entre teoría o pensamiento, motivos y prácticas, esa perspectiva no es menos esencial, porque si para algo sirve la acción educativa, ante todo, es para propagar un modelo cultural. Las diversas racionalidades que amparan acciones y prácticas (la de medios-fines y las correspondientes a los diversos niveles de la reflexividad) tienen que dar cuenta del contenido cultural del proyecto que representa la educación. Si la escolarización y los contenidos con los que se rellena acogen finalidades diversas, porque responden a funciones variadas sedimentadas sobre aquélla, quiere decirse que las pulsiones que orientan a la educación son complejas y hay que analizarlas como procesos causados por múltiples y diferentes lógicas. Así como la dimensión dinámica de la educación —el ¿qué mueve?— o la dimensión de la reflexividad —las concepciones intelectuales— exigen indagar no sólo en el plano personal de los agentes que intervienen en las acciones, sino que es preciso rastrear los anhelos y creencias en las formas compartidas de querer y de pensar, al indagar sobre el contenido cultural habremos de referirnos a plasmaciones de la cultura en los sujetos y a otras elaboraciones de "la cultura deseable" por encima de ellos.

Clarificar cuáles son las finalidades asumidas para la escolarización, explicitar cuáles son los contenidos propios de las mismas, descubrir cómo son asumidas y llevadas a la práctica por los profesores, es penetrar en las racionalidades profundas de la acción y de las instituciones. ¿Qué teoría o principio de acción para la práctica puede ser más importante que la función para la que creemos que las escuelas existen? Éste es, pues, también un capítulo más de las relaciones entre ideas-motivos y práctica, porque la razón de que ésta exista es porque obedece a un *proyecto cultural*. El pensamiento cientifista sobre la educación y la especialización fragmentaria desde la que aquél se desarrolla han olvidado que la educación se justifica, en primer término, por servir a ese proyecto. Buena parte de la investigación educativa ha marginado el contenido cultural y se ha cen-

© Ediciones Morata, S. L.

trado más en las formas pedagógicas o en los contextos y agentes. Sin los contenidos, todos ellos pierden significado.

Esto quiere decir, por ejemplo, que los docentes son, ante todo, agentes culturales, y que las posiciones y valoraciones que éstos tengan respecto del sentido de qué debe ser la cultura escolar que se va a propagar constituye una de las fuentes de explicación más importantes de sus acciones. La cultura poseída por los profesores, primero, y las valoraciones que se hacen de la que se cree que deben difundir son palancas determinantes de lo que serán sus prácticas. Las creencias sobre el educando y sobre la acción de educarle no contendrían sustancia si no tienen en cuenta los fines culturales de esa actividad. Por esa razón el *currículum* es una determinación de la acción y de la práctica; y junto a éste también lo son las valoraciones en torno a qué es "cultura apropiada". Así, pues, lo que se entienda por *cultura* será un factor dinámico en la causación de las acciones en la educación, tanto de las personales como de las estrategias para dirigir los complejos sistemas educativos.

Sería una tarea demasiado compleja detallar qué compone la sustancia y el impulso que se deriva para nuestra acción y para las prácticas educativas de todos los estratos acumulados y amalgamados en el proyecto cultural comprendido por la escolarización en sus diferentes niveles y especialidades. Esa misión supondría historiar toda la educación y desentrañar todos sus mecanismos. Por nuestra parte nos limitaremos a recordar los polos básicos de referencia, los cuatro puntos cardinales que, a modo de pulsiones básicas, alimentan de contenido y de energía a la cultura escolar, como medio de iniciar la penetración en las preguntas de: ¿Qué nutre a los fines que mueven y dan impulso en educación? ¿Qué da contenido a nuestra reflexividad, o qué puede ocupar el pensamiento de los profesores? ¿Cuáles son las ideas que se proyectan en las prácticas?

1.1. El legado incumplido de la modernidad para la educación

"Por la educación, el hombre ha de ser, pues:

a) *Disciplinado*. Disciplinar es tratar de impedir que la animalidad se extienda a la humanidad, tanto en el hombre individual como en el hombre social. Así, pues, la disciplina es meramente la sumisión de la barbarie.

b) *Cultivado*. La cultura comprende la instrucción y la enseñanza. Proporciona la habilidad, que es la posesión de una facultad por la cual se alcanzan todos los fines propuestos. ...

c) Es preciso atender a que el hombre sea también prudente, a que se adapte a la sociedad humana para que sea querido y tenga influencia. Aquí corresponde una especie de enseñanza que se llama *civilidad*. ...

d) Hay que atender a la *moralización*. El hombre no sólo debe ser hábil para todos los fines, sino que ha tener también un criterio con arreglo al cual sólo escoja los buenos." (KANT, 1991, pág. 38.)

En el pensamiento del ilustrado KANT puede verse formulado de manera clara lo que sería el proyecto moderno de educación. En su obra, como reconoció ORTEGA Y GASSET [1], están contenidos los secretos de la época moderna, con sus

---

[1] Citado por FERNÁNDEZ ENGUITA en el prólogo a la obra de KANT. (Pág. 8.)

virtudes y sus limitaciones. Si a los fines mencionados por él añadimos la preparación práctica y profesional que se sumaría después, queda definido lo que ha sido el ideario que ha dado forma al contenido de la escolarización hasta la actualidad.

Creemos que puede lograrse un consenso bastante amplio proponiendo que "eso que mueve" a la educación, que da sentido a la práctica y que rellena e impulsa a los *currícula* en los momentos actuales tiene que ver con cuatro tipos de móviles fundamentales, con todos los matices que se quieran, que denominaremos como el *legado de la modernidad en educación* para la escolarización actual, porque son los retos básicos de los sistemas educativos: a) La reproducción o transmisión de la cultura objetivada —la tradición cultural codificada disponible, formada por el conocimiento, las formas estéticas, habilidades diversas, etcétera—, así como la de los métodos para crearlas y las actitudes y los valores para poder revisar o recrear todo eso. b) El cuidado del desarrollo y consolidación de la personalidad global del sujeto inmaduro, dejado en manos de la educación escolarizada (versión actualizada y dulcificada del *disciplinamiento*). c) La socialización de ese sujeto dentro de un marco de valores de referencia que potencien comportamientos responsables como ciudadano y miembro de una sociedad (bajo la guía kantiana de una moral autónoma, laica). d) La preparación para su participación eficiente en las actividades productivas, reales o posibles, de la sociedad presente y futura. Estos cuatro grupos de impulsos están presididos por un principio común a todos ellos: e) La idea de la *universalización* de lo que representan esos bienes en condiciones de *igualdad* para todos, como ideal democrático. Estos puntos nos señalan subprogramas del legado moderno con distinto grado de desarrollo en la actualidad, movidos y ponderados con desigual ímpetu por distintas visiones filosóficas y políticas. Estas finalidades no son simples aspiraciones yuxtapuestas en la evolución histórica entre las que repartir el tiempo y los contenidos escolares, sino pulsiones entre las que se establecen tensiones y lecturas recíprocas de lo que deben ser los métodos y contenidos de la escolaridad, así como la orientación general del sistema escolar. Así, por ejemplo la propagación de la cultura será interpretada desde la necesidad de contemplar el desarrollo de la personalidad; a su vez estas dos finalidades se interpretarán desde la pulsión socializadora, etc. El balance que puede hacerse respecto de cada una de esas grandes finalidades nos da las luces y las sombras a partir de las que nos toca seguir, acelerar o reorientar los desarrollos experimentados.

El individuo producto de la educación según el legado moderno sería, pues, el ser *culto*, el *buen ciudadano*, con la *personalidad* adecuadamente formada y el *buen trabajador*. Los cuatro puntos cardinales para orientar el desarrollo de los sistemas educativos y las prácticas internas de los mismos, que además dan pie a la constitución del pensamiento sobre la educación.

Todo ese legado de la modernidad educativa va impregnado de una creencia básica que constituye una fuerza esencial para el mantenimiento e impulso del mismo: la idea de que la educación dirigida por esos cinco grandes órdenes de impulsos es un medio para el *progreso* de los individuos y de la sociedad en su conjunto. El Progreso es posible y la escolarización universal, con su lógica y sus contenidos, es un medio esencial para estimularlo y dotarlo de contenido: la educación es palanca del mismo, y lo que ella proporciona representa *per se* un avance para los sujetos y para la sociedad. Sin esa fuerza quedaríamos inánimes. Formu-

© Ediciones Morata, S. L.

lada con sencillez, el contenido de la idea de *progreso* se resume en la creencia y en la esperanza de que la humanidad ha avanzado en el pasado, partiendo de una situación inicial de primitivismo, y que sigue y seguirá haciéndolo en el futuro.

"Durante unos tres mil años no ha habido en Occidente ninguna idea más importante, y ni siquiera quizá tan importante, como la idea de progreso. Ha habido otras fundamentales, como las de libertad, justicia, igualdad, comunidad, etc. No pretendo subvalorarlas, pero es necesario recalcar que a lo largo de la mayor parte de la historia de Occidente, por debajo de estas últimas ideas subyace otra, una filosofía de la historia que da una importancia fundamental al pasado, el presente y el futuro."

(NISBET, 1996, pág. 19.)

Esa idea de camino e impulso progresivo hacia algo mejor anida en cosmovisiones religiosas (el camino de la salvación, el acceso al paraíso, el logro del nirvana) y alcanza su cenit en versión secularizada entre mediados del siglo XVIII (especialmente con la Revolución Francesa) y casi la actualidad, tras el éxito de la revolución industrial y el desarrollo alcanzado por el conocimiento científico (NISBET, 1996, pág. 243). Hacia la mitad de nuestro siglo, la idea de *progreso* queda definitivamente ligada al desarrollo económico, al avance y extensión del conocimiento, a la independencia de los pueblos y al desarrollo democrático y moral de las sociedades. Gracias a ella, otras ideas-fuerza como las de libertad, igualdad y soberanía popular pasaron a ser objetivos queridos por los seres humanos. El vaciado concreto de esa primera fuerza es y ha sido diverso, si bien en la cultura occidental se destacan dos grandes tendencias generales: una, la idea de progreso ligada al gradual perfeccionamiento del saber científico y técnico, de las artes y de todos los instrumentos con los que el ser humano se enfrenta a los problemas que plantea la naturaleza y el vivir en sociedad; y la segunda, centrada en el mejoramiento de la condición moral o espiritual del hombre. Han sido dos líneas percibidas como complementarias, independientes y hasta antagónicas, según los casos: lo que a veces ha podido ser un progreso en la primera, se ha valorado como un regreso en la segunda. El primer fracaso del programa de la modernidad, con importantes consecuencias para la educación, reside en el avance descompensado de ambas tendencias, en detrimento de la segunda, y el haber interpretado el desarrollo moral como moralización bajo moldes premodernos, como sometimiento a morales heterónomas indiscutibles. El programa de la modernidad puede decirse que se ha desplegado en sus diferentes aspectos con ritmos y direcciones distintas, por lo que el balance que puede hacerse del mismo es muy desigual. Quizá, como afirma GIDDENS (1993), porque la historia tiene sus discontinuidades y no todas las esferas se mueven al unísono. He ahí un primer y urgente reto pendiente para nuestro tiempo y, especialmente, para la educación: acelerar algunos desarrollos para ciertos retos del programa moderno.

La educación se ha percibido conectada, en el pensamiento y en las prácticas sociales, al progreso y a las otras grandes ideas-fuerza que se ligaron a ella, tanto en lo que se refiere a la dimensión de progreso intelectual (con sus aplicaciones) como a su dimensión espiritual. La educación es camino de avance en el conocer, en el perfeccionamiento moral de la humanidad, en el desarrollo material, en el bienestar social general, en el logro de la autonomía y de la libertad y en la desaparición de las desigualdades sociales. Las políticas relacionadas con el estado del bienestar plasmaron esos ideales en sus programas sociales. A su manera, casi todas las revoluciones que buscaron de alguna forma el "hombre nuevo" para una sociedad y un futuro mejores han considerado la educación como una palanca esencial para su logro.

Casi nadie se atreve hoy a dudar de que un sujeto educado con la escolarización es un ser humano más pleno y con más posibilidades. Sólo quienes están marginados ignoran esa posibilidad (ignorancia que es una de sus principales carencias). Sólo quienes son marginados por ese proceso tienen motivos para dudar de esa fuerza "progresiva". Generalmente, sólo son los más "escolarizados" los que dudan de las virtualidades de la educación escolar y, casi nunca, de todas ellas. Nadie niega que una sociedad o un país con mejor, más prolongada y más universalizada escolarización tiene también más posibilidades. Incluso las políticas restrictivas de las inversiones en educación arropan cínicamente sus discursos con declaraciones que enfatizan la importancia de la misma. Los padres también quieren para sus hijos cotas de escolarización que ellos no alcanzaron.

Esa fe en la educación (porque mucho tiene de fe, en el sentido de creencia apriorística) forma parte de los anhelos colectivos y es asumida por la mayoría de las personas; es un impulso y una apoyatura esencial de la esperanza en los frutos prometidos del legado moderno. Y, aun cuando se oyen tambores de derrotismo, en cuanto a lo que se cree un exceso de confianza en los sistemas escolares, la masa general de la población sigue asumiendo que la educación representa una fuerza que da esperanzas. Lo más importante es que confiamos en que la educación sirve para obtener resultados valorados como positivos en las finalidades que mencionábamos. Impulso que explica las presiones y expectativas sobre el sistema escolar, que pueden dar cuenta también de ciertas frustraciones cuando éste no cumple con esas expectativas. ¿Sienten y participan los profesores de esa pulsión o idea-fuerza de progreso que representa la educación? ¿Se mueven siempre las prácticas escolares por su impulso, o éstas han generado en cierto modo una cultura independiente? ¿Son coherentes hoy las políticas con las esperanzas que despiertan? ¿Existe coherencia o consenso sobre tal impulso, o ha quedado desgarrado y minado en cuanto a su fuerza? Son preguntas para establecer un diagnóstico sobre el estado de salud de los ideales que animan a la escolarización universal.

Por razones diversas hoy pueden detectarse movimientos de opinión y acciones reales que traslucen cierto escepticismo sobre las posibilidades de los sistemas educativos en la actualidad para responder a todas esas grandes promesas. Los que anhelan todavía el legado moderno aprecian que los modos de operar de los sistemas escolares han desnaturalizado el legado de progreso o lo han incumplido descaradamente. Otro frente de pesimismo se sitúa en la aparición de nuevas realidades y condiciones sociales que desvirtúan la labor de las escuelas. Finalmente, nos encontramos con la decepción más profunda que representa la negación de vigencia del legado moderno. Para esta posición, no es que se haya desnaturalizado el proyecto y pueda ser reinventado, sino que es inconveniente, sencillamente.

Especificaremos un poco el vaciado de principios impulsores que componen el legado moderno de la educación, deteniéndonos especialmente en el más central y primigenio de todos ellos: la escuela y su papel en la reproducción cultural para el progreso. Así abordamos una de las finalidades básicas que más han dotado de "contenidos a aprender" y de directrices metodológicas a las prácticas educativas. Y lo ha hecho, además, con mayor claridad, siendo uno de los rasgos más visibles de los métodos educativos.

1.1.1. La educación para la transmisión de la tradición cultural. El sentido moderno de cultura en las escuelas

Uno de los significados primitivos de *educación* ha sido el de nutrir y conducir a la prole (del término latino *educo*), o extraer de una persona sus posibilidades (del término *educere*). Con la modernidad esas pulsiones de la educación en sociedades complejas se han plasmado en la necesidad de proporcionar a los jóvenes las elaboraciones del pasado, a partir de las que entender también el presente; es decir, hacerles depositarios *del legado cultural,* lo que se tiene por tal, reproduciéndolo al modo como la procreación reproduce el legado biológico. Éste es el más fundamental mandato para la educación.

"... la educación no (puede) sino avanzar poco a poco; y no es posible tener un concepto más exacto de ella, de otro modo que por la transmisión que cada generación hace a la siguiente de sus conocimientos y experiencia, que, a su vez, los aumenta y los pasa a los siguientes." (KANT, 1991, pág. 34.)

"... el conservadurismo, en el sentido de conservación, es la esencia de la actividad educativa, cuya tarea siempre es la de mimar y proteger algo: al niño, ante el mundo; al mundo, ante el niño; a lo nuevo, ante lo viejo; a lo viejo ante lo nuevo." (ARENDT, 1996, pág. 204.)

Sin reproducción no hay educación y sin ésta, en su modalidad escolarizada, no es posible la primera en sociedades donde, a través de los intercambios sociales cotidianos, no sería posible acceder a la cultura acumulada o a la simple adquisición de competencias para desenvolverse en el mundo que nos rodea. En la dinámica de progreso esta reproducción se entiende como capacitación para seguir produciendo cultura, lo cual implica valorar el papel de cada generación y de cada individuo en dicha misión. Valorar la tradición no es lo mismo que ser tradicionalista, si entendemos por tradición el legado del pasado en el que se asienta el presente y desde el que se piensa y proyecta el futuro. La idea de progreso, en expresión de BURY (1971), viene a ser una síntesis del pasado (cultura heredada) que se considera que es valioso y una profecía del futuro proyectada a partir de la fe en que podemos mejorar y avanzar, con la seguridad de que lo que hacemos sirve para el logro de una realidad que creemos mejor. Consiste en admitir el sentido de una cierta continuidad en la acumulación histórica de pequeños o grandes avances.

"Sin un pasado representado por los ritos, las tradiciones y la memoria, no puede haber raíces; y sin raíces los seres humanos se ven condenados a quedarse aislados en el tiempo; y es muy fácil entonces pasar de este aislamiento a la autodestrucción." (NISBET, 1996, pág. 447.)

© Ediciones Morata, S. L.

La educación evita ese aislamiento. La concepción moderna de la educación como reproducción en su desarrollo práctico necesitó de una institución organizada adecuadamente y de unos mediadores eficaces. Una función que el desarrollo histórico del sistema escolar delegó en los profesores, porque esa era la figura conocida y la que hacía posible el reto de la reproducción universal de un legado complejo a través de la mediación simbólica, fundamentalmente. Otros recursos pueden ayudar en la mediación, pero nunca pueden suplirlos. Los docentes son responsables fundamentales de insertar a los individuos como eslabones de la continuidad del progreso. Su profesionalidad quedó definida en la modernidad como la actuación de seres *cultos* (nutridos de "tradición" acumulada), sabios *cultivadores*, es decir, buenos pedagogos, así como eficaces disciplinadores. He aquí dos criterios esenciales para dar significado a la calidad de la educación o de la enseñanza: a) La correspondencia entre la *densidad cultural* de los *currícula*, por un lado y, por otro, la densidad de la cultura objetivada a la que dicen representar los contenidos del *currículum*. b) La calidad cultural de los mediadores —profesores y medios culturales— entre el *currículum* denso y sus receptores.

Tan importante función de la educación exigía disponer de una sustanciación u objetivación de aquello que se reproduce: una representación consciente de "un" legado aceptado como tal, que puede ser implícito respecto a muchos de sus contenidos, que se plasma en la selección de obras de referencia, textos fundamentales, libros de texto y, una vez que los Estados intervinieron en la organización del sistema escolar, también en las disposiciones legales. El concepto que expresa esa objetivación ha sido el de *cultura*; la propagación de ésta equivale a educación. La cultura como algo delimitado, sustantivo y objetivo, según Bueno (1996), es una elaboración tardía que empieza a configurarse en el siglo XVIII y que fragua definitivamente con Herder. El uso del término es anterior, pues empezó a ser utilizado en el siglo XI. La concepción moderna de cultura nos deja para la educación dos ideas-fuerza fundamentales: la cultura es algo objetivo, externo a cada ser humano que representa "lo mejor de su historia" y por eso merece la pena que siga siendo reproducida; la segunda, la de que el individuo se dignifica y perfecciona con la apropiación de este legado. Así la continuidad del legado cultural gracias a su reproducción se realiza a la vez que tiene lugar la *formación* en el plano subjetivo. Ser *culto* es poseer cultura, un valor añadido a la naturaleza humana porque a la *cultura* se la considera valiosa.

La concepción de la cultura como legado objetivo valioso, como uno de los mejores atributos de la especie humana, será, pues, trascendental. En el siglo XIX, sobre todo en el mundo germánico, ese bien objetivo adquiere la connotación de ser patrimonio de un colectivo (Auroux, 1990, pág. 529 y ss.). Viene a expresar algo envolvente del sujeto, una realidad total y sistematizada dentro de la que nacemos (pues es previa a los individuos) y gracias a cuya apropiación (al menos parcial) somos lo que somos. En Herder esa realidad se equipara a la tradición, al patrimonio y a la herencia.

El proceso de objetivación de la cultura conduce a entenderla como *cuerpo de contenidos,* lo que implicó, según Bueno, tres operaciones que para nosotros tienen proyecciones importantes en la educación: 1) Se resaltan los objetos, las obras o los resultados de la cultura (obra de arte, obras concretas escritas, instituciones y conjuntos de conocimiento, como las materias disciplinares, etc.), en torno a los cuales se realiza el proceso de sustantivación. La cultura son esos objetos. Una consecuencia derivada de esta caracterización es la disociación de la obra cultural o los resultados en relación a los procesos y agentes que los crearon. La cultura como poso y cuerpo objetivado de contenidos tomará la apariencia, por consiguiente, de una concatenación de obras, perdiéndose de manera inevitable en muchos casos las referencias a los contextos, procesos y agentes que las constituyeron; circunstancias que condicionan de forma decisiva nuestro acercamiento a ellas y, claro está, la educación encargada de propagarlas. De este proceso de objetivación cultural surge fácilmente la norma o canon de referencia al que someter las prácticas de selección de los objetivos, de los contenidos escolares y los juicios sobre la calidad de la enseñanza. 2) Las obras o resultados de la cultura, que se han generado siguiendo líneas específicas de evolución y que son piezas de un mosaico incompleto, se engloban en un todo conjuntado que es, precisamente, lo que llamamos *la cultura*. Reproducir la cultura será un proceso que sigue la concatenación de las obras sustantivas: un principio esencial para establecer la secuencia de la instrucción que se sigue en diversas disciplinas, sobre todo las que tienen la misión de narrar el proceso de creación cultural: historias parciales del arte, de la literatura, del pensamiento, etcétera. 3) Se construye inevitablemente una cierta oposición entre las obras ya sustanciadas como logros valiosos culturales, anteriores o independientes del ser humano y el proceso de hacerse de todo ese conjunto. Las prácticas educativas se verán tentadas a centrarse bien en el objeto sustantivado, bien en el proceso de sustantivación, o a buscar un equilibrio siempre difícil.

El efecto práctico de la sutantivación moderna de la *cultura* fue el de elevar sus objetivaciones a la categoría de realidad espiritual universal que merece la pena difundir porque contiene la potencialidad de la dignificación humana. Un proceso que no ocurre en el vacío, sino en un entramado de relaciones sociales determinado que actúa en la depuración, selección y jerarquización de los productos culturales. Concebida la idea de cultura desde el pensamiento europeo, cuyas raíces provenían de la Grecia clásica, experimentó un proceso de expansión de este legado a otros pueblos bajo la creencia de que era una herencia superior. El potencial dignificador atribuido a la cultura se convirtió en bandera del pensamiento progresista que impulsó la escolarización universal: la cultura humana universal, por su capacidad dignificadora, debía ser para todos los hombres, por encima de particularismos y diferencias de origen. El optimismo educativo que se desprendía de esta idea-fuerza, tenía dos consecuencias con proyecciones contradictorias: la absolutización de una cultura convertida en dominante —las obras son de alguien y valoradas como tales por alguien—, por un lado y, por otro, la generación de un programa universalizador de ese todo, con la idea de ser un legado bueno para todos, al margen de sus condiciones particulares, de razas, etc. Surge así de esa pulsión moderna una de las fuentes de contradicciones y problemas no adecuadamente resueltos todavía: la confrontación de sujetos y de grupos de sujetos con particularidades definidas muy diversas y un concepto de cultura relativamente homogéneo que se considera referente valioso.

La admisión de la reproducción cultural y de las connotaciones añadidas a lo reproducible que acabamos de señalar, prestaron rasgos definitorios a lo que sería la educación: la de tener como referente fundamental los resultados de la cultura objetivada, el entender el proceso prolongado de la escolarización ligado a la concatenación de los logros de esa objetivación, deducir la posición del educando en cada etapa de educación respecto de la oposición entre objetos culturales que se deben poseer y el papel del sujeto en su apropiación. El pensamiento didáctico clásico se centró en la contraposición alumno-materia, siendo la escuela y los profesores los mediadores en ese binomio. El *logocentrismo* pedagógico (el proceso educativo visto desde la lógica y exigencias de los contenidos o de las obras sustantivadas de la cultura), no es sino una consecuencia natural e inevitable (y buena, porque sirve al progreso) de la utilización en la enseñanza del concepto moderno de cultura. La escolaridad y la educación sin la impregnación de los individuos en las obras culturales que les hace ser sujetos en un tiempo cultural e histórico determinado, podrá también ser llamada educación, pero lo sería menos. La fuerza de esta idea es esencial en el nacimiento y expansión de la escolarización. Lo primero que la educación transmite a cada ser humano —dice SAVATER, 1997, pág. 38— es que no somos *únicos* y que no somos los *iniciadores* de nuestro linaje, y gracias a ella nos abrimos al *tiempo*.

La resistencia a admitir que la educación es básicamente un hecho de reproducción proviene no de la conciencia del fenómeno en sí, que es innegable, útil y necesario, sino de las actitudes y procedimientos de llevar a cabo la misma y de las consecuencias que para la práctica de la educación tuvo la "sacralización" de los resultados y de los objetos de la cultura que se deducen del proceso de objetivación de la misma. Un proceso que se contaminó de la actitud disciplinante de la educación y del sistema escolar, como ya resaltaba KANT. La cultura-canon que se sacraliza dentro del sistema educativo lo hace, creemos, no tanto por mantener una actitud de valoración positiva sin fisuras hacia los objetos culturales, sino más bien por las prácticas de disciplinamiento y de control dentro de las que se propaga.

La discusión para la educación se centra en ver *qué se reproduce* (un tipo de contenidos de cultura cuya selección es de por sí polémica), *cómo se hace* o cómo se confrontan los objetos culturales con los sujetos (si con una actitud fundamentalista cerrada o con actitud crítica), en *quiénes* se realizan posibles reproducciones culturales diferenciadas (desarrollo de procesos y de contenidos distintos para sujetos de diferente clase social, género, etc.), qué *actitud* se fomenta ante los logros culturales objetivados y qué papel desempeñan los *sujetos* en el devenir de la cultura. Éste es el programa de problemas siempre abiertos que la modernidad lega a los sistemas educativos y al pensamiento sobre la educación.

Conscientes del valor de las obras culturales, la reproducción propia de la educación moderna es, como dice GUTMANN (1987), una *reproducción consciente,* reflexiva, como corresponde al mundo moderno guiado por la conciencia y por valores defendibles desde un punto de vista moral. En la medida en que sea un proceso consciente puede ser abierto, analizado, gobernado y redirigido, si no se consideran absolutos los objetos culturales sustantivados. Partiendo de esta condición de conciencia reflexiva, la crítica encuentra su papel de poder poner en tela de juicio la validez y representatividad del legado reproducido, así como las formas, las instituciones y los medios de propagarlo.

Del legado que difunde la perspectiva moderna se deduce una posición optimista sobre el valor de la cultura y también una insatisfacción al analizar su cumplimiento y algunos problemas derivados de los retos que introduce. Los contenidos del legado cultural serán inexorablemente problematizados en la medida en

© Ediciones Morata, S. L.

que se cobra conciencia de que los principios de toda esta filosofía "optimista" no se corresponden del todo con las prácticas que se han ido generando.

Una mirada a ese conflicto entre las promesas y la práctica nos permite recordar algunos de los debates esenciales que nos deja el pensamiento moderno acerca de la cultura en la escolarización:

1) Si como contenidos de la educación entendemos sólo los que se relacionan con la cultura objetivada, es evidente que a través de la educación se llevan a cabo otros muchos procesos reproductivos o de socialización. Evidentemente, las experiencias de la escolarización propagan algo más que los contenidos de la cultura sustantivizada. Por tanto, en los hechos, no todo aquello que cabe entender como contenido real de la escolarización queda bajo el dominio del concepto de cultura objetivada ofrecida como objeto del que apoderarse a través de aquélla. En el legado de la modernidad late el problema acerca de cómo la reproducción cultural interactúa con otras finalidades que matizarán el sentido de la cultura impartida en las escuelas y que nos descubren retos más amplios. Tan peligroso es olvidar la función básica de transmitir un legado cultural como olvidar que ese fin hay que completarlo y traducirlo en relación con otros.

2) No todos esos procesos de reproducción están abiertos a la conciencia o a la reflexividad consciente, sino que algunos operan de manera inconsciente (es el caso del *currículum oculto*). Una motivación esencial de la modernidad es el dominio racional de la acción. La pretensión de la reflexión consciente conduce a la comprensión de la educación como proceso que sirve a una reproducción compleja, en la que no todos sus contenidos son información codificada, explícitamente configurada como legado objetivado. Tendremos que caminar sabiendo que la acción de educar logra efectos no controlados ni previstos en los fines explícitos en el plan previo. Por eso, la historia crítica del pensamiento educativo para hacer consciente lo que actúa de manera soterrada es una de las líneas de progreso. El dominio reflexivo de éste equivale a mejorar la concienciación de quienes participan en la educación.

En la admisión del *currículum* oculto reside uno de los motivos de desestabilización de la idea moderna de cultura en la escuela, fuente de sospecha frente a las buenas intenciones declaradas, en la medida en que dicho *currículum* opera en muchos casos claramente en contra de las declaraciones bienintencionadas. Así, paulatinamente, coexistiendo con el sentido objetivo de cultura como referente esencial de los *currícula* escolares y del discurso sobre la importancia de la educación, se ha venido configurando la categoría de *cultura escolarizada* (o, si se nos permite, *curricularizada*) como la construcción cultural que, bajo la impronta de los usos escolares reales, se difunde de verdad a través de las escuelas. Es de vital importancia distinguir lo que significa la cultura objetiva de referencia de lo que las prácticas escolares hacen de ella, porque buena parte de la puesta en cuestión de la legitimidad de la primera se debe a la deslegitimación que de ella hace la *cultura escolar*. Esa distinción evitará el vaciado cultural de la escolarización apoyado en la crítica al entendimiento que los usos escolares dominantes han hecho de la cultura. Igualmente, tiene que servir para criticar la pretensión de achacar a los enfoques pedagógicos la pérdida de relevancia cultural de la escuelas. El *currículum* es una construcción peculiar dentro del marco escolar, pero no

© Ediciones Morata, S. L.

es siempre un producto construido por la pedagogía o por la psicología, como a veces la crítica a la degradación de la calidad de la enseñanza quiere hacer ver. Que las materias escolares sean en demasiados casos caricaturas vacías de "densidad cultural" en relación con las áreas culturales a las que quieren representar es un fenómeno que tiene que ver no sólo, ni fundamentalmente, con la psicopedagogía, sino con causas más profundas relacionadas con los moldes institucionales de las escuelas, la calidad de los "especialistas" que inciden en la formulación del texto cultural que se va a reproducir en el *currículum,* la calidad de los medios que traducen la cultura en usos escolares (libros de texto) y la formación del profesorado.

3) Los tipos de conciencia y los grados alcanzados sobre la reproducción cultural consciente difieren en los individuos, en los grupos sociales, en las sociedades y según las épocas, lo que determina modos distintos de pensar y querer conscientemente un determinado proyecto o *texto*[2] de la reproducción cultural. Ésta y el texto en que nos la representamos se configuran, en todo caso, desde la conciencia que se tiene en un momento dado sobre la cultura y sobre lo que conviene reproducir. El *texto* que es el *currículum* está inmerso en una historia y él mismo tiene historia. Y si es inherente la reflexividad para su existencia y desarrollo, quiere decirse que, además de otras fuentes de desigualdad y de poder de decisión, la capacidad de conciencia desiguala a los agentes (individuos o grupos) ante el hecho de la reproducción cultural. La posibilidad de introducirse o de guiar la reproducción consciente está desigualmente repartida. De ahí que sea un debate esencial en educación el análisis de la hegemonía y de los sesgos que implica la selección de un texto cultural por encima de otros posibles en la escolarización.

En todo caso, conviene resaltar que de algún *texto* cultural hay que partir en la educación. Sin aquél, ésta será cualquier otra cosa (cuidado del menor, terapia, consejo, intercambio personal, etc.) pero no educación en el sentido que comúnmente le hemos asignado bajo el legado de la modernidad. Puede haber textos incompletos, alternativos, discutibles, erróneos e inadecuados, pero siempre existirá alguno, porque, en caso contrario nos moveríamos en el vacío.

4) No toda la cultura de la que tenemos conciencia está disponible en representaciones codificadas (escritas, por ejemplo) para facilitar su acercamiento a los sujetos, su discusión y su diseño como texto que representa la reproducción (el *currículum oficial*). Cuando la reproducción social se separa de las actividades que debe reproducir, porque no es posible aprenderlas por contacto directo, es preciso un texto sustantivado que las represente, como afirma LUNDGREN (1992), haciendo posible un acceso a las mismas más universal aunque no directo; en gran medida, es la única forma de hacer accesible la información que compone la cultura. La reproducción es más rica si se dispone de abundantes textos. Sin "textos" sólo es reproducible lo inmediato, lo cubierto por el alcance del recuerdo.

---

[2] Usaremos este concepto en el sentido de "representación" o idea consciente articulada acerca de lo que es o puede ser algo —en nuestro caso la cultura escolar—, capaz de ser plasmada en texto escrito, pero no necesariamente. Es como la partitura que contiene la música, pero no es *la* música.

© Ediciones Morata, S. L.

> "La escritura representa la posibilidad de oír otra voz que no sea la propia, o la del otro que, desde el mismo presente, nos habla. La escritura es, pues, la presencia de otro pasado que no es el propio, un pasado que no sólo puede tener la misma dimensión que el nuestro, sino que, como historia, llega infinitamente más lejos."
> (LLEDÓ, 1992a, págs. 98-99.)

> "La cultura es convertir en vida, en presente, en latido, la pérdida de temporalidad que puede despertarse en la compacta masa de lo escrito." (LLEDÓ, 1992b, pág. 31.)

La memoria está depositada en la escritura, como bien ha argumentado LLEDÓ. Educar es difundirla; renovar es reiterpretarla. Algo podemos saber, por ejemplo, de la cultura incaica que se pueda reproducir, aunque casi todo serán suposiciones, porque no ha quedado casi nada codificado de forma escrita (el caso de los recuerdos oralmente trasmitidos a través de Garcilaso). Los significados hay que deducirlos de los restos arqueológicos; obras también objetivas que dicen menos que los textos escritos.

5) La reproducción en la escuela necesita textos, versiones objetivadas de la cultura; y ya sabemos que quien los escribe hace la historia. Para evitar el sesgo hacen falta textos diversos que objetiven la cultura desde distintas perspectiva. Si existen, hay que hacerlos aflorar en el proceso de reproducción. Sólo aquellos que tienen capacidad y posibilidad de codificar la cultura en forma de conocimiento disponible tienen oportunidades de intervenir como alimentos del proceso de la reproducción, en una sociedad donde las formas orales de comunicación no son adecuadas ni serían suficientes para transmitir el conocimiento abstracto. Se reproduce mejor y se expande más la cultura codificada, y eso ocurre a través de quienes la codifican. La historia, en cuanto memoria, la hace quien tiene capacidad para escribirla; el conocimiento es material disponible para la reproducción y recreación al alcance de todos en la medida en que está codificado. El conocimiento está formado de producciones de autores, aunque sean desconocidos como tales. La ciencia, el pensamiento en general, por ejemplo, es masculino si sólo los varones lo han plasmado en codificaciones transmisibles. No puede difundirse con amplitud y continuidad una visión feminista de la historia o de la cultura mientras no haya narraciones codificadas plasmando la nueva versión de la cultura. El *currículum* intercultural necesita narraciones interculturales en las aulas, si es que eso es posible.

6) El proyecto o texto de la reproducción es, pues, de manera inevitable, una opción, una selección, entre otras posibles, aunque no todas están disponibles ni tendrán las mismas oportunidades de presentarse. El legado moderno radicalizado y exigente, visto críticamente, nos deja el reto del pluralismo como condición de los textos posibles de la reproducción, apertura acentuada por la concepción abierta de la cultura y por la potencia de la crítica para valorar textos, deconstruir los dominantes y proponer otros alternativos. Para lo cual las sustanciaciones objetivas de la cultura no pueden considerarse como definitivas y absolutas, sino interpretables o provisionales, en relación con las circunstancias en las que se construyeron como tales obras; lo cual no implica que su entidad dependa del todo de la valoración del momento o que todas las valoraciones tengan el mismo valor.

© Ediciones Morata, S. L.

Estas seis condiciones explican que la cultura, al ser reproducida, sea un objeto en permanente debate, que será mayor cuanta más conciencia reflexiva se alcanza, cuantos más sean los textos disponibles y cuanto más abierta sea una sociedad. La inestabilidad es una condición de la modernidad, como reconoce GIDDENS (1993). Es una consecuencia del uso de la razón y del ejercicio de la autonomía. Con el "dominio" consciente de la realidad el *currículum* escolar se desestabiliza de forma permanente, porque éste siempre será "un texto" entre otros posibles, en permanente búsqueda de querer representar algo valioso que sea valorado por todos, a la vez que recoge la pluralidad posible de los textos.

En una sociedad democrática, el texto para guiar esa reproducción —el *currículum*— está y debe estar sometido inexorablemente a una disputa abierta y permanente; tiene que ser discutido públicamente sin restricciones, por la sencilla razón de que, aunque partamos del hecho incontestable de la reproducción, el proyecto para la escolaridad siempre implica opciones, una poda en la cultura codificada. Ése es el sentido de someter las decisiones sobre qué cultura conviene a la escuela a prácticas deliberativas abiertas, a la razón comunicativa o dialógica habermasiana. El Estado democrático en el sistema escolar tiene que garantizar ese diálogo cultural, ordenar las reglas del juego de los intercambios, en vez de imponer él un "texto" para el *currículum*. El cientificismo en la discusión sobre los *currícula*, aunque es una manifestación también moderna de la fe en el conocimiento científico, mutila esa otra dimensión deliberativa que es también consecuencia del legado de la modernidad.

Si la educación supone reproducción consciente, ésta implica una percepción de la tradición acumulada (conocimiento, ciencia, sabiduría, arte, valores morales, formas sociales, etc.) como algo valioso, aunque sean desigualmente valorados sus componentes. Y algo más básico todavía: presupone una confianza en que el conocimiento, las obras o los resultados objetivados de la cultura que se va a reproducir reflejan la verdad de los logros del espíritu humano; algo que es fiable y auténtico. Sólo que cuando se ha olvidado el carácter abierto y perfectible de la tradición y cuando la tentación disciplinante de la escuela se ha aplicado al pensamiento, esa valoración con frecuencia ha sacralizado el contenido de la cultura seleccionada para transmitir. Si las obras de la cultura objetivada se disocian de los agentes y de los procesos que la crearon, en educación puede perderse de vista el significado que el sujeto aporta a su lectura y a su comprensión. La reproducción cultural ha adoptado muy frecuentemente una actitud fundamentalista frente a los objetos culturales, alejada de la actitud abierta y crítica de la modernidad, que hoy es corregida por los enfoques constructivistas sobre el conocimiento (como un objeto que se rehace) y por las metodologías menos "tradicionalistas".

Y es que la educación, entendida como actividad específicamente dignificadora de la condición humana y de la sociedad en su conjunto, mantiene su razón de ser en el equilibrio difícil entre dos impulsos aparentemente contradictorios: el de querer servir a la reproducción, a la perpetuación de la cultura objetivada y de la sociedad, al tiempo que respeta las condiciones para poder cambiarla y mejorarla, que no son otras que las que favorecen la libertad de los que aprenden en la interpretación del texto de la reproducción.

Sin cultura previamente objetivada no hay reproducción ni posibilidades de revisar sus contenidos sustantivos. La educación exige, inexorablemente, *conte-*

© Ediciones Morata, S. L.

nidos culturales. Éstos son accesibles para la educación a partir de las objetivaciones codificadas en diferente tipos de representaciones, pero, fundamentalmente, a través del lenguaje, especialmente el escrito. Nos referimos a la cultura objetivada, codificada en forma de argumentos y en narraciones, que no es la única disponible ni su codificación escrita es la única posible, pero es la que más accesibilidad permite, la que más universalidad facilita en cuanto a su extensión: el poder apropiarse todos de casi todo. Tal apropiación requiere de unos instrumentos intelectuales básicos, de hábitos adecuados y una disciplina de trabajo. La tradición ilustrada consideró que la mejor selección del legado humanista y racionalista, propagada universalmente, podría conseguir la mejora de los individuos y de la sociedad, en un proceso de comunicación cultural en el que todos pudiesen aprovechar los logros proporcionados por los que más han avanzado

Sin reconstrucción cultural se produciría el colapso, la discontinuidad entre el pasado y el futuro. Sin abrirse a lo nuevo, a la creación de los sujetos, de la sociedad y de la cultura hacia metas de desarrollo, plenitud y bienestar deseables que mejoran la condición humana dada, la educación no sería "progresiva". Tiene que ser fuerza de avance sobre lo dado, crear y fomentar capacidades, además de reproducir distribuyendo cultura. Para lograr ese objetivo de avance, debe gozar de un cierto espacio de *autonomía* y fomentar la de los sujetos para poder descubrir el camino de la realización de las utopías que mejoren el estado dado de cosas del presente. Para esta función creadora tiene que desarrollar formas educativas apropiadas para que la reproducción sea realmente abierta y ocuparse especialmente de transmitir la tradición que refleja los esfuerzos de innovación de la sociedad, explicar los conflictos y dilemas a partir de los que se tomaron caminos nuevos, descubriendo las líneas de progreso mutiladas. Es decir, que el *currículum* tiene que recoger la *tradición* de controversia cultural y los conflictos sociales que subyacen a la misma. Asentar una dinámica cultural innovadora exige, pues, valorar sin veneración la tradición, ocuparse del legado que recoge los esfuerzos para lograr su cambio y mejora, un clima de tolerancia, la dotación de instrumentos apropiados y las actitudes congruentes con ese propósito. En esta dirección de crear espacios de y para la autonomía, el programa de la modernidad tiene mucho que hacer frente a una larga historia de fundamentalismo pedagógico.

Reproducción y cambio son ambas condiciones del progreso y se llevan a cabo a la vez, aunque con más énfasis hacia una u otra polaridad, variando el acento en diferentes lugares y épocas, según dentro de qué modelos educativos se trabaje y en relación con los diversificados intereses de distintos sectores sociales.

Una condición esencial del legado moderno radica en entender el valor dignificante de la cultura abierto por igual para todos, porque en su universalización reside el progreso entendido como igualdad de oportunidades. La primera reivindicación "progresista" fue, pues, hacer extensiva la mejor tradición cultural a través de la escolarización universal, a la que pudiesen acceder todos, independientemente de su condición y de su origen. Todos están llamados a apropiarse de todo. Esa función no la podían desempeñar sino instituciones que, como la escuela, superaran las limitaciones de la comunidad local y de la familia, pues éstas eran esferas de socialización ocupadas en los intercambios de contenidos culturales inmediatos, mientras que comprender y participar en la sociedad

© Ediciones Morata, S. L.

requiere sobrepasar las limitaciones impuestas por las actividades cotidianas. La "mejor y más universal tradición" cultural debía formar el *texto* que superase los contenidos del sentido común difundidos a través de las interacciones informales. En la apuesta de la modernidad, la educación es un instrumento de liberación de las visiones estrechas, de la irracionalidad, del oscurantismo y de las limitaciones de la familia y de la comunidad de origen. Es, pues, el instrumento para el logro de una "aristocracia laica y racional" desligada de cualquier otra jerarquización y límite. La escuela, con su misma implantación, supera y rompe el cerco de la cultura local. Como dice TOURAINE (1993), en esa orientación ilustrada:

> "La escuela debe construir un lugar de ruptura con el medio de origen y de apertura al progreso, a un tiempo por el conocimiento y por la participación en una sociedad fundada sobre principios racionales. El enseñante no es un educador que intervenga en la vida privada de los niños, que no deben ser más que alumnos; es un mediador entre ellos y los valores universales del la verdad, del bien y de lo bello."
> (Pág. 27.)

Claro que de ese mensaje universalizador quedaron fuera desde el principio colectivos importantes que, como las mujeres, eran marginados de la universalización igualadora. El feminismo, como afirma AMORÓS (1997), es la Cenicienta del pensamiento ilustrado. Ya Rousseau había previsto un modelo educativo muy diferente para *Emilio* y para *Sofía*. Pero, fuera de ese pensamiento ilustrado, no le queda a la mujer sino llanto y crujir de dientes, como le puede ocurrir en otros contextos al "negro", al "emigrante", etc. Entre los retos de la modernidad incumplida o el de la radicalización de la misma está el del acceso realmente universal e igual a los bienes que la escolarización promete, que no se agotan en el hecho de penetrar por la puerta del sistema escolar. En este sentido, el programa de la modernidad no ha hecho sino comenzar. En muchos contextos debe empezar por hacer real la escolarización.

1.1.2. Las dos tradiciones básicas en el programa de la modernidad

Esa variedad de elementos en la tradición del programa general de la modernidad hace de éste algo abierto que admite lecturas posibles al concretar su cierre. Varias han sido las tradiciones de pensamiento educativo y variadas también las políticas y las opciones metodológicas que se han desarrollado bajo este programa ambicioso, a la vez que ambiguo. Una línea continua imaginaria transcurre entre el extremo de máxima actitud crítica hacia el texto cultural que propaga la escolaridad, e incluso hacia todo texto construido por quienes disfrutan de las mejores posiciones y del poder en una sociedad divida en clases sociales, hasta el extremo de la veneración a la tradición queriéndola convertir en algo perenne e intocable. Críticos y fundamentalistas de la cultura escolar como defensores de paradigmas curriculares enfrentados participan de la modernidad, aunque desde posiciones distintas ante sus textos posibles.

Esas actitudes básicas ante el texto de la reproducción y de la innovación conectan con otras posiciones diferenciadas ante el legado de la modernidad en educación, especialmente en cuanto a la interpretación de su potencial igualador. La contraposición entre liberalismo y reformismo o progresismo social es básica para entender las interpretaciones hoy en liza de lo que tiene que ser el programa básico para la educación, desechados los extremos del conservadurismo antimoderno y del revolucionarismo no democrático. Con los defectos de toda simplificación, las dos posiciones ideológicas y políticas en liza mantienen concepciones diferenciadas del programa de la modernidad, sobre los tipos de cultura que debe reproducirse y sobre la dirección hacia la que se debía construir el futuro. Sin aceptar toda la tradición cultural como algo inamovible y sagrado, la izquierda democrática ha sido motor impulsor de la educación igual para todos, nutriéndola de los contenidos más dignificantes de la herencia universal disponible. Crítica con el pasado, ha concebido a la tradición como abierta y revisable, indagando y estimulando el cultivo de nuevas posibilidades hacia la utopía de un individuo y de una sociedad mejores, de una vida más feliz, de un mundo guiado por la razón. Como ese acceso a la cultura viene condicionado por las diferencias sociales de partida, admitiendo la explicación social de las diferencias humanas, el programa ilustrado de la izquierda va acompañado de medidas compensatorias, de propuestas de unificación del tipo de escuela igual para todos (escuela comprensiva) y de debates sobre qué tipo de cultura en los programas escolares puede ser menos discriminatoria, recogiendo los ideales revolucionarios franceses:

> "No puede haber esas doctrinas ocultas o sagradas que ponen un intervalo inmenso entre dos porciones de un mismo pueblo.
> ...
> El deber de la sociedad, relativo a la obligación de extender de hecho todo lo posible la igualdad de los derechos, consiste, pues, en procurar a cada hombre la instrucción necesaria para ejercer las funciones comunes de hombre, de padre de familia y de ciudadano, para sentir y conocer todos los deberes."
> (CONDORCET, 1922, págs. 15-18.)

Las posiciones progresistas han adoptado una actitud crítica —lo que no significa negación— hacia la herencia cultural atendida en la escolaridad, detectando y denunciando sus sesgos de clase social. Aunque, salvo en el caso de las posiciones más extremas y románticas (nos referimos a cuando se ha visto a la *cultura* como un producto burgués que la cultura del pueblo debía superar), se admite la fe en el valor del conocimiento, de las ciencias y de la tradición como nutrientes del progreso. El progresismo, la izquierda, se ha caracterizado también por defender que cada individuo se apropie de la más variada experiencia cultural codificada, frente a la especialización de individuos en tipos de cultura. Un ejemplo lo ha constituido la propuesta de fundir teoría y práctica, formación aplicada para el trabajo y formación intelectual y complementar las humanidades con la ciencia y la técnica (SUCHODOLSKY, 1977).

El liberalismo moderno aceptó también el valor del acceso universal a la educación como condición para la integración social, poniendo el acento en los valores y capacidades del individuo, con su libre inteligencia, para alcanzar las máximas metas posibles en la cultura abierta que se le ofrece. Pero al considerar el mundo social como algo sometido a sus propias leyes, con sus diferencias y su jerarquía social, la opción liberal jerarquizó también los contenidos de la cultura: los frutos más exquisitos de la misma eran sólo propios de las elites sociales, de la aristocracia natural, mientras que para el resto quedaba la cultura inmediatamente útil y esa construcción escolar llamada "primeras letras" en un principio, y "cultura general" después. La ideología liberal, con la aceptación de las diferencias sociales, aceptó también la diferenciación de tipos y niveles de cultura reproducibles en grado y calidad distintos para las diversas clases sociales. Se da valor a la reproducción cultural, pero ligada a la reproducción de las diferencias sociales. Por eso no suelen mostrarse partidarios de la escuela comprensiva que preconiza la misma cultura para todas las clases sociales, y prefieren un sistema escolar diferenciado que clasifique a los sujetos por sus capacidades, sabiendo que se hallan ligadas a sus respectivas posiciones sociales. Los valores liberales, más allá de los rasgos que acabamos de señalar, respetan el pluralismo, la discusión de la tradición, y aprecian el valor del conocimiento para el progreso.

Los más conservadores se negaron al acceso universal de todos a la cultura y se han mostrado recelosos de que la cultura escolar discuta sus tradiciones más queridas y perennes, especialmente todo lo que se relacione con la apertura de las costumbres o la puesta en cuestión de la familia tradicional, la patria, la religión, la autoridad, etc. No faltando algunas posiciones de negación de las evidencias construidas por la ciencia moderna, como ocurre en el caso de los creacionistas frente al evolucionismo.

1.1.3. El sujeto y la idea moderna de cultura. El camino de la dignificación

> "El que no es ilustrado es necio, quien no es disciplinado es salvaje."
> (KANT, 1991, pág. 32.)

Recogiendo la tradición clásica y humanística, la concepción moderna de la cultura implicaba la oportunidad de dignificación de los individuos, porque posibilitaba el desarrollo de las funciones espirituales, gracias a su estudio y al ejercicio intelectual sobre sus contenidos. El pensamiento kantiano postulaba: en el hombre hay gérmenes de humanidad; a nosotros nos toca desarrollarlos y desplegarlos. La disciplina refrena lo indeseable, la formación dirige, crea y dignifica. Con KANT y con HOBBES se entendió que la educación cultiva el espíritu, así como la agricultura es el trabajo de la tierra improductiva en la naturaleza. El "hombre cultivado" no sólo posee la cultura objetivada dándole continuidad en la línea de progreso ascendente, sino que es poseído y moldeado por ella. En ese sentido, educar es algo más que instruir. Si el legado y el "texto" seleccionado son dignos, la educación es dignificante al transferir al plano de la subjetividad esa cualidad. La fe en el legado moderno no sólo servía al propósito de la preservación social y al avance de la sociedad, sino que incluía también una dimensión subjetiva. El sujeto para el legado moderno es el ser necesitado de la cultura sustantiva, dignificado por ésta, cuyo carácter es moldeado por ella y su yo gobernado por la razón.

En la tradición moderna se produce una particular síntesis entre el concepto objetivo de cultura (realidad simbólica codificada previa al sujeto inmaduro de donde se nutren los *currícula*) y el sentido subjetivo de cultura (cultivo o perfección adquirida por el sujeto) que en el siglo XX se realiza a través de la escolarización. Otro problema es evaluar hasta qué punto y cómo se ha realizado esa síntesis.

En la tradición clásica y humanista, la *cultura* se había asociado, como adjetivo, a la condición del hombre *culto*, educado, *cultivado* (la primera significación de *cultura* proviene de su asociación metafórica con el término *agri-cultura* o cuidado del *agro*). Es el sentido de la *paideia* griega y de la *bildung* germánica. La tradición de modernidad en educación ligó ese sentido personal subjetivo de cultivarse, gracias al que nos hacemos más perfectos y mejores (*cultus* en latín equivalía también a hermoso, arreglado), al acceso y apropiación de la cultura objetivada que es externa a los sujetos. El ser humano *cultivado-educado* será el ser ilustrado, un sobreañadido a su condición natural que le viene de aquella apropiación, recuperando lo que constituyó el ideal clásico y humanista de la *formación humana*. Por eso "cultura" en el ser humano se opondrá a "natura", como la educación es superación de lo que viene dado sólo por la herencia.

Esa categoría de cultura como *cultivo* y *formación*, más allá de sus implicaciones para la educación, ha tenido una gran eficacia social, como señala Bueno (1996), pues se convierte en criterio importante de clasificación de los seres humanos, siendo muy operativa en las relaciones sociales: diferencia a sujetos (cultos e incultos, inmaduros y maduros, preparados e incompetentes), distingue a clases sociales, condiciona las relaciones entre las personas, etc. En tanto ser *cultivado* se asocia a estar escolarizado, a serlo más o menos, y estarlo mejor o peor, la aureola prestigiosa de la cultura se adjudica también a la educación y las formas institucionales y pedagógicas de realizarla. El poder mítico que se asigna a la cultura (Bueno, 1996) se transfirió a la educación con la que se forma y se amplía la subjetividad. Con el acceso a la cultura codificada, la escuela democratizada para todos irradiaba su capacidad transformadora a los que se beneficiasen de ella en el camino de la perfección personal, en el de la supresión de las desigualdades en cuanto al acceso a los valores universales y en el del triunfo sobre el irracionalismo. Fueron ideales anclados en la filosofía de las luces, en los regeneracionismos diversos, y sigue siendo hoy fundamento de nuestra fe en la educación.

Admitido el valor de la cultura objetivada para el cultivo de la subjetividad, hay que reconocer que queda por concretar un programa que es muy abierto, permitiendo muchas interpretaciones y admitiendo prácticas muy diversas. En este sentido, el programa de la modernidad en educación no puede decirse que sea cerrado ni desconsiderado con los sujetos. Algunas de sus interpretaciones seguramente sí lo han sido.

El prototipo de *currículum*[3] de la modernidad pedagógica tiene sus raíces en la concepción de la *paideia* ateniense, que era elitista porque la formación era para la clase dirigente. Después incorporó el legado del humanismo renacentista, igualmente minoritario, al que se le solapó más tarde la orientación *realista* propia del desarrollo de la ciencia moderna iniciado en los siglos XVII y XVIII. La pugna entre estas dos orientaciones subsiste hoy, con ventaja para el realismo. Con la Revolución Francesa, recogiendo los ideales ilustrados, y más tarde con los movimientos revolucionarios de los siglos XIX y XX, se incorporan las dimensiones *moral* y *democrática,* según las cuales la educación redime a los hombres, los cultiva para el logro de una nueva sociedad y los forma como ciudadanos; por eso debe estar a disposición de todos ellos y universalizarse.

---

[3] El *currículum* es el "texto" educativo que contiene los "textos" culturales de la reproducción.

© Ediciones Morata, S. L.

A través de la educación, el saber nos hace más libres y mejores, porque el acceso a la cultura objetivada abría a los seres humanos al mundo, les liberaba de las limitaciones, les dotaba de capacidades para entender y participar en él, dueños de su pasado y actores de su presente, conformando la personalidad entera de los sujetos, una forma de ser y de estar en el mundo. Cultura y conocimiento en la modernidad tuvieron y siguen teniendo significado no sólo como instrumentos de reproducción y de innovación, ya señalados, o de dominio de la naturaleza, sino que formaron y son parte del ideal formativo que presupone que el saber nos potencia y libera, y ésa es su principal funcionalidad: la *formación* que supera la condición natural dada del ser humano y que nutre la dimensión espiritual del progreso.

La formación no es brillo subjetivado prestado por las obras de la cultura, sino que conforma cualidades dinámicas en los sujetos, algo que se proyecta en la vida, porque el ser transformado es agente libre que utiliza la formación en dar sentido y dirección a sus acciones. La cultura como algo objetivado —elaborado y disponible— interviene, una vez subjetivada, como mecanismo reflexivo en las acciones del sujeto y en las actividades sociales, en el sentido de que actuamos desde el conocimiento que tenemos sobre la realidad y sobre las relaciones sociales. Sin los instrumentos para capacitar la conciencia reflexiva no hay participación plena en la sociedad, ni posibilidades de participar en el proceso de reproducción innovadora y abierta de la tradición.

Esa confianza, unida a la creencia progresista de que los hombres somos iguales y buenos por naturaleza, implica hacer descansar sobre la asimilación de las bondades de la cultura la causa fundamental de la igualdad-desigualdad entre los hombres. Como ya se indicó, otra cosa es lo que han hecho los mecanismos escolares disciplinantes —que también derivan del proyecto moderno— con todo este legado. Hoy, ante tanto lamento sobre la obsolescencia de lo escolar, ante tanto psicologicismo vaciado de contenidos, ante tanta preocupación por lo más personal, hay que releer el mensaje de la modernidad y no perder de vista un referente por el que la escuela ha llegado a ser lo que es en la realidad (que es manifiestamente mejorable) y en las esperanzas de casi todos.

2. Otros bagajes añadidos a la función cultural de las escuelas

2.1. La presencia sustantiva de los sujetos en la transmisión cultural. Otra forma de entender el progreso humanizado

El sujeto de la modernidad es un ser que se hace humano por la cultura, alguien dignificado y convertido en miembro de una comunidad más universal gracias a ella. Es un sujeto también con posibilidades de ser actor en su reconstrucción (unos más que otros), guiado de manera autónoma gracias a su capacidad de reflexión disciplinada debidamente formada. En definitiva, como afirmaba STENHOUSE (1997, pág. 37), la educación que aprovecha la cultura tiene que servir para incrementar la libertad de los individuos para que puedan crear y desarrollar ideas, algo que está en la base de toda innovación. Ésas son las pro-

© Ediciones Morata, S. L.

mesas que compensan el largo camino —y, generalmente, esforzado— que supone asimilar las potencialidades del legado cultural objetivado. Lo que ha ocurrido es que tales promesas se han enfocado en demasiadas ocasiones como metas finales ante las que sacrificar el presente de cada sujeto que aprende, sin considerar los logros progresivos que se pueden disfrutar en el camino; las bondades del fin han justificado demasiadas veces los medios inadecuados. Quienes no llegaran a la meta final, que estaba lejos, porque la cultura sustantiva es amplia y compleja, podrían ver que su recorrido parcial por tan augusta calzada carecía de sentido, y los pasos dados, aunque fueran pocos, pueden ser evaluados como un fracaso.

Buena parte de los debates y esfuerzos de la educación bajo el legado de la modernidad se sitúan en torno a los problemas que plantea la pretensión de lograr con garantía el *nexo* cultura-sujeto, y a cómo entender el transvase de la cultura objetiva a la *experiencia* de la cultura subjetivada, que se ha denominado también aprendizaje "experienciado". El programa escolar, el conocimiento incluido en las materias de estudio, declaraba DEWEY (1944)[4], debía ser alimento que nutriera la experiencia provocando aprendizajes sustanciosos. El reto está en lograr que las sustantivaciones culturales externas se convirtieran en experiencia, partiendo del supuesto de que fuesen densas para que realmente sean sustantivas. Conceptos como el de formación, son más exigentes y ricos que el de aprendizaje significativo, divulgado más tarde por la psicología cognitiva, el cual es una condición de la formación y de la asimilación experienciada. Tomar en consideración las exigencias del aprendizaje experienciado de la cultura sustantiva significa contemplar las condiciones del sujeto, los procesos de reproducción-innovación que lleva a cabo y las circunstancias locales en las que está enraizado.

Sin un *nexo* eficaz, la representación que el *currículum* hace de la cultura deja de tener entidad educativa. La *densidad cultural* exige la *significación* de lo aprendido para los sujetos para lograr la *densidad cultural del aprendizaje*. Éste es el tercer criterio esencial para analizar la calidad de la educación en sus prácticas (los dos anteriores eran el de la densidad cultural del *currículum* y el correspondiente a la densidad cultural de los profesores). Sin él, todo lo demás puede ser una bella representación de nuestros deseos.

El progreso en educación ligó de manera muy estrecha la *cultura* (contenidos objetivados), el *cultivo* o formación de la persona y la *escolaridad universal* que hacía posible el *nexo cultural* entre los dos primeros. En el modo en el que se realizara ese puente entre la cultura y el sujeto de la educación, en la cualidad que tuviera el nexo, la pedagogía moderna se juega el éxito o el fracaso. Sin ese enlace entre la subjetividad y la cultura, ésta no se reproduce *en* los sujetos porque no se la apropian. Se ha confundido demasiadas veces el legado de la modernidad en las escuelas: la reproducción cultural se lleva a cabo en la producción del sujeto cultivado, no en el sujeto que sabe repetir el texto que representa el objeto cultural. Las condiciones para el cultivo del sujeto son decisivas para que el texto cultural que se va a reproducir no se quede en una simple representación, por muy brillante y densa que sea. Es en el establecimiento del puen-

---

[4] La obra se publica originalmente en 1902 con el título *The child and the currículum*.

te de doble sentido entre sujeto y cultura donde se sitúa la capacidad transformadora del individuo que, potencialmente, tiene la cultura y, al mismo tiempo, la posibilidad de que la tradición quede abierta a la transformación que puede procurar una apropiación con *autonomía* por los sujetos. Esta condición —capacitar sujetos autónomos para abrir la tradición— se nos presenta como el cuarto criterio esencial para juzgar la calidad de la enseñanza.

Jugar bien las posibilidades de la intersección sujeto-cultura no ha sido ni es fácil; es el reto incumplido de la pedagogía moderna aún hoy. La representación de las sustantivaciones culturales en el *currículum* ha dejado mucho que desear; las materias escolares distan, en muchos casos, de ser selecciones que reflejen adecuadamente las sustantivaciones supraorgánicas culturales y los valores de la cultura a la que dicen representar; los ritmos de aprendizaje y los ritos escolares distan de poder permitir el desarrollo sosegado del proceso formativo o de cultivo; con la vista puesta en la meta final no se le ha dado importancia al camino; las formas de enlazar la experiencia nutrida de la cultura local y la cultura objetivada más universal exigen un proceso de investigación permanente en la práctica, donde el equilibrio entre lo local y lo universal no es fácil de mantener. Tal proceso de búsqueda no puede guiarse por leyes pedagógicas (lo más, por principios generales), peculiaridad que fundamenta la necesidad de salvaguardar la autonomía para la libertad de la indagación por parte de los profesores, y potenciar la idea de que son, como dijera Stenhouse (1984), *investigadores en el aula*.

El puente que enlazara las dos orillas, la del sujeto "localizado" en un ambiente cultural concreto y la de la cultura objetiva, más allá de la aceptación de su conveniencia, no iba a dejar de presentar problemas. La construcción del enlace podía realizarse más en mayor medida partiendo desde las condiciones de una de las orillas que desde la otra. Ha sido explicable que el caminar por ese filo del equilibrio se volcara unilateralmente, unas veces sobre la orilla del legado cultural (la actitud *logocéntrica*, ya comentada), otras sobre la importancia del receptor (la orientación *psicocéntrica* o *paidocéntrica*) y algunas sobre la valoración de los significados de la cultura local que lo circunda.

Como Dewey (1944, pág. 29) había señalado: el mundo del niño era restringido, pero personal, frente al otro mundo externo que es impersonal aunque amplio. El del niño es un mundo unificado, donde resalta la afectividad que provoca implicaciones globales de la persona con las realidades en las que se implica. En el mundo externo, la cultura objetivada en las asignaturas se presenta a través de especialidades. Las parcelaciones del *currículum* quedan regidas por criterios abstractos de clasificación y por ordenaciones lógicas; por el contrario, en el niño la experiencia se organiza por lazos prácticos y emotivos. Dos lógicas, pues, dos universos en previsible conflicto a la hora de instrumentar estrategias para realizar el puente. Fracasos, los ha habido, pero éxitos también. Éste sigue siendo el camino de la renovación o innovación pedagógica como distintivo de calidad en la educación.

Si el nexo se interpreta como un transvase al sujeto, éste queda anulado como tal y su transformación es ficticia. Un respeto sagrado por el legado dejaría al programa de la modernidad presa del pasado. La veneración por el legado cultural y por sus textos, recuperada hoy por los obsesionados por el canon cultural "correcto" y elitista (Bloom, 1987), si se aplica de forma indiscriminada a la enseñanza de cualquier nivel, podría imposibilitar el acceso del sujeto a la cultura dignificante, frustrándose la apuesta moderna. Si el canon[5] es inamovible, cualquier desviación en su dominio será sancionada como error, cuando éste no es sino una posibilidad en el tanteo que implica el diálogo del sujeto con las obras objetivadas de la cultura. Las obras catalogadas como canónicas no deben hacernos considerar que los únicos aprendizajes sustanciales son los que expresan el dominio de las altas virtudes del canon. Éste al pasar de ser cultura objetiva a ser experiencia de cultura aprendida puede "degradarse" desde el punto de vista cualitativo, aunque en ese proceso habrá contribuido a enriquecer al que aprende. Como matiza BLOOM (1995, pág. 39-40), es estúpido defender el canon como si encarnase las siete virtudes morales que componen nuestra supuesta gama de valores normativos y principios democráticos. La verdadera utilidad de las obras canónicas, consiste en contribuir al crecimiento de nuestro yo interior.

La experiencia histórica que aprovechó la modernidad proporcionaba planos fiables, seguros y más a mano (el *trivium* y el *cuadrivium* tenían ya bastante historia) para construir el puente desde la orilla de la cultura objetivada, de manera que las materias proporcionasen los contenidos y el método con sus pautas de clasificación. Éste es el orden pedagógico moderno, aunque se le ha conocido después como pedagogía *tradicional*, quizá porque se valió también de procedimientos disciplinantes para imponer la riqueza cultural que consideraba valiosa. En el terreno del orden disciplinante, la modernidad también disponía de una amplia tradición premoderna de la que echar mano al extenderse la escolarización, como ha mostrado FOUCAULT (1978).

En la vertiente opuesta, una ponderación absoluta del alumno y de su subjetividad dejaría presa a la educación de un naturalismo inmanentista que, de forma tan clara, han representado algunas experiencias educativas modernas que dan un valor relativo a los contenidos culturales. Como reacción antitética al orden *logocéntrico,* entre las transformaciones que el siglo XX deja, se encuentra la de afianzar al niño como la orilla relevante desde la que construir, poniendo la personalidad y la autorrealización como criterio al que subordinar o desde el que contemplar las formas escolares de la cultura objetivada.

El difícil nexo nos advierte que es preciso una aproximación que requiere no dar un peso absoluto a ninguna de las dos orillas. Esta dificultad explica el reto permanente que significa construir e inventar la *cultura transformada pedagógicamente*. Es permanente porque siendo la cultura cambiante, y estando los sujetos sometidos a circunstancias variables, el camino del nexo siempre será provisional. La síntesis de progreso de DEWEY (en el que prendieron influencias hegelianas) es interesante porque aborda específicamente el problema del *nexo* cultural que él plantea de la siguiente forma. El reto es:

"... librarnos de la idea nociva de que existe alguna especie de abismo entre la experiencia del niño y las diferentes materias que construyen el programa escolar. Del lado del niño, el problema estriba en ver cómo la experiencia contiene dentro de sí misma elementos —hechos y verdades— justamente de la misma naturaleza que los que

---

[5] Uno de los significados originales de la palabra canon hacía referencia al listado de libros que la Iglesia católica consideraba auténticos. En el contexto en el que nosotros utilizamos ese término, canon alude a las obras culturales (libros, básicamente) que tienen un valor ejemplar por las altas cualidades de su contenido.

constituyen la materia de estudio ya elaborada y, lo que es más importante, cómo contiene en sí misma las actitudes, los motivos y los intereses que han operado el desarrollo y la organización de las materias hasta el plano que ocupan ahora. Del lado de las materias, el problema consiste en interpretarlas como manifestaciones de fuerzas que actúan en la vida del niño, y en descubrir los procesos que intervienen entre la experiencia presente del niño y su madurez más rica." (DEWEY, 1944, pág. 33.)

"(La ciencia) se ha de introducir, no tanto como una nueva materia, sino mostrando los factores ya incluidos en la experiencia anterior y proporcionando los instrumentos con los que puede ser fácil y eficazmente regulada esta experiencia."
(DEWEY, 1944, pág. 65.)

¿No nos suena este argumento como un anticipo de los supuestos del constructivismo científico y psicológico, en el sentido de que el pensamiento o la reflexión personales no son de una índole cualitativa diferente al pensamiento científico, que todo ser humano opera como un cuasi científico y que el aprendizaje es una construcción sobre materiales existentes? Las materias científicas representan un *grado* y una fase del desarrollo de la experiencia. Es decir, que si no hay discontinuidad irremediable entre las formas de pensamiento o la experiencia personal y lo que está representado por las materias, el problema reside en cómo caminar desde las formas del sujeto hasta el contenido del *currículum* y viceversa. Porque abrir el sujeto a la experiencia más universal no se consigue siempre respetando el ritmo del alumno, pues es muy posible que por ese camino muchas cosas le quedarían veladas, y la educación es incitación, abrir los límites. Desde el punto de vista educativo está justificada la búsqueda del puente construido equilibradamente entre las dos orillas: las materias representan los materiales nutrientes, aunque el orden lo impone la lógica de desarrollo de la experiencia de los sujetos; el orden provisionalmente terminado de la materia tal como la ve el científico no se transpondrá tal como viene dado al niño. En el caso de hacerlo se producirá discontinuidad, falta de motivación y, lo que es peor, el mismo contenido perdería su densidad potencial.

Una categoría conceptual queda rota o transformada profundamente con este proceso: el *currículum* para formar al sujeto no podría ser el configurado con el formato de las especializaciones de la cultura objetivada.

En cierto modo, la idea de DEWEY formula bien el problema, aunque es difícil plasmarla en las condiciones de la escolarización. En primer lugar, el *nexo* se refiere a un proceso que ocurre en los sujetos, que acontece en cada sujeto, mientras que en la escuela es guiado por una organización colectiva, por un *currículum* para todo el sistema, con textos escolares uniformes, etc., pensados para el "todo". La lógica particular del sujeto que nos pone de manifiesto el panorama de la diversidad (de ritmos de aprendizaje, de motivos, de significados, de contextos, etcétera) se compagina mal con una organización compleja para el conjunto que tiende a la estandarización. En este sentido estamos ante un reto, una meta inalcanzable que hace el papel de idea-fuerza para caminar. Creemos que el ideal de la universalización de la educación sólo puede ser logrado a través de agrupamientos colectivos en instituciones colectivas, y esta realidad chocará con la singularidad de los sujetos. La obligatoriedad efectiva de la educación implica organizar un mundo complejo de diversidades individuales. El *nexo* no lo podremos provocar y guiar en cada sujeto diferente de los demás, salvo encauzando de forma general los procedimientos pedagógicos. Pretensiones desmedidas en este sentido sólo nos conducirán a dudar de la escuela como institución. La modernidad, se dice, ha fomentado la uniformidad y el sometimiento del sujeto a la norma, como condición de la institucionalización de los procesos que desencadena. Hacer posible la contemplación de la singularidad sólo es factible flexibilizando las instituciones y sus métodos para que la autonomía de los sujetos se exprese.

En segundo lugar, la construcción del puente o nexo en una escolaridad prolongada exige también contemplar la existencia de distintos arcos —seguimos con la metáfora—, que son los niveles escolares, en los que la aproximación entre sujeto y cultura objetiva requiere graduar la línea de progreso. El nexo cultural para una experiencia estimulada por la cultura, pero contemplando la lógica del que aprende, se ha aceptado, en términos generales, para la primera escolaridad. La preponderancia de la lógica de las materias en los tramos altos del sistema parece justificada. En medio queda un espacio no decantado todavía que se manifiesta en la ambigüedad que en este sentido muestra el *currículum* de la enseñanza secundaria (GIMENO, 1996a).

Finalmente, cabe señalar que la institucionalización de etapas largas de escolaridad supone inevitablemente cierta graduación de la escolaridad y del *currículum* con la consiguiente clasificación de estudiantes por algún criterio en tramos de tiempo (cursos, ciclos o etapas), incluso dentro de los niveles del sistema (primaria, secundaria, superior, etc.). La taylorización de la escolaridad conduce al establecimiento de referentes de contenidos y de objetivos que se deben dominar en el paso de unos tramos a otros. El nexo cultura-sujeto ya no será un proceso determinado por los ritmos y condiciones del sujeto sino por la estratificación de los contenidos y el establecimiento de estándares de referencia. Para marcar los estratos o escalones de la larga trayectoria de la escolaridad se han establecido mecanismos de normalización (evaluación) que tratan de imponer el ritmo y las exigencias al nexo del aprendizaje en cada tramo del tiempo y del *currículum* escolar. Los que no se acomoden a la normalización no progresarán adecuadamente y serán declarados "anormales", retrasados, fracasados y suspendidos. La lógica de la institucionalización, que normaliza los comportamientos individuales, y la lógica jerarquizadora y selectiva, que sigue perviviendo aún en la etapa de escolaridad obligatoria, propiciarán así la exclusión. El puente entre la cultura y el sujeto está sometido a las regulaciones de las que ha sido objeto el polo de la cultura. El reto de la universalización cultural de la modernidad a través de la escuela puede verse obstaculizado por lo que han hecho de la escolarización otras dinámicas de la misma modernidad que deberán ser revisadas. Favorecer la acogida de la diversidad, flexibilizando los corsés de la institucionalización y de la taylorización, evitando la exclusión, será otra de las vertientes de la revitalización del programa moderno.

2.2. El bienestar psicológico: presencia reforzada de los sujetos de la educación

El espacio separado de las urgencias de la sociedad y el largo tiempo que la escolarización prolongada proporcionaba generaron un lugar protegido para la infancia y para la juventud que proveía las condiciones para cumplir las funciones educativas, alejados los estudiantes de las limitaciones sociales externas y de la complejidad incomprensible de la sociedad y de la cultura para los seres inmaduros. Naturalmente, esto sólo ha resultado posible cuando la infancia ha sido liberada del trabajo y puede ser acogida materialmente en los espacios y tiempos escolares. La escuela, como decía DEWEY (1995), permitía la configuración de un ambiente simplificado, controlado y organizado con un propósito educativo, una pequeña comunidad propicia para poder emanciparse de las limitaciones del grupo social en el que se nace. Se abrían así unas amplias posibilidades para las fuerzas y procesos de la educación que en ese espacio-tiempo se desarrollaran, actuando como mecanismos potentes con efectos duraderos en la socialización y conformación de la personalidad, así como en la corrección de las influencias sociales perniciosas. La escuela se concebía como espacio protegido para la mejora social porque podía propagar lo que era conveniente y evitar lo pernicioso. Este optimismo lo han asimilado prácticamente todos los movimientos sociales e ideológicos que esperan de la educación un mejor orden social. Hoy, en sociedades cada vez más complejas y con muy accesibles flujos de informaciones entremezcladas, el espacio-tiempo escolar cobra en este sentido mayor relevancia si cabe. La escuela tiene que acercarse a la vida, pero en una sociedad cuyas actividades están mediadas por símbolos y por el conocimiento abstracto, para comprender esa vida hay que distanciarse de ella.

La fe en el poder de perfeccionamiento que tiene la apropiación del conocimiento, si realmente es formativo, se ligaba al *bienestar del niño y al de la sociedad.* Se configuraba así un programa de transformación de la escuela y para la escuela que operaba desde dentro de la misma, como impulso renovador de la educación institucionalizada que, si bien es ingenuo, en la medida en que se haya considerado autosuficiente, tenía la virtud de mantener la pulsión del progreso desde dentro de la escolarización donde el sujeto desempeñaba un lugar relevante.

Este siglo es conocido, entre otros méritos y deméritos, como el del reconocimiento de los derechos del niño y del afianzamiento de la idea de infancia como etapa específica de la evolución humana; no sólo como ocasión para la moralización y disciplinamiento dentro de una institución que encauza al yo debidamente orientado y controlado, o como etapa en la que absorber el legado cultural, sino como momento que se debe respetar, en el que estimular el desenvolvimiento del sujeto, favoreciendo su expresión. Algo que hay que proteger, en suma, con derecho a ser contemplado en un clima pedagógico libre de autoritarismos. Apoyándose en los avances del derecho, de la psicología, en los estudios sobre la socialización, releyendo las aportaciones del humanismo, se ha constituido toda una antropología pedagógica que confiere valor propio a las etapas de maduración previas al estadio de adulto.

Si bien no se trata del triunfo absoluto de la idea de la bondad natural rousseauniana, sí es al menos el del respeto a una conducción educativa que contemple necesidades de etapas que marcan posibilidades específicas, proveyendo de un espacio especialmente diseñado para la construcción nada menos que de la personalidad. Es la conquista del *sujeto*-niño que se debe considerar en la educación escolarizada y, en este final de siglo, también en su condición posterior de joven. La liberación de los más jóvenes del trabajo productivo y la transformación familiar dan oportunidades a la necesidad de desarrollar un ambiente privilegiado y preservado para el desarrollo personal y para la socialización como no había existido antes.

© Ediciones Morata, S. L.

Al espacio-tiempo de la escolarización se le añadieron poderes para intervenir en la experiencia vital global. El programa moderno de aculturación y disciplinamiento de la educación será cada vez más amplio. También será más imposible o contradictorio. Descubre la necesidad de contemplar todas las dimensiones de la persona, desbordando el academicismo intelectualista. Preconiza el diseño de ambientes estimulantes y relajados por encima de un orden institucional impuesto. Reivindica la importancia del interés como móvil de la asimilación cultural como algo más digno de atender que el peso de la autoridad y de la inculcación. Aprecia el valor de las relaciones horizontales entre iguales tanto como las verticales con los adultos, a través de las que se insufla el proyecto de reproducción. Valora, en suma, los procesos educativos en sí mismos, tanto como la asimilación cultural.

Estas elaboraciones que tienen como referencia al sujeto en proceso de maduración se convierten en criterio de evaluación de prácticas educativas que luchan por definir espacios autónomos dentro del sistema escolar. Son fines relacionados con cometidos que amplían el sentido de la reproducción cultural y de la apropiación ilustrada de contenidos, que sobrepasan la socialización en patrones de comportamiento externos y que desbordan la importancia de responder a necesidades sociales. La escuela se ha configurado como un territorio educativo con sentido propio, al menos de forma parcial, lo cual no deja de provocar constantes conflictos con supuestos y con prácticas profundamente arraigadas fuera y dentro de la misma.

Con los avances de esta antropología pedagógica, aunque no sin contradicciones y titubeos, surge la posibilidad de un espacio de *autonomía* creadora para la escolarización —al servicio del niño o del joven como *sujetos*— que se incorpora a la razón ilustradora que vio en la escuela un agente de liberación apoyado en el reparto y expansión de la cultura, y que se añade también al funcionalismo de la escuela para con la sociedad de los adultos y del trabajo. Se potencia de ese modo la idea de que la escolarización es motivo de creación y de mejora de la condición humana en un sentido amplio, en equilibrio más inestable con las funciones de reproducción. La invención de este nuevo espacio tiene consecuencias políticas importantes (como veremos en el próximo capítulo) y, de forma más inmediata, se proyecta en la aspiración a una autonomía de lo escolar, fundamento de la especificidad e independencia de las funciones de los profesores y de su entidad profesional. Éstos no sólo son agentes delegados de la sociedad en sus funciones reproductoras de la cultura y en el cuidado de la infancia y de la juventud, que comparten con la familia y con otros agentes, sino que están llamados también a desempeñar funciones y papeles específicos para los que deben disponer de una capacitación y de un marco de independencia y de libertades.

De forma paralela al proceso de modernización que conlleva la escolarización universal, al lado de sus funciones reproductoras del legado cultural, la ideología pedagógica que daba contenido al espacio-tiempo escolar resaltaba la importancia de atender al sujeto completo. En el impulso modernizador se incrustaba con más plenitud una de las preocupaciones postmodernas fundamentales: el *sujeto de la educación*. La modernidad nos dejaba un conflicto que buscaba una nueva síntesis no fácil de resolver. Un conflicto que tiene tres expresiones. La primera, en el terreno de la reflexión: la de intentar un equilibrio que haga compatibles las exigencias de ambas filosofías (la que resalta las necesidades del sujeto y ve el proceso educativo desde éste, y la filosofía que articula la reproducción cultural). La segunda cara del conflicto se sitúa en el terreno práctico: en la pugna entre la idea de respeto al sujeto y la acción fáctica "normalizadora" que de hecho cumple la institucionalización de la educación.

La tercera consecuencia se manifiesta en la contradicción de que, queriendo liberar un espacio a la medida de los sujetos para el desarrollo de su personalidad, la institución actuará al mismo tiempo como una institución *total* en la que los sujetos quedan "capturados" como tales personas. Y no es imprevisible que una filosofía de la "educación de la persona total" en una fuerte organización como la escolar —ejemplo paradigmático de las organizaciones modernas— sea engullida por la racionalidad de una institución que se pensó como reproductora, disciplinante y moralizadora. ¿Qué puede pasarle a un sujeto en el mundo de la racionalidad vertical, en el sometimiento de los individuos al patrón definido por ella, en la desconsideración de las individualidades, cuando rige el principio de responder a las demandas de la realidad institucionalizada antes que el de la satisfacción de las necesidades de los sujetos? O se transforma el espacio institucional o el sujeto quedará más atrapado. La racionalidad de la organización moderna parece incompatible con la idea plena de sujeto que reclama una reinstitucionalización diferente de la práctica. La escolaridad para el *bienestar pedagógico total* es, sencillamente, inviable en las actuales escuelas.

La primera lectura que hace la modernidad del sujeto en la educación es la del ser humanizado por la cultura. Sólo que ese ideario fue plasmado en demasiadas ocasiones en pedagogías premodernas que negaban las derivaciones educativas de aceptar la crítica como herramienta de la razón, el carácter abierto del legado cultural y las consecuencias pedagógicas derivadas de la libertad del individuo. La segunda lectura del legado de la modernidad en relación al sujeto valoraba la cultura objetivada, pero ponía en el otro platillo de la balanza al *ser* que aprende, el proceso de progreso de su experiencia, el interés y la motivación. Esta segunda interpretación del legado moderno de la educación no niega los valores que dice apoyar la primera lectura, sino que discute la forma que aquélla adoptó desde el punto de vista pedagógico. La cultura sigue siendo valiosa, pero hay que traducirla para lograr el *nexo* significativo. Es falsa y contraproducente la contraposición, pues, entre estas dos lecturas de la modernidad, como si fuesen modelos antitéticos. Lo que se ha reconocido, creemos que de forma incorrecta, como pedagogías *tradicional* y *progresista*, son ambas modernas, en el sentido de que defienden valores del legado cultural como premisa básica. Sin dar valor a la tradición cultural abierta que se quiere extender, no se puede ser moderno y progresista; sin poner al lado las consideraciones que reclama el sujeto, tampoco. Las tendencias opuestas aunque complementarias que se derivan del respeto al sujeto y del poder normalizador y moralizador de la cultura y de las instituciones son una constante en la historia moderna (TOURAINE, 1997, pág. 78).

La separación entre ambas lecturas, que tan visible es hoy todavía en el profesorado y a la hora de enjuiciar las reformas educativas, resta fuerza al progreso en educación. "Tradicional" no puede ser quien valore los contenidos, como "progresista" no puede ser quien no valore lo que representa el sujeto. La modernidad en educación había dejado constancia de la importancia del sujeto al comienzo del desarrollo práctico de su proyecto. Y éste sigue siendo hoy el reto modernizador de un sistema educativo sustancioso desde el punto de vista cultural y respetuoso por necesidad de los sujetos. Lo rechazable son las adherencias premodernas y autoritarias con que se tradujo en la escolarización el legado moderno, así como las posiciones ingenuamente progresistas de la creencia en un sujeto desarrollado en el vacío cultural o supuestamente guiado en ese proceso por fuerzas inmanentes ante las que la cultura objetiva no debe intervenir. A esta última interpretación es a la que se refiere el pensamiento de ARENDT (1996) cuando dice que la pedagogía moderna, al dejar de querer conservar el mundo y la tradición acumulada, sitúa al niño como enemigo del mundo, de lo cual debemos proteger a éste.

El proyecto contenido en la lectura progresista de la modernidad es eso: proyecto que hay que rellenar de saber hacer práctico. En ese intento se insertan todas las experiencias pedagógicas del siglo XX que han tratado de hacer compatibles los dos supuestos básicos del legado: cultura y sujeto. Aún hoy distan de haberse compaginado, cuando motivaciones de otra índole resucitan la lectura premoderna autoritaria y la postmoderna de un sujeto no universal, sino miembro de grupos culturales diferenciados.

El sujeto está presente, pues, en los planteamientos de la tradición moderna. Falta hacer real su presencia en las prácticas, como reto pendiente del proyecto todavía no cumplido. En el desarrollo de la búsqueda de ese camino, se enfrenta a nuevas interpretaciones de sí mismo y de la cultura: 1) La de inventar un sujeto construido científicamente para introducirlo de igual manera en el proceso de reproducción, tentación pedagógica de una modernidad cientifista, frente a una lectura más "política" de lo que significaba el individuo como ser independiente, con autonomía y libertades. 2) Las derivaciones del concepto antropológico de cultura y sus implicaciones para la subjetividad. 3) La inestabilidad de los saberes en las sociedades de la información.

3. El sujeto y el proceso educativo construidos científicamente

El fenómeno de la escolarización universal refuerza la presencia de las instituciones escolares en la sociedad, en la cultura y en la vida de los sujetos. El mundo escolar propaga formas de entender, de percibir y de proyectar la vida personal y la social. El sujeto es constituido por la institución escolar; ésta recibirá presiones para constituirse de acuerdo con una determinada idea de sujeto. *Infancia* y *escolarización* son conceptos que se construyen recíprocamente.

La construcción científica del sujeto hace alusión a la visión que nos ha dado, principalmente, la psicología del ser inmaduro y de su proceso de crecimiento. A ella le debemos, junto a los avances del derecho y de la moral, la idea de que el ser en desarrollo es un ser pleno en cada una de las etapas por las que pasa, sólo que con peculiaridades que en cada momento le caracterizan como algo diferente. La creencia de que la *infancia* era una manifestación inmadura del hombre en plenitud, la de que el niño es un *homúnculo*, o la creencia religiosa de que el niño nace al mundo marcado por el mal del pecado, han podido justificar durante mucho tiempo procedimientos disciplinantes y correctivos, tratamientos irrespetuosos con sus derechos como tal ser pleno. Desde el punto de vista de la transmisión cultural pedagógica, ha podido mantenerse que lo importante era acomodar y someter su inmadura razón a la Razón representada por la cultura objetivada en el *currículum*. Los avances del pensamiento científico de la modernidad han sido trascendentales para que el estudiante-sujeto tuviera un hueco en los planteamientos educativos reproductivos. La creencia de que la ciencia puede regular la realidad es una de las premisas fundamentales de la racionalidad moderna, lo cual ha supuesto para la educación la esperanza de que el proceso educativo podría regularse de acuerdo con la idea de sujeto proporcionada por la psicología.

La visión científica nos ha conducido a la idea de que el organismo en evolución era un mecanismo regido por leyes que permitían algún tipo de regulación desde fuera. Si eso no era posible, la imagen científica representaría el estado de cosas con el que contar y al que hay que adaptarse. Partiendo de la explicación del funcionamiento del sujeto se ha querido ordenar el proceso educativo. Deslumbrados por el espejismo cientificista moderno, hemos olvidado con frecuencia que, si bien todo conocimiento es un dato que hay que considerar en la toma de decisiones, en educación éstas no se derivan de aquél. Nos gusta recordar que uno de los autores que más ha aportado a la concepción de la infancia como etapa diferenciada de la hominización, como era Piaget, no tuvo empacho en decir que de sus teorías no se deducía una pedagogía (PIAGET, 1969). Con la admiración a esa prudencia, es patético observar la ligereza de los abundantes "expertos de la educación" armados con el conocimiento científico del ser humano y dispuestos a intervenir en la educación con legitimidad apoyada en la ciencia.

Siguiendo esa ola de construcción científica del ser humano, en la educación se habla de tipos o niveles de inteligencia que son excusa para decir que tienen que preverse "alimentos" culturales diferenciados; se distinguen "estilos de aprendizaje" en las personas para los que se proponen metodologías apropiadas individualizadas; se diagnostica y se mide cualquier rasgo del carácter, de la personalidad, de las relaciones humanas, de los resultados del aprendizaje con el fin de proporcionar tratamientos *ad hoc*; se etiqueta y se jerarquiza a los sujetos para estandarizarlos en las instituciones escolares (agrupación de estudiantes basadas en la capacidad, etc.); se ha primado la importancia de las dimensiones cognitivas y se ha soslayado el significado que asignan las personas a las adquisiciones, así como los afectos que se adhieren a todo lo que hacemos y aprendemos. En ese proceso de construcción científica del sujeto se puede resaltar particularmente el sesgo que hace la modernidad hasta ahora desarrollada al mutilar todo lo que signifique afectividad (FOLLARI, 1997).

La construcción del sujeto a partir de su estudio científico se corresponde, por idéntica pulsión racionalizadora, con la de los métodos pedagógicos, la organización del trabajo escolar y la de todo el diseño y desarrollo del *currículum*. Si el sujeto se escolariza, todas las racionalizaciones que se vuelquen en dar cuenta de las etapas de evolución psicológica serán concepciones a través de las que se comprenderá también su escolarización. Los modelos pedagógicos se han configurado de acuerdo con las visiones y necesidades propias de cada época. Así, por ejemplo, la pedagogía disciplinaria, que tiene fuertes raíces premodernas, se formalizaría a partir del siglo XVIII —caso del modelo de los jesuitas— inventando procedimientos de clasificación, ordenación y jerarquización en el espacio y en el tiempo de los estudiantes. La legitimación de modelos educativos en el siglo XX se

© Ediciones Morata, S. L.

realizará apoyándose en ciencias como la psicología, conformando lo que VARELA (1995a) denomina como las *pedagogías psicológicas,* que proporcionan visiones generales de la etapa escolar, de sus estadios y del ritmo del proceso de desarrollo. Se inventa un sujeto escolar al que ajustar los procesos pedagógicos y el *currículum.*

Una misión de tanta importancia para el individuo y para la sociedad como es la escolarización, en la era en la cual el conocimiento pretende controlar toda la actividad como manifestación de fe en la razón científica, no podía dejarse a la improvisación. La separación entre la infancia y los adultos que se lleva a cabo con el proceso de la escolaridad implicó el surgir de nuevas formas de educación que requerirían también otros modos de legitimación que cumplirían los saberes pedagógicos (VARELA, 1995b). En consonancia con un sujeto que se desarrolla, que aprende de manera progresiva, se situará la búsqueda de un orden progresivo y coherente en el proceso que le lleve a esa posesión. Al sujeto de la modernidad lo orienta un yo ordenado; su biografía va a ser construida también con coherencia; su experiencia se debe acumular siguiendo las reglas ordenadas que impregnan el funcionamiento de las instituciones y las pautas de racionalización de los procesos que en ellas tendrán lugar para que su aprendizaje y toda su persona no resulten un *collage* desprovisto de sentido. La meta de ese proceso ordenado debe ser la independencia del sujeto que toma en sus manos el destino propio, libre y autónomo, que se guía reflexivamente en el mundo abierto y sometido a constante revisión. El texto o *currículum* que expresase ese proyecto ordenado a un fin debe guardar una coherencia. La escolarización ha de ser, pues, organizada, lo mismo que sus instituciones; sus actividades deben perseguir con coherencia el proyecto expresado en su *currículum;* la práctica debe ser diseñada para transmitir al sujeto la coherencia de las finalidades y de los planes donde se expresa la cultura objetivada.

De forma paralela a la expansión de la escolaridad y con la finalidad de dotar de cierto orden y legitimidad al proceso de asegurar la eficacia de la misma y su misión cultural, surgieron los estudios sobre el *currículum* (BEYER y LISTON, 1996), con esa impronta de pretensión de orden y de racionalización. Como bien sabemos, esta área de estudio no debe su origen a una disciplina científica concreta, sino que se configura como un campo práctico (GIMENO, 1988), ecléctico, capitaneado por académicos y administradores, para dar respuesta a los problemas de índole organizativa, social, económica y pedagógica que plantea la reproducción y el *nexo* cultural en la organización de la escolarización. Dado que se trataba de una práctica tan compleja, de aplicación tan amplia y conjugando elementos tan distintos, era más urgente que nunca proceder a su esquematización a través de teorías científicas o esquemas generales que ordenaran el territorio. Esa función racionalizadora es bien clara en la obra de BOBBIT (1918), cuyo fin más evidente era proporcionar un esquema para que las escuelas respondieran adecuadamente a las demandas que les hace la sociedad. Se puede apreciar también en la obra de TYLER (1973), cuya publicación original data de 1949, donde se proporciona un esquema lógico de racionalización general de la práctica para conseguir propósitos, que guarda un paralelismo evidente con lo que conocemos como racionalidad tecnológica. La misma pretensión tiene la obra de TABA (1974): ordenar los problemas puestos de manifiesto por el plan modernizador, aunque expresando la complejidad del empeño y aportando esquemas más flexibles y complejos.

© Ediciones Morata, S. L.

Los estudios sobre el *currículum,* hasta bien avanzada la segunda mitad del siglo XX, representan esa pretensión de ordenar las finalidades y contenidos de la cultura escolar en el marco de la escolarización universal, e incidir en el orden de las prácticas de aula: es decir, diseñar el texto del *currículum* y guiar su desarrollo hasta provocar el *nexo cultural* de manera eficiente (GIMENO, 1982), estableciendo una continuidad entre la selección del proyecto y su realización práctica. Se trata de esquemas abstractos para organizar la cultura de las escuelas enlazando problemas propios de los planos político, económico y administrativo con problemas de índole más técnica referentes a las prácticas educativas [6]. Gracias a esa promesa de racionalizar alcanzan a veces tanto éxito esos esquemas, al prometer la solución de un reto francamente complicado.

El mayor atrevimiento en la pretensión de racionalizar la vida de la acción práctica para la transmisión cultural y el logro del *nexo*, lo han representado los modelos de diseño científico de la instrucción, generalmente propuestos bajo el paraguas de alguna teoría psicológica, conductista primero, cognitiva después. Toda una gran tradición de reformas educativas hasta los años ochenta traslucen esa pretensión de racionalización técnico-científica dirigida desde el conocimiento experto (POPKEWITZ, 1994). Esta pretensión se ha constituido en uno de los excesos más claros de la modernidad en educación: querer regular científicamente un proceso que es abierto, como es la *formación* (un término que el lenguaje científico ha extraviado) para reproducir la cultura. Como mucho, la cientificidad en este caso sólo puede ser una pretensión razonable si la reproducción es cerrada. Si ésta es y la queremos abierta, es un contrasentido lógico pretender lograrla desde una teoría concreta o desde esquemas formales cerrados. De ahí la presunción y la prepotencia de los modelos de diseño del *currículum* que lo han intentado, y que han fracasado cuantas veces se lo han propuesto. Es curioso cómo, sin que dispongamos de explicaciones suficientes de los fenómenos relativos al *nexo cultural* y sus condiciones, se quiere regular la práctica de manera ajustada con "retazos" de teorías, y cómo esta tentación utilitarista, que tan cotizada anda por el mercado de los expertos *integrados,* es tanto más fuerte cuanto menos complejas son las explicaciones sobre la acción educativa. Ya hemos comentado en otro lugar lo difícil que es hoy actuar con certidumbre científica, que no es lo mismo que ir desorientados.

La racionalización del *currículum,* de su proyección y desarrollo ha dado lugar a otro exceso de modernidad: el de ver en los profesores a técnicos sin valores, agentes despersonalizados o súbditos de los expertos y de los burócratas (CONTRERAS, 1997; PÉREZ GÓMEZ, 1995).

El modelado científico de la idea de sujeto de la educación y la de los procesos educativos olvidan una connotación ilustrada moderna fundamental, que quizá es el reto del programa de progreso más por descubrir: que la educación es un instrumento para la libertad y la autonomía del sujeto, es decir para que se exprese como actor. Sólo partiendo de la necesidad de potenciar al sujeto (con sus circunstancias particulares) para facilitarle su independencia, su libertad y su

---

[6] Como ejemplo muy evidente de esa lógica de querer enlazar en escalones la racionalidad político-administrativa con la racionalidad de las prácticas, mencionaremos la obra de C. COLL (1987), que él ha utilizado como esquema para ordenar la política curricular española en la Reforma de 1990, ofreciendo una legitimidad con pretensiones de cientificidad.

© Ediciones Morata, S. L.

compromiso con causas sociales, podremos liberarnos del dilema que se plantea entre un individualismo reducido a la vida privada en un mundo libre de intercambios comerciales o de información y la tentación de caer en la identificación con la esfera cerrada de la cultura del grupo o comunidad de referencia.

Con las interpretaciones realizadas por la ciencia ha primado una lectura del sujeto hecha por expertos sobre otras de signo subjetivista, moral y político. Así queda prácticamente por realizar la aspiración a una educación que potencie a los actores y que capacite para deliberar críticamente, sin restricciones ni discriminaciones en una democracia, sobre las posibilidades de lo que puede ser "una vida y una sociedad adecuadas", y hacérselo posible a todos, como sugiere GUTMANN (1987, pág. 45).

Esas cualidades políticas y morales, además del significado que guardan para la concepción del ciudadano adulto en una sociedad libre, tienen una aplicación muy concreta en educación: ligarlas a la libertad a la información, al ejercicio del libre pensamiento y a la posibilidad de ejercer esa libertad y esa autonomía en el proceso de apoderarse de la cultura objetivada a través de los aprendizajes escolares, así como la importancia y necesidad de expresar sus ideas. Contando con las posibilidades del sujeto en evolución, es importante la capacitación para el ejercicio de la crítica. Los significados de lo que es aprender en, con y para la libertad están por descubrir: el equilibrio y compatibilidad entre aprovecharse de un legado que impone ciertas reglas, esfuerzo y disciplina, y la posibilidad de ejercer la libertad y la autonomía personales mientras eso ocurre. La creación del ciudadano para la democracia en educación tiene, pues, implicaciones para todo el *currículum*. La perspectiva de hacer de la educación, de las prácticas de enseñanza, del *currículum* y de la institución escolar un programa favorable a la subjetivación, donde cada cual pueda ser él mismo, expresarse con libertad y autonomía todo él, nutriéndose de la cultura y comprometido con causas sociales emancipadoras de todos los demás sujetos, constituye toda la parte del programa moderno que queda por alumbrar.

4. *La cultura como un todo antropológico.*
   La postmodernidad en el currículum

Hemos visto las proyecciones de la acepción moderna de cultura entendida como objetivación externa; hemos rastreado los problemas aún pendientes de resolver de una concepción más subjetiva de cultura como cultivo personal. Con esos retos abiertos, la lectura que la postmodernidad hace de la cultura como objeto de la ciencia antropológica abre nuevos e inquietantes interrogantes.

En el enfoque clásico de la antropología, *cultura* incluye todo (TAYLOR, 1977): conocimiento, creencias, expresiones folclóricas, tecnologías, usos de la vida cotidiana, formas de comportamiento colectivo, el derecho, reglas morales, etc. La cultura la forman todos los contenidos que constituyen los modos de vida de una sociedad; es, y con ello se aporta una significación decisiva, una *totalidad* que incluye todo y a *todos* los miembros de un determinado grupo social. Las prácticas de educación (de las que la escolar es sólo un tipo) reproducen ese bagaje y ellas mismas son un rasgo de la cultura o de las culturas.

© Ediciones Morata, S. L.

La modulación que la antropología científica y la sociología imprimieron al concepto de cultura ha sido decisiva para sugerir cambios en cinco rasgos básicos de la escolarización:

a) La aculturación escolar es algo más que el *currículum*.
b) Ruptura del concepto académico de cultura.
c) El rescate de la cultura popular.
d) Derivaciones de la relativización cultural. Universalidad y diferencias en el *currículum*.
e) El sujeto para la cultura: la identidad como cometido escolar.

a) La aculturación escolar es algo más que el *currículum*

En la escuela se producen de hecho fenómenos de aculturación más amplios que los relacionados con la cultura en el sentido moderno, aunque tengan lugar bajo la forma de *currículum* oculto. Si el punto de mira se dirige solamente a los contenidos académicos, desconoceremos otros fenómenos de aculturación que están ocurriendo en un plano soterrado. El ojo antropológico tiene la virtud de ampliar la mirada sobre lo humano, ausculta los más variados canales de comunicación entre sujetos y componentes de la cultura, nos proporciona una visión ampliada de la reproducción cultural. Esta aportación del concepto social y antropológico de cultura es sobradamente conocida y aceptada en el pensamiento sobre la educación, desde que JACKSON (1991) describió la vida en las aulas. (Entre nosotros, pueden verse los trabajos de DÍAZ DE RADA, 1996 y de TORRES, 1991.) Desde una perspectiva social y política, las aportaciones clásicas de APPLE (1986, 1996a, 1996b y 1997), BERNSTEIN (1988 y 1998), BOURDIEU (1987 y 1988a), y BOWLES y GINTIS (1981), además de los análisis foucaultianos, son bien conocidas y no es preciso reiterar sus argumentos para aceptar la existencia de procesos relacionados con la transmisión de contenidos y de rasgos culturales que no están contemplados en el texto del *currículum* oficial.

b) Ruptura del concepto académico de cultura

El concepto antropológico de cultura introduce una visión ampliada de los contenidos posibles que se deben incluir de manera explícita en los *currícula*, más allá de los contenidos académicos seleccionados entre los saberes clasificados en las disciplinas, considerados tradicionalmente como relevantes. Partiendo de la premisa de que en la cultura entra todo, y del hecho de que en el tiempo escolar no cabe todo, puede resultar más difícil todavía establecer niveles, prioridades o jerarquías entre las elaboraciones culturales pertenecientes a diversos rasgos de la cultura (SEBRELI, 1992). En la epistemología de la postmodernidad, el sentido de la jerarquía entre diferentes tipos de conocimiento desaparece; no hay estructura, no hay fundamentos, no existen metanarrativas que establezcan prioridades y que ordenen la validez de las elaboraciones culturales. Todo puede caber porque todo es parte de la cultura.

© Ediciones Morata, S. L.

Una delimitación tan amplia de la cultura desborda, pues, la esfera del intercambio cultural relativo a las objetivaciones más valoradas o nobles de la cultura académica que dice representar, a su vez, a la cultura sustantiva en sentido moderno. En la visión antropológica de la escuela y del "texto" que expresa su proyecto, pueden encontrar acogida potencial toda la cantidad y variedad de informaciones que en una cultura existen y se difunden, en vez de guiarse por el principio de incluir la sustancialidad de la tradición cultural objetivada, como hace el enfoque moderno.

Algunos enfoques dirigidos a hacer de la escuela un instrumento de preparación para la vida han llegado a la misma necesidad de desbordar el *currículum* académico: éste no contempla la complejidad de retos de la vida cotidiana. Las informaciones que hay que transmitir para un enfoque pragmático de este tipo se podrían extraer utilizando los diferentes rasgos o invariantes culturales, de forma que el microcosmos del *currículum* fuese representativo del cosmos cultural. En la prosecución de esta idea sería preciso, pues, desbordar los esquemas de clasificación de los contenidos, sustituyendo los clásicos parámetros de las asignaturas o áreas por los rasgos culturales, que reclamarían una correlativa ampliación de las competencias del profesorado.

Es decir, cabe plantear una escuela como agente de la aculturación más general en el sentido antropológico, en contraposición a una aculturación más especializada, centrada en las obras más notables de la cultura que sería una parte de la aculturación general. Esta perspectiva ha calado en la educación primaria, donde se ha plasmado más en sus prácticas la idea del *currículum* como recurso de descodificación del medio circundante. Ésta ha sido una de las apoyaturas de la crítica al academicismo de la educación *tradicional*.

Esta interpretación, en la que todos los rasgos de una cultura podrían tener presencia en el texto del *currículum,* puede plantear serias dificultades. La educación es un proceso de reproducción consciente guiado reflexivamente, y esta condición implica valorar componentes culturales y seleccionar inevitablemente los que se consideran esenciales; lo cual puede resultar ciertamente complicado para la actitud "abierta" y relativizadora que anida en el enfoque antropológico. La escuela, aun a pleno tiempo, no puede materialmente abarcar toda esa complejidad más allá de introducciones generales. Como su tiempo es limitado, introducir nuevos componentes en el *currículum* supone desalojar a otros. Si se es relativista consecuente, ¿a cuáles desalojamos? Un enfoque que no diera prioridad a unos rasgos de la cultura sobre otros nos llevaría a una superficialidad generalizada en todos los rasgos. La escuela moderna se especializó en unos rasgos que consideró esenciales, aunque ha flexibilizado sus enfoques en las primeras etapas de socialización, en la medida en que como institución pierde competidores en los procesos de aculturación.

c) El rescate de la cultura popular

El enfoque antropológico de la cultura favorece, bajo su amplia cobertura, la recuperación de la cultura popular como contenido legítimo en el *currículum* escolar. Son informaciones y contenidos de los que, a fin de cuentas dispone el medio circundante. Este concepto de *cultura popular* fue creado por los cultos y conservadores románticos alemanes. El gusto y resalte de lo local es uno de los rasgos intelectuales de la postmodernidad. Si por cultura se entiende todo y si hay culturas delimitadas, coherentes en sí mismas, y no podemos jerarquizarlas, la popular tiene que encontrar un sitio al lado y con el rango de cualquier otra, evitando el etnocentrismo que supondría elegir solamente dentro de las culturas propias de unas determinadas clases sociales.

La cultura popular también puede entenderse como los rastros míticos relativos a las señas de identidad colectivas de lo que fue y es un pueblo, especialmente sus clases bajas; lo que puede producir una simpatía de los críticos de la cultura "culta" moderna, vista por el populismo revolucionario como burguesa y dominante de la popular. La reivindicación de lo popular pasa así a ser un recurso simbólico del nacionalismo político populista para la lucha por la emancipación social, además de satisfacer al relativismo para el que todas las culturas tienen valor en sí mismas. Estos supuestos han dado lugar a contraponer la cultura popular a la cultura letrada dominante, a caracterizar a ciertas producciones culturales como "populares" frente a otras que no lo serían y a creer que las expresiones culturales pertenecientes a determinados grupos sociales son socialmente puras (CHARTIER, 1994).

La recuperación de esta cultura popular puede ser presentada en la educación como un acto de justa restitución y recuperación de una parte mutilada del acervo cultural, hasta como un compromiso de la escuela con las clases populares y, por otro lado, como una oportunidad de vivificar los contenidos escolares: con la denominación de actividades complementarias, extraescolares o de ocio, la fiesta, el folclore, las artes populares pueden amenizar una escuela excesivamente academizada y aburrida.

Sin negar la validez y oportunidad de contemplar ciertas manifestaciones populares en las actividades escolares, conviene, no obstante, revisar algunos de los argumentos con los que "los populistas" diseñan alternativas para la escolaridad. *En primer lugar,* como ha señalado SEBRELI (1992), es discutible que la cultura popular tenga un carácter colectivo y original o una autonomía respecto de la cultura de las clases no-populares. La cultura popular no es propiamente fruto de la creación de un segmento social con cierta homogeneidad interna al que denominamos *pueblo* (bajo, se entiende). No es creación colectiva, sino producto acumulado de aportaciones de diferentes individuos. Tampoco sería original y autónoma, pues lo "culto" y lo "popular" se pueden alimentar con reciprocidad (caso de la música, por ejemplo, o de la pintura). ¿De quién es hoy el rock, es popular o también de las clases cultas? O, ¿de quién es hoy la cocina casera? Aislar lo popular de todo lo demás es sacarlo de contexto para mitificarlo.

En segundo lugar, la reivindicación de lo popular suele en ocasiones introducirse dentro de un programa más amplio para evitar el sesgo clasista de los contenidos de la escolaridad dominante que no ha funcionado a favor de las clases desfavorecidas. Una simplificación ideológica sirve de argumento para este programa de reconversión de los contenidos del *currículum.* Como señalan GRIGNON y PASSERON (1992), se produce una simplificación conceptual en este terreno de las tesis marxistas, cuando se establece una correspondencia entre el "poder material dominante" y el "poder espiritual dominante" que postula que las ideas de las clases que ejercen la hegemonía son en todas las épocas los pensamientos dominantes. Sin embargo, el conocimiento de las relaciones de fuerza entre grupos no proporciona las claves de las relaciones simbólicas entre los mismos, no prejuzga cuáles son éstas. Las culturas denominadas como "culta" y "popular" pueden ser vistas no en contraposición recíproca, sino como formas de *apropiación* diferenciada por segmentos de población o clases sociales de las creaciones culturales en general. No es que éstas estén repartidas entre grupos sociales sino que son poseídas de diferente manera. Lo que define lo "popular" sería un modo de relacionarse con los componentes de la cultura. Se pondría el acento en la pluralidad de los usos y de las comprensiones y no en la separación de esferas culturales delimitadas y diferenciadas. Con lo cual se desactiva la deslegitimación de los contenidos curriculares considerados como no populares, si bien se admitiría la importancia de contemplar la variedad de expresiones culturales, sin hacer de ello un instrumento de una lucha de clases que no tiene sentido. Lo "culto" y lo "popular" no son pues categorías separadas sobre las que diseñar textos que las representen en el *currículum*, sino modulaciones de rasgos en los que se expresa la variedad de las creaciones culturales.

En tercer lugar, cabe recordar que hoy el concepto de cultura popular en sociedades urbanizadas carece de entidad, si no es para aludir a un tipo de vida, con sus usos y expresiones, ya perdida. En la sociedad actual la *cultura de masas* propagada por los medios de comunicación y por los hábitos de consumo crea un espacio cultural fragmentado y desordenado que sustituye a lo que anteriormente se había concebido como cultura del pueblo. Popular no es el conocimiento del pueblo sino lo que consume la masa-pueblo. En este caso, las fronteras entre lo culto y lo popular son todavía más difíciles de establecer.

d) Derivaciones de la relativización cultural. Universalidad y diferencias en el *currículum*

Una de las derivaciones más decisivas para la educación del concepto antropológico de cultura es el proceso de relativización que introduce. La cultura no existe en singular, lo que observamos son culturas. Los argumentos de los antropólogos son esenciales para los pensadores postmodernos ya que refuerzan la creencia en la inexistencia de categorías culturales universales. Si no queremos hacer antropología metafísica, dice VATTIMO (1990b, pág. 130), es decir describir estructuras universales respecto del hombre, entonces sólo puede desarrollarse el discurso en el sentido de la antropología cultural que es discurso sobre "otras" culturas. El antropólogo las describe y aprecia que tienen valor por sí mismas y sentido para los sujetos que viven en ellas. La cultura de un pueblo, dice GEERTZ (1996a, pág. 27), supone captar por parte del antropólogo su carácter normal sin reducir su particularidad, que es lo mismo que aceptar su irreductible diferencia respecto de otras. La mirada antropológica fundamentalmente describe, delimita rasgos culturales, los relaciona con poblaciones que los poseen, y cuando los valora lo suele hacer dentro de cada cultura.

Aceptada la igualdad entre los individuos, dicho principio se traslada a las sociedades y a sus culturas. Débiles y fuertes, ricos y pobres, colonizadores y colonizados, primitivos y desarrollados, seres humanos de distinta raza, religión y nacionalidad, todos son iguales. Simétricamente, las sociedades y sus culturas también lo serán. La diferenciación, la fragmentación de lo universal es condición esencial del pensamiento postmoderno. Lo universal se presentará como genérico, abstracto, desencarnado y avasallador. La única idea universal es el mismo relativismo; claro que sólo lo es, como recuerda SEBRELI (1992, pág. 63) para la cultura occidental que es su creadora, producto de su culpabilidad moral por haber sido colonizadora. El pluralismo cultural es un hecho que los medios de comunicación hacen evidente todos los días, más allá de los estudios sistemáticos del antropólogo, haciendo problemática la idea de la unidad de la historia. Hoy la sociedad se conoce mejor a sí misma porque se ha hecho más transparente, como afirma VATTIMO (1990a), y en la claridad se aprecia que el *todo* es un caos complejo, que no hay cultura, sino culturas con su propia historia que quieren tomar la palabra. En consecuencia:

> "... si no hay un curso unitario de las vicisitudes humanas no podrá sostenerse tampoco que éstas avancen hacia un fin, que efectúen un plan racional de mejoras, educación y emancipación." (Pág. 76.)

Cada cultura tiene su camino, cada una puede tener su destino, cada sociedad tiene su régimen de verdad (FOUCAULT, 1981). La realidad estalla en un mundo multicolor donde los valores de lo bueno, lo verdadero y lo bello son relativos y nadie tiene derecho a cambiar a otro, ninguna cultura debe imponerse a otra. La idea del "hombre" como categoría universal uniforme no se halla en la realidad si no es contemplada como algo abierto capaz de concretarse en proyectos diferentes en el espacio, en el tiempo, de acuerdo con las culturas. El hombre al margen de las costumbres no existe y nunca existió, haciendo difícil la empresa de deslindar lo que es natural, universal y constante, y lo que es convencional, local y variable (GEERTZ, 1996a, pág. 45). La emancipación habrá de pensarse desde la pluralidad, porque de lo contrario la idea de Hombre, con mayúscula, corre el peligro de perder de vista al hombre real, sacrificando la verdad empírica que encontramos ante aquel prototípico ideal. Afirma GEERTZ (1996a):

> "Si deseamos descubrir lo que es el hombre, sólo podremos encontrarlo en lo que son los hombres; y los hombres son, ante todo, muy variados." (Pág. 57.)

El relativismo cultural acepta el mundo como es en su diversidad y como hace que sea la dinámica de cada cultura. Aparece con toda su crudeza en posiciones clásicas como la de Benedict (*Patterns of culture*) para quien todo aquello que haga un grupo de personas es digno de respeto por parte de otro.

El relativismo asusta, como dice GEERTZ (1996b), por las consecuencias morales e intelectuales que entraña: subjetivismo, nihilismo, maquiavelismo, irresponsabilidad ética, etc. Un temor que este autor considera injustificado, porque el peligro no es el relativismo sino el antirrelativismo, lo que nos aleja de otras formas de pensar y nos adentra en otras que son preocupantes.

La visión antropológica de la cultura no sólo incluye todo, sino que la entiende como *un todo*, como una unidad que mantiene una coherencia interna estable, aunque los antropólogos modernos destacan la relatividad de la integración de esa unidad y llaman la atención sobre su variedad interna. En esta acepción, la cultura se nos presenta como una esfera, un nicho ambiental del que participamos, algo en lo que estamos implicados, que nos envuelve y nos sirve de comunión creando comunidad, sobrepasando diferencias internas como las de clase social o las de género.

Desde este enfoque *superorgánico* de la cultura, que arranca del concepto de *representación colectiva* de Durkheim, cada esfera es algo único, concluso en sí mismo, compuesto por hechos sociales y representaciones mentales que implican modos de pensar, actuar y sentir independientes y exteriores a los sujetos de los cuales éstos participan. Es, pues, algo dinámico que se proyecta en la acción y en la conducta. Para la concepción superorgánica, la conducta se explica por la cultura, a la vez que ésta es ambiente externo más o menos determinante. Los individuos se mueven dentro de ella como en un escenario dado en el que aparecen y al que se deben. La esfera dentro de la que se desenvuelven puede entenderse como un espacio con fronteras más o menos definidas y abiertas, pero de alguna forma ha de estipularse la existencia de cierta fuerza centrípeta que mantenga la unidad de ese todo para poder identificarlo como tal. Incluso no es infrecuente, para dar más clara entidad al conjunto aglutinado, recurrir a orígenes míticos e inventar rasgos o sobreenfatizar matices para hacer más creíble la especificidad cultural ante los demás. (Si existe una cultura catalana, tiene que haber otra andaluza o alto-aragonesa.) Si no se partiese de la suposición de una cierta "esfericidad" como condición de cada cultura, éstas serían territorios mestizos, comunicables y pertenecientes a colectivos mucho más amplios que requerirían conceptos más complejos hasta llegar a concebirlas como una civilización de carácter más universal con variedad interna.

De estas construcciones se deriva fundamentalmente que las esferas culturales se suelen querer encajar en territorios, más o menos permeables, delimitados con mayor o más débil nitidez, que diferencian también a las poblaciones allí enclavadas. El nicho cultural envuelve y "cierra" en él de alguna forma a los sujetos de una cultura, crea un pueblo para el que su cultura representa su pasado, el alimento espiritual del presente y los referentes para proyectar el futuro. Porque una forma de dar legitimidad a la *mónada* cultural esférica es dibujar su rastro y su órbita específica en el universo de la historia. La referencia no sólo puede ser un pueblo, sino también una etnia o una civilización.

En esta comprensión la cultura se separa de las fuerzas y agentes que la hacen posible, se la cree independiente de las transformaciones que introducen diferentes influencias, incluidas las que aportan los sujetos. En realidad, aunque la cultura tiene un cierto carácter superorgánico, nunca es independiente de lo que hagan o puedan hacer los individuos, porque la cultura en sentido antropológico, aunque de ella formen parte los objetos sustantivados, como tal cultura vivida no existe sino en la mente de los individuos, no del pueblo como un todo, y lo que se puede observar son formas diversificadas de conducta compartida. Son los individuos los que hacen que existan los procesos culturales. El pueblo no tiene sentidos, sentimientos, pensamientos o voliciones, como afirma SEBRELI (1992, pág. 183); los individuos sí. Cuando no se admite la pluralidad interna de la cultura y cuando se exalta la cultura caracterizadora de un pueblo, pueden verse amenazadas las libertades de los individuos en el seno de la esfera. Desde la mitificación de lo colectivo se pueden derivar coacciones potencialmente peligrosas para la libertad individual, que podría ser interpretada como subordinada a la esfera cultural. No es irreal el peligro que anuncia FLORES D'ARCAIS (1995):

© Ediciones Morata, S. L.

"En realidad, las ideologías de la diferencia *anulan* la diferencia. Esta lógica actúa con radicalidad incluso mucho más devastadora cuando está referida a etnias."
(Pág. 7.)

La aceptación del multiculturalismo como realidad podría llevar unida la tolerancia también hacia un progresivo encapsulamiento de los grupos encerrados en sus propios nichos culturales, así como la perspectiva de unos individuos encerrados en sus respectivos grupos. Como afirma FLORES D'ARCAIS (1995):

"A primera vista el multiculturalismo enarbola la bandera de la diferencia *radical*. Sin embargo, ésta se convierte inmediatamente en conformismo *radicado* en identidad obligada. Las únicas diferencias defendidas como inalienables, y por tanto admitidas, son las colectivas: el género, la etnia, eventualmente la preferencia sexual. Pero nunca el individuo como disenso respecto a la identidad del grupo." (Pág. 7.)

"La lógica de la sociedad multicultural es la de una sociedad progresivamente guetizada. En la que toda identidad ofrece protección, pero una protección gravosa, porque protege sobre todo contra cualquier comportamiento no conformista, no sumiso a la tradición, que pueda minar su unidad y estabilidad. En definitiva, la elección del multiculturalismo, como por otra parte toda la ideología de lo políticamente correcto, constituye en realidad el sucedáneo consolatorio de una revolución no lograda: la de los derechos civiles y la de la total ciudadanía para todos. Y manifiesta, aunque de forma militante, la resignación ante esa derrota, corriendo el riesgo de convertirla en definitiva."
(Pág. 8.)

¿No es el principio de la multiculturalidad en sí mismo el creador y estabilizador de las diferencias, inventor, más que administrador, de las mismas?[7]

En las sociedades complejas con fluidez de comunicaciones y desplazamientos, en cada individuo inciden esferas diferentes, es decir que todos los sujetos son multiculturales porque en la convivencia mezclada han adquirido la condición del mestizaje. Además si hay Estados pluriculturales con esferas que hay que respetar, la existencia misma del Estado con su historia, sus instituciones, su estructura económica y todos los lazos desarrollados que vertebran territorios, comunicaciones diversas y a sus ciudadanos, también es ya cultura compartida por las subculturas. Los nacionalismos que hacen del culto político a la cultura uno de los argumentos básicos para la movilización, demandando la congruencia entre la unidad cultural y la política (GELLNER, 1988) tenderán a hacer coincidir las fronteras territoriales con las culturales; cuanto más radicales sean en hacer de la cultura la seña de identidad de su acción, inevitablemente tenderán al logro de la pureza cultural de "su" comunidad ideal, olvidando la realidad de la diversidad inherente a ésta y el carácter intercultural de las asimilaciones de cada individuo. El despertar político de la conciencia nacional ha implicado desde el siglo XIX conflictos internos y externos entre la asimilación de los ciudadanos que los Estados practicaron hacia dentro y las comunidades culturales sin Estado en busca de uno propio, haciendo de la *identidad* una aspiración crecientemente movilizadora (COLOM, 1996). Los nacionalismos, sean del rango que sean, que hacen de la cultura la bandera de sus reivindicaciones políticas tienden a hacer pervivir el mito

---

[7] Véase M. DELGADO. Entrevista en *Cuadernos de Pedagogía*. Junio, 1997, núm. 259.

de la esfera que, con facilidad, puede caer en la tentación de ser excluyente. Todas las sociedades actuales con gran movilidad geográfica, de importantes movimientos migratorios, afectadas por medios de difusión cultural que transgreden fronteras territoriales, tienen en diferente grado el carácter de mestizas. La pretensión de volver a la esfera cultural incontaminada de cada una de ellas no sería sino el mantenimiento del mito de la pureza en origen como pueblo homogéneo que nunca lo fue del todo.

En realidad, una concepción superorgánica pura de la cultura como algo intangible es insostenible. La idea de una realidad cultural unitaria orgánicamente es un mito (BUENO, 1996), bien se quiera aplicar a las esferas separadas que no existen, bien se quiera concebir una gran esfera para una cultura humana dotada de unidad universal que, en el mejor de los casos, sería un proyecto. Las esferas no son tales, se cruzan entre sí en amalgamas heterogéneas.

El objetivismo universalista (no existe una gran esfera unitaria) y el relativismo (hay esferas separadas equivalentes) son, pues, quimeras, como afirma FEYERABEND (1996); ni los juicios absolutos ni la protección abstracta de las culturas tienen sentido. Existen configuraciones supraindividuales que no se pueden separar de los procesos de apropiación-recreación individuales de unas culturas respecto de otras. Esas configuraciones no son sino el resultado de agregaciones con un dinamismo, lo que supone negarles el carácter de esferas unitarias con pervivencia estable en el tiempo, aunque, como sistema, pueden mantener cierta consistencia. Cada cultura es potencialmente todas las culturas.

"La identidad cultural de una esfera dada, teniendo en cuenta su naturaleza sustancial-procesual no podrá ser entendida de otro modo que como un sistema dinámico 'autosostenido' en un entorno del que podrán formar parte otras esferas o sistemas dinámicos, otras culturas." (BUENO, 1996, pág. 169.)

¿Desde qué posición consideramos la educación? ¿Como aparato que conserva la cultura o como proyecto al servicio de los individuos que pueden participar de ella? ¿Como fuerza esencialmente reproductora o también como potenciación de la libertad y de la autonomía de los sujetos para que enriquezcan y alteren la cultura? ¿Conservar una cultura o cada cultura? Los dilemas que nos proponen las derivaciones de la concepción antropológica de la cultura, utilizadas políticamente, perfilan uno de los debates más arduos y difíciles de nuestro tiempo, que ponen en tela de juicio alguno de los supuestos más básicos desde los que venía trabajando la fuerza que ha sostenido la escolarización universal.

En primer lugar, la escolarización, el *currículum,* los centros escolares, los métodos y las relaciones pedagógicas tienen que vérselas con el reto del relativismo cultural. Hay que decir que éste implica posiciones propias de minorías intelectuales, porque las creencias dominantes en las culturas tienden más bien a entenderse como absolutas. El debate pedagógico que nos plantea el tema que nos ocupa es más propio de los ámbitos en los que se cultiva y difunde el lenguaje legitimador de las prácticas pedagógicas, vigentes o deseables, así como de las instancias en las que se debaten y perfilan los *currícula.* No obstante, precisamente por las derivaciones y utilización política del concepto de cultura, las proyecciones de estas discusiones impregnan cada vez más el sentido común, las actitudes y las reivindicaciones de amplias capas de la población. La petición de "una escuela a la medida de 'nuestro' pueblo" es una demanda que empieza a proliferar en nuestro medio, hasta en la universidad, término que alude a universalidad.

El relativismo tiene dos proyecciones básicas en educación: en un plano más general, el cuestionamiento de valores universales que difundir entre todos a través de un sistema educativo; en un plano más concreto previene contra la posibilidad de que pueda existir un *currículum* unitario, fomentando la duda sobre los contenidos que son pertinentes para aprender. Una actitud intelectual algo relativista, que acepte la variedad de enfoques y la provisionalidad de los mismos, es precisa para la higiene mental, pero, desde la relatividad absoluta, la cultura seleccionada para la escolaridad será vista como *una* cultura, entre otras posibles. Sobre ésta recaerá permanentemente la sospecha de imponerse ilegítimamente como algo parcial y hasta manifiestamente culpable, incluso, de la exclusión de otras culturas. Si todas culturas son igualmente respetables y si además tienen especificidad no puede haber un *currículum* más adecuado que otro, y uno solo resultaría irrespetuoso con alguna de las culturas o con todas a la vez. No hay idea tan desmovilizadora para la educación moderna, que parte de un proyecto universalizante, como la que desde el relativismo cultural señala la existencia de culturas diversas con igual legitimidad para ser tenidas en cuenta en la selección del "texto" del *currículum*. La idea de que las concepciones, los valores, los instrumentos de comunicación, las formas estéticas de cada cultura son equivalentes inserta, como afirma FORQUIN (1992), la sospecha de un universal "¿para qué?", que es tan natural a la razón pedagógica. Ésta, no lo olvidemos, es prescriptiva y no descriptiva de culturas: toma partido y debe tomarlo.

> "Incluso los contenidos intelectuales no se ven libres de esta sospecha, pues no basta con establecer...la universalidad del pensamiento lógico y del procedimiento cognitivo racional para lograr que dicho pensamiento o dicho procedimiento sean deseables y dignos de ser enseñados en las escuelas...; el valor de verdad... es una cosa, el valor de *la* verdad es otra cosa muy distinta que concierne al terreno de la ética."
> (FORQUIN, 1992, pág. 217.)

Sembrando la duda sobre la legitimidad de un *currículum* con validez universal, incluso dudando de la legitimidad de aspirar a él, la indecisión que introduce el relativismo se salva afianzando la fe en la validez de las culturas, consideradas como válidas cada una en sí misma. Si éstas son esferas que pertenecen y contienen a pueblos, si mantienen una trabazón interna que les da especificidad, inevitablemente tienen cierta incomunicabilidad entre unas y otras, por lo cual los *currícula* han de diferenciarse por culturas y pueblos o haciendo que cada subcultura dentro de esferas más amplias tenga sus propias escuelas. Desde la fragmentación cultural y desde los supuestos del relativismo sólo se pueden deducir una de las siguientes actitudes pedagógicas: o bien pensamos en un artificio de *currículum* difícil de concretar que se centre en la abstracción de las capacidades humanas comunes a la especie, cultivables con cualquiera de los contenidos de cultura, o se reconoce el derecho de cada cultura a disponer de su propio proyecto educativo para mantener la construcción de una cultura como entidad superorgánica por encima de los ciudadanos. En esta segunda posición, que es la del multiculturalismo, caben dos posturas: la del particularismo fundamentalista que proclama encerrarse cada cual en lo propio, y la del relativismo que acepta la validez de todas las culturas por igual.

Si no vislumbramos un referente medianamente creíble, ¿hacia dónde moverse en una empresa, como es la educación, que es inevitablemente colectiva en las formas de realizarla a través de instituciones complejas?

La tolerancia y el respeto hacia lo diferente es aceptable para aproximarse a la diversidad. Ante la diversidad evidente de la multiculturalidad entre grupos y ante la variabilidad individual interna en cada uno de ellos, la educación, y no sólo a través de las escuelas, debe fomentar la actitud de la tolerancia y de la apertura hacia el otro. En este sentido son importantes los programas dirigidos a combatir y prevenir el racismo, así como la necesidad de corregir posiciones y actitudes etnocéntricas, dar el valor que merecen aportaciones culturales diversas, etc. La tolerancia en sociedades democráticas en general, más cuando son pluriculturales, aparece como la virtud por excelencia, como piensan BERGER y LUCKMANN (1997, pág. 61), porque gracias a ella los individuos pueden vivir juntos, establecer relaciones y al mismo tiempo orientar su existencia hacia valores diferentes.

Pero ser tolerante y abierto con y ante la diversidad no es suficiente en educación. Una cosa es el respeto hacia los otros y otra cosa es admitir la equivalencia entre los caminos y las metas en educación, lo que nos conduciría con facilidad al escepticismo. La educación es reproducción y también una apuesta por la construcción de un proyecto para los sujetos, para la sociedad y, por tanto, ella misma es creadora de cultura en el sentido de transformar la cultura existente. No sólo sirve para difundir rasgos culturales seleccionados, sino que tiene capacidad de crear futuro fomentando el desarrollo de determinados contenidos, estimulando la creación de ciertas habilidades, proponiendo ciertos valores, que pueden estar o no presentes en un determinado grupo cultural. Es decir, educar requiere un proyecto con una dirección que no se nutre exclusivamente de lo que existe y es dado alrededor, sino que necesita de un algo por lo que moverse que no se puede elaborar sólo desde la tolerancia y el respeto a lo existente. Con la idea de que todo lo dado puede no ser respetable, hasta tendremos que contemplar la no tolerancia de determinadas realidades existentes.

Reconociendo que existen diferencias culturales, el legado moderno de la educación era proclive a la universalización, a sobrepasar el ámbito de lo local. Sólo que el desarrollo de los sistemas nacionales de educación, capitaneados por los Estados modernos ha limitado en gran medida la universalidad, encerrándola para ciertos contenidos en esferas delimitadas. El problema se plantea ahora cuando la idea de multiculturalidad cobra respetabilidad democrática, aplicada a Estados-nación que dan cobijo a grupos culturales diversificados, o cuando bajo esos Estados existen grupos que, sintiéndose nación, aspiran a ver reconocida su identidad cultural o utilizan ésta para reivindicar su derecho a constituirse en Estado.

Sea cual sea el referente político o territorial desde el que nos planteemos las preguntas, admitiendo el principio de que para cada cultura se arbitrase un subsistema educativo al menos parcialmente diferenciado, subsiste el problema de qué hacer con los individuos diferentes en cada territorio cultural, definido éste en función de los rasgos que se consideren definitorios para esa cultura (¿lengua, creencias, religión, etnia?). El problema del reconocimiento que tiene un grupo cultural dentro de las estructuras políticas de un Estado no homogéneo desde el

© Ediciones Morata, S. L.

punto de vista étnico, religioso o lingüístico, se traslada al problema de qué reconocimiento tendrán las diferencias individuales de cara a respetar la libertad a la identidad personal en cada grupo cultural. En rigor, el pluralismo que reconoce a grupos diferentes dentro de estructuras políticas multiculturales debe ser igualmente aplicado en cada cultura. En realidad nunca hay culturas homogéneas correspondiéndose con un grupo en una demarcación territorial acotada. Del mismo modo que debe organizarse la convivencia pacífica entre culturas, es más esencial aún establecer los mecanismos de respeto al individuo dentro de cada grupo cultural. Dentro de cada esfera, sea ésta de la amplitud que fuese, siempre habrá subesferas, hasta llegar a la radical individualidad de cada sujeto. Y éste es el que nos debe importar.

Como argumenta GUTMANN en los comentarios al ensayo de TAYLOR (1993, página 24), incluso partiendo de una perspectiva democrática liberal universalista no neutral hacia las diferencias culturales (en el sentido de que las instituciones públicas se comprometan en la defensa y fomento de éstas), deben protegerse los derechos básicos de todos los ciudadanos, sus libertades, el derecho a no ser manipulados, sin obligarles a aceptar los valores culturales que representan las instituciones públicas.

Por tanto, nos parece que lo relevante es plantear el problema desde su raíz, desde la libertad de los sujetos, que viven en culturas, que cada uno la siente y aprecia de manera singular, y que hasta pueden no querer vivir para ellas, o que querrán tomar de las mismas lo que estimen oportuno sin miedo a romper la unidad del mito cultural. Si la cultura no existe, sino en la medida en que los individuos la poseen, renunciando o matizando la concepción superorgánica, la educación ya no se tiene que dirigir a *un pueblo* homogéneo, que no existe (mucho menos en las sociedades modernas), sino a personas en parte semejantes y en parte diferentes. La idea de multiculturalidad también sirve para recabar respeto a las culturas sin tener que respetar después necesariamente a los sujetos que las convierten en algo vivido, más allá de las representaciones objetivas mitificadas. En el sistema escolar siempre subsistirá el problema de organizar colectivamente el proyecto general de educación o el *currículum* común. Por nuestra parte creemos que eso es posible e incluso conveniente si, junto al derecho a la diferencia, no olvidamos el principio de la igualdad.

Una actitud radical para enfrentarse con el problema parte de la negación de la esfericidad de las culturas. Si la esfera es un mito irreal, la educación no puede cerrarse en un nicho esférico cerrado, pues debe dar cuenta del carácter del conglomerado móvil que es cada cultura penetrada por otras culturas. Ésta puede ser la nueva traducción de la universalidad antropologizada. Se puede partir o apoyarse en los componentes más estables de cada *sistema dinámico*, pero se tiene que dar cuenta de las agregaciones, de su estructura proteica, fundamentando actitudes de apertura hacia el cambio cada vez más abierto de ese sistema dinámico, hacia la "contaminación" con otros sistemas, sin despertar el fantasma del miedo a la pérdida de los orígenes, arriesgando la identidad fijada por alguien. Nadie —individuos o pueblos— se debe sólo a sí mismo. La identidad individual o la de los pueblos cristaliza en un proceso dialógico (lamentablemente, muchas veces, "contra el otro"). Indagar en lo que tenemos de otros es otra forma relativista de comprender la identidad de las culturas que insufla menos patriotismo cultural. La penetración intercultural en el seno de cada grupo social es un hecho constatable, lo mismo que, con algo de actitud no reverencial a las culturas, es evidente que cada una de ellas es fruto del mestizaje, es decir de la adulteración.

Metafóricamente comprenderemos mejor las esferas culturales transformadas en sistemas abiertos si las entendemos como zonas de una gran red en la que "lo nuestro" y "lo de los demás" está conectado por hilos a través de los que fluyen las comunicaciones en la red total. En ésta hay partes más relacionadas y menos relacionadas entre sí. Podemos tener cierta especificidad pero nunca total independencia. Las culturas en esa gran red tienen que participar en un cierto mercado abierto entre las culturas en el que los intercambios, las amalgamas y las transfusiones entre culturas no sólo no tienen que evitarse (ni ocultarse, cuando se han encontrado), sino ser estimuladas. La educación debe no sólo dar cuenta de esos procesos y de tales interdependencias en la gran red, sino que debe, siguiendo la idea del universalismo, facilitar la comunicación estableciendo hilos de conexión entre las zonas de la misma. Para eso habrá de fomentar en los sujetos el conocimiento y las actitudes para aceptar como valioso tanto lo "propio", que en algún momento habrá sido adquirido de otros o con influencia de otros, como lo "importado" en ese mercado, que también se convierte en propio.

Desde luego, lo más lógico es que los sujetos se asomen a la gran red partiendo de su sistema cultural, desde la zona en la que ellos están situados; de otra forma difícilmente podrían comprender el significado de la gran red. Ahora bien, hemos de iniciarlos en ésta cuanto antes para que entiendan los lazos de las interdependencias reales y dotándoles de los instrumentos para que se arriesguen a caminar por zonas de la red alejadas de "su territorio". Su cultura se ampliará a medida que se vaya alejando del hueco por el que penetró en la red. En la gran red no todas las zonas (culturas) tienen las mismas potencialidades para que los sujetos se conviertan pronto en diestros navegantes. Las culturas difieren en cuanto a las posibilidades que tienen, sobre todo en la disponibilidad de "textos" que expresen sus objetivaciones. Éstas son el alimento de los sujetos y el indicador de que estamos en un sistema cultural potencialmente enriquecedor. Una actitud localista en educación puede ser una primera base nutriente si el sistema abierto de cada cultura es rico. Limitarse a él no es recomendable en ningún caso, pero sería suicida si en ese *locus* de la gran red no hay potencialidad para enriquecerse y poder acceder a los hilos que nos amplíen el horizonte. Rayaría con lo insensato no reconocer las posibilidades de esa ampliación en la red de comunicaciones por profesar culto a la pequeña patria cultural.

La metáfora nos puede ayudar a salir del fundamentalismo y del relativismo. El universalismo total es irreal porque la red general no está totalmente entretejida. Las conexiones entre algunas partes son fuertes estableciendo zonas comunes para todos (la ciencia y la tecnología modernas nos acercan y son elementos o hilos fuertes de conexión entre culturas), pero en otros casos son débiles, inexistentes y hasta puede existir prevención a establecer lazos (caso de enfrentamientos a causa de la religión, por ejemplo). El relativismo sería igualmente irreal: no todas las partes de la red general precaria tienen el mismo peso y la misma extensión de conexiones. Una cultura es superior a otra en la medida en que se pueda abrir a aportaciones de otros sistemas culturales dinámicos, amalgamando influencias diversas, abriéndose en la red general.

Después de dar por sentada como punto de partida la negación de la esfericidad de las culturas, en educación, aun reconociendo la existencia de sistemas

© Ediciones Morata, S. L.

dinámicos culturales intercomunicados, y admitiendo su diversidad interna y la variabilidad en las apropiaciones que de sus componentes pueden hacer los individuos, quedan preguntas fundamentales que hacer. Los sistemas culturales abiertos y comunicados tienen elementos comunes entre sí y otros propios de cada uno. Lo mismo puede decirse de los sujetos que viven en cada sistema abierto. Como dice Bobbio (1995):

> "Los hombres son entre ellos tan iguales como desiguales. Son iguales en ciertos aspectos y desiguales en otros (...). Entre los hombres, tanto la igualdad como la desigualdad son de hecho verdaderas porque la una y la otra se confirman con pruebas empíricas irrefutables. Sin embargo la aparente contradicción de las dos proposiciones 'los hombres son iguales' y 'los hombres son desiguales' depende únicamente del hecho de que, al observarlos, al juzgarlos y sacar las consecuencias prácticas, se ponga el acento sobre lo que tienen de común o más bien sobre lo que los distingue."
> (Bobbio, 1995, pág. 145.)

La pregunta esencial para la educación se relaciona con las consecuencias prácticas de la salida que demos a esa doble realidad. ¿Hemos de dar prioridad más a lo que diferencia a los sujetos y a los grupos humanos entre sí o a lo que los une o los debe unir? ¿Hemos de estimular la convergencia entre individuos y sistemas culturales o se han de marcar las singularidades fomentando la divergencia? ¿Conviene resaltar la experiencia histórica común a varios pueblos, o ha de glorificarse la trayectoria de cada uno de ellos, adjudicando defectos y vicios al vecino? ¿Optamos por cultivar más la identidad nacional o promocionamos conocimientos, actitudes y valores que potencien una identidad federal transnacional? En última instancia, ¿hemos de mezclar o segregar en las escuelas a sujetos de culturas diferentes? Las respuestas serán decisivas a la hora de configurar un proyecto global de educación, seleccionar el *currículum* coherente con dicho propósito y estimular las prácticas más acordes con ambos. Porque en la educación, como sabemos, el componente dinámico referido hacia dónde caminar es esencial. No basta con constatar la *diversidad*, la *coincidencia* y el *mestizaje* intercultural, que son reales, sino que hay que optar por estimular más alguno de los tres, generalmente dentro de un equilibrio que será inestable. Porque si la antropología y los medios de comunicación hacen evidente la diversidad, es la política la que debe organizarla, como señala Arendt (1997); ésta es la que dice si la convivencia se debe establecer entre comunidades homogéneas, como si fuesen grandes familias unidas por lazos estrechos de "parentesco cultural", o si se busca otra fórmula. Al introducir el parentesco y la cercanía se aleja a lo que es extraño, perdiéndose la pluralidad y olvidando la mezcla. Sólo las instituciones que garanticen y se constituyan teniendo a la igualdad como eje central son garantes para respetar después la pluralidad.

Si nuestra respuesta fuese en la dirección de respetar y estimular las diferencias, ¿de cuáles partimos, de las que se constatan entre individuos o de las que se suponen entre esferas culturales? ¿Hay que partir de las esferas diferenciadas para estimular después la no diferenciación de sujetos, o hay que estimular y admitir ésta para favorecer el interculturalismo?

El lenguaje acerca de la diversidad es atractivo y encuentra audiencia fácil en una sociedad que aspira a la igualdad y a la libertad, considerando además la experiencia de la uniformidad escolar vivida, cuando el proyecto moderno está por realizarse en lo que se refiere al despliegue de la autonomía de los individuos. La consideración de lo diferente está amparada por el respeto democrático y es preciso defenderla desde la crítica a la cultura dominante que ha obviado discursos o "textos" alternativos y formas diferentes de ser y de ver la realidad. El rechazo a la uniformidad a la que sirve el aparato escolar está más que justificado. Pero a la hora de diseñar un proyecto corrector de esas mutilaciones y deformaciones, el lenguaje de la diversificación puede tener traducciones prácticas esencialmente diferentes: partir del respeto por la diversidad entre culturas o estimular la diversidad entre individuos.

Una *educación para la diversidad*, eslogan tan presente en el discurso pedagógico postmoderno actual, es un programa ambiguo con aplicaciones muy distintas: diferentes tratamientos para sujetos desiguales (agrupamientos en clase, estilos de trabajo, medios de evaluación, ritmo de aprendizaje, etc.); escuelas diversas para sujetos encajados en culturas varias; *currícula* desemejantes para escuelas, sujetos y culturas distintos; o diferenciación de objetivos o de fines más generales. Desde cada uno de estos planos se define y concreta la cultura escolar que se debe asimilar. La combinación de las opciones de diferenciar o no en cada uno de esos aspectos da lugar a un listado complejo de posibilidades. Aunque, al decidir fórmulas de diversificación, cuando ello implica separación de escuelas y tipos de *currícula,* hemos de tener en cuenta que estamos trabajando por el mantenimiento de diferencias que no son sólo culturales, sino que suelen llevar añadida la desigualdad de oportunidades.

Para no entrar en el análisis de la casuística concreta y variopinta, nos referiremos a dos supuestos básicos subyacentes a las posibles opciones. El primero se refiere a si el proyecto educativo, el *currículum* o el método da cabida a la variedad de individuos, de suerte que sea posible la expresión moderna del *sujeto autónomo*, con las modulaciones singulares con las que cada uno de ellos asimila la proteica variedad inherente a cada sistema cultural abierto. En los sistemas escolares y en el bagaje ideológico y científico que los acompaña se han difundido diferentes modulaciones de esta interpretación que en sus manifestaciones prácticas pueden aparecer entremezcladas. La educación *a la medida de cada sujeto*, considerando sus particularidades psicológicas, ha sido una de ellas (educación individualmente prescrita, individualizada o personalizada). La opción liberal-competitiva de estimular el que cada cual llegue hasta donde sus condiciones lo permitan, ha sido otra (las formas de clasificación de estudiantes es un ejemplo). El prestar la ayuda necesaria a cada uno para que conquiste metas comunes para todos es otra (programas de educación compensatoria, políticas de discriminación positiva contra la desigualdad). La orientación liberal-autónoma en la que se valora la libertad de pensamiento, de interpretación y de desarrollo de opciones distintas, es una opción más en la enseñanza (donde se permite acceder a diferentes sustantivaciones de la cultura, formas de trabajo distintas, métodos diversificados, etc.). Son opciones para la diversificación, a veces complementarias, del programa moderno para la educación que, a primera vista, resultan desigualmente compatibles con diferentes concepciones de la cultura, según se considere a ésta una esfera cerrada o un sistema abierto.

La segunda interpretación de la diversidad es la referida a las diferencias *en* la cultura y *entre* las culturas de las cuales se nutren los fines de la educación y el *currículum.* En un Estado democrático las diferencias culturales que sean coherentes con los derechos universales de los individuos deben ser respetadas. La educación va más allá o incide más en el fondo de ese problema, pues según de qué interpretación de cultura partamos así serán posibles unas u otras versiones de la diferenciación entre sujetos. Si las culturas se consideran esferas homogéneas o se quiere que continúen o que "vuelvan" a serlo, la derivación pedagógica será la de diseñar el "texto para su reproducción". Cada nicho cultural tendrá el suyo propio e, inevitablemente, los textos tenderán a manifestar los aspectos o modulaciones de rasgos que sean diferentes. Los individuos, en sus papeles de padres, profesores, estudiantes, administradores y líderes diversos, son miembros de *un* "pueblo" que tienen como misión el preservar el legado mitificado. En la interpretación supraorgánica, las diferencias individuales tienen un límite: no discutir la entidad de la cultura ni los instrumentos pensados para su mantenimiento o "recuperación".

Si la cultura es un sistema abierto, es en sí misma diversa y tiende a la diversificación. Los planteamientos educativos para con los sujetos coherentes con esta caracterización tienen que facilitar, a su vez, la diversidad individual, que sin el modelo de esfera encontrará mayores márgenes para expresarse, al tiempo que son recursos para recrear y darle dinamismo al conglomerado cultural. El texto curricular debe recoger la amalgama cultural y los métodos para favorecer la interpretación y apropiación individual. No hay objeto mítico que preservar, sino rasgos valiosos en todos los sistemas culturales, al lado de otros dignos de ser corregidos. Las culturas *per se* no pueden imponer un hipotético derecho a la pervivencia que no tienen, sino posibilitar que los sujetos definan su propio proyecto vital aceptando unos rasgos, corrigiendo y hasta rechazando otros. Ellos sí deben tener derechos para decidir conservar y modificar los rasgos culturales.

Desde la toma en consideración de la cultura como sistema abierto el *currículum* para un sistema escolar de una sociedad puede ser universal y común si es integrador de matices, acogedor de la multiculturalidad existente y deseable en toda sociedad, respetuoso con los valores de la democracia, de la libertad y de la igualdad de los individuos. Como afirma DONATI (1996), aun admitiendo la crisis del universalismo, no por eso debemos dejarnos arrastrar por el relativismo. Lo universal se puede compaginar con lo particular matizando ambos conceptos, de suerte que en educación quepan aspiraciones a la universalidad admitiendo la consideración de ciertas particularidades. Podemos aspirar a un universalismo que comprenda la complejidad, que admita la variedad pero que no sea relativista.

En la medida en que las fronteras entre esferas se rompen, no tiene sentido hablar de una cultura como una unidad porque, entre otras cosas, tampoco sería una cultura unitaria. Para configurar el *currículum* no sirve el pretender, pues, reproducir las esferas como unidades con todos sus rasgos internos (por ejemplo: lengua, historia, arte, economía y geografía de un lugar determinado...). Esto sería fundamentalismo curricular antropológico porque ninguno de esos rasgos es ya del todo y sólo de ese lugar. Lo más pertinente es estudiar cómo en cada rasgo del sistema general que queramos tratar se entrecruzan las diferentes culturas. Lo cual no significa abandonar lo propio ni despreciarlo, sino entendiendo en qué medida es penetrado y él penetra en los rasgos del sistema cultural general del que forma parte. Éste es hoy el reto de la universalidad moderna revisada: transmitir la riqueza de la pluralidad que hay en el sistema cultural, que no se puede encerrar en las fronteras de un territorio, en un pueblo o en una etnia y ver cómo se va articulando. Se dice que las respuestas particularistas (nacionalismos, etc.) son respuestas a la despersonalización que produce la globalización existente. Podemos rechazar las unas y la otra. La interculturalidad hay que construirla como espacio intermedio y la educación escolar puede y debe sumarse a ese empeño.

— *¿Hay lugar para un espacio cultural común en la educación?*

Hay un espacio para una plataforma de *currículum* común, con alguna precaución. El proyecto de educación no puede cerrarse en cada una de las esferas culturales, que no existen, sólo que el texto que se va a reproducir tendrá que ser abierto, mestizo también. La educación que se estableciese bajo el supuesto de mantener intacta la tradición o una determinada cultura no es un proyecto modernizador porque, de una forma o de otra, tendrá que negar la libertad de los individuos. Como afirma STENHOUSE (1997, pág. 41), ninguna tradición cultural, con independencia de sus raíces, puede quedar intacta ante la expansión de la educación universal. El *texto* de *currículum* que quiera ser común, y más cuando se plasma en las disposiciones administrativas que constituyen el *currículum oficial*, además de acoger la pluralidad, debería entenderse como *texto* interpretable, en el sentido de poder ser desarrollado en la práctica de diferentes maneras. Dar cabida a la interpretación es condición de pluralismo democrático, es mostrar coherencia con la actitud abierta ante una tradición revisable y es cualidad inherente de los procesos sociales desarrollados a partir de proyectos. El desarrollo del *currículum* es, de hecho, un proceso de sucesivas y simultáneas reconstrucciones en las que intervienen múltiples agentes, como bien sabemos (GIMENO, 1988). Ahora bien, la admisión de la flexibilidad en la plasmación práctica de la plataforma común no puede ser la puerta y la excusa para introducir un relativismo epistemológico, cultural y pedagógico donde "todo vale", falseando la condición de ser experiencia común. La enseñanza de cualquier componente del *currículum* no puede sustraerse a los acuerdos científicos existentes en una determinada área de conocimiento y a las reglas éticas a las que debe quedar sometido todo trabajo intelectual. Por ejemplo: si es cierto que existen diferentes formas de contar la historia, no quiere decirse que todos los relatos tengan la misma validez. Una cosa serán los enfoques y los puntos de vista y otra es la narración descaradamente "interesada". Si un punto de vista determinado no es válido porque lo imponga un poder político dominante en una situación dada, tampoco deja de serlo sólo por esa misma razón.

La universalidad tras la crítica postmoderna al monolitismo cultural de la escuela moderna tiene dos vías de desarrollo. La primera, hacer que sea posible la libertad y la autonomía de los individuos, en coherencia con el ideal de igualdad, a partir de una plataforma común de *currículum* no excluyente. La segunda, explorando y fomentando las dependencias interculturales admitiendo la diversidad de partida que no choque con unos valores básicos. A partir de ahí, el *currículum* común es un ideal que se puede defender sin complejos. Bajo determinadas condiciones en su discusión, diseño y realización puede servir al pluralismo democrático al tiempo que a la integración social (GIMENO y PÉREZ GÓMEZ,

1992, págs. 197 y sgs.). Para que el *currículum* sirva al ideal de justicia, no puede partirse de la idea de diferenciar los contenidos de la educación. Los intereses de los más desfavorecidos reclaman lo que CONNELL (1997) denomina "justicia curricular", y para conseguirla hay que evitar la diferenciación de una parte sustantiva de los contenidos que debe ser generalizable. Dadas las diferencias sociales existentes (provocadas por clase social, género, raza, nacionalidad, etc.), el relativismo curricular implicaría la "guetización" de tipos de contenidos para diferentes colectivos sociales, ya que es muy difícil que la diferenciación no lleve acompañada la jerarquización de diferencias que conducen a la desigualdad.

La búsqueda de la interculturalidad no es fácil ni, en ocasiones, propia de la escolaridad. Desde ésta se pueden explorar las interdependencias entre las culturas, se pueden introducir algunas cotas de relativismo sano abriéndose a otros relatos y textos culturales, se debe dar entrada a textos negados, se pueden fomentar actitudes de tolerancia y se pueden establecer hábitos de convivencia con el otro distinto al "yo" y al "nosotros". Más allá de estas posibilidades, la escuela no puede crear interculturalidad si no crea o dispone de textos variados que mostrar e incorporar al *currículum*. Repetimos: la escuela que es posible se basa en textos, en narraciones codificadas de cultura.

Será inevitable partir de la urdimbre del sistema cultural cercano, pero si lo consideramos abierto, tendremos que entenderlo, en sus posibilidades y límites, ligado a otros sistemas abiertos colindantes con los que mantiene relaciones. Si el reino de la libertad no es posible, si se renuncia a la identidad personal de los sujetos que supone particularidades, la riqueza de la libertad depende de su apertura, del diálogo con lo diferente; y abrirse supone necesariamente dejarse contaminar, dejarse penetrar por lo ajeno, una forma de lograr significados o cultura "más generales" en tanto son compartidos por más gente. Eso significa mestizaje.

En la educación de una sociedad democrática, como afirma TOURAINE (1994):

"...en el nivel de los programas, deben darse tres grandes objetivos: el ejercicio del pensamiento científico, la expresión personal y el reconocimiento del otro, es decir la apertura a culturas y a sociedades alejadas de la nuestra en el tiempo o en el espacio para reencontrar las inspiraciones creadoras." (Pág. 313.)

En el mundo actual, dada la trayectoria de globalización existente, las interdependencias son cada vez mayores debidas a los procesos de mundialización de los mercados, de las comunicaciones, al intercambio de conocimientos, toma de conciencia colectiva sobre problemas que afectan a todos y aceptación —aunque en muchos casos sea sólo formal— de determinadas reglas del derecho. Vamos comprendiendo que todos formamos parte del mismo barco y que podemos estar solos en el universo, aunque desde otras ópticas se llama la atención sobre la coexistencia de esa globalización y el resurgimiento de la necesidad de identificarse con particularidades más cercanas que nos eviten el extrañamiento. Tras la lógica de la globalización y del mestizaje cultural superficial, lo que puede estar ocurriendo es un proceso de disoluciones locales en ciertos aspectos y otro paralelo de reagrupamiento en torno a grandes civilizaciones enfrentadas entre sí (HUNTINGTON, 1997).

© Ediciones Morata, S. L.

1) Los procesos de universalización y de mestizaje son un hecho y dan pie a mantener y propiciar un componente cultural semejante para todos que capacite para la participación en esa universalidad, dé conciencia de la misma y genere tendencias integradoras hacia su mantenimiento, expansión y dotación de sentido. Los rasgos culturales que forman las ciencias y sus métodos de trabajo, así como las aptitudes y actitudes intelectuales y morales que se suponen necesarias para su progreso, junto a sus aplicaciones tecnológicas, definen hoy un amplio territorio del que extraer elementos para una cierta cultura escolar con aspiración de ser universal. Aceptando, como considera POPPER (1997), que la ortodoxia es la muerte del conocimiento, dado que el progreso de éste depende del desacuerdo, es posible un *marco común* de racionalidad. Y, como este autor recuerda, si bien el desacuerdo puede llevar al enfrentamiento, también puede ser conducido por el camino de la discusión y del diálogo, traduciendo la diferencia en una "guerra de las palabras". Sin algo de marco común no es posible discutir ni dialogar; con marcos muy coincidentes la discusión se empobrece. Pero aun en el caso de esquemas de comprensión culturalmente muy diferentes, la distancia entre ellos puede ser salvada, aunque no sea fácil. Lo que llamamos civilización occidental es el resultado de diferentes choques entre marcos distintos de comprensión. Una posición relativista que ponga en cuestión estas actitudes abiertas sería una simple irracionalidad.

La educación tiene, pues, un primer punto de partida soslayando el relativismo. Si además es coherente con una visión provisional de esos marcos de conocimiento y desarrolla el programa para la expansión de la autonomía y la libertad de pensamiento de los individuos, entonces la diversidad y la libertad para expresarla están garantizadas.

2) *Lenguajes universalizados de hecho.* Ese primer marco común de racionalidad, junto al fenómeno de la mundialización en el que se incluye, impone lenguajes y formas varias de comunicación que compiten o se añaden a los que son propios de las culturas locales. Como la globalización está capitaneada por determinados intereses, más ligados a unos grupos, sociedades y culturas que a otros, los lenguajes de la globalización, como ha ocurrido en todos los imperios, se van imponiendo unos sobre otros. Rechazar esa realidad en nombre de la igualdad de las culturas puede ser una respuesta anti-imperialista o anti-Estado coherente desde un punto de vista ético y político, pero supondrá situarse al margen de la realidad. En el tercer mundo es frecuente que el primer esfuerzo económico, una vez que se tiene cobijo, se dirija a adquirir una antena parabólica. Volver hacia atrás la historia es inútil, recrearla a partir de un modelo cultural previamente diseñado al margen de las opciones individuales puede ser problemático. Esto no implica no valorar las formas y los lenguajes locales, pero quienes sólo tienen éstos harán bien en abrirse a otras posibilidades si quieren participar en algo más que en mantener la pureza de su esfera. Hoy, por ejemplo, el idioma inglés y el dominio de la informática básica son componentes culturales para el *currículum* ya universalizados. Son precisos hasta para oponerse a su universalización —si ésta fuera la intención de alguien— y para reconducir su aplicación en cada cultura local. Como instrumentos culturales que son, con repercusiones políticas y económicas decisivas, pueden ser vistos como expresiones del triunfo de una cultura sobre otras, pero como realidades de incidencia transcultural representan aportaciones útiles para todos.

© Ediciones Morata, S. L.

3) *Valores comunes deseables*. ¿Es posible añadir, como tercer componente del *currículum* universalizador, determinados valores generales, con su consiguiente tratamiento por parte de los contenidos escolares y tratar de plasmarlos en prácticas coherentes con ellos? Si no es fácil hacerlo, al menos intentarlo merecería la pena. La educación se mueve no sólo para reproducir realidades, sino para reconstruir la tradición que compone la cultura o las culturas y conseguir un ideal de vida que es reto de futuro. En esta tarea se guía por ideales, no por lo ya dado. Como posibilidad, la educación puede encaminarse a la construcción de visiones compartidas y de ideales universales. No se trata, pues, de partir de algunos valores dados por válidos universalmente, sino de tenerlos como meta en la construcción de la sociedad y del individuo. Aquello que consideremos como "bien común" tiene que ser construido.

Una posición relativista en este aspecto deja ver sus debilidades rápidamente. El dilema capital del relativismo moral se origina cuando la fidelidad del individuo a su cultura entra en contradicción con los conceptos de libertad, igualdad, derechos humanos, sexualidad, individualidad, ante los que no se puede uno mantener neutral siendo relativista. La tolerancia, como respeto a la alteridad y como actitud prudente de apertura a lo de otro, se puede defender en la educación. Aunque tolerancia no significa aceptación de cualquier peculiaridad del otro. Sencillamente, hay diferencias entre las culturas que merece la pena no respetar, cuando atacan la dignidad e igualdad de los individuos. La diversidad en cuanto a la práctica de ciertos valores no es siempre riqueza que se deba mantener, a menos que creamos aceptable: el castigo físico, el trabajo de la infancia, la inferioridad y el maltrato a las mujeres, la prohibición de que ellas conduzcan automóviles, la ablación, la esclavitud, la no universalidad del voto, el despeñar a los hijos no reconocidos por el padre o a los deficientes, etc. Respetar las culturas supondría admitir la desigualdad, los comportamientos indignos, la limitación arbitraria de la libertad y la insolidaridad entre los seres humanos.

La tolerancia del relativista sin matices terminaría negando la tolerancia misma y acabaría con la regulación del comportamiento humano y con los Estados de derecho (GARZÓN, 1997). Ser intolerante ante ciertas manifestaciones culturales es bastante respetable. No todo vale. Mantener, como afirma CAMPS (1996), la "religión civil" del respeto a la vida comunitaria [8] sacralizada, acabaría con la

---

[8] El *comunitarismo* es un movimiento social, una forma de entender el ideal del funcionamiento de la sociedad y un concepto en ciencia política que tiene muy diversas y polémicas implicaciones sociales, culturales, morales y educativas (PETERS y MARSHALL, 1996). Alude a las formas locales de organización social, apoyadas en lazos de solidaridad, cuyas raíces se remontan a la *polis* griega y a las comunidades de los cristianos. El sustento a esta forma de entender la organización social proviene tanto de las filas de los conservadores como de sectores socialistas y progresistas. Los primeros ven en la "comunidad" el ámbito propio para el ejercicio de las prácticas de solidaridad que debe perder el estado del bienestar. Los segundos la aprecian como una forma de profundizar en la democracia cercana a los sujetos, a sus necesidades, propugnando su protagonismo y su solidaridad activa. Desde el punto de vista ético y cultural, el comunitarismo valora la importancia de las creencias, valores y tradiciones que comparten determinados grupos, resaltando el papel de la cultura como realidad que se corresponde con un territorio, una organización social, unos valores, unas prácticas. Para la ética comunitaria los valores se legitiman por la aceptación del grupo. En tanto que reacción contra las organizaciones abstractas y gigantescas, los comunitaristas valoran lo local y lo cercano, para evitar la anomia y la alienación de los individuos. Detrás de esa pretensión anida la posibilidad de aspirar a microsociedades homogéneas internamente, donde podría existir la tentación constante a excluir a quienes no pertenezcan o no se integren en la comunidad local. La libertad del individuo podría quedar amenazada por las normas del grupo.

© Ediciones Morata, S. L.

sociedad abierta donde ésta existe e impediría abrirla donde es cerrada. El comunitarista ético no aspira a redimir de ciertos males a la humanidad, su punto de vista es su cultura. Por el contrario, se puede defender el cultivo de valores universales en educación dando cabida a una ética laica en el *currículum* como contenido que se deba aprender y como orientación práctica que convenga asentar en los comportamientos.

Una vez más, de la constatación de la diversidad —en este caso de valores— no se deriva el respeto a las normas de cada cultura; y en educación, como en derecho, también hay que optar por una política. Es preciso seguir recordando que lo que cuenta es el respeto al individuo (idea que no respetan todas las culturas) y no el respeto a lo colectivo o el sometimiento a la comunidad sacralizada. Hay reglas y valores que se acomodan a una determinada sociedad, y los hay universales. Éstos deben formar parte del *currículum* universal con mención explícita de los valores y de las normas que se les oponen. Aceptar un relativismo absoluto, como dice GARZÓN (1997, pág. 13), supondría declarar inmune a toda cultura frente a la crítica moral. Ahora bien, más allá de la búsqueda de la extensión de esos valores universales, las sociedades deben ser tolerantes con las formas de vida y especialmente con todo lo que se refiere a la vida privada.

Universalidad y diferencia no son siempre incompatibles. Se puede ser autónomo y distinto sin descuidar que vivimos con otros (CAMPS, 1996). Pero, precisamente por tener que vivir con otros, en ocasiones las diferencias individuales tienen que limitarse si se oponen a la universalidad, mientras que en otros casos hay que convertir en universal la posibilidad de manifestar ciertas diferencias.

4) *Un lugar para lo específico sin obsesión comunitarista.* El sujeto individual tiene derecho a ser respetado con todas sus circunstancias. Si varios sujetos, puestos de acuerdo, se reconocen colectivamente con una identidad común afianzada en determinadas peculiaridades culturales (lengua o religión, por ejemplo), debe garantizárseles el derecho a vivir de acuerdo con las mismas en sus relaciones con las instituciones públicas, como es el caso de la educación. Aunque algunas salvaguardias se imponen: a) La identidad cultural (la relacionada con rasgos culturales propios de ciertos grupos étnicos, religiosos o lingüísticos) es secundaria y no forma parte de la identidad primaria de los individuos, como ha señalado ROCKEFELLER (Véase: TAYLOR, 1993 pág. 124). Quiere decirse que no es tan fundamental para el reconocimiento de la radical igualdad de los individuos como la identidad universal como seres humanos que nos iguala a todos. Ésta sí es constitutiva de nuestra identidad primaria. Pensar y hacer lo contrario mina la democracia y abre las puertas de la intolerancia. b) Si ser iguales a los demás es la base de la identidad básica, no se puede limitar el derecho de otros a definir su identidad cultural, garantizando también el de poder ser disidente sin ser tildado de traidor. Esto plantea problemas en educación, cuando en un mismo territorio y en un mismo centro escolar se dan cita individuos y grupos con diferentes identidades culturales que hacer valer a la hora de establecer el *currículum*. c) Será conveniente entender y sentir las identidades colectivas, en torno a rasgos o culturas diferenciadas, como formas abiertas, dialogando unas con otras.

Es cierto que el ser humano y sus creaciones se despliegan en una enorme diversidad, debiendo hacer nosotros reconciliable en la educación la aspiración a cierta universalidad, el respeto al sujeto con sus peculiaridades deseadas por él y la aspiración a una permeabilidad intercultural. Como bien dice TOURAINE (1997):

> "No hay ninguna discontinuidad entre la idea de Sujeto y la de sociedad multicultural, y más precisamente de comunicación intercultural, porque sólo podemos vivir juntos con nuestras diferencias si nos reconocemos mutuamente como Sujetos."
> (Pág. 166.)

En tanto que los miembros de la comunidad cultural constituida libremente se reconozcan semejantes en ciertas características, hay motivos para considerar sus rasgos específicos como diferencias dignas de ser contempladas por el *currículum* como un cuarto tipo de contenidos para introducir en la cultura escolar para esos sujetos. No todo el *currículum* tiene que ser universal, y además ésta es aspiración y camino que se debe seguir recorriendo desde las situaciones particulares en las que cada cual se encuentra. Por otro lado, todo texto seleccionado como *currículum* es eso: una selección. Puede haber diferentes selecciones para diferentes sujetos, incluso dentro de una cultura. Esa diferenciación puede hacerse en función de la voluntad de los estudiantes y de sus padres (cuando eligen partes del *currículum,* por ejemplo) y en función de rasgos del sistema cultural en que está inmerso.

A fin de cuentas, en la secuencia del aprendizaje del ser más inmaduro, sin entender lo cercano mal se puede comprender lo más lejano. Tomar la cultura local como punto de partida y referente de la significatividad no debe confundirse con hacer bandera de lo local en la determinación del *currículum,* aparte de que lo cercano no puede entenderse sin referencias más amplias. Éste ha sido un principio comúnmente aceptado por la pedagogía progresista. El nexo entre cultura objetivada y experiencia del sujeto tiene que contar con la cultura local en la que está enraizada en buena medida esa experiencia. Como afirma BRUNER (1997):

> "... un fracaso en el intento de equipar a las mentes con las habilidades para entender y actuar en el mundo cultural no equivale sencillamente a un cero pedagógico. Se arriesga a crear alienación, desafíos e incompetencia práctica, y todo ello interrumpe la viabilidad de una cultura."
> (Pág. 62.)

Manteniendo la libertad y la autonomía de los sujetos a salvo, la identificación con algo común, por otro lado, es un mecanismo de integración social importante en una época de acentuado individualismo, cuando priman los intereses de orden material como única metanarrativa universalizante. Si esas diferencias sirven de punto de apoyo para que determinados sujetos afiancen aspectos de su identidad —en la medida en que se identifiquen con ciertos rasgos culturales— es un derecho de los individuos poder entender dentro de la escolaridad aquello que los hace sentirse diversos a otros. Derecho que implica el respeto del recíproco de aquellos que no sientan esa identificación o discrepen de las normas de cada cultura. Si en aras del respeto a la alteridad hemos de aceptar el derecho del otro, de otras voces, y nos imponemos la renuncia al poder de dominarlo, para que el otro no se centre sólo en sí mismo también debe abrirse a otros. Lo que significa que todos deberíamos ver las redes que nos entrelazan, aunque sea partiendo de la peculiaridad propia, más que dar relevancia a las diferencias que nos separan.

Si lo local y particular conviene verlo en relación con otras localidades y otras particularidades, ¿acaso no surge aquí otro campo para la coincidencia en un *currículum* común intercultural, para el que arrancar desde lo local de cada grupo o cultura no sería sino el punto de partida para llegar a la comprensión de la multiplicidad? Para transitar por ese camino que se debe construir convendría suprimir cualquier indicio de culto a lo propio, pues esa actitud implica minusvalorar lo que es peculiar de otros. El encuentro de los individuos con estos contenidos específicos tiene que entenderse como algo natural, sin fundamentalismos ni veneraciones por lo local mitificado. Las diferencias culturales existen y la diversidad no discriminatoria, fuera de la utilización política de las mismas, puede y hasta debe ser abordada por las escuelas. Partiendo del respeto a las diferencias de otros y admitiendo el carácter abierto de todo sistema cultural, un acercamiento objetivo a los rasgos diferenciales descubrirá que son en realidad mestizos y que no se entienden sin las aportaciones de otras culturas de las que son deudores y a las que pueden ofrecer algo. Poco sentido tendría querer guardar los rasgos fijados y sin contaminar por nada para mantener viva la ilusión del mito de la especificidad cultural, alma del *pueblo*. La cultura como arma de la política es germen de división y de exclusión, aunque rentable para los que la utilizan con ese fin; hacerlo en la escuela es llevarla a las raíces del pensamiento y del sentimiento de los más jóvenes.

e) El sujeto para la cultura: la identidad como cometido escolar

La concepción de cultura antropológica que venimos desarrollando tiene una última proyección que conviene destacar: una percepción y valoración de la cultura no como objeto para la liberación y mejora del sujeto, sino como patrimonio que deben defender unos "soldados" identificados con la patria cultural. El yo postmoderno, tras la trayectoria herderiana, es un yo ubicado en un territorio cultural y hasta geográfico, enraizado en una esfera o marcado definitiva y esencialmente por ella. Si el sujeto para el concepto moderno de cultura es el ser perfectible gracias a ésta, para el sentido antropológico de cultura el sujeto es el miembro de un grupo; de la pertenencia al mismo depende su identidad. De este argumento deriva de forma natural la utilización de la cultura de un pueblo como herramienta política para expresar los destinos deseables para ese pueblo y recabar el apoyo emocional de sus miembros a tal construcción intelectual.

Cuando la cultura es asumida como una esfera con independencia de cómo los que viven en ella participan de sus contenidos, la educación opera con la conciencia explícita de que actúa para mantenerla, reproducirla y hasta recuperarla. Es la solución del multiculturalismo equidistante que reconoce la diversidad de cada cultura a respetar. En una sociedad pluricultural que sea tolerante y democrática, si la asimilación es rechazable y la integración no fuese querida, habría que prever espacios (escuelas) específicos para cada cultura, para cada tipo de alumnos según sus identidades culturales. Para esa opción, el cruce o mercado libre entre culturas provocaría inevitables ganadores y perdedores en los procesos de mestizaje, pues difícilmente las culturas parten en sus interac-

© Ediciones Morata, S. L.

ciones desde una posición de igualdad y siempre habrá minorías amenazadas en cuanto a su supervivencia cultural. Ésta es la opción, por ejemplo, que se deriva de las posiciones mantenidas por KYMLICKA (1996).

Cuando la cultura es esfera intocable la educación se dirigirá a provocar la adhesión de los individuos al grupo cultural. La identidad cultural asumida por cada uno se convierte en objetivo prioritario. El sujeto será un ser enraizado en una cultura de contornos definidos (pues mal se iba a identificar uno con culturas sin perfil) y, sin el flujo de la savia que corre por esas raíces, su identidad está mutilada. La identidad cultural común es, obviamente, el resultado de un largo proceso de aculturación, consecuencia de haber tenido experiencias históricas compartidas, pero contiene también constructos narrativos sobre los que se proyectan intereses sociales y otras construcciones simbólicas que se encuentran en constante proceso de definición (COLOM, 1996, pág. 73). Las experiencias históricas, ya sean reales, construcciones narrativas simbólicas o mitos (que tienen también existencia real para quienes así lo perciben), las identidades culturales son operativas para mover comportamientos, fundamentar elaboraciones cognitivas y consolidar afectos. Una sensibilidad así configurada querrá hacer de tal construcción un criterio relevante en la toma de decisiones sobre el *currículum* escolar, llegando a impregnar las prácticas escolares cotidianas.

La identidad equivale a la interpretación que hace una persona de quién es y de las características que la definen como individuo. Implica conocimiento de sí y reconocimiento por parte de los demás, y es una necesidad básica. Cuando el conocimiento propio y el reconocimiento de los otros no son congruentes, se pueden dar procesos de desgarro personal importantes. La falta de ese reconocimiento o el hecho de que éste sea falso puede ser una forma de opresión (TAYLOR, 1993). Por eso el respeto a la identidad individual es fundamental en las sociedades democráticas, por encima de patrones culturales colectivos.

La identidad cultural apela al conocimiento y reconocimiento de que uno es miembro o posee rasgos propios de un cierto grupo cultural, con la consiguiente connotación emocional de sentirse como tal; tonalidad afectiva que puede ser de satisfacción, orgullo, incomodidad y hasta de rechazo, según los casos. La identidad cultural es condición que uno se atribuye y que le es atribuida o reconocida. Su peso en la identidad del individuo como tal, en la percepción de sí mismo —el autoconcepto— y en las relaciones sociales es muy variable y no se considera una condición metafísica del ser humano. El individuo se concibe como "un alguien" por muchas cualidades posibles a la vez y por sus acciones: por su género y orientación sexual, por la edad, por sus obras, por su historia vital, por su origen familiar, por su estado de salud, por el nivel escolar alcanzado, por su trabajo, por las relaciones que mantiene con los demás, por la clase social a la que cree pertenecer, por su relación con la trascendencia, por su lengua, por el color de su piel, por su nacionalidad, estado civil, etc. Cómo nos percibimos cada cual, cómo nos sentimos respecto a esa percepción, son construcciones cognitivas y afectivas que se apoyan en muy desigual medida en cada una de todas esas u otras muchas posibles condiciones personales y sociales; son percepciones y sentimientos que cambian en el transcurso de la biografía personal. Cada cual valora de forma singular para sí cada uno de los atributos y de las circunstancias que cree le caracterizan. El sentido de lo que soy para mí se compone de mi autoubicación respecto de la posesión o no de cualidades varias. El peso que una misma cualidad o condición tiene para uno y otro individuo es muy variable. Estas valoraciones que determinan la imagen de la identidad están condicionadas por la percepción de los demás y en relación con los valores dominantes. Si se vive en momentos de exaltación de las cualidades culturales colectivas o cuando se es perseguido o discriminado por ellas, naturalmente la identidad cultural adquirirá más relevancia en la autopercepción y en las relaciones sociales. Todo arrojado guerrero requiere una patria exaltada u ofendida.

Las sociedades avanzadas son complejas y cambiantes. En su seno las experiencias que los sujetos almacenan en su biografía no serán del todo coincidentes. Eso significa que los referentes para su identidad serán también complejos, variables y no idénticos. Cuesta aceptar que todos los individuos deban basar el sentido de su identidad necesariamente en las mismas peculiaridades personales y sociales y con la misma intensidad, o que la relevancia y peso de cada una de ellas se mantenga constante a lo largo de la vida. De igual modo, cuesta aceptar que la cultura de referencia sea un aspecto siempre y para todos igual de relevante para establecer su identidad. El comunitarismo y las reivindicaciones identitarias tienen el riesgo de encerrar a los sujetos en las demarcaciones culturales de la comunidad reforzando los criterios de identidad iguales para todos, con menoscabo de la importancia de otras experiencias individuales que resaltan la unicidad de la biografía y del proyecto de cada individuo.

Como bien recuerdan BERGER y LUCKMANN (1997):

> "... en los países industriales altamente desarrollados —esto es, aquellos donde la modernización ha llegado más lejos y donde la forma moderna de pluralismo se ha desarrollado plenamente— los sistemas de valores y las reservas de sentido han dejado de ser patrimonio común de todos los miembros de la sociedad. El individuo crece en un mundo en el que no existen valores comunes que determinen la acción en las distintas esferas de la vida, y en el que tampoco existe una realidad única idéntica para todos." (Pág. 61.)

La modernización hace prácticamente imposible imponer sistemas de sentido unitarios y obligatorios. Aunque dos sujetos crezcan en una misma comunidad es impensable que sus sistemas de sentido derivados de sus experiencias definan identidades coincidentes. Es difícil considerar que el percibirse miembro de un grupo cultural y la estancia en un mismo territorio, desarrollando una especie de veneración por los orígenes, sea un requisito esencial a todos, convirtiendo a la identificación con una cultura en una de las necesidades elementales y primarias del hombre (GARZÓN, 1997, pág. 16). Es difícil creer que todos los individuos sientan su comunidad de referencia de la misma manera. Si pensamos que la identificación nítida o fuerte con una comunidad es consustancial a la vida humana, la vida cosmopolita abierta a todo sería una dificultad para la identidad y todo emigrante o viajero estaría afectado por una mutilación por el hecho de serlo, en cuanto deja su territorio cultural. Se puede sentirse a gusto en un lugar, desarrollando cierta nostalgia cuando sale de él o lleva tiempo fuera de él. Lo que resulta difícil es considerar eso como una mutilación personal y una pérdida irreparable que sea universal a todos los individuos que han crecido en el seno de un determinado grupo cultural. La pretensión de regreso al paraíso perdido de la patria cultural tiene los visos de ser una respuesta defensiva de asirse a algún referente cercano ante el sentimiento de creerse perdidos en el mundo cambiante y de masas que nos rodea, con el riesgo de quedar encerrados en él.

La modernidad ligó la producción racionalizada a la libertad individual del sujeto y a la idea de sociedad nacional, y lo que ahora está ocurriendo es un proceso de *desmodernización*, como afirma TOURAINE (1997, pág. 33), en el que la producción en el mundo de la globalización se desliga de las adhesiones a las unidades sociales modernas que fueron los estados nacionales. No existe correspondencia entre el individuo y las instituciones, el ciudadano de un país ya no es el trabajador (o el que no tiene trabajo) sólo de ese país; el funcionamiento de las instituciones de ese país tampoco obedece ya a las necesidades y a los proyectos para ese mismo país. Quienes ofrecen al individuo el referente cercano con el que sentirse arropado son los defensores de la cultura de su pueblo, que puede no coincidir con la que se creía era propia del territorio gobernado por el Estado. Lo que está ocurriendo es, según TOURAINE, que a la liberalización de los intercambios económicos le sigue el debilitamiento de los mecanismos de integración social clásicos: la *desinstitucionalización* y la *desocialización*[9]. Vivimos en un mundo de mercados y de individuos, donde pierden fuerza las instituciones.

La sociedad globalizada es a la vez inestable. En ella el sujeto-actor pierde protagonismo y no encuentra figuras emblemáticas con las que identificarse en compañía de los otros, más allá de tomar las mismas bebidas o ver el mismo cine. Si compartimos cada vez menos significados, las comunidades de vida pueden tender a fragmentarse y a considerarse cada vez más autónomas unas respecto de otras (BERGER y LUCKMANN, 1997, pág. 63), quedando ellas como las únicas que resguardan a sus miembros de las crisis de sentido. La misma reacción de las fuerzas conservadoras en educación volviendo la mirada hacia las "esencias patrias" evidencia el temor a ese proceso de desestabilización. Si nos da vértigo mirar hacia delante porque sólo hay cambios y movimientos en la superficie de la cultura y de la realidad en la que nos reflejamos, tendremos la tentación de encontrar la seguridad mirando hacia atrás.

> "Frente a una realidad incierta, la figura del hombre se hace más confusa, borrosa como lo sería la imagen devuelta por una superficie líquida en constante movimiento. El hombre se descubre en parte desterrado en un mundo cuyo orden, unidad y sentido le parecen oscurecidos; en presencia de una realidad fluctuante y fragmentada, se interroga sobre su propia identidad... Lo que importa (...) es el punto de referencia de los procesos que hacen del hombre contemporáneo un ser histórico más identificado, sin definición mítica, metafísica, positiva y cultural de amplia aceptación."
> (BALANDIER, 1996, págs. 164-165.)

Volver la vista a las pequeñas comunidades puede dar seguridad, pero deja ancladas a esas comunidades en sí mismas. Amarrados después en el seno de esa colectividad, los sujetos pueden tener dificultades en alcanzar a ver y a intervenir en las condiciones que llevan a ese movimiento de encerrarse cada cual con los suyos.

---

[9] Por *desinstitucionalización* TOURAINE (1997) entiende el debilitamiento o desaparición de normas y de juicios de normalidad que se aplicaban a las conductas que eran regidas por las instituciones (pág. 45). La *desocialización* se refiere a la desaparición de normas, roles y valores meidante los que se construía el mundo; en nuestro caso la educación (pág. 47).

En realidad fue la misma visión moderna la que, con su ansia de universalidad, desligaba al sujeto de sus referentes cercanos entendidos como limitaciones. La modernización implica el *desanclaje* o *desenclave* (GIDDENS, 1993, página 32 y 1994, pág. 30), concepto que alude al hecho de que las relaciones sociales se despegan de sus contextos locales de interacción, reubicándose en las instituciones modernas. Esas relaciones quedan enmarcadas en buena medida en los intercambios simbólicos que conectan a unos y a otros, al margen de la proximidad física de los miembros de una relación. Gracias al intercambio simbólico nos comunicamos bienes e informaciones, incidimos unos en otros, sin que sea precisa la presencia física de los partícipes en el intercambio. Las relaciones directas "anclan" y enclavan el intercambio, convierten a éste en algo tangible, cálido y personal, aunque limitado en el espacio y en el tiempo. Para que las relaciones desancladas sean fiables exigen, como afirma GIDDENS, confianza: en la tecnología a través de la que se producen los intercambios, en la seguridad jurídica que suple al pacto de palabra, en el dinero que permite comprar cosas hechas por el trabajo de otros sin que tengamos relación directa con ellos, etc. Ese intercambio simbólico mediado permite establecer lazos desterritorializados. En la sociedad en que vivimos puedo tener más estrechas relaciones con gentes que viven a mucha distancia que con los vecinos de mi casa. El espacio de la relación se separa del lugar cercano, del intercambio cara-a-cara (GIDDENS, 1993, página 30). Los lugares cercanos son afectados por lo que ocurre a distancia, y lo que ocurre en el entorno inmediato puede trascender sus fronteras limitadas. La escuela hunde una de sus razones de ser más esenciales en la pretensión de universalizar los amarres del sujeto en una cultura más amplia que la que podrían absorber sus raíces en el territorio en el que "brotan" los sujetos. La existencia misma de la escuela es un elemento distorsionante de la cultura local que no la tenía con anterioridad: la gente empezará a ser ya no de forma tan "natural" como lo era y más en función de su experiencia escolar.

"Las instituciones modernas pueden aunar lo local con lo global en formas que hubieran resultado impensables en sociedades más tradicionales y al hacerlo así normalmente influyen en las vidas de muchos millones de seres humanos."
(GIDDENS, 1993, pág. 31.)

A la apertura de territorios en la sociedad actual se añade la aceleración en la sucesión de cambios que afectan a la cultura y que se traduce también en fomento y permisividad de una variedad de modos o estilos de vida que coexisten en las actividades sociales y en la vida privada (conquista, ésta última, que no se debe despreciar ante el ensalzamiento de las culturas locales). Si bien hay limitaciones evidentes, el yo puede elegir y mantener lazos más allá de la inmediatez lugareña. El joven vive en múltiples mundos yuxtapuestos que provocan experiencias que no son fáciles de integrar: en la familia, en el colegio, entre los iguales, en el consumo de medios culturales, etc., que no definen normas claras ni uniformes.

Todo esto da lugar a una enorme variedad de individuos dentro de un grupo cultural determinado, a la diversidad de experiencias de cada cual. En ese mundo el yo está afectado por vivencias cambiantes, múltiples y yuxtapuestas, provenientes del trato con fuentes de experiencia cercanas y más alejadas; es un yo poliédrico con múltiples caras, transitado por cambios continuos. En las culturas

© Ediciones Morata, S. L.

complejas existe, pues, una dispersión considerable en cuanto a los posibles ejes de anclaje de la percepción del *sí mismo* y una tendencia a su multiplicación, mucho más allá del territorio cultural cercano. Afirma GIDDENS (1994) que:

> "Cuanto más postradicionales sean las circunstancias en que se mueva el individuo, más afectará el estilo de vida al núcleo mismo de la identidad del yo, a su hacerse y rehacerse."
> (Pág. 106.)

En esas circunstancias, la identidad del yo es frágil y mudable. El núcleo duro de la identidad no ha de buscarse, según este autor (pág. 74), en el comportamiento coherentemente definitivo ni en las reacciones de los demás, sino que debe encontrarse en la capacidad para *llevar adelante una crónica particular*, singular.

Partiendo de estas condiciones de las sociedades modernas, parece un contrasentido apoyar la identidad personal en la condición de pertenencia a un grupo cultural concreto y hacer de ella motivo de exaltación de las raíces que unen a los sujetos con una cultura, como queriendo encontrar un amarre seguro. Aunque quizá es la inestabilidad a la que ha conducido la modernidad acelerada la que desencadena esa reacción hacia el "hogar seguro de la tribu".

> "... la identidad se está convirtiendo en la principal, y a veces la única, fuente de significado en un período caracterizado por una amplia desestructuración de las organizaciones, deslegitimación de las instituciones, desaparición de los principales movimientos sociales y expresiones culturales efímeras. Es cada vez más habitual que la gente no organice su significado en torno a lo que hace, sino a lo que es o cree ser."
> (CASTELL, 1997, pág. 29.)

En contraposición a estas condiciones a las que ha conducido la modernidad (mundo globalizado, comunicaciones, urbanización, etc.), una visión del yo enraizado y amarrado a sus raíces, como dice BUENO (1996, pág. 99), no sólo comporta "ver a los demás desde nosotros", sino también "vernos a nosotros desde los otros", a mi pueblo desde otros pueblos y a uno y a los demás desde el referente de la cultura colectiva. Es, pues, una forma de percibir la propia identidad y la de los demás a través de la polaridad semejanza-diferencia cultural. Si el propio yo se constituye básicamente por la apropiación e identificación con la cultura, los individuos pueden ser llamados a defender su integridad no sólo en defensa de la razón de ser del *pueblo,* sino porque es preservar algo propio de cada uno. El comunitarismo hace de la cultura motivo de movilización y también, con facilidad, de rechazo del otro o de sentirse limitado y hasta agredido por éste. Por eso, como afirma BUENO (1996, pág. 104), es tan natural a esas percepciones y sentimientos la idea de "recuperación" traducida en reivindicar la restitución cuando las identificaciones tienen como referencias a culturas minoritarias o que han sido relegadas o absorbidas por otras. Se trata de utilizaciones de la cultura para usos prácticos que encuentran un ámbito de aplicación esencial en las políticas educativas porque es a través, precisamente, de la escolarización como se quiere preservar, difundir o restituir el espíritu de un pueblo y se crea la identificación con el todo esférico del que se forma parte. Los nacionalismos lo entienden muy bien, sean de la amplitud esférica que sean, pequeños o grandes nacionalismos.

© Ediciones Morata, S. L.

El uso más pernicioso del marco de comprensión antropológico para entender y proyectar el *currículum* es el querer hacer de éste una pieza esencial en la construcción y reconstrucción de identidades personales y colectivas, lo cual supone defender esferas culturales aisladas sin fronteras permeables.

Si bien desde la educación no podemos gobernar toda la realidad y transformarla, al menos podemos decidir fomentar esa tendencia a la identificación con lo inmediato o proporcionar otros referentes para el anclaje más acordes con las nuevas condiciones sociales coherentes con una universalidad alejada de lo absoluto, que sirvan para superar la tentación de recluirse en la esfera íntima de la vida privada, combatir el individualismo y la competencia. Frente al regreso a la tribu local expliquemos y ayudemos a amar una cultura ampliada y colaboremos con causas de las que ahora empiezan a llamarse "... sin fronteras".

5. De la utilidad segura de los saberes al cambio permanente en la sociedad de la información. Un tipo de práctica educativa nueva

La "cultura idónea" para la escuela ha sido objeto de una tercera modulación que se inserta entre las visiones moderna y postmoderna de la misma. Nos referimos a la concepción *utilitarista* de los contenidos culturales para la escolaridad.

Con el desarrollo industrial, las habilidades prácticas del artesano fueron transferidas a las máquinas y a la cadena de producción, deparando para el elemento humano bien el papel de mero apéndice de la tecnificación, bien el de suministrador de la racionalidad que los procesos productivos requerían. El saber hacer, para la primera categoría de trabajo, era un problema de servir a las demandas de la máquina tras el adiestramiento oportuno. Para el trabajo que alimenta de inteligencia los procesos de producción se requieren saberes *sobre* el trabajo, porque para realizar éste no son suficientes los saberes adquiridos por la experiencia, sino técnicas o aplicaciones de conocimientos previos desligados generalmente del sentido común y de las experiencias cotidianas. Con la progresiva complejidad de los procesos productivos, al tiempo que van apareciendo nuevos oficios y profesiones, se van acotando tipos de saberes ligados al ejercicio del trabajo y de las profesiones en general: aparecen los saberes profesionalizados.

Esta profesionalización del saber se extiende no sólo a las actividades productivas, sino a las de organización social y a aquéllas que procuran el bienestar. El nacimiento de las profesiones lleva implícita la acotación de parcelas de conocimiento que legitiman y racionalizan el ejercicio de las mismas. Este fenómeno se extendió plenamente durante los siglos XIX y XX.

La fe en el progreso que todas esas transformaciones suponen se desarrollará a la vez que la valoración de los conocimientos que permiten su avance. El conocimiento se liga al progreso de la humanidad y al de los individuos, pero ahora se considera también instrumento para las actividades prácticas y medio para acceder a ellas. Como el trabajo y las actividades profesionales están jerarquizados, el conocimiento será profesionalizador y jerarquizador a la vez. No todo el saber tiene aplicaciones profesionales, por lo que una de las más fundamentales divisiones en la jerarquía reside en la distinción entre saberes aplicables y saberes no aplicados. Éstos podrán seguir teniendo el valor formativo de la cultura en sentido moderno, pero desgajados del progreso material. La aureola de prestigio que induce el utilitarismo se proyecta así sobre toda la variedad de componentes de la cultura objetivada y sobre todos los niveles del sistema escolar, especialmente en los superiores. Educarse, a partir de esta modulación pragmática del saber, será prepararse para hacer algo en la vida. Y si la identidad de las personas reposa también en su puesto de trabajo, por extensión se sustentará en el tipo de conocimiento previo a su ejercicio, en la educación propedéutica para algo.

La *utilidad* es el último código añadido por la modernidad a la cultura y a los *currícula* escolares. La universalización de la escolarización tuvo en esta ideología uno de sus puntos de apoyo. Bajo su influencia, las instituciones educativas cobraban mayor funcionalidad social y perdían posibilidades para generar un espacio de autonomía para desarrollar otras finalidades menos pragmáticas.

Aquel pragmatismo de "educar para la vida" de fuerte significado pedagógico progresista, en tanto era una reacción contra el academicismo huero y los métodos pasivos de aprendizaje, fue ampliamente desbordado por el utilitarismo profesionalizante. La *vida* significará, en primer lugar, la posibilidad de vivirla con dignidad material y ésta no es posible sin el trabajo.

El saber, la cultura, la tradición, antes que ser contenido de formación que mejora la condición humana, se convertirá en preparación práctica para intervenir en el mundo, en consonancia con el valor de control que los saberes —especialmente los de la ciencia— han adquirido en las sociedades industriales y postindustriales. Como dice HABERMAS (1987a), el saber dominante —el conocimiento científico—, viéndose en él un factor profesionalizador, deja de tener valor formativo; ha dejado de ser un recurso para esculpir una forma de ser y se ha convertido en una forma de dominar el mundo. La tendencia utilitarista no se detendrá ahí, valorando los conocimientos propicios para controlar la naturaleza y el mundo en general, sino que descenderá a calificar a la educación como productora de mano de obra cualificada. Ésta ya no es "mano" de obra que desarrolla fuerza sino inteligencia cualificada. El sistema educativo sigue guardando el legado moderno en cuanto a sus funciones básicas, ahora subordinadas a la formación del *capital humano*.

Los ideales ilustrados y regeneracionistas son cada vez más ocultados por el pragmatismo y por la ideología de la eficiencia social, con el consiguiente peligro de reproducir una sociedad próspera (sólo para algunos) pero empobrecida espiritualmente (seguramente para todos). Con la elevación y con la rebaja de la educación a la categoría de ser productora de capital humano y factor de productividad (ahora se dice de competitividad) se expresa con toda claridad la funcionalidad útil de la cultura y de las instituciones que la imparten. Se hace así todavía más profundo el desfase entre las promesas de progreso material y espiritual de la modernidad en educación. La educación, como proyecto al servicio de una cultura, de la formación del ciudadano y de desarrollo del sujeto, queda inevitablemente degradada, al ser sometida a las demandas de la vida activa gobernada por el mercado laboral (TOURAINE, 1997). El *homo laborans* de ARENDT (1993) ha triunfado sobre el agente responsable de las acciones, sobre el hombre culto, sobre el ser en relaciones sociales con otros y sobre el ciudadano responsable y solidario.

© Ediciones Morata, S. L.

El mismo pensamiento educativo, como lubricante racionalizador de las prácticas en los sistemas escolares que deben abastecer de gentes preparadas para el mercado laboral, adquirirá el mismo tono pragmático de conocimiento pretendidamente útil bajo el molde de la ciencia a la que aspira a constituirse. Otras preocupaciones políticas y éticas sobre lo que conviene enseñar en las escuelas quedarán ensombrecidas.

La ideología de ese utilitarismo que subordina los fines de la educación a la creación de una mano de obra cualificada, que después no tiene fácil el encontrar empleo, y que limita las posibilidades de la cultura como contenido de la enseñanza, se ha convertido en una de las ideologías más potentes en este final de siglo, en un rasgo de las políticas neoliberales y neoconservadoras en educación (APPLE, 1996a, 1996b y 1997). No sólo forma parte del discurso de las clases dominantes o ideologías de derecha, sino que ha atravesado fronteras, alcanzando a los partidos de izquierda y también a los movimientos sindicales, lógicamente cautivos del mensaje promisorio del empleo. Mientras que elegantes debates (por supuesto necesarios e interesantes) entretienen a los intelectuales sobre la pertinencia de una u otra concepción de la cultura, sobre la validez de su sentido moderno o sobre la conveniencia de su revisión bajo la impronta de diversos movimientos relativizadores, la escuela corre el peligro de ser territorio cultural desertizado con la aquiescencia de todos bajo la ideología del pragmatismo que comentamos. Como afirma APPLE (1997, pág. 160), algunas de las enseñanzas sobre las relaciones entre escuela, conocimiento y poder están siendo olvidadas demasiado pronto por las críticas postmodernas y postestructuralistas.

Aun cuando esta ideología del pragmatismo laboral se encuentra en fase de crecimiento, empieza a verse afectada en sus fundamentos por dos movimientos aparentemente contradictorios. Por un lado, el fantasma del desempleo radicaliza la tendencia a ajustar más las opciones de formación con la oferta de trabajo; por otra parte, la cuestiona. Es frecuente escuchar a los responsables políticos, empresariales y sindicales el argumento que establece que la "formación profesional" es un requisito para generar empleo (en nuestro contexto la palabra *formación* se utiliza ya casi exclusivamente para referirse a la preparación para el trabajo, lo que constituye una apropiación semántica muy significativa). Hasta hace poco esa formación se consideraba instrumento para la inserción en el mundo del trabajo y para el reciclaje continuo a que obligaba la evolución de las ocupaciones. Hoy la fuerza de este utilitarismo profesionalizante se ve frenada ante la perplejidad e inanición que provoca la desaparición del mundo del trabajo (RIFKIN, 1996) que, en primer lugar, afectó a la agricultura, después a la industria y ahora a los servicios. La fuerza de la ideología del utilitarismo se modera o se encuentra con contradicciones, en tanto desaparece del horizonte la sociedad del pleno empleo y se comienza a hablar de fórmulas para repartir el tiempo mermado del trabajo. Incluso aparece un sector de autoempleo cada vez más pujante para el que no hay fórmulas de formación institucionalizada previsibles que acoten qué saberes son aplicables a trabajos informales y puntuales que pueden aparecer y desaparecer por doquier.

La ideología del capital humano que pone el sistema educativo y la cultura al servicio del sistema productivo está siendo también revisada en lo que se refiere a su potencialidad para generar empleo y como factor de productividad (CHOMSKY y DIETERICH, 1997). La relación entre capital humano, generado por un sistema

© Ediciones Morata, S. L.

educativo y de formación de calidad, y la productividad económica no es una relación lineal independiente del puesto que se ocupe en el sistema de producción globalizado mundialmente y de otras condiciones políticas y sociales. El desempleo no es responsabilidad de los malos sistemas educativos, condición que haría emigrar a la inversión, como el aumento de educación (en el plano individual y en el colectivo) no implica necesariamente mejoras laborales y salariales [10]. Los salarios de los menos educados descienden más que los de aquellos que disponen de mayor nivel de educación, aunque en realidad lo que ocurre es que todos descienden, sólo que algunos más rápidamente que otros (CHOMSKY y DIETERICH, 1997, pág. 89). La conexión entre calidad del capital humano y desarrollo o productividad económica puede ser cierta para quienes están en la punta del desarrollo pero no es una relación causal para países con escaso nivel de desarrollo tecnológico.

¿Qué podrá sustituir al trabajo como referencia de la identidad y de la construcción de la personalidad, en la nueva situación?, como se pregunta VATTIMO [11]. ¿Qué función deben desempeñar los sistemas escolares ante estas crisis? El utilitarismo, que entró en competencia con el sentido moderno de la cultura, ahora, en su crisis, nos estimula a una nueva lectura del legado de la modernidad como recurso para propiciar la iniciativa, la creatividad y la autonomía de los individuos, competencias para las que resulta difícil prever saberes profesionalizadores.

La sociedad industrial se basó en la energía, la post-industrial resalta el valor central que tiene el conocimiento teórico y la información como eje en torno al que se organiza la tecnología, el crecimiento económico y la nueva estratificación social (BELL, 1976; CASTELL, 1994). En nuestras sociedades el saber es una industria en sí misma (SALVAGGIO, 1989). Este tipo de sociedad genera tiempo para la adquisición de conocimiento, facilita la difusión y el acceso al mismo, acerca los depósitos remotos del saber a sus potenciales poseedores, hace del conocimiento y del ocio actividades productivas, posibilita la comunicación entre culturas; necesita, en suma, más que cualquier otro tipo de sociedad, a la educación como agente de preparación cultural. Poder disponer de los accesos a esa nueva sociedad y aprovecharlos va a ser la base de una nueva estratificación social cuyos resultados se plasmarán en una contundente dualización social: los participantes (como agentes o como simples consumidores) y los marginados. O, como dice TOURAINE (1993, pág. 234), entre pilotos de la nave, pasajeros-consumidores y náufragos del vendaval.

Los nuevos retos parten, en cualquier caso, de no renunciar a la escolarización universal de calidad para todos, porque, con seguridad, las nuevas circunstancias incrementan el valor del conocimiento. La educación será cada vez más valorada en la sociedad del conocimiento y de la información. Aunque esa socie-

---

[10] En el caso español coinciden en una misma etapa histórica la fuerte expansión del sistema educativo, especialmente de la enseñanza universitaria, con altas cotas de desempleo en general y de los titulados superiores en particular. Si estos últimos tienen más oportunidades de trabajar no es porque para ellos existan mayores ofertas de empleo que para los desocupados con menor nivel de educación, sino porque en la masa total de los desempleados desplazan a los que menos educación tienen para cualquier categoría de empleo.

[11] "El fin del empleo", *El País,* 4 de mayo de 1996.

dad, dejada a su propia dinámica, no necesita que todos estén bien educados. Estarlo será condición para no quedar presos en el papel de meros consumidores de subproductos culturales. Ahora bien, esa sociedad puede necesitar del conocimiento, aunque menos de otras funciones de la educación y, por supuesto, menos aún de la escolarización, si no va acompañada de otras finalidades relacionadas con la justicia, la igualdad y la conveniencia de la integración social.

Esta sociedad del conocimiento presenta otros matices que alteran sensiblemente los mecanismos y la racionalidad que orientan en la actualidad a las instituciones escolares. La información y los conocimientos son importantes pero representan condensaciones fugaces en un flujo acelerado de cambio. Son útiles, pero sustituidos con facilidad, y lo son en la medida en que son comunicables y están disponibles. La información debe estar permanentemente actualizada para resolver problemas y tomar decisiones "aquí y ahora". La ventaja la tendrán quienes tengan más información y mejor almacenada (LYOTARD, 1989).

> "Estructurada desde otras voluntades, la información habla de preguntas que no son nuestras, o incluso no responde a pregunta alguna, a necesidad o voluntad alguna. El saber no arranca ya de ese interrogar fecundado en la presencia del lenguaje. En un universo saturado de noticias, la voluntad de saber se estraga entre ellas. Tal vez por eso, la tradición escrita, abierta siempre a nuestra capacidad de recepción, constituye la esperanza más firme para no quedar hundido entre informaciones o imágenes, sin padre que responda por ellas con el amor con que la relación paternal se engendra."
> (LLEDÓ, 1992a, pág. 116.)

Dejándonos llevar por las tendencias que emanan de los rasgos de ese tipo de saber para esa sociedad de la información, queda poca esperanza para un *currículum* estable centrado en núcleos esenciales seleccionados por consenso, que sean la base de experiencias continuadas a través de las que fraguar un yo asentado en la formación sólida. La idea misma de *contenidos* se esfuma, así como la de un *currículum* común, ante la dispersión de la oferta de informaciones que se pueden elegir. Bajo la revolución de la información, la vieja idea del aprendizaje formal —el aprender a aprender— destacará no la formación ni la apropiación de la cultura, sino las habilidades flexibles, las destrezas generales vaciadas de contenidos concretos y las necesarias para adquirir y revisar información mudable. Aparentemente, se destaca como importante el criterio maduro de la persona formada para poder elegir en ese mundo de la "información a la carta", alejado de los *currícula* obligatorios. Sin embargo, la realidad más común podría ser la de individuos desbordados por la "polución" y el espectáculo de pseudoinformaciones que fomenta la imagen de la personalidad postmoderna pasiva ante el fluir acelerado de la realidad representada fragmentariamente, la información, la moda y las formas de vida (LIPOVETSKY, 1986).

La fe y valoración de la tradición se desplaza o se centra en la necesidad de propagar "lo último", lo más útil, los conocimientos científicos modernos, lo atractivo, en detrimento de la más lejana y global tradición contemplada por otras ramas del saber de tipo social o humanístico. La opcionalidad y el atractivo de la oferta no provocan resistencias sino, en todo caso, la pasividad y la indiferencia. La rebelión en las aulas contra la escuela-cuartel se ha convertido en el desierto abandonado; cuando disponen los estudiantes de mayor participación, más apatía se palpa. Para algunos ésta será la era de la información y del saber, para otros puede ser la del aburrimiento (LIPOVETSKY, 1986, pág. 39).

Para las sociedades de la información, de la globalización y de las redes que interconectan los lugares donde se piensa, se diseña, se compra y se vende, las referencias a la cultura encerrada en territorios es un anacronismo o un mecanismo defensivo al quedar excluidos del nuevo dinamismo (CASTELL, 1994). Y desde luego no es la mejor solución para superar la superficialidad de la fragmentación y caducidad de las representaciones postmodernas.

La oferta de las más variadas formas de conocimiento puede despertar la esperanza de apertura a una formación polivalente, pero la realidad es que asistimos a un incremento de la especialización que se ha infiltrado por todas las actividades. Los expertos están presentes en todos los sitios al tiempo que no tienen una presencia notoria identificable. El saber se ha dispersado. Con él también se ha difuminado lo que significa globalmente para los sujetos y para la sociedad; así como también se han dispersado los foros en los que ese debate era antes posible y las figuras que lo protagonizaban: intelectuales, artistas, clérigos, etc., (BOGGS, 1993).

La tradición ha estallado, sus principales oficiantes se han dispersado y, en esas condiciones, la posibilidad de un resumen coherente para la cultura escolar se dificulta enormemente. Ahora las posiciones se hacen perceptibles en la defensa de proyectos de reproducción especializados, centrados más en un tipo de cultura codificada que en otra: ciencias frente a humanidades o ciencias sociales, luchas para que una materia permanezca o entre en el *currículum,* pugnas por la entrada de especialistas en el sistema escolar, etc. Con esta fragmentación de la *inteligencia,* los modelos generales tienden a oscurecerse y se desplaza la memoria general, que comenzará a recuperarse bajo las nuevas reivindicaciones de la identidad más local.

El saber se dispersa y adquiere más autonomía de los sujetos y de los procesos que lo crean y recrean, aparenta ser anónimo y despersonalizado. La información es un flujo acelerado de un sistema que se alimenta a sí mismo, sin referentes a personas, contextos, grupos humanos o a épocas. La idea de obra cultural singularizada pierde valor, y los textos (en este caso *libros de texto*) en la maquinaria escolar han convertido el saber en tarea anónima, en voces difusoras de discursos sin rostro ni historia. Los autores desaparecen reclamados como mano de obra asalariada por el sistema de producción y difusión del conocimiento o de la información (AGGER, 1990). La depuración de la cultura y la selección de sus productos que subyacía en el enfoque moderno se ven desbordadas por una inundación de "montañas móviles de basura simbólica", como dice WILLIS (1994), donde es difícil distinguir la relevancia de la vanalidad.

Como característica fundamental de las sociedades de la información cabe señalar que el motor de su desarrollo ha salido de las murallas de las instituciones escolares. Buena parte del flujo del conocimiento, así como su innovación, tienen lugar fuera de los centros de educación. Con ello el ideal primitivo ilustrado de hacer de la escolarización la palanca del progreso y de la igualación se diluye. La Universidad deja de ser el templo que guarda el saber. Los centros educativos podrían aparecer como instituciones anacrónicas, espacios vaciados, y sus oficiantes desposeídos del aura de los sacerdotes de la cultura.

Las posibilidades educativas de estos avances son evidentes: propician la apertura a nuevos mundos, hasta el punto de que, autores como LYOTARD (1989),

© Ediciones Morata, S. L.

les adjudican el poder de haber roto los moldes del pensamiento moderno, al cambiar el concepto de saber, la visión de las sociedades y el tipo de encuentros que posibilitan. La escuela, su *currículum* y el tipo de relación de aprendizaje que procura el texto escrito se ven desbordados. La televisión no presenta elaboraciones conceptuales que descifrar con esfuerzo, sino fachadas de la realidad que se reciben solamente poniéndose delante de la pantalla.

La contraposición "primitivamente" moderna entre liberales y conservadores ante la tradición cultural deja ahora de tener sentido. En todo caso, las posiciones intelectuales se sustancian en una nueva línea imaginaria cuyos polos serían ocupados por los *apocalípticos* y por los *integrados*. En el extremo de los primeros se sitúan aquéllos que critican el utilitarismo del saber y su imperialismo por el sesgo que introduce en la formación y en la cultura como cultivo y como modelo de vida buena. En el otro extremo se sitúan los integrados acríticos en los nuevos valores del pragmatismo. Al margen de esa polarización, los *postmodernos* celebran el fin de la historia, de la razón, de las instituciones como antesala del reino de la libertad instalándonos en la inacción.

Los clásicos ideales de la formación humanística deben seguir teniendo sentido, sin que la avalancha de la información disponible dé lugar a unos sujetos superficiales por los que transitan información y conocimientos rápidamente mudables, lo mismo que caducan las modas en la vida cotidiana.

La disponibilidad de informaciones es una gran oportunidad, pero sin un poso cultural para valorarla, filtrarla y aprovecharse de ella, el modelo de hombre informado no será sino superficialidad. Lo que queda claro, como afirma CASTELL (1997), es que está comenzando una fase nueva de la historia que no será indiferente para nadie y menos debería serlo para los profesionales de la cultura.

La imagen de la información tecnologizada como medio de comunicación es esencial en la cultura de la postmodernidad, muy alejada de lo que es la cultura fijada por los libros y toda la pedagogía que los tuvo como instrumentos esenciales (HINKSON, 1995; ORTEGA, 1994). Implican peligros para la escuela y para el valor formativo que la modernidad asignó a la cultura, pero también aportan nuevos medios que incorporar y, sobre todo, la urgencia de un replanteamiento de lo que estamos haciendo

En las sociedades desarrolladas, e incluso en las que no han alcanzado la plena escolarización, ha aparecido un ámbito educativo extenso de acción masiva, constituido por los medios de comunicación, los medios escritos y audiovisuales de difusión cultural y de entretenimiento y todas las tecnologías de la información que ejercen una importantísima influencia en la configuración de la realidad social. Podríamos denominar al conjunto de todos ellos como *tecnologías de la cultura* o como *industrias de la cultura*, destacándose en esta última denominación el hecho de que, junto a los aspectos relacionados con los efectos culturales que producen, se difunden a través de ellos nuevas formas de poder, de producción e ideologías. Su acción cruza a todos los demás ámbitos prácticos educativos: el escolar, el familiar, las ofertas informales, etc.

No pretendemos hacer aquí un análisis ajustado a la importancia de estas nuevas formas de educación, porque su misma variedad implicaría diferenciar las posibilidades y efectos de cada uno de los medios y de las diversas tecnologías. El significado de la televisión, como uno de los más importantes medios, exige análisis específicos que poco tendrían que ver con la importancia de las revistas científicas de divulgación, o con la difusión de música grabada, por ejemplo. Con aportaciones singulares todos contribuyen a alterar el sentido de lo que es cultura, como ya hemos visto. Lo que nos importa resaltar es la constatación de la existencia de vehículos de "información desanclada", en este sentido moderna y potencialmente universalizadora, con grandes posibilidades de competir con el proyecto escolar y de enriquecerlo, a la vez que difunden modelos de comportamientos propios de la educación en las relaciones directas aunque de manera no tradicional. Con ellos se hace presente una novedosa forma de difundir cultura, opinión y visiones de la realidad, así como maneras de relacionarse con ellas, que por sí mismas tienen capacidad educativa y que además tienen efectos complejos sobre las prácticas educativas escolares y familiares. Difunden educación, alteran los procedimientos más tradicionales de impartirla y compiten con la escuela no sólo en cuanto a las influencias sobre los sujetos, sino, de manera más inmediata, disputándose el tiempo de los sujetos. Se trata de una práctica educativa muy eficaz con poder de devaluar a las tradicionales, de complementarlas o de subvertirlas.

En las sociedades de la galaxia Gutenberg se divulgaron el conocimiento y las prácticas de lectura más allá de las iglesias y de las universidades que vieron roto su monopolio de las formas de comunicar a través de textos. La difusión de la imagen a través de la fotografía y del cine hizo accesibles representaciones del mundo mucho más allá del estrecho bagaje que proporcionaba la experiencia propia y la pintura visible para unos pocos. El fonógrafo y la radio difundieron la voz en círculos de irradiación cada vez más amplios. La combinación de las clásicas tecnologías de almacenamiento y difusión de las más variadas informaciones, en conjunción con las nuevas tecnologías, proporcionan un caudal ingente de imágenes, sonidos e informaciones diversas sobre los más variados aspectos de la cultura, la ciencia, la tecnología, el medio ambiente y la realidad social. Cada innovación tecnológica ha abierto posibilidades a nuevos públicos y también las puede cerrar a otros, en la medida en que exige nuevos medios y capacidades de adquisición y de utilización. Las tecnologías de la cultura han dado lugar a cambios sociales importantes y a nuevas formas de entender lo que es el conocimiento o la información, a una apertura de sus contenidos, así como a nuevas formas de acercarse y de "dialogar" con ellos. Con el cambio del estatuto del saber y con las nuevas relaciones con él se asiste a un importante cambio cultural. Es decir, se han generado singulares prácticas educativas en un sentido amplio que la actividad institucionalizada de las escuelas no podrá ignorar, sin llegar a afirmar que tenga que asumirlas miméticamente Y con todo ello se han originado nuevas formas de comunicar ideas e ideales a la práctica.

En pleno auge de las nuevas tecnologías, los soportes dominantes de la información en la escuela siguen siendo los que utilizan la letra impresa. Fuera de las aulas, esos medios escritos desempeñan todavía un papel importante, pero la competencia de los medios audiovisuales puede cambiar la situación pronto. Así, por ejemplo, del total del gasto de bienes producidos por las industrias culturales, el correspondiente al libro representa, aproximadamente, igual cuantía que el conjunto de los medios audiovisuales, a lo que habría que sumar el de la prensa, que es todavía dominantemente escrita (FUINCA, 1993, pág. 27). La información en soporte escrito e impreso, forma fundamental del texto cultural en la modernidad educativa, dispone todavía de la ventaja que le concede la facilidad de acceder tanto a la producción-emisión de informaciones como a la recepción de las mismas, aunque la competencia de otros soportes es cada vez más intensa. La información escrita codificada en soporte magnético empieza a ser cada día más abundante. Las grandes enciclopedias se editan en CD-ROM y muchas de ellas son accesibles directamente cuando se las precisa, *on-line,* a través de las redes de información. Los procedimientos didácticos clásicos de las escuelas, el tipo de trabajo que con ellos se desarrolla, el tipo de conocimiento y de aprendizaje que propician están siendo cuestionados indirectamente. Lo cual no significa que no tengan ya sentido.

La competencia de esta nueva práctica educativa tiene lugar en lo que se refiere al tipo de cultura que difunde, en las formas de establecer el *nexo cultural* y por el cambio de los hábitos de vida que conlleva. Las nuevas tecnologías y medios de comunicación no anulan *per se* a los medios escritos, la televisión no anula a la escuela, pero sí que quitan tiempo al uso de otras formas culturales. El tiempo de ocio está ya claramente dominado por los medios audiovisuales. La lectura sigue siendo un instrumento de acceso a la cultura, pero en capas de población determinadas, precisamente en las que más escolarización tienen (SAN MARTÍN, 1995).

Se trata de auténticas prácticas educativas que generan y difunden significados, contribuyendo a la creación y dirección de opiniones, gustos, aspiraciones, modos de comportamiento, formas de entender lo que es cultura relevante, así como las maneras de consumirla. Tienen contenidos e implican un contacto atractivo, métodos más "calientes" que la educación formal. Suelen presentar informaciones fragmentadas, desconectadas y fugaces, destacan la novedad sobre el clasicismo, la generalidad sobre la profundidad, la llamada a la empatía afectiva más que a la relación racional creando un mundo de seducción (LIPOVETSKY, 1986). Las prácticas escolares, por el contrario, tienen que reclamar esfuerzo; la cultura de los nuevos medios sugiere y atrae, hace espectadores más que actores, mientras que la cultura escolar tiene que obligar.

El reto que estas prácticas introduce a las de enseñanza institucionalizada es múltiple (SAN MARTÍN, 1995). Desde tener que abordar el estudio de los nuevos medios y de sus influencias en el *currículum* escolar, descodificar las representaciones que transmiten del mundo y que calan hasta lo más profundo de las creencias cotidianas, incorporarlos adecuadamente a la práctica escolar sin traicionar los objetivos básicos de ésta e, incluso, provocar la ruptura del contenido de la "cultura curricularizada".

La educación institucionalizada, con sus prácticas cotidianas, aunque tenga como meta el dominio de la cultura en sentido moderno, o bien aborda la cultura de lo cotidiano (GIROUX, 1996), o se verá contrarrestada inevitablemente por ella. No estamos sugiriendo el abandono de lo que es propio de la clásica función cultural formativa de las escuelas, sustituyendo al *currículum* escolar por nuevos contenidos. Lo que pensamos es que los clásicos marcos de conocimiento, con sus tradiciones de establecer fuertes barreras de demarcación entre lo que es sustancia y lo que es accidente despreciable, tienen que abrirse a nuevas formas culturales, a problemas cercanos, a nuevas formas de comunicación.

Lo que es indudable es que la forma moderna de educación escolarizada ha encontrado un medio ante el que inquietarse. Es posible que, por ejemplo, el nivel promedio de conocimientos sobre aspectos relacionados con la informática que tienen los estudiantes de ciertos medios sociales sean ya superiores al promedio del de sus profesores, unos conocimientos que suelen adquirirse a través de formas educativas no escolares.

6. La esperanza posible

> "La verdadera dificultad de la educación moderna está en el hecho de que, a pesar de todos los comentarios en boga acerca de un nuevo conservadurismo, incluso ese mínimo de conservadurismo y la actitud de conservar sin la cual la educación es sencillamente imposible, es algo muy difícil de alcanzar en nuestros días."
> (ARENDT, 1996, pág. 205.)

La crítica postmoderna puede ser aprovechada para releer el legado moderno o para combatirlo e instalarse en el nihilismo. Ésa es la diferencia entre su valor progresista y el inicuo, en tanto nos deje o no dirección y salidas. Mientras no atisbemos nuevos rumbos, estaremos sometidos a la desorientación por la pérdida de referentes. El cambio rápido deja sin anclajes, produce inseguridad y las reacciones de desesperanza y vuelta a lugares seguros son explicables. El reto reside para nosotros en si seremos hoja que lleven estos vientos o tendremos algo que hacer para orientar sus corrientes, empezando por fijar la veleta. Saber hacia dónde dirigir la fuerza creadora es complicado cuando han entrado en crisis las grandes narrativas que vertebraban la idea de *progreso* para el que tan esencial es la educación.

¿Sigue vigente el programa de la modernidad en educación? Es fundamental hacerse esta pregunta ante la desesperanza que cunde en este final de siglo y a la vista de los derroteros que están tomando las nuevas políticas educativas que aprovechan el terreno ganado por la desesperanza. Para nosotros sí sigue vigente ese legado aunque haya que revisarse lo que se ha hecho con él (SILVA, 1997). Creemos, con FLORES D'ARCAIS, que también en educación la evaluación de la modernidad se traduce, antes que nada, en una falta de satisfacción:

> "... la eficacia de la modernidad se revela ante todo como *distancia*. Entre la promesa efectivamente realizada y la que sigue incumplida. De una parte el triunfal despliegue del progreso científico que acumula gestas de poderío técnico, que deja rápidamente anticuada la ciencia-ficción, la asimila a la crónica y la obliga a recurrir a una inventiva cada vez más desmesurada. De otra, los fracasos, las dilaciones, el fatigoso arranque —que también es siempre doloroso y apasionante combate— del proyecto de autonomía del individuo, por difundir exhaustivamente esas libertades, para todos y *cada uno*, que son cuando menos tan esenciales para el poder (o *autonomía*) del hombre como pueda serlo la técnica."
> (FLORES D'ARCAIS, 1994, págs. 21-22.)

La vigencia del legado moderno se sustenta en parte en el hecho de que no se ha cumplido y merece la pena seguir con el esfuerzo de realizarlo. En primer lugar, las promesas anunciadas del proyecto moderno de educación distan de ser una realidad en muchos lugares de la tierra, lejos de alcanzarse en ellos la escolarización universal efectiva. Allí donde sí lo es, su extensión coexiste con desigualdades importantes en la misma y con alto número de fracasos y abandonos escolares, lo que nos debería llevar a políticas para el logro de la igualdad. Globalmente hay motivos para la satisfacción. El nivel educativo de la población sube, no sólo en sus parámetros estrictamente escolares, como afirman BAUDELOT y ESTABLET (1989), refutando la idea de la decadencia de los sistemas escolares. Pero no es menos cierto que el acceso masivo a la educación no ha podido suprimir la lacra del fracaso escolar y del deterioro cultural, hasta caer en el analfabetismo funcional, que afecta a importantes contingentes de los egresados de la educación obligatoria. Hoy encontramos "analfabetos" en capas que tienen importantes dosis de escolarización.

Por unas u otras razones, allí donde se escolariza a todos subsisten las desigualdades de origen, a las que se ha sumado ahora la provocada por el tipo de educación que se recibe. Hemos descubierto que a la escuela no se le puede pedir ser el instrumento todopoderoso para combatir la desigualdad; sabemos que el capital cultural de origen y los conocimientos que de forma paralela a la escolaridad se siguen adquiriendo conforman los recursos simbólicos a partir de los que se obtendrá diferente "rentabilidad" a la escuela. Comprendemos que las diferencias se acentúan cuando distintos grupos sociales pueden proporcionar en diferente grado ayudas extraescolares a la escolarización, pues los potentes medios de difusión cultural externos pueden disfrutarse y aprovecharse en función de la educación recibida y según el origen social (BOURDIEU, 1988a). Es necesario moderar las expectativas sobre el sistema escolar como fuente de igualdad mientras otras desigualdades subsistan en el exterior. El acceso de todos a los títulos académicos básicos deja a éstos en su estricto valor nominal, pasando a ser la diferenciación del conocimiento realmente poseído el elemento discriminador de las titulaciones.

El valor perfectivo, humanizante y racionalista que el sentido moderno asignó a la cultura sigue teniendo validez cuando los oscurantismos y la irracionalidad crecen. Aunque ha sido mutilado y conviene reequilibrarlo; ha sido objeto de interpretaciones que han conducido a desarrollos sesgados y sería preciso reconducirlo. Hay que cuestionarse los modos de realización del proyecto, especialmente lo que se refiere a la forma de llevar a cabo el *nexo cultural*. La confianza que el programa de la modernidad ponía en los profesores tendrá que ser confirmada con una valoración acorde de su *status* y de su formación, antes de que otras figuras de mediación cultural les sustituyan.

El equilibrio de las funciones reproductora y creadora resulta difícil de establecer. Se tenderá a agudizar la polarización de ambas tendencias como consecuencia de las inseguridades que producen los rápidos cambios culturales. sociales y económicos que están teniendo lugar. Conservar y tener claro qué reproducir es más complicado en una cultura que cambia deprisa, que rompe los lazos tradicionales. que se diversifica y que se mundializa; que se hace más multicultural. Dificultades que se incrementan cuando en el sistema escolar universalizado ha entrado toda la heterogeneidad social.

El concepto moderno de cultura tiene que abrirse a la pluralidad de sus posibles manifestaciones, pues lo que puede tener de universal la tradición se ha confundido con frecuencia con la homogeneización del aprendizaje. Será preciso seleccionar lo realmente sustancial, pensando que estamos en una sociedad más compleja que es fruto de la modernidad realizada, en la que las escuelas no van a tener el monopolio del flujo de los conocimientos.

Los incumplimientos del legado de la modernidad devalúan las promesas y la fe y el impulso que tienen que animarlas en las acciones individuales, en el fun-

© Ediciones Morata, S. L.

cionamiento de las organizaciones y en las políticas educativas, cuando a mitad del camino contemplamos lo que queda por recorrer. Por eso, lo más peligroso no es el incumplimiento, sino la pérdida de fe o, como mínimo, su atemperación, para seguir con los mismos retos prometedores que siguen todavía vigentes. Como constataciones, son válidas las observaciones de Elias y de Nisbet:

> "En el coro general de la época se han debilitado considerablemente, por relación a los siglos anteriores, las voces de quienes afirman el progreso como algo valioso, de quienes ven el núcleo de su ideal social en la mejora de la condición de los hombres y de los que esperan confiados en un futuro mejor de la humanidad."
> (Elias, 1889, pág. 23.)

> "Si bien no puede decirse que la fe en el progreso haya desaparecido completamente en el siglo xx, es cierto sin embargo que cuando los historiadores fijen definitivamente la identidad de nuestro siglo dirán, que una de sus principales características fue el abandono de la confianza en el progreso." (Nisbet, 1996, pág. 438.)

Esta pérdida de impulso afecta sobre todo a los intelectuales, porque las poblaciones se siguen aferrando a ella como salvavidas para salir de sus carencias y miserias, aunque se observan tendencias preocupantes en la juventud. Son desesperanzas provocadas por las aberraciones de algunos desarrollos de la modernidad (expolio de la naturaleza, guerras científicamente dirigidas, militarización, uniformización, industrialización y urbanización salvajes, dictaduras aupadas sobre grandes ideas, desarrollo material desigual y subdesarrollo moral para muchos más, democracia aparente de las formas, ciencia al servicio de los intereses dominantes, y un largo etcétera). Sólo que la crítica, aislada del compromiso de la acción, puede llevar a la desesperanza. Aunque afecte, fundamentalmente, a los ambientes intelectuales y aunque éstos se hallen disminuidos en su poder de influencia en las actuales sociedades, las desesperanzas pueden contagiarse socialmente y hacer descender la tensión con la que se defendían objetivos importantes.

La desesperanza en la modernidad educativa puede llevar a tomar caminos que obedecen a motivaciones muy diferentes, aunque en ocasiones pueden sumarse en la producción de determinados efectos negativos: la tentación postmoderna de deslegitimar algunos componentes básicos del proyecto de la modernidad, el optar por soluciones comunitarias renunciando a las empresas más generales y el recurso a los mecanismos del mercado como una nueva racionalidad alternativa que proporcione alguna regeneración del impulso creador, apoyándose en una visión sesgada del hombre y de la sociedad.

Se critica a la modernidad, entre otras cosas, por el exceso de racionalidad que pretende introducir, por la despersonalización que produce, por la desconsideración de la variedad de la vida y por los efectos homogeneizadores que trae consigo la burocracia necesaria para organizar el complejo aparato escolar. El individuo puede sentirse avasallado y no entender el fin último y global de todo el montaje para el proyecto complejo de la escolarización. Es la cruz de la moneda que en su otra cara ofrece orden, regulación, garantía de recibir ciertos bienes. Como expresa Arendt (1995):

> "En casi todo el mundo se da una cierta rebelión en contra de lo voluminoso. Y creo que ésta es una reacción positiva; yo misma la comparto. Especialmente porque esta grandiosidad y centralización conlleva burocracia. Y la burocracia es el gobierno de nadie, un nadie que no es benevolente. No podemos considerar responsable de lo que ocurre a nadie, porque no hay un auténtico autor de las acciones y de los acontecimientos."
>
> (Pág. 161.)

Y eso es lo potencialmente peligroso en el proyecto global de la modernidad escolar: que sea un gobierno de nadie para sujetos abstractos. Pero volvemos a plantear la pregunta: ¿es el proyecto moderno inevitablemente pernicioso, al tener que organizarlo con una idea de unidad, o es que las venas de ese sistema se han esclerotizado y hay que proceder a una regeneración? ¿Es una inconveniencia inherente o una desviación corregible? ¿No hay más remedio que hacerla desregulando el proyecto cultural para que cada cual encuentre su camino o troceando en unidades menores, locales y más acogedoras (cada centro escolar, por ejemplo) al gran monstruo envejecido?

Todas las dificultades son apelaciones a la urgencia de debatir las soluciones posibles. Los problemas están planteados, lo que es un paso para salir de la perplejidad inánime y pasar a la acción.

© Ediciones Morata, S. L.

TERCERA PARTE

¿De dónde proviene el buen criterio en educación? La privatización como derrota

CAPÍTULO V

Nuevos mapas de poderes en la educación

1. Reubicación del poder de decisión en educación

¿A quién pertenece la legitimidad de proyectar un modelo de educación y de la práctica pedagógica? ¿Quién debe decidir el contenido de la escolaridad? Son preguntas básicas de filosofía educativa que hoy dejan de estar recluidas en el mundo apartado de los discursos y de los ejercicios de especulación teórica, para aparecer reflejadas en interrogantes muy concretos de las prácticas políticas, organizativas, curriculares y metodológicas.

Las reformas más características de los años noventa se han denominado *reestructuradoras*, apoyadas en las consignas de equidad, calidad, diversidad y eficiencia. Su característica esencial es el actuar no tanto en los comportamientos de los profesores o sobre los *currícula,* sino alterando las reglas básicas de funcionamiento del sistema educativo y de los centros escolares. *Reestructurar* consiste, en este contexto, en una recolocación de la capacidad de decisión sobre determinados aspectos del sistema educativo y sobre sus prácticas, en una nueva distribución de la legitimidad de intervención para proveer de dirección al sistema escolar. Se trata de un cambio en el plano de las políticas educativas y, en cierto sentido, de la desaparición de la política como proyecto de transformación global, donde los referentes se diluyen y se borran los perfiles en un ejercicio del poder más oculto, aunque se diga que los cambios se emprenden en aras del principio de una mayor democratización.

A la crisis de la teoría como fuente de legitimidad de las prácticas, ampliamente discutida en capítulos anteriores, se añade, por un lado, el cuestionamiento de la validez del proyecto cultural que fue la referencia para la política y para las prácticas educativas y la desestabilización del marco de regulaciones básicas que ordenaron la capacidad de dirección y gestión en el sistema educativo. Asistimos al debilitamiento de las ideas que justifican proyectos sociales compartidos. ¿Para qué servirá el sistema escolar proporcionando una etapa larga de educación obligatoria igual para todos, en una red de centros escolares con condiciones semejantes, si no creemos en un destino para todos o si no creemos en una cultura común?

© Ediciones Morata, S. L.

La condición postmoderna implica la crisis de la Ilustración y la crisis de dos de sus mayores filosofías políticas: el liberalismo clásico, potenciador de las libertades individuales gracias a la presencia del Estado como agente regulador, y el marxismo como filosofía igualadora. El liberalismo se apoyaba en una racionalidad en la que el individuo tenía un importante papel, privilegiando su razón y el conocimiento de las disciplinas científicas como la fuente de todo conocimiento, de la autoridad moral y de la acción (PETERS, 1996). El marxismo y las opciones socialmente moderadas de la socialdemocracia propusieron la igualdad social a través de la escolarización universal como uno de sus principios básicos de la acción política. Desde el siglo XIX y especialmente en el XX, el proyecto de una escuela pública semejante para todos se consideró como la respuesta idónea para lograr la igualdad, expandir la fe en la razón y proporcionar las competencias, actitudes y valores para el ejercicio de una ciudadanía responsable. El desarrollo de los sistemas escolares va ligado a la formación del Estado moderno, amalgamando en este esfuerzo motivaciones diversas: preparación de mano de obra para la maquinaria productiva, disciplinamiento a través de procedimientos simbólicos no coercitivos, divulgación de una cultura acorde con una idea de nación, ideales ilustrados de liberación de los individuos a través de la cultura, cuidado de la infancia y logro de una cierta igualdad.

El desarrollo de los sistemas escolares y la extensión de la escolarización universal han tenido lugar por el impulso de los valores relacionados con el desarrollo de la individualidad, la ciudadanía universal, la democracia, la extensión del conocimiento y la igualación social en un clima de confianza, manteniendo la fe en que la educación era palanca del progreso económico, social y cultural. Esta visión puede ser calificada de ingenua, conociendo las críticas a los sistemas heredados. Pero, con toda la carga de la historia, baste mirar hoy las diferencias entre sociedades con sistemas efectivos de escolarización y las que no los tienen.

Las políticas educativas nacionales vertebradas por los Estados han sido los instrumentos que facilitaron los recursos para que la universalización de la educación fuese posible. El Estado se ha constituido en un instrumento capital de redestribución de bienes garantizando los derechos fundamentales de los individuos. Al mismo tiempo, en nombre de la vertebración de los intereses colectivos, de un proyecto de sociedad y de un modelo de producción, el Estado moderno no sólo creaba un gran aparato escolar que garantizaba el acceso a la educación, sino que lo articulaba y lo dotaba de coherencia en lo que se refiere a la ordenación de su estructura general, a la de sus contenidos y a la formación del profesorado para lograr tan loables objetivos. Para los individuos, la educación se ha convertido en un derecho y en un deber, para el Estado una necesidad con la obligación de proveer recursos y condiciones apropiadas para hacer viable el proyecto económico, social y cultural que porta consigo la educación. El derecho que el Estado tiene a protegerse de sus detractores se asienta en su papel de salvaguardia de los derechos individuales. Como afirma LÓPEZ CALERA (1992, pág. 49), haciendo una lectura positiva del Estado, el desarrollo de esos derechos individuales depende de que el Estado, a su vez, tenga derechos y facultades para salvaguardarlos, con todas las limitaciones que sean necesarias para evitar excesos y aceptando las críticas que sean precisas a las manifestaciones históricas de esa misión. En democracia, los derechos del Estado son los derechos de la sociedad, lo cual puede suponer alguna restricción a las libertades individuales en aras de las de todos.

Bajo esa óptica protectora, los individuos, las familias y la sociedad en general se convierten en beneficiados receptores de la política educativa de un Estado reconocido como benefactor. El diseño y articulación de toda esa acción política ha correspondido en las sociedades democráticas a los representantes democráticamente elegidos, en una alianza con los aparatos burocráticos de la Administración, con los expertos y con los profesores. Una alianza más o menos bien avenida y en un equilibrio de poderes más o menos estable, en donde no han faltado los conflictos, las disfunciones, la dispersión de interpretaciones y hasta la desviación del sentido originario de las ideas directrices.

A ese esquema de acción en cascada vertical de carácter benefactor se han incorporado dos tipos de controles: por un lado, la participación de los padres, agentes sociales y hasta la de los mismos estudiantes en los procesos de toma de decisiones para dotar de mayor legitimación a la política desarrollada y, por otro lado, ciertos mecanismos de control como vigilancia sobre la coherencia del todo definido por ese complejo sistema.

A grandes rasgos quedaba definido un *modelo clásico de política educativa* y de ejercicio de la legitimidad en educación en el que el Estado, con su capacidad de redistribución de recursos, proveía de los medios suficientes y, a través del diseño de las instituciones políticas y educativas, establecía la organización y el funcionamiento del aparato escolar para la mayoría de la población. Salvo en el caso de los regímenes de lo que se denominó el "socialismo real", ese aparato escolar estatal coexistió con la iniciativa privada, si bien, en la mayoría de los casos, sometida a ciertos controles.

Como característica propia del estado del bienestar, la distribución de bienes como la educación se ha realizado a través de una ordenación de la oferta de puestos escolares y de la distribución de recursos en general, estableciendo una normativa de funcionamiento interno de las partes y entre los componentes de todo el sistema y unos procedimientos de control. La extensión de la educación y la seguridad de que guardaba unas condiciones de calidad no es fruto de un orden espontáneo, sino de una regulación adecuada, de un proyecto. La primera consecuencia del estado social del bienestar es el desarrollo de una amplia regulación jurídica normativa (LÓPEZ CALERA, 1992, pág. 26), que más tarde ha podido mostrar ciertos inconvenientes: su disfuncionalidad, su poder paralizante y su carácter de invasor en ámbitos que no le corresponden. Estos efectos se producen cuando el estado social inevitablemente entra en el mundo de la reproducción social, asimilándola al modo de regulación que adopta en otras áreas de intervención; es decir cuando los medios burocráticos de control a través de la *juridificación*[1], que son necesarios para hacer posible ese tipo de estado, penetran en terrenos propios de la reproducción simbólica correspondiente al mundo de la vida y en los intercambios entre seres humanos, que están estructurados por la razón

---

[1] Por *juridificación* entiende HABERMAS (1987b, pág. 504) el fenómeno por el que los asuntos sociales que estaban regulados de manera informal, pasan a estarlo por el derecho. También es el caso de la mayor especificación jurídica de asuntos que sólo estaban formalmente regulados de una manera más general.

© Ediciones Morata, S. L.

comunicativa, por el diálogo[2] (HABERMAS, 1987b, pág. 504). Ese efecto en el mundo educativo, según este autor, no es sino el retoño tardío de la juridización que ha acompañado a la sociedad civil desde sus orígenes. Se trata de un deslizamiento en ocasiones imperceptible desde la protección hasta el intervencionismo.

En ese modelo de intervención, que denominamos *clásico*, tal como se presenta esquemáticamente en la Figura 8, la política educativa, como expresión de una racionalidad emanada de los intereses generales de la sociedad, extraída su legitimidad por representación democrática, organiza el servicio de la educación, lo provee de recursos, ordena las formas de gestionarlo, regula sus contenidos básicos y cede al centro escolar —básicamente a sus profesores— la capacidad de *producir* el servicio educativo dentro de unos límites establecidos y bajo determinados controles. Los profesores, a su vez, vuelcan los objetivos de su acción profesional sobre los receptores (familias y estudiantes) convertidos en beneficiarios de un derecho básico. Ese esquema se puede concretar con modulaciones particulares, se impregna de los valores y se interpreta a través de creencias, cuerpos de saber y habilidades sobre problemas sociales y pedagógicos.

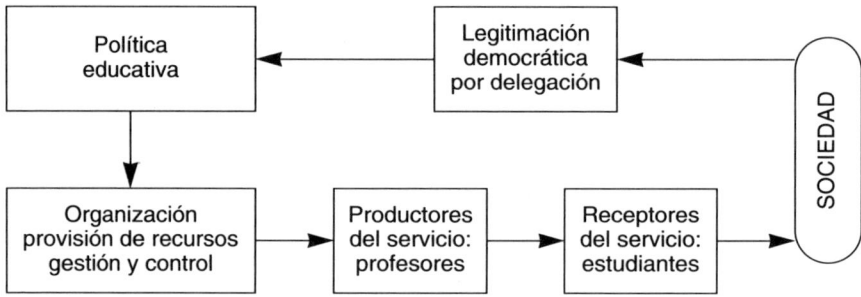

Figura 8. *Modelo clásico de política educativa.*

Es un modelo de política educativa universalizadora, democrática e ilustrada que ha sido objeto de crítica desde muy temprano: no estaba tan claro que la acción del Estado y del aparato escolar, bajo su proclama de salvaguardia del interés común, defendiera siempre los derechos de todos por igual y que fuese realmente universal su acción benefactora o definitivamente igualadora. El análisis marxista más clásico de corte althusseriano vio en la escuela el aparato ideológico del Estado clasista y represor que, bajo la retórica universalista, lo que hacía era mantener las divisiones de clase. Las teorías sociológicas de la *reproducción* destacaban cómo las escuelas contribuían a reproducir las diferencias

---

[2] Admitiendo que hay razones de peso para regular el *currículum,* un ejemplo de "ingerencia" lo podemos ver en la experiencia de reformas educativas emprendidas en España en la década de los noventa, en las que, bajo el argumento de extender el "bien" diseñado por los expertos para todo el sistema, se ha generado una enorme cantidad de documentación que se mueve en la ambigüedad de si es orientativa o prescriptiva para los centros escolares y para los profesores. Muchos dilemas en torno a la cultura, al *currículum,* a las orientaciones metodógicas, etc., pertenecen al ámbito de lo discutible, son objeto de debate en la esfera de la comunicación y de la interpretación, siendo intolerable que queden dentro de la intervención estatal, como si del bien fundamental de la sociedad se tratase.

© Ediciones Morata, S. L.

sociales en los estudiantes que llegaban a ellas (BOURDIEU, 1977; BOWLES y GINTIS, 1981).

Tampoco era evidente que los procedimientos de delegación de responsabilidades de la sociedad en la escuela a través de la democracia representativa fueran realmente democráticos. En primer lugar, como se ha dicho, por estar más al servicio de unos que de otros; en segundo lugar, porque la representación de la sociedad quedaba diluida y oscurecida por la burocracia a través de la que realmente se ejercía el poder; y, en tercer lugar, porque los encargados de "producir" la educación (profesores) y los beneficiarios de este complejo sistema (familias y estudiantes) no tenían adecuadas ni suficientes oportunidades reales de ejercer su participación. La legitimidad democrática puede quedar reducida a un "todo para los beneficiados, pero sin ellos". En aras de la defensa de las libertades, desde la derecha liberal hasta la izquierda, esa acción del Estado creando escuela y contenidos para la misma se ha criticado como una intrusión de la burocracia del Estado a través de las instituciones en la esfera de los derechos individuales, de la libertad de cada uno para adentrarse en el mundo simbólico de la cultura. El Estado social con sus tentáculos garantizó la escolaridad, ahora parecemos más sensibles a sus defectos patológicos.

Finalmente, se ha reconocido que el esquema clásico no ha cumplido con su misión de universalizar los bienes que prometía y que adolece de falta de eficacia para ofrecer una escolaridad de calidad para todos. Los centros escolares tampoco actúan como unidades operativas en coherencia con el esquema global, y los profesores pueden también desviar la acción educativa hacia intereses corporativos propios, en vez de mantenerse al servicio de los receptores de su acción. El sistema de educación ha generado una fuerte burocracia que es expresión de la ambivalencia de toda garantía de las libertades en el Estado social: las protege, por una parte, pero, a la vez, las obstaculiza hasta el punto de que sus regulaciones son límites a la política social. (FOUCAULT, 1991 y HABERMAS, 1987b). La misma abstracción que es preciso practicar cuando se regula un asunto para el interés general, puede arrasar peculiaridades e iniciativas individuales que sería también conveniente preservar. El Estado debe intervenir para garantizar los derechos de todos, aunque debe abstenerse de hacerlo en asuntos que se resuelven con discusiones abiertas para llegar a compromisos.

> "La juridificación de ámbitos de acción comunicativamente estructurados no debe ir más allá de la implantación de los principios del Estado de derecho, de la institucionalización jurídica de la estructura *externa*, ya sea de la familia o de la escuela."
> (HABERMAS, 1987b, pág. 524.)

Aceptando la necesidad de la crítica sobre el camino no siempre bien recorrido y por los objetivos todavía sin cubrir, ¿son las imperfecciones detectadas motivos para el perfeccionamiento de un esquema que puede seguir teniendo posibilidades, si se mantienen los objetivos generales a los que servía, o los defectos denuncian la falta de validez del sistema en sí? En ese caso, ¿qué es lo que ya no es válido?, ¿la rigidez y disfunciones del esquema de política clásica o los objetivos que justificaron su establecimiento? Hay motivos para creer que los recelos contra la acción del Estado y las dudas sobre el modelo clásico hoy se fundamentan más en los titubeos sobre sus objetivos, aunque las razones esgrimidas se apoyen también en los defectos constatados en su aplicación.

© Ediciones Morata, S. L.

a) En primer lugar, se duda de que haya una sociedad coherente a la que servir en sus intereses y demandas con un sistema educativo unitario para desarrollar un proyecto universalizador. Las modernas sociedades se han hecho más complejas por la diferenciación del trabajo. En ellas se realizan actividades muy diversas, se establecen relaciones muy complejas, se vive dentro de nichos de estímulos culturales variados, se valora la vida privada, se pueden satisfacer gustos desiguales, se viven, en suma, proyectos de vida distintos. Las migraciones a que ha llevado la industrialización, la urbanización, la descolonización o la población de países nuevos, según los casos, han generado sociedades en las que se mezclan culturas, lenguas, religiones y modos de vida. Esas sociedades internamente multiculturales difícilmente se pueden estructurar con instituciones de funcionamiento y contenido unitario obedeciendo a un proyecto común. Incluso, en sociedades más aparentemente homogéneas, las tendencias postmodernas que cultivan el gusto por la diferenciación llevan a enfatizar aspectos o identidades particularizadas que creíamos no eran tan esenciales.

¿Es posible en esas condiciones proponer un proyecto asumible democráticamente por todos si no se basa en un mínimo común realmente muy mínimo, cuando parece que estamos más en una era de disenso? Los fines generales de la educación, como los valores pretendidamente universales, ¿no son, acaso, tan abstractos que no dicen nada a los que se reconocen como miembros de culturas y de grupos sociales concretos cuya identidad quieren mantener? ¿Aceptan los grupos culturalmente diferenciados un mínimo común con todos? ¿Y si lo hacen, no lo querrán incorporar ellos en un proyecto sólo por y para ellos definido? Los hay que creen que si el Estado no acepta las diferencias acabará suprimiéndolas. Desde una posición como ésta la alternativa será o bien una escuela no uniformizante o aceptar todas las consecuencias de la diferenciación social fragmentando el sistema escolar. La descentralización puede parecer insuficiente para lograr el consenso en una sociedad altamente individualista sometida a procesos centrífugos (HOLMES, 1992, pág. 16).

b) Una de las características esenciales de los procesos de modernización acelerada que nos toca vivir es la *mundialización* que consiste en un «proceso de alargamiento en lo concerniente a los métodos de conexión entre diferentes contextos sociales o regiones que se convierten en una red a lo largo de toda la superficie de la tierra» (GIDDENS, 1993, pág. 67). Como consecuencia de la globalización económica, militar, política y cultural, producida por los procesos de integración de mercados y por la explosión de las comunicaciones, los Estados-nación clásicos han visto erosionadas su autoridad y su legitimidad, al menos respecto de algunas áreas de decisión, en el territorio que gobernaban. Han contemplado cómo se rompían sus esferas de influencia por arriba, su soberanía, en la medida en que organismos internacionales y compañías multinacionales asumían sus poderes en el establecimiento de políticas económicas y financieras. En el mundo globalizado, el Estado y sus mecanismos de actuación parecen demasiado pequeños para resolver problemas que les desbordan, a la vez que demasiado grandes para solucionar los problemas cotidianos de los ciudadanos.

La soberanía del Estado-nación implica una comunidad sobre la que ejercer las políticas económicas y sociales; roto el ámbito de su soberanía, se diluyen sus responsabilidades sobre los ciudadanos, deslegitimándose ante éstos. Si se ven

© Ediciones Morata, S. L.

los Estados deslegitimados en el diseño y gobierno del sistema productivo, inevitablemente pierden fuerza a la hora de diseñar las competencias requeridas a los ciudadanos para insertarse en ese sistema. Si pierden ese control, ¿al servicio de qué instrumentan un aparato de socialización y de preparación de individuos para una vida social y productiva que ya no controlan o no lo hacen del todo? Como mucho, tienen que responder al papel especializado que a cada país le corresponde en esa economía planetaria en la que tiene lugar una división internacional del trabajo, sin poder diseñar proyectos para una sociedad nacional como unidad compleja. La globalización aleja los referentes colectivos y hasta los hace desaparecer, dejando al descubierto diferencias locales que eran integradas o diluidas en una unidad social, económica y cultural más amplia. La pequeña comunidad es la referencia en un mundo social en el que desaparecen otras comunidades de carácter intermedio.

c) La evidente globalización hacia arriba es paralela a la particularización hacia abajo, quizá como consecuencia de aquella: roto el marco de referencia estatal, aparecen los contornos de las diferencias que anidaban dentro de él: naciones sin Estado, regiones, religiones, lenguas, etnias y referentes para otros nacionalismos más restringidos o como referencias de nuevas identificaciones (McGrew, 1992). Lo cual no es necesariamente malo si sirve como medio de anclaje de identidades que pierden otros amarres. No sólo se han visto los Estados vaciados por los procesos de integración internacionales, sino que esa misma debilitación, junto a la mayor sensibilidad democrática, ha estimulado procesos de descentralización administrativa donde no la había, vaciando por abajo sus competencias, proyectadas y desarrolladas unitariamente hasta ahora[3]. La descentralización es una forma de relegitimación de la acción política en sociedades conscientes de sus diferencias internas, a la vez que medio para el logro de una mayor eficacia que no siempre se cumple. Como consecuencia de estas transformaciones, las decisiones y los controles han pasado a tener un carácter más local, facilitándose la afluencia de la diversidad de proyectos, con sus posibles consecuencias positivas de mayor cercanía a la realidad concreta, y los inherentes peligros, como las tentaciones al insularismo cultural, a la exaltación del localismo nacionalista y a la diferenciación insolidaria.

d) El ascenso de las políticas conservadoras en las últimas décadas, en sociedades con altos índices de desempleo y fuertes desequilibrios presupuestarios, ha hecho del estado del bienestar el objeto de crítica más inmediato, tildándolo de imposible, ineficiente y derrochador. Por lo que respecta a la educación, el Estado democrático parece como si se hubiese comprometido a satisfacer demandas y necesidades que no puede soportar. El derecho a la educación —dicen— ha sido interpretado de forma excesivamente "generosa" y ha ido demasiado lejos, en el sentido de que la oferta pública no sólo debe proveer puestos escolares, sino toda una gama de servicios y recursos complementarios

---

[3] El caso español es prototípico. A partir del desarrollo de la descentralización que tiene lugar con el desarrollo de la Constitución de 1978, transferidas las competencias en educación del gobierno central a las comunidades autónomas, las posibilidades de realizar una política educativa coherente para todo el Estado español son muy reducidas y en muchos aspectos nulas.

© Ediciones Morata, S. L.

para, como afirma Shapiro (1990, pág. 143), constituir un "sistema educativo del bienestar". Los valores incitadores de la eficiencia, la autosuficiencia de los sujetos y la competencia han minado los servicios públicos que tenían cobertura universal, los han frenado allí donde eran incipientes, limitan sus pretensiones y los impiden donde no existían. Los supuestos del economicismo neoliberal insolidario, contrario a la distribución de riqueza en forma de pago de servicios a los que menos tienen, parecen apoyarse en la idea paretiana de que no cabe favorecer a los desfavorecidos, si con ello se perjudica a los más beneficiados (Ballesteros, 1989, pág. 76), lo que supone una renuncia del liberalismo y un regreso a Hobbes.

En la opción neoliberal, el Estado se "retira" de las políticas sociales activas e "intervencionistas" para pasar a ser árbitro de un juego donde él parece no tomar partido, convertido en garante de la competencia entre los actores, abandonando las responsabilidades de garantizar él directamente los servicios esenciales de educación, sanidad, protección, transportes, etc. Se pide que no sea un Estado benefactor, sino que, como mucho, se comporte como protector de los más débiles. Deja de ser un instrumento de la solidaridad organizada que se pide asuman los ciudadanos en organizaciones de autoayuda, a través del voluntariado y de organizaciones intermedias.

La consecuencia más inmediata de la retirada de la intervención del Estado es la entrada de mecanismos de mercado, con el consiguiente minado de los sistemas públicos de educación que, como organización masiva, era la herramienta básica de proponer y hasta imponer un sistema de valores, de significados y de expectativas a todos los ciudadanos. Si el mercado aparece como el mecanismo de regulación de una sociedad compleja cuyo desarrollo no se puede prever, porque un "todo" de esa magnitud no se puede dominar intelectualmente, y cuyos intercambios no se pueden planificar, ese mismo supuesto es aplicable al diseño de los intercambios culturales, como es la educación que, además, se relaciona con la formación de la conciencia. La negación de la intervención estatal se argumentará en nombre de la libertad, de la eficiencia y hasta de la más eficaz distribución. Así como las privatizaciones —se dice— generan más riqueza para todos, la desaparición de la estructura mastodóntica del sistema público de educación unitario, repartirá más calidad de educación para todos.

e) El avance en los derechos civiles promovido por la conciencia democrática junto con la necesidad sentida por los individuos de reafirmarse como seres particulares y la acentuación de la conciencia de pertenecer a grupos culturales que se considera necesario defender frente a las tendencias uniformadoras, han reavivado la necesidad de participación en los sectores sociales más dinámicos. Los sujetos tienen necesidad de ser actores más que receptores de proyectos fraguados en la distancia de los sistemas despersonalizados. La condición contradictoria de la intervención juridificada en el Estado social de la que hemos hablado, en una sociedad de clases medias emancipadas y en un contexto de exaltación de la individualidad y de la privacidad, produce resistencias a la intervención del Estado, percibida como limitadora, olvidando el papel histórico de esa intervención y su necesidad aún hoy. Todo lo que el Estado organice tenderá a verse como usurpación de las propias incitativas, causa de la burocratización que impide adaptaciones rápidas en sociedades diversificadas y cambiantes. Las

© Ediciones Morata, S. L.

fronteras entre la afirmación de las individualidades y la ruptura de la solidaridad son fáciles de cruzar. La exaltación de la privacidad individual y de los intereses locales puede con facilidad romper la solidaridad con los alejados.

f) La diversidad social, cultural e ideológica es causa de la desigual ponderación de los distintos fines de la educación que, aunque se admitan en el plano de las declaraciones de principios como válidos para todos, son después valorados en muy desigual manera. La educación ha acogido las esperanzas de diferentes filosofías, visiones de la sociedad, de la vida, del pasado, del futuro y de lo que han de ser los individuos, de suerte que con esas variadas coordenadas se pueden dibujar mapas muy distintos con los que moverse en la práctica. Considerar al niño como el referente de toda la educación, buscar el éxito profesional futuro, desarrollar la cultura, fundamentar una personalidad con rasgos de carácter sólidos, estimular la libertad individual, buscar la igualdad social, transformar la sociedad, etc. son orientaciones de un programa general de educación que pueden satisfacer en muy desigual medida a distintos sectores sociales. ¿Dejaremos que los profesores y el Estado los equilibren como consideren oportuno según sus criterios, o deben los padres intervenir para decidir el camino por donde quieren que sean conducidos sus hijos?

Todas estas condiciones de la postmodernidad encajan mal con el modelo clásico de políticas educativas pensadas para un "todo", en línea vertical descendente y desarrolladas por un aparato escolar regido por unas reglas idénticas. En las condiciones que acabamos de señalar parece más coherente un modelo menos lineal, más descentrado, flexible, capaz de adaptarse a particularidades, donde los agentes sociales —no las burocracias— tomen en sus manos su propio destino.

Ese modelo alternativo de política educativa descentrada o postmoderna, más atenta al cliente o consumidor que al diseño de un programa general, se refleja en la Figura 9 y supone una importante reordenación de los papeles de los agentes que están en juego. Partiendo del esquema proporcionado por RICHARD (1994, pág. 48), pueden estipularse dos líneas de cambio importantes: a) El

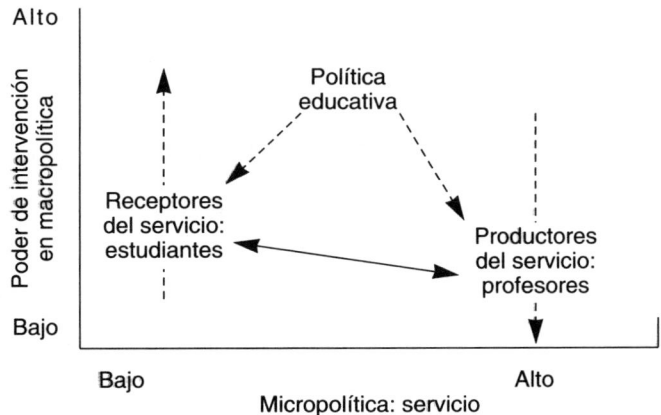

Figura 9. *Modelo de política postmoderna.*

© Ediciones Morata, S. L.

incremento del papel de los consumidores (antiguos receptores) que pueden decidir en el plano de la "micropolítica" con su participación en la gestión de lo local o con la elección del servicio; ganancia que discurre en paralelo al descenso del papel en ese mismo plano de los que producían el servicio (profesores). b) En el plano de la "macropolítica", esos consumidores ganan poder de determinación de la política, restándoselo a los agentes que desde los poderes públicos diseñaban las políticas generales. Éstos pasan a desempeñar funciones de arbitraje de un juego entre los productores del servicio de la educación (centros y profesores) y los que la consumen (padres y estudiantes). La micropolítica cobra relevancia sobre la gran política, que se retira en aras del protagonismo —se dice— de la sociedad civil.

Dicho en otras palabras: los consumidores eran receptores de la macropolítica elaborada desde arriba por los agentes que gobiernan en el Estado. Su papel se reducía a la determinación-participación en el plano de los "detalles"; su puesto estaba situado en el suelo de la micropolítica. Los profesores participaban, aunque sujetos a normas, del plano macropolítico, su poder era delegado, ocupaban el puesto de quienes tienen capacidad de modelar el desarrollo de las macropolíticas, condicionando el servicio que recibían los consumidores. En el nuevo marco, las distancias entre Estado, consumidores y productores del servicio se acortan: el Estado pasa a ser un regulador de los intercambios entre productores y consumidores; los receptores ascienden en cuanto a su capacidad de intervención, mientras que los productores quedan en una posición más baja, al tener que pactar o depender de los consumidores sin el paraguas protector del Estado.

Estas nuevas condiciones, fruto de factores de muy desigual cariz, como hemos podido ver, definen un campo para una acción más diversificada, adaptada a circunstancias cambiantes, donde la fuerza y dirección a la misma la introducen en mayor medida los agentes presentes en cada situación. Es un territorio cuya bondad habrá que definir en cada caso. En general, es un campo potencialmente más propicio para la participación, para el diálogo entre los agentes, para el establecimiento de dinámicas favorables a la vertebración de la comunidad en torno a los proyectos locales que les conciernen. Es un territorio potencialmente más creador, alejado de la burocracia y de la uniformización. Pero, como hemos razonado en otro lugar (GIMENO, 1994 y 1995), en los campos desregulados de la educación —bien se trate del sistema en general, del *currículum* o de la gestión de los centros escolares— no florece inexorablemente la libertad, la calidad, la eficiencia, la autonomía, la participación, la creatividad, la diversificación o la desburocratización. Los intereses y grupos dominantes, en vez de los individuos y las comunidades locales, pueden tomar el control cedido por el Estado y la racionalidad negada al proyecto general y al sistema vertebrado como una unidad. De ese modo la retirada del Estado no produce más libertad, sino más desigualdad y descontrol en un mercado desregulado donde el poder es menos visible.

Nada es casual, como afirma LÓPEZ CALERA (1992):

> "Todo el discurso postmoderno, que tiene sin duda un sentido plausible de crítica a lo real, se instrumentaliza como argumento a favor de la ideología del 'abandono' político y del desprecio del Estado. En el fondo lo que hay es un interés ideológico en que los individuos y los grupos sociales (clases y partidos políticos) no se tomen en serio la historia."
> (Pág. 30.)

Es muy sospechoso observar a quienes reclaman ahora más libertad, en los momentos en los que ascienden las fuerzas conservadoras y los intereses a favor de la privatización. Es lamentable escuchar cómo los argumentos sobre la eficiencia y la democracia pasan por encima de los que cada vez van careciendo más de sus elementales derechos a la subsistencia y al desarrollo moral y cultural. A éstos, si no los ampara el Estado con su actuación distribuidora, sólo los amparará la caridad.

2. Familia y escuela: equilibrio inestable de funciones y poderes

La discusión acerca del papel que han de desempeñar las familias en el sistema educativo y su participación en las prácticas desarrolladas en el mismo es esencial para aclarar los nuevos mapas de poderes en educación. Razones de muy diversa índole se agrupan para explicar esta tendencia que es clave en las reformas educativas de este final de siglo: desde las llamadas a una profundización democrática asentada en la participación que reconstruya la comunidad, hasta los movimientos conservadores que ven en las funciones de los sistemas escolares (especialmente del sector público) un expolio a las competencias legítimas de los padres en la orientación y salvaguardia de sus hijos, pasando por posiciones críticas hacia la acumulación de finalidades en las escuelas imposibles de cumplir. Los movimientos a favor de la participación de los padres se entienden también como formas de innovación, en tanto pretenden servir para remover intereses asentados contrarios a sus preocupaciones, que se suponen más vigilantes de la utilidad de la educación. Un supuesto, éste ultimo, que puede funcionar en la dirección prevista con ciertas minorías de padres, pero no con todos ellos.

Lo cierto es que están planteándose modelos de organización y de comunicación entre familias y sistema escolar, entre padres y profesores, que implican revisiones profundas de los modos de funcionamiento establecidos en las organizaciones educativas y un cambio importante en los supuestos que legitiman la intervención en las mismas. La fuerza con la que resurge el papel de los padres ante la crisis de los sistemas educativos más desarrollados es una manifestación más de la crisis de la modernización a la que han colaborado esos sistemas, al tiempo que se aprecia como un posible recurso de democratización basada en la participación. Un Estado democrático tiene que reconocer, como afirma GUTMANN (1987), que la autoridad en educación debe ser compartida entre padres, ciudadanos en general y profesionales de la educación. La implantación de estrategias para compartir la capacidad de tomar decisiones en el sistema escolar vendrá a colisionar de ese modo con el movimiento emergente que reivindica la autonomía de los profesionales de la educación.

Esa revisión de prácticas de gobierno y de control en el funcionamiento del sistema escolar, esa remodelación del equilibrio de legitimidades en el que veníamos apoyándonos, son manifestaciones y consecuencias de los cambios sociales y culturales que están teniendo lugar en las sociedades avanzadas y en la cultura de la postmodernidad. No se explican sólo por la esperanza de constituir una comunidad democrática en torno a los centros escolares. Debajo de esta tenden-

© Ediciones Morata, S. L.

cia puede estar la intención tanto de ceder poder como de no asumir responsabilidad. En definitiva, la proclamación de la necesidad de que los padres participen y contribuyan a definir, desarrollar y evaluar de modos diversos (aunque sea sólo con la manifestación de su voluntad eligiendo centro) el proyecto educativo en el que se educan sus hijos puede tener una doble explicación: a) por un lado, implica el reconocimiento de la impotencia del sistema escolar por sí solo para generar los frutos que promete o lograr los fines que se le han adjudicado. Éstos parecen no ser posibles sin contar con las familias, o se supone que se conseguirían con menos eficacia sin la aportación de éstas. Separadas las influencias del hogar y de la escuela por la institucionalización de la educación, seguimos comprobando el peso que tiene la familia y que la educación escolar no puede superar déficit familiares. La discontinuidad cultural entre familia y escuela es fuente de conflictos para el hijo-estudiante, al obligar a que éste experimente constantes procesos de transición entre medios ecológicos con normas diferenciadas. La aproximación y el establecimiento de puentes será una condición para la mayor eficacia de ambos ambientes con miras a trabajar por el bien del estudiante. b) Por otro lado, la llamada a la participación de los padres supone un reconocimiento de falta de seguridad y de legitimidad en las escuelas, en los aparatos administrativos, organizativos, profesionales y de expertos que las conforman, para definir el proyecto educativo que, hasta ahora, ellas solas, proyectaban en cascada para sus beneficiados.

Las proclamas actuales para recuperar a los padres, para hacerles partícipes y hasta soberanos de la educación de sus hijos creemos que suponen un punto de inflexión en una tendencia, expresada en la confianza suprema en los sistemas escolares a lo largo de su evolución histórica que, desde luego, tiene presencia y muy desiguales consecuencias según los sectores sociales y países. Es como si asistiésemos a una especie de vuelta atrás, aunque no al punto de origen, respecto del proceso de "expropiación" de las competencias que los padres habían sufrido por parte de las escuelas y de los poderes que las organizan y gobiernan.

Hoy, en muchos países, la participación de los padres en los centros escolares aparece estimulada por los gobiernos como una nueva forma de legitimación (BEATTIE, 1985, pág. 229), en un contexto en que se están redefiniendo y clarificando nuevas formas de control en la educación. Un fenómeno que tiene lugar como consecuencia del cambio de funciones y de papel de los gobiernos en la organización y gestión de los sistemas escolares, debido a los procesos de descentralización y de liberalización que dispersan la autoridad dentro del sistema; aunque también tiene que ver con la deslegitimación del papel de los Estados en la socialización de los ciudadanos y en la difusión de un proyecto cultural a través de la escuela. Todo ello en una etapa en que la educación se ve sometida, a su vez, a demandas contradictorias y a una revisión de fines en procesos de reforma permanente para adaptarse a procesos de cambio que no sabemos con certeza a dónde nos conducen, lo que genera una importante inseguridad y desconcierto.

Es conveniente detenerse un poco en recordar de dónde venimos para saber mejor a dónde algunos nos quieren llevar, cuando acusan a las escuelas (sobre todo a las públicas) de ilegitimidad, de voracidad de funciones o de querer desarrollar éstas con autonomía, sin ser conscientes del contexto que ha conducido a la situación actual.

© Ediciones Morata, S. L.

Es evidente que la evolución del mundo del trabajo y de la urbanización que llevó consigo la industrialización redujo el espacio social de la familia en las sociedades y le ha quitado, por consiguiente, poder de control sobre sus miembros. No es que la escuela asuma funciones nuevas, es que, al desarrollar algunas de ellas que se le adjudicaron como propias, absorbió otras que tenían los padres. En la familia tradicional éstos controlaban totalmente a los hijos: su cuerpo, su conducta, sus hábitos, su lenguaje, su pensamiento, sus creencias, sus relaciones, su vida privada, su porvenir profesional y hasta su destino en el matrimonio o en el convento. Una tutela que no siempre cesaba con la formación de familias independientes por parte de los hijos (ARIÈS y DUBY, 1989, pág. 79 y sgs.). Ha sido la evolución social y la de las costumbres lo que ha llevado a la escuela a ser un espacio socializador para funciones que desempeñó la familia, especialmente la preparación para el trabajo.

El niño se ha emancipado del trabajo y de sus padres en su tiempo de escolarización y también en el de ocio. Para buena parte de la población la socialización fuera del hogar familiar supuso, y sigue haciéndolo, la posibilidad de acceder a estímulos e influencias que no tendrían en la vida familiar. En lo que se refiere a la preparación para el trabajo, en el acceso a la cultura y en las oportunidades de socialización con los iguales (no facilitadas por las familias cada vez más reducidas, ni por la comunidad urbana cada vez más despersonalizada), el valor de la oportunidad educativa que ofrece la escolarización es innegable en los procesos de modernización durante el siglo XX y en el progreso hacia una sociedad con más igualdad de oportunidades. Este fenómeno trae consigo importantes cambios para la subjetividad de los individuos, también para todas las relaciones interpersonales (no sólo las familiares), y conforma también importantes cambios culturales, sociales y políticos. Se ha generado una nueva clase social, primero la de los niños, después la de los jóvenes, dependiente económicamente y sometida a las instituciones escolares, pero que, al sentirse más segura, expresa sus aspiraciones y tiene sus propios proyectos sociales que han tenido incluso fuertes consecuencias en el panorama político de la segunda mitad del siglo XX (HOBSBAWM, 1995, pág. 297 y sgs.). Los movimientos estudiantiles y los de sus profesores constituyen una de las dimensiones que explican la revolución social acaecida en ese período. Cualquier proyecto político tiene que contar con una población alfabetizada que, aunque no produce y no está condicionada directamente por la sujeción al trabajo, es consumidora y es independiente. Es una clase social que posee más capacidad para articular discursos de resistencia y formular alternativas, con más facilidad para comunicarse con el resto del mundo.

Transferidas muchas de las funciones de los padres a otras instancias de socialización, fundamentalmente a las escuelas, la familia se repliega sobre la red de relaciones afectivas, al tiempo que las escuelas pasaron a ser espacios públicos para el ejercicio de una forma de vida privada no-familiar por parte de los estudiantes. El equilibrio entre lo público y privado de nuestras vidas está decisivamente marcado por el nuevo reparto de competencias entre familia y escuela que ha tenido lugar en el proceso de modernización y de cambio social que llevó consigo la escolarización universal.

Esta transformación se ha traducido en la recolocación de los poderes respecto del control de los hijos, en los métodos para realizar la educación y en las mismas relaciones humanas. Si, por ejemplo, dicen ARIÈS y DUBY (1989), los

© Ediciones Morata, S. L.

padres son ahora más permisivos, en parte se debe a que ya no tienen mucho que imponer a sus hijos, dado que el aprendizaje de la vida en sociedad se ha delegado en la escuela, en los iguales y en diferentes redes de comunicación. Al no controlar los padres el tiempo de los hijos, tampoco controlan tanto su vida. Con la transferencia de funciones educativas a la escuela, el niño experimenta en la vida pública colegial su formación y preparación para la vida, generándose para los escolares un espacio privado dentro del nuevo espacio público escolar, fuera del control directo de la familia. Espacio de socialización que ha tenido como consecuencia, en cierto sentido, la emancipación de los jóvenes de las redes familiares, que no siempre han sido tan positivas y cálidas como "las buenas familias" tienden a hacer creer. Un espacio que ahora será dominado por las reglas de la institución escolar, por el *currículum,* por los profesores y por los iguales.

Son procesos que afectan a toda la sociedad y a las formas de transmisión cultural. Las personas mayores son, progresivamente, fuentes menos relevantes de información y de ejemplo para los más jóvenes. Éstos aprenden de sus coetáneos —de los cercanos y de los más alejados— en un mundo que ellos viven como nuevo a la vez que sus progenitores. Todos ingresamos en lo desconocido al mismo tiempo, del mismo modo que las diferentes generaciones de una familia emigrante tienen que encarar los cambios que les plantea el presente de una nueva realidad que les acoge, sin conocimientos previos sobre ésta, como dice Margaret MEAD (1997, pág. 103). Los mayores se ven retados por los mismos desafíos que afectan a los jóvenes. Éstos no tienen que repetir las culturas heredadas a través de la dependencia intergeneracional. Los padres pueden seguir teniendo cierto poder, pero no siempre se les aprecia como figuras investidas de la autoridad que daba la experiencia para participar en el mundo que antes era estable. Y, como afirma MEAD, no es que ellos dejen de conducir a las nuevas generaciones, sino que ya no hay guía alguno. Las escuelas representan algo así como un nuevo territorio en el que crecer, en cierto modo alejado de la familia. Ellas fueron y son sustitutas de los padres, de su autoridad y de sus funciones. Ahora comienzan tambien a perder ese papel. Por eso los padres que quieren recuperar el control de la educación empiezan a mostrar desconfianza.

Esta "liberación" que ofrece el espacio escolar a los alumnos es un pequeño paraguas para el ejercicio de la privacidad, una pequeña contribución de la escuela a la dotación de contenidos al sentido de la libertad de los modernos, como reconocimiento de un área reservada en la que no cabe inmiscuirse, fuera del *imperium paternale,* que ya había sido enunciado por Kant. Él decía que "nadie puede obligarme a ser feliz a su modo", en contraposición al concepto de libertad de los antiguos, cuyo rasgo fundamental era la posibilidad de participación política (BALLERSTEROS, 1990, pág. 54). Un germen de libertad que está en la base del individualismo moderno, del que se nutren derechos como el de la libertad de pensamiento, la libertad de movimientos, la inviolabilidad de la vida privada, etc. La escuela ayudaba en esa dirección respecto de la familia, aunque después se haya luchado y se precise seguir haciéndolo para limitar el *imperium scholae.* Los padres no podrán ya tener un derecho natural ilimitado sobre sus hijos, ni en el marco del pensamiento aceptado (como muestra el derecho) ni en la realidad de la vida social. La familia no siempre tendrá prioridad sobre las decisiones que afecten al bienestar de los niños; un rasgo esencial en nuestra sociedad, como parte de la cultura que ha admitido que tienen derechos por encima del *imperium* de los padres (BRANNEN y O'BRIEN, 1996).

En el recorrido de los individuos por la escolaridad, la escuela irá también soltando amarras y el alumno irá adquiriendo, progresivamente, más independencia dentro de ella. Tal como hemos podido comprobar, en la transición de la enseñanza primaria a la secundaria, las fronteras entre las paredes del colegio y la calle se relajan, los hábitos relacionados con la vida privada del estudiante encuentran más permisividad y se toleran en los centros escolares comportamientos como las "relaciones amistosas" de pareja, que tal vez estuviesen más controladas en el ambiente familiar (GIMENO, 1996a). Si no fuese por los boletines de calificaciones, una gran parte de la vida del hijo va pasando cada vez más inadvertida para los padres, porque los contactos personales entre profesores y padres nunca podrán ser muy abundantes y fluidos.

Digamos que ha sido la evolución social la que ha llevado a la escuela a encargarse de la socialización en proceso paralelo al declinar de la familia. No ha sido un expolio diseñado por ningún ser maligno ni por una política determinada, sino el resultado de un proceso histórico que se vive de manera natural aunque es una creación cultural. Hasta tal punto es asumido por los padres que, incluso durante las vacaciones, éstos aceptan y buscan soluciones paraescolares para sus hijos, pues ya no saben qué hacer con ellos. Los padres han perdido "destrezas" como tales. La historia de la escolarización corre pareja a la de la "des-familiarización" y a la emancipación de la infancia y de la juventud. A través de la escuela, el Estado o la comunidad asume funciones que tenían agencias primarias de socialización.

A partir de esta situación, escuela y hogar pueden entenderse como medios ecológicos complementarios o independientes con buenas relaciones de vecindad, pero pueden también percibirse mutuamente como dos mundos aparte o, exagerando la expresión, como "enemigos naturales" que, aunque realicen tareas complementarias, compiten de hecho por la modelación de los más jóvenes (HENRY, 1996, pág. 43). Como dice esta autora, no son infrecuentes los casos en los que las relaciones entre ambos se parecen a una especie de "concertación entre enemigos" recelosos en el mantenimiento de sus áreas de influencia. El caso más extremo de desconfianza de los padres hacia la escuela lo muestra el movimiento de la "escolarización en casa", cuando las familias asumen en el hogar las funciones de los profesores porque ya no identifican educación con escolaridad (BENDELL, 1994; MAYBERRY, 1995; VAN GALEN y PITMAN, 1991). Aunque el origen de esa actitud hacia la escuela sea en muchos casos la desconfianza por la educación religiosa, también están presentes otras motivaciones de orden pedagógico y cultural [4]. Los padres, algunos padres, no es que vean a la escuela como competidora ilegítima de sus prerrogativas familiares, sino que empiezan a percibirla como ineficiente, desconfiando que pueda producirse una regeneración sustancial desde dentro.

El equilibrio de funciones y las posibles colaboraciones recíprocas son relativamente fáciles de acotar y de establecer siempre que los "profesores enseñen"

---

[4] Pueden verse experiencias de este tipo en España en el núm. 256 (marzo) de *Cuadernos de Pedagogía,* 1997.

lo que los padres no pueden enseñar y éstos se dediquen a "ser padres". Pero en la situación actual el deslinde de fronteras es confuso y el equilibrio precario, más en los niveles educativos básicos, aunque no sólo en ellos. En unos casos (pocos, como es todavía la transmisión de cierto tipo de conocimiento académico) se produce un claro, explícito y aceptado reparto de competencias entre familia y escuela; en otros el "pacto" es precario (modelo de ciudadano que se va a formar, transmisión de ideologías y cosmovisiones). En ocasiones el conflicto es potencialmente permanente (educación sexual o religiosa, por ejemplo, y formación de determinadas actitudes personales). Tampoco faltan las situaciones en las que ni siquiera sabemos de quién es la responsabilidad[5]. Y es inevitable la confusión desde el momento en que la actuación específica de la escuela y de los profesores no se puede sustraer a las percepciones y valoraciones de los "profanos" de la educación, quienes con más o menos legitimidad "entienden" de educación.

La invasión de la vida familiar por el trabajo escolar provoca, incluso, la transgresión de fronteras. La acción de la escuela no se contiene en sus muros y en sus tiempos, sino que se prolonga en el espacio-tiempo extraescolar; es decir, en el familiar, rellenando éste con las demandas escolares (deberes, suplencia de recursos, llamada a los padres a colaborar, etc.). Los padres perciben a sus hijos en tanto que escolares, de acuerdo con los moldes de pensamiento que sugiere la escuela.

Si hasta aquí podemos ver la transferencia de funciones familiares a las escuelas y a los profesores, argumentaremos ahora las razones por las que no es legítimo que éstos consideren dichas funciones y las prácticas con las que las desarrollan de su exclusiva competencia.

Ser profesor no es algo que se pueda ejercer al margen de la condición de miembro de una sociedad y de una cultura, y eso implica comprender (para compartir, rechazar o discrepar) rasgos de conducta, pensamientos, aspiraciones y expectativas con los padres, de suerte que éstos de forma natural "entienden" algo sobre lo que es ser profesor y lo que éste hace. La práctica educativa familiar e informal es anterior a la práctica escolar para cada individuo y en la historia de la sociedad. Los usos de la educación institucionalizada conforman unos rasgos culturales de nuestras sociedades que, ni en el presente ni en su génesis histórica, pueden comprenderse al margen de sus interrelaciones con otras manifestaciones o *memes* culturales, incluso previos a la existencia de experiencia escolar. Las sociedades sabían transmitir, incitar, guiar y controlar a jóvenes antes de que hubiese escuelas, obviamente. Ese sustrato de información cultural se aprovecha como sabiduría práctica en las actividades educativas institucionalizadas, aunque en este caso adquiera un modelado singular. Cuando se enseña y se aprende en las aulas no se desarrollan actividades totalmente originales, sino que se toman o se reacomodan patrones de comportamientos ensayados y perfeccionados en otros ámbitos de la cultura. Queremos decir, por ejemplo, que cuando se enseña o se comunica algo a alguien, cuando se controla a un alumno, cuando se le diri-

---

[5] Ahí está el caso de la discusión sobre a quién corresponde el cuidado de alumnos con necesidades especiales, o el conflicto sobre quién es el responsable de atender al niño pequeño en los problemas generados por la falta de retención de esfínteres. ¿Es el docente?, ¿deben ir los padres al centro escolar a resolver "su" problema?

© Ediciones Morata, S. L.

ge, al gobernar un grupo o cuando se dialoga con alguien en las aulas, esos esquemas de acción no son exclusivos del comportamiento humano sólo en la educación escolar. Forman parte del acervo cultural, y los diferentes miembros de una cultura los pueden compartir y practicar sin que sean profesores. Éstos son miembros de una cultura antes de ser docentes y de ella extraen competencias para su oficio. Las funciones básicas de los profesores, en lo que al desarrollo de la enseñanza y de la educación se refiere, las pueden completar y hasta suplir —sigamos creyendo que sólo muy parcialmente— unos padres con cierta cultura o cualquier neófito en el arte de enseñar, porque también ellos saben realizar esa práctica. Quizá lo que los neófitos no dominen tanto sean los contenidos que se deben transmitir, pero sí formas básicas de hacerlo. La educación escolar está muy arraigada en el sentido común y en el saber hacer común, poseído en desigual grado y con distinto nivel de organización por individuos y grupos sociales, como hemos ya argumentado.

El hecho de que los saberes del docente no sean exclusivos de él, porque son competencias culturales generales, nos ofrece una perspectiva interesante para entender esa profesionalidad enraizada en la cultura. Ser profesor implica comunicar estímulos, disponer de gustos por conocer y transmitir lo conocido, presentar informaciones, dirigir procesos de aprendizaje, tratar a personas, guiar a seres en desarrollo, por citar algunos tipos de acciones importantes en los docentes y que no las poseen sólo ellos en exclusividad. Las "competencias" culturales no son habilidades simples y bien delimitadas, conductas que se pueden construir y modelar con métodos predefinidos seguros, rápidos y precisos. Un saber profesional enraizado en la cultura es algo más complejo que se asienta en toda la experiencia personal que se extrae de tratar a personas, vérselas con contenidos culturales, gustar de ciertas actividades e identificarse con determinados ideales. Una capacidad tan fundamental como la de transmitir conocimiento sustancial y gustos por aprenderlo cobra entidad a través de las vivencias y experiencias relacionadas con métodos ordenados de aprendizaje, con el dominio en profundidad de aquello de lo que se es profesor, con la riqueza de las experiencias con el conocimiento, con ambientes estimulantes, con actitudes positivas hacia la indagación, con la capacidad de comunicación y con una actitud racional crítica. Todo eso, desde luego, se puede cultivar durante el proceso de formación de profesores, pero no comienza la adquisición de esa competencia con la formación profesional docente, sino que sus fundamentos tienen que ver con toda una serie de experiencias dilatadas a lo largo de la vida, compartidas con otros y en función de las posibilidades de ciertos ambientes donde haya sido factible haberlas cultivado.

Desde la sociología profesional se dice que la función docente no es una auténtica profesión, sino una *semiprofesión,* porque la práctica que desarrolla está reglamentada en buena medida desde fuera; aunque se la podría calificar así también, en el sentido de que los roles que desempeña y las acciones en las que se manifiesta no son de dominio estrictamente exclusivo de los miembros de esa profesión, sino que se trata de habilidades o formas de *saber hacer* que son compartidos. Como sugiere LARSON (1973), las profesiones se caracterizan por disponer de un componente cognitivo, formado por un cuerpo de conocimientos y de técnicas, además de componentes éticos, un nivel de prestigio, grados de autonomía en su práctica, regulaciones laborales, etc. Las fronteras, sin embargo, no son nítidas y no está decidido de antemano cuál es el profesional ideal y en qué grado debe poseer cada uno de esos elementos. Por lo cual, la delimitación de una profesión tiene componentes ideológicos que sus miembros utilizan para apropiarse de un territorio, distinguirse de los competidores y determinar su posición en la jerarquía social.

Ese componente cognitivo profesional es una herramienta para hacer valer la especificidad del grupo que lo desempeña: los miembros de la profesión quieren tenerlo o dicen poseerlo en exclusividad, lo cual es más cierto en unos casos que en otros. Si están bien formados y son experimentados, dominarán aspectos que sólo ellos sabrán utilizar, pero difícilmente se podrá decir que son monopolizadores absolutos de las destrezas de saber educar y enseñar porque éstas son pautas culturales muy compartidas.

Existe una especie de *matriz comunal* de las profesiones, como dice LARSON (1973, pág. 105), que es más evidente en el caso de aquellas que, como la docencia, ni tienen alto poder sobre sus prácticas ni les asiste un conocimiento experto de alto *status*. Puede decirse que los docentes se apropian de prácticas que el grupo social delega, que eran comunitarias y que ellos perfeccionan; su oficio se nutre de esas prácticas comunales. En la medida en que se erosionan otras instituciones de cuidado de la infancia, la profesión docente adquiere más control sobre su práctica. Desde las figuras del esclavo que lleva a los niños en Roma, la institutriz que cuida y enseña a la vez a los hijos en casa del señor, hasta el profesor defendido en su autonomía profesional por el Estado para desempeñar su oficio, hay un largo trecho de recorrido desde la estricta dependencia de la matriz comunal hasta el corpus de saberes profesionales más autónomos. Esas figuras históricas nos revelan cómo ha tenido lugar ese proceso de delegación de funciones desde la matriz familiar o comunal hasta la profesión tal como hoy la conocemos. De manera más lenta o con más rapidez, el grado de posesión de esos saberes va evolucionando. Hay profesiones que cambian, aparecen y desaparecen con el desarrollo de la tecnología; a la profesión docente le afectan los cambios en general, pero muy especialmente los que tienen lugar en el reparto de saberes y de prácticas educativas en la sociedad en un momento dado de su evolución.

El proceso de cesión de competencias, de profesionalización, reprofesionalización y desprofesionalización es constante. Ahí tenemos para comprobarlo los roces entre padres y profesores, los recelos de éstos a la interferencia de aquéllos y viceversa. Las funciones del docente definen un equilibrio inestable, y no está claro que la línea de evolución continúe por el camino seguido hasta el momento. El movimiento de "padres sin escuelas" es un ejemplo. Otro lo ha sido entre nosotros, la reivindicación de la reducción de la jornada laboral de los profesores. En este caso, éstos perciben con naturalidad que el tiempo de educación no les pertenece sólo a ellos y además no parecen dispuestos a disputarlo a otros agentes. Paradójicamente, por reivindicaciones de mejores condiciones laborales niegan el dominio de su profesión sobre la educación y ven con normalidad que nazca y se desarrolle una oferta educativa fuera de su órbita de trabajo.

La institución escolar se ha cargado de responsabilidades —se la ha cargado— que no venían prefiguradas en diseño previo alguno: es responsable de la difusión cultural, de la preparación laboral, del bienestar psicológico y social, de la higiene, de la educación del peatón —potencial conductor— o de enseñar la solidaridad. Incluso, cuando se reacciona contra cualquier lacra o se piensa en cualquier programa de reforma social, se acude a la escuela (prevención del consumo de drogas y de la delincuencia, tolerancia racial, desigualdades de género, lucha por la preservación del medio ambiente, educación para la paz, formación de consumidores, etc.). Este cambio de ubicación de las fuerzas de socialización a favor de las escuelas ha tenido consecuencias en el entendimiento de la acción educativa y en la ampliación del *currículum* y del papel de los profesores (GIMENO, 1988). La educación "nueva", "progresiva" o "centrada en el niño" es un modelo de educación total de la personalidad. Lo cual supone abrir numerosos frentes potenciales de conflicto entre las esferas de influencia familiar y escolar. Y si bien ha sido un modelo que potencia el papel de las escuelas frente al poder de las familias, también lo ha sido para liberalizar las prácticas de educación, hacerlas más permisivas y más acordes con las necesidades de una idea inventada de infancia liberada de la arbitrariedad de la autoridad familiar, aunque en muchos casos se haya caído en la arbitrariedad de los profesores y de las normas escolares.

La escuela se ha convertido en familia y ésta se ha hecho también escuela. No hay una separación nítida de funciones para uno u otro ámbito. Los profesores se transfiguran algo en padres, y éstos algo en profesores. En esa situación se esta definiendo una especie de profesionalidad docente "paternalizada" y una paternidad "escolarizada", donde los territorios fronterizos son móviles y las percepciones confusas. Estos cambios se aceptan, se asumen, se defienden o se atacan en muy desigual forma y medida por diferentes tipos de padres y profesores. No son tendencias claras, pues la heterogeneidad cultural de los padres y la profesional de los docentes las perciben de distinta forma.

En esta circunstancia, el niño, como afirma ALMOND (1994, pág. 74), ha quedado preso en el triángulo formado por el Estado, los padres y los profesionales de la educación. Las fuerzas que operan en cada uno de los lados plantean un equilibrio inestable que puede hacer que el triángulo adopte formas diversas según los casos: situaciones donde el vértice del Estado se adueña más del campo, ocasiones en las que los padres se consideran más legítimos poseedores de los derechos sobre el niño, aspectos en los que los profesores son los llamados a ejercer con más independencia las iniciativas hacia los alumnos.

Estamos ante una situación sobrevenida tras profundos cambios que no desataron precisamente las clases populares ni las ideas que defienden la conveniencia de los servicios amparados por el Estado. Son padres con pocos privilegios sociales a los que, en primer lugar, se les aplican medidas coercitivas para llevar a sus hijos a las escuelas. El reparto que equilibra las responsabilidades adjudicadas a padres y profesores en la educación de la infancia y de la juventud es un producto en el que se mezclan influencias de la biología, la cultura y la presión política (WYNESS, 1996, pág. 135).

En la medida en que los procesos origen de estos cambios sociales eran dirigidos y ordenados por los Estados, la escolarización socialmente necesaria pasó a ser también su competencia, pues ni la familia, ni la caridad organizada, ni la iniciativa privada pudieron hacerse cargo de tan extensas transformaciones. La iniciativa pública y no la privada es la que podía abordar la escolarización para todos. La socialización fuera del ámbito familiar ha sido de esa forma competencia de la organización política de la sociedad, que era la única capaz de garantizar la asistencia generalizada y los derechos del ciudadano que no podían satisfacer los padres. A partir de ahí, la escuela, sus agentes y sus patrocinadores, podrán ser vistos por la familia desde esa ambigüedad: sustitutos o colaboradores valiosos y también competidores ilegítimos.

La ideología conservadora que patrocina la privatización de servicios como la educación acepta la labor modernizadora en este sentido que realiza el Estado a través de la escolarización. Lo que discute es que agentes autónomos dentro del Estado rellenen esa socialización de sus propios hijos, por eso combate la autonomía que en ese proceso de transformación histórica en el siglo XX ha logrado la escuela y sus profesores. Tomando como enemigos de la pluralidad y de la libertad a los Estados modernos que hicieron posible la educación de todos, se les acusa de inmiscuirse en territorios cuya decisión sobre los mismos incumbe a la familia. Véase, si no, la voz de uno de los profetas anti-Estado:

> "En el caso de la enseñanza, esta enfermedad (se refiere a la intervención del gobierno) ha adoptado la forma de privación a muchos padres del control sobre el tipo de educación que reciben sus hijos, tanto directo, por medio de la elección y el pago de las escuelas a que acuden éstos, como indirecto, por medio de las actividades políticas locales." (FRIEDMAN, 1980, pág. 213.)

Se produce una negación de una cierta visión platónica del Estado, como "padre político" legitimado para inculcar el bien, porque ese Estado-familia limita nuestras opciones ante la elección de los posibles fines de la educación, algo que parece chocar con una ciudadanía libre, autónoma y participativa (GUTMANN, 1987, pág. 28). Cediendo el Estado sus competencias a los padres para que éstos hagan valer sus opciones no se resuelve el problema de la diversidad de opciones ante la educación. Se les libera del conflicto de tener que tomar una opción que siempre generará conflicto, pero no por eso se logra el pluralismo. El Estado no debe vaciarse de competencias, como dice esta autora, para caer en el "Estado de las familias", en el que los padres desarrollan un especial régimen *parentocrático* sobre la educación, apoyándose en la idea de Tomás de Aquino acerca del derecho natural de los padres a educar a sus hijos.

La ideología conservadora en ascenso ve en el Estado y en la escuela pública a depredadores causantes de una intromisión de las instituciones públicas en la esfera de lo privado que hay que reequilibrar, restándoles poder e imponiéndoles el proyecto educativo. El debate neoliberal en educación pone a las claras la discusión del equilibrio hasta ahora mantenido, enarbolando la bandera de la recuperación de la legitimidad de los padres, atacando a los servicios del estado del bienestar con argumentos sobre la legitimidad de los derechos de los padres de los que habrían sido desposeídos (WYNESS, 1996).

Esa discusión sobre la legitimidad de educar tiene lugar no sólo por el ascenso de las fuerzas políticas conservadoras que quieren quitar al Estado su capacidad de acción cultural simbólica sobre la sociedad y sobre los ciudadanos, sino que se fundamenta también en otros cambios culturales importantes que han tenido lugar en las relaciones escuela-familia-sociedad. Son cambios que se sitúan en el ámbito ideológico de la recuperación de una determinada idea de la familia y de sus relaciones con la sociedad. En los medios sociales más conservadores se está produciendo un regreso a la idea de familia como célula natural de educación recelosa de la acción del Estado y de los profesionales independientes (APPLE, 1996a). Estos recelos conectan las transformaciones de la familia tradicional con las lacras sociales que afectan a la sociedad y especialmente a los jóvenes. La escuela tendría que regenerar los contenidos y los métodos para cumplir los objetivos de la filosofía conservadora, desterrar algunas innovaciones de la pedagogía moderna, y ello exige más poder para los padres y menos para los profesores y para el Estado.

La propuesta de que los padres tengan libertad de elegir centro se apoya bastante en esa pretensión de tener opción en el modelo educativo general de carácter moral en el que quieren insertar a sus hijos, más que en estrictas razones acerca de la calidad de la enseñanza. Si bien hay razones políticas y educativas para contemplar la necesidad de una mayor colaboración entre padres y centros escolares, la *parentocracia* que se aprecia en la política conservadora es una respuesta que quiere sustraerse a las consecuencias de la evolución social. Las demandas conservadoras son una contrarrevolución social.

Los padres, sus intereses, visiones y derechos no agotan el contenido de la sociedad. Así pues, lo que las escuelas hacen con los hijos es un problema de toda la sociedad, y no sólo de los padres, decidiendo cada uno por sus hijos, sino de todos los padres como conjunto y de los ciudadanos que nos son padres. Hay que preguntarse, como hace WHITE (1994), si es compatible el ser un buen padre y el ser un buen ciudadano, o por lo menos caer en la cuenta de que no son exactamente la misma cosa. Las escuelas, al asumir funciones de la familia educan a "hijos", aunque al hacerlo como institución pública educan a ciudadanos. Se reconoce ampliamente que los padres tienen ciertos derechos sobre la educación de sus hijos aunque no pueden ser ilimitados y absolutos (McLAUGHLIN, 1994, pág. 95). El Estado también tiene que proteger derechos del niño por encima de los padres y garantizar el acceso de los más jóvenes al pluralismo de opciones. En nombre de los intereses de la sociedad el Estado social también tiene que garantizar una cierta integración social. La reivindicación parentocrática sirve también como argucia para establecer alguna forma de selección y de segregación social emboscada tras la proclama de "libertad para todos", porque va en contra del principio de la mezcla social en una escuela única comprensiva a la que se accede con independencia del origen social. Esta consideración es prioritaria, independientemente de cualquier otra virtud que pueda suponérseles a las políticas que quieren devolverles a los padres la capacidad de elegir educación.

Aparte de esas razones de principio hay que recordar otras más cercanas a cómo organizar la pluralidad que implican en la sociedades con fuertes diferencias económicas y culturales, con intereses, fines y expectativas diferenciados, que dan lugar a la pluralidad de ambientes familiares con sus intereses y expectativas particulares. Los padres siempre tendrán como prioridad básica los intereses para sus hijos, mientras que la escuela y los profesores deberán considerar la contribución de sus acciones a la sociedad en general, al bien común. La escuela propicia cierta homogeneización y un trato común deseable que crean cimentación social. Casar esta condición con una soberanía ilimitada de los padres sobre la educación de los hijos sólo podría organizarse admitiendo la libertad para que los padres se asocien entre sí de acuerdo con sus intereses, dando lugar a modelos de escuelas que reproducen e incrementan la segregación social existente.

© Ediciones Morata, S. L.

Si la sociedad y su escuela no nos gustan particularmente, es responsabilidad de todos y no sólo de los padres participar en su nuevo diseño. La primacía de padres sobre el Estado y los profesores no se puede restablecer a partir de unos hipotéticos derechos, primeros y absolutos, como si fuesen derechos a la propiedad de sus hijos, propios de la cultura tradicional, porque la realidad social, dentro de la que se insertan las funciones depositadas en la escuela, es un problema de toda la sociedad. Tampoco los padres son dueños del cuerpo del hijo porque la sociedad le concede derechos que limitan a los padres; del mismo modo que las cosmovisiones religiosas tampoco les concedieron poder sobre sus almas.

Partiendo de este equilibrio básico, aunque inestable, de poderes entre el Estado, los padres y los profesores, se abre un panorama de posibles soluciones. Estamos en una sociedad abierta, de inseguridad fabricada, que nos planteará retos ahora imprevisibles. La escuela fue necesaria para los Estados modernos y para las familias en la sociedad industrial y urbana. Además ha sido defendida por otros criterios propios de la razón ilustrada. Cambios sociales, culturales y familiares podrían en ese futuro imprevisible llegar a hacerla menos necesaria. Padres que trabajan en casa y que disponen de ciertos niveles de cultura pueden asociarse y hacerse cargo de funciones que hoy cumplen las escuelas. La familia u otras redes sociales (industria cultural, medios de comunicación, espacios nuevos de convivencia, etc.) pueden ejercer y recuperar funciones educativas que complementar con las escuelas, y éstas redefinir sus objetivos y métodos. Quizá en un futuro no lejano la evolución social propicie otro equilibrio de poderes y de funciones entre la institución familiar y la sociedad. Cuando todavía estamos inmersos en la ola favorable a la transferencia de responsabilidades desde la familia hacia la escolaridad, hasta el punto de hacer de las escuelas el gozne en torno al que se vertebra todo progreso individual y colectivo, están surgiendo tendencias diversas que expresan una particular "venganza" contra la voracidad de las instituciones escolares.

Las demandas de participación de los padres en el sistema educativo y más directamente en la educación que reciben sus hijos forman parte de movimientos que merecen la máxima atención. En ellos hay reivindicaciones que reclaman revisar prácticas inconvenientes de aislacionismo escolar, temores de que las escuelas no respondan a las necesidades de la sociedad actual, formas de entender la democracia y también movimientos deslegitimadores de todo aquello que quite poder de decidir según los intereses particulares. ¿Participar? Sí. Pero, ¿cómo hacerlo y al servicio de qué proyecto de educación y de sociedad? ¿Cómo evitar que esa demanda suponga discriminación para los que no pueden participar?

3. *Reequilibración entre padres y escuelas en una sociedad dubitativa*

Las posiciones, enfrentadas en muchos casos, sobre la conveniencia y modelos de participación de las familias ponen de manifiesto, generalmente, que están en juego la acotación de competencias y las formas de establecer, mantener o alterar el equilibrio de legitimidades para intervenir en la dirección de la educación. Es decir, lo que está en discusión es la respuesta que conviene dar a la pregunta de a quién concierne la educación y qué es lo que corresponde a cada uno. El movimiento por la participación de los padres es muy heterogéneo en cuanto a los objetivos que persigue. Forma un frente amplio que reacciona contra una forma de haberse ejercitado el poder en los sistemas educativos que no ha asentado todavía otra legitimidad alternativa. Son respuestas en una sociedad sin modelos claros, dubitativa.

Las reivindicaciones explícitas de los padres se plantean unas veces en el terreno de la política educativa y otras en el de las prácticas organizativas y hasta en el de las pedagógicas. En ocasiones, al menos entre nosotros, parecen situarse más en el terreno de la delimitación de las competencias formales, jurídicas y administrativas para poder participar, que en la colaboración real para la educación del conjunto de los hijos. A veces parece que estemos ocupados más en señalar y clarificar una *paternidad administrativa*, como logro para la participación, que en asentar una *paternidad educativa* real y eficiente en la colaboración, como afirma MACBETH (1995, pág. 51). Eso explica que, asegurada la posibilidad de ejercer la primera por los documentos legales, la segunda quede sin desarrollar. O lo que es peor: que se luche (caso de los profesores "a la defensiva") por evitar la segunda a través de la regulación de la paternidad administrativizada.

La colaboración entre familias y escuelas o profesores es la fórmula para subsanar el estado al que nos ha conducido la evolución social, separando la vida familiar de otras esferas de socialización. Se trata de crear en torno a las escuelas comunidades relacionadas por lazos más directos y cálidos que acerquen a las personas en torno a proyectos que a todas ellas incumben, en sociedades en las que las relaciones humanas se han empobrecido y en las que el ciudadano se pierde y deja de ver sentido a servicios que, como la educación, tan directamente le afectan en el presente y en el futuro. En general, se acepta que debe existir una aproximación entre padres (convertidos en colaboradores de la escuela) y profesores (convertidos en colaboradores de la familia). Conviene disponer de espacios reglados para aclarar territorios y poder dirimir los conflictos explícitos o larvados a que dan lugar esos equilibrios inestables de los que hablábamos; pero lo importante realmente es la generación de una cultura real de colaboración en proyectos compartidos y superar las incomprensiones. Crear un "nosotros" cuanto más amplio mejor en torno a las escuelas e implicarlas en la comunidad es un objetivo esencial para hacer de la educación una de las palancas de la democracia (APPLE y BEANE, 1997).

Desde la perspectiva psicopedagógica es evidente que conviene rehacer o hacer de nuevo la unidad en el tratamiento educativo truncado por las transiciones a que obliga la existencia de dos ambientes separados para el estudiante: la vida familiar y la escolar. Pero tras esa evidencia, que podría ser aprovechada también para un mayor control de los jóvenes, los movimientos "comunitarios" partidarios de una escuela con fuertes implicaciones de los padres plantean problemas educativos, sociales, políticos y éticos que no se pueden reducir a planteamientos técnicos de eficacia pedagógica.

Las propuestas de que los padres se responsabilicen más de la educación de sus hijos son una forma de darle más legitimidad a la acción de las escuelas en momentos en los que las insatisfacciones acerca de la educación son notorias. Se trata de la percepción de una crisis en la que se expresan motivaciones diversas: acusación de ineficacia, de incapacidad para reformarse y responder a nuevas demandas y de ser impotentes (cuando no causa) para atajar comportamientos asociales disgregadores. En esta llamada al protagonismo de los padres anida también una cierta aspiración a hacer de la comunidad local, cercana y reducida, que se mueve por proyectos propios, la base de la organización social. Una formación social más acogedora, frente a estructuras más abstractas de organización general, como es el sistema educativo, mayoritariamente amparado por el Estado, donde los ciudadanos participan en tanto que individuos sin referencia a su pertenencia a grupos locales. Esta llamada al comunitarismo puede ser el cauce en el que se expresan tanto los partidarios de unas instituciones estimulantes de la participación democrática más directa en sociedades anómicas, como los relativistas que no creen en las normas o valores comunes sustentadores de proyectos generales. Bajo ese paraguas se cobijan también los enemigos de que el Estado intervenga en la organización de servicios que tan directamente afectan a la subjetividad de los ciudadanos.

La llamada a la participación comunitaria organizada de los padres hunde una de sus raíces fundamentales en la evolución social. En la sociedad de la masificación, del mercado, del consumo y del encapsulamiento en el individualismo, es indudable que la escuela es uno de los pocos ámbitos de encuentro, lugar de experiencias cercanas a los sujetos. Quedan muy pocos sitios como éste, si es que resta alguno, donde poder coincidir con otros por motivos que tienen que ver con los seres humanos, sus problemas y su porvenir. Ni las Iglesias, ni el ejército, ni los partidos políticos o los sindicatos lo son.

Pero quizá ha llegado el momento histórico de plantear que la escolaridad por sí sola no puede desempeñar con éxito la compleja amalgama de fines que se le adjudican. Las evaluaciones de que disponemos denuncian la precariedad de los resultados en su función ilustradora de transmisión de un bagaje cultural básico. Buena parte de la población analfabeta de los países en los que la escolarización es universal han pasado durante bastantes años por las escuelas. Si en ese objetivo, tan propio de la institución que nos ocupa, vemos que nuestros deseos sobrepasan a las posibilidades de la realidad de las escuelas que tenemos, ¿qué podemos esperar de tantas otras altas o elementales misiones que hoy se esperan de ella?

No caeremos en el catastrofismo o en la tentación de negar la capacidad cultural emancipadora a la escolarización, ni queremos proporcionar excusas a las políticas reticentes a seguir aumentando los gastos en educación, sino que advertimos sobre la improcedencia de esperar demasiado en las condiciones que ahora tiene la educación escolar. Sin dejar de reclamar la mejora de éstas, quizá hemos podido llegar a un punto de inflexión en el proceso de modernización social al que ha contribuido la educación escolar y debamos repartir responsabilidades en la noble tarea de lograr el bienestar general de los individuos y de la sociedad.

Aceptamos la idea de *educación permanente* como dedicación constante a la adquisición de conocimiento y otras competencias culturales y profesionales que no pueden quedar encerradas en el tiempo de la escolarización, por muy prolongada que ésta pudiera ser. Esa idea supone declarar la insuficiencia del sistema educativo para desarrollar su legado estrictamente moderno. ¿No deberíamos, pues, tener unas expectativas más realistas para otras funciones en las que nuestra institución tiene menos experiencia histórica, es menos potente y cuenta con menos medios? ¿Por qué aceptamos tanta presión del mercado laboral sobre el sistema educativo, cuando la rápida evolución de éste deja sin posibilidades de mantener una acción estable a los *currícula* y a la estructuración de especialidades educativas? ¿Qué es hoy "preparar para el mundo del trabajo"? ¿Por qué el Estado o la iniciativa pública no debe regular la economía, según la ideología neoliberal dominante, y tiene, en cambio, que quedar dependiendo de ésta para proporcionarle el tipo de trabajador que necesita? Si en el objetivo de la transmisión cultural y en el de la preparación laboral podemos entender la escuela como la única responsable, ¿qué cabría decir de otros objetivos menos acotables, como son los relacionados con la educación social o la transmisión de valores, fines para los que no existen ni suficientes condiciones ni programas delimitados de eficacia comprobada? Si la escuela fue históricamente necesaria, en parte porque los padres —no todos ellos— no podían brindar la cultura que ella sí podía impartir, hoy hay que aceptar que la escolarización puede educar al "niño total" (MACBETH, 1995, pág. 51). Todas las fuentes de aprendizajes relevantes no están encerradas entre los muros escolares.

El movimiento de "recuperar la educación para los padres" puede articularse también dentro de esta idea del "fin del Estado del bienestar general alcanzable sólo a través de la escuela" (un bienestar: psicológico, laboral, cultural y social, que cuida del cuerpo, de la salud, de la mente, que busca la felicidad, el desarrollo personal en todas sus dimensiones y la mejora de la sociedad). En vez de enfrentarse con los padres, reconozcámosles responsabilidades. Con tanta función sobrevenida en el proceso de la escolarización, ¿no estaremos detrayendo posibilidades para que la escuela realice bien su más definitoria funcionalidad? Es aceptable que la educación de seres inmaduros exija una atención a la totalidad de su persona y a funciones relacionadas no sólo con la reproducción-producción de la cultura, sino también con el desarrollo psicológico, con la educación del ciudadano y con la preservación de determinados valores sociales, así como con la preparación al mundo del empleo. Resulta además imprescindible que la organización escolar, el *currículum* y los métodos pedagógicos se revisen en profundidad, aunque sólo sea para cumplir bien con las funciones culturales más propiamente escolares. Pero no es menos evidente que ese modelo de educación omnicomprensivo corre el riesgo de exagerar las responsabilidades de la escuela y las de los profesores, y hasta podría diluir funciones esenciales de otros agentes, como los padres, que a ellos competen de manera esencial (WYNESS, 1996).

Los padres tienen que ser ante todo *padres*; después podemos plantearnos qué papel pueden desempeñar en las funciones especializadas que deben cumplir las instituciones escolares. La crítica que el modelo de mercado hace a la educación, en el sentido de que la organización de los sistemas escolares —especialmente el sector público— ha adquirido tanto poder que ha sustraído a los padres la legitimidad de socializar a sus hijos, es injusta para el sistema escolar, porque, si ha ocurrido, ha sido por causa de la evolución social. Lo mejor que le podría ocurrir a la escuela y a los profesores es que realmente los padres les quitaran responsabilidades. Desde luego la crítica de los adalides de la privatización lo que esconde es el ataque directo al sistema público de educación, porque por el hecho de elegir el modelo de enseñanza, pública o privada, no se recuperan

© Ediciones Morata, S. L.

facetas educativas para la familia; más bien, lo que ocurre es que si la participación familiar se queda en la elección se hace renuncia expresa de la colaboración.

Constatadas las raíces de la separación entre familia y escuela es obvio que una situación de hecho como esa plantea retos, dificultades, desencuentros y campos para reinventar la "unidad perdida" o la nunca hallada desde bases distintas a la premodernidad en la que los padres (especialmente el padre) es el que posee el derecho sobre el hijo. Sabemos que, a pesar de la separación, la escuela no está aislada —ni debe estarlo— del resto de la sociedad ni del mundo familiar (como tampoco éstos lo están de aquélla). Para que la educación escolar cumpla sus misiones (y más si éstas no se quedan en los fines de transmisión de contenidos culturales) y para que no quede aislada en un mundo circunscrito a sus ritos, hay que restablecer los lazos con la comunidad en general y con las familias en particular.

Esa necesidad y esa conveniencia plantean retos más complejos que los comprendidos en las aspiraciones por un sistema de participación democrática en órganos de gobierno o en la elección de centros, e implica, desde luego, algo más que satisfacer las demandas de los padres que se sienten "desposeídos" o interferidos por la escuela y por los profesores. ¿Qué tienen que decir, por ejemplo, los padres ante el hecho de que las escuelas sean instrumentos para fomentar la identidad cultural? ¿Qué tienen o qué pueden decir de unas escuelas que no tienen éxito rotundo en la alfabetización plena?

Las alternativas posibles de organizar el compromiso de los padres con los centros escolares no son modelos para atajar problemas concretos, sino formas de organizar la colaboración que reubica los poderes y los compromisos para la toma de decisiones. De qué rellenar la participación es pregunta cuya respuesta no está escrita ni delimitada por nadie, salvo por la fuerza de la costumbre.

BRIDGES (1994, págs. 67 y sgs.) y VICENT (1996, pág. 43) consideran que se puede entender la participación de los padres desde dos perspectivas generales: una, de colaboración y de complementariedad entre escuela y familia, y otra a través del modelo de mercado. Dentro de la primera opción la función de los padres puede adoptar tres posibilidades: a) los padres como *apoyo* a la escuela (proveedores de fondos adicionales, colaboradores en la disciplina, adquieren equipos didácticos para sus hijos, ayudan en las tareas escolares y en la realización de actividades extraescolares, participan en el gobierno del centro, defienden políticamente sus escuelas); b) los padres como *compañeros* que comprenden el proyecto de la educación escolar y se identifican con el mismo; c) padres desempeñando el papel de *coeducadores* con las escuelas. En el modelo de mercado, partiendo de alguna diferenciación de los centros escolares, los padres participan *eligiendo* el centro escolar para sus hijos (¿es lo mismo elegir centro que tipo de educación?).

Todos esos modelos de *colaboración* entre familia y escuela o la simple participación a través de la lógica del mercado implican distintas formas de entender la legitimidad de ambas en la educación de los estudiantes.

1) *La escuela tiene la legitimidad educativa y, para ser eficaz, necesita que colaboren los padres.* La escuela desgajó al niño de la familia generando dos ambientes de acción simultánea sobre él, con importantes consecuencias psicológicas y pedagógicas. Lejos de pensar que ese desgarro es un inconveniente, la transición del medio familiar al escolar es una necesidad para la idea de progreso social en nuestra época. A pesar de las discrepancias, posibles roces e incomunicación, se ha venido entendiendo y aceptando que la socialización especial que lleva a cabo la escuela es legítima, necesaria y buena. Su actuación necesita, por tanto, de la colaboración de la familia, bien porque se entienda que las acciones de ambas son complementarias, bien porque se considere que deben evitarse interferencias perjudiciales que resten eficiencia a la acción de cada una de ellas, bien porque se crea que la labor de la escuela no es posible en plenitud si su acción no encuentra prolongación en el espacio y tiempo extraescolares (en los que la escuela no puede intervenir directamente con sus sistemas de guía y control), bien porque los padres hayan de proveer a los hijos con los recursos que se necesitan en la actividad escolar. Dando por supuesto que su modelo universalizador tiene validez, la escuela necesita la colaboración de la familia y especialmente toda la información valiosa sobre sus hijos las cuales pueden ser importantes para los profesores.

Desde la preocupación pedagógica eficientista, la colaboración de los padres es una variable mediadora que tiene consecuencias en los logros educativos, bien se trate de resultados académicos, de adaptación personal y social, de desarrollo de la personalidad, etc. (HENRY, 1996). La colaboración mejora la eficacia, y la despreocupación o la obstrucción la disminuyen. Ése sería un principio para el buen funcionamiento de las escuelas y así lo proclama, por ejemplo, la investigación sobre "centros eficaces". Desde estos supuestos, la llamada a la participación de padres se hace en aras del mejor triunfo posible de la escuela, a la que se otorga una racionalidad defendible, argumentada e instrumentalizada por las autoridades educativas, los profesores y los expertos.

Bajo este enfoque se han llegado a proponer *escuelas de padres*, encaminadas a hacerles partícipes de los modelos de educación que se practican con sus hijos y poder coordinar mejor la influencia de los dos ambientes. Los padres son "asimilados" o "escolarizados" para el mejor éxito de la escolarización. La misma orientación rige en los programas de acción compensatoria para los estudiantes procedentes de familias cuyo capital cultural de origen es una limitación para el éxito escolar. La idea de mantener contactos frecuentes y de establecer procedimientos de información desde la escuela hacia la familia parte de los mismos supuestos.

Este tipo de razones que sitúan la acción familiar como dependiente, colaboradora y al servicio del mantenimiento del modelo escolar tiene validez para cualquier tipo de centro escolar. Si en cualquiera de ellos fallan las relaciones escuela-padres es preciso establecerlas. Es falaz pensar que por el estricto hecho de que un centro sea privado o público permite o estimula más la colaboración de los padres [6]. La colaboración directa y estrecha entre escuela y familia no se crea o

---

[6] En una muestra de centros públicos y privados, utilizada por nosotros en una investigación con el propósito de ver algunas diferencias de culturas internas entre tipos de centros y niveles de enseñanza ante el problema de la transición de la enseñanza primaria a la secundaria, comprobamos que los centros públicos no diferían de los privados en el número de reuniones que se habían producido entre los padres y los profesores o los tutores (véase: GIMENO, 1996a). Tampoco se puede decir, partiendo de la regulación legal que existe en España, que los padres tengan menos poderes en los centros públicos que en los privados, sino bien al contrario.

© Ediciones Morata, S. L.

se extiende por el estricto hecho de que los padres puedan elegir centro para sus hijos. Más adelante abordaremos las explicaciones de por qué hay más o menos participación de los padres, aunque adelantamos ya que no creemos que los déficit que haya al respecto se deban plantear como un problema de comparación interesada entre el sector público y el privado. Según cuáles sean las condiciones culturales de los padres, el modelo comunicación será más fácil de establecer en unos casos que en otros. Los padres más cultos serán más sensibles a esa necesidad de colaborar con las escuelas y también pueden ser los más críticos con ella. Los padres menos cultos aceptarán la razón de la escuela con más pasividad o más confianza, aunque podrán prestar menos colaboración.

2) *La escuela tiene la legitimidad educativa, pero su acción no es suficiente para abordar todas las necesidades del niño.* En la sociedad de principios de siglo, cuando despega el fenómeno de la escolarización, quizá los saberes que se divulgaban a través de ésta eran suficientes para la mayoría de la población; apareciendo la escuela como la institución culturalmente autosuficiente y, por tanto, la mediadora exclusiva de cierto tipo de conocimiento. En una sociedad culturalmente compleja esa autosuficiencia ha sido desbordada. Los estímulos educativos no se agotan en el *currículum* oficial escolar ni en las aulas; fuera existen muchos otros y muy estimulantes. En la comunidad hay cada vez más recursos culturales que los proporcionados por los centros. Dichos recursos complementan la acción de los profesores.

De esta situación no deviene la negación de las funciones de la institución escolar ni de la legitimidad de su proyecto, sino una minoración de su importancia relativa. Si no se aborda el reto que este cambio cultural lleva consigo, se pueden ir desplazando funciones culturales fuera de los ámbitos formalizados de la educación, como está ya ocurriendo con la impresionante oferta de educación informal consumida por los escolares. Lo que a largo plazo sí se irá traduciendo en una progresiva deslegitimación de la institución. Algo de esto explica el movimiento de la "escolarización en casa" ya mencionado. Cada vez hay más padres tan cultos o más que los profesores de sus hijos; cada vez hay más estímulos culturales sustantivos más interesantes que los que ofrecen *currícula*, libros de texto y profesores. Hay que reconocer esos cambios externos que requieren replanteamientos internos en las instituciones escolares y en la formación del profesorado en una sociedad más exigente y con más posibilidades culturales.

La escuela necesita a la familia no sólo para implicarla en su modelo educativo, sino también para enriquecer a éste sumando estímulos. Escuela y padres son recursos dentro de la comunidad que, juntos, no agotan todas sus posibilidades, sus fuentes de información, etc. Las reticencias y competencias entre profesores y padres son miopes ante esta nueva situación que convierte en relativas las funciones de ambos. Lo que deben hacer es conjuntarse ampliando las posibilidades de todos ellos. Bajo este prisma de colaboración necesaria entre esferas y agentes para un proyecto vertebrado en torno a las escuelas, éstas son el eje de la solidaridad en la que cada cual aporta algo al bien común, aunque con responsabilidades separadas propias delimitadas.

En el modelo de colaboración entre escuelas y padres que se deriva de la posición de legitimidad total e indiscutida de la escuela, la racionalidad es clara y se establece a partir del mundo escolar, diseñando un programa autosuficiente

© Ediciones Morata, S. L.

con valores y contenidos válidos para todos. En esta nueva situación, en la que escuela y familias son insuficientes y pueden quedar ambas desbordadas, la racionalidad en que apoyarse no tiene ni discurso claro ni prácticas definitivamente experimentadas. Ha de inventarse el camino por la vía del diálogo y de la concertación. Han de integrarse los recursos comunitarios, entre los que están los de los padres, en un proyecto global capitaneado por padres y profesores y en un tiempo gobernado dentro de los espacios de las escuelas. Hace falta una escuela de "tiempo total" con otros contenidos. La táctica de suplir a ésta con actividades paracurriculares fuera de ella, las reivindicaciones de sectores del profesorado para disminuir la jornada escolar, lo que hacen es devaluar el tiempo y el contenido de las actividades escolares y facilitar una escolarización informal paralela gobernada por las ofertas del mercado con intereses discutibles.

O los profesores con los padres abordan estos retos, o la escuela se devaluará culturalmente. En una primera etapa persistirá su legitimidad asentada y resguardada en su capacidad de conceder titulaciones, pero éstas se irán devaluando (como ya ocurre) e iremos apreciando cómo ganan terreno acreditaciones procedentes de ámbitos que formalmente no son instituciones educativas. La universidad es, paradójicamente, la primera institución afectada por esta tendencia, mientras permanece autocomplaciente en sus viejos hábitos.

Las estrategias de colaboración que se demandan en esta situación ponen más en evidencia el efecto de las diferencias sociales para poder establecerlas en la realidad. Los padres más capacitados cultural y profesionalmente pueden colaborar más como recursos complementarios de la escuela. Dadas las diferencias sociales de las familias entre centros públicos y privados, dicha colaboración es potencialmente más factible y rica en los últimos. De ahí la importancia de que el modelo de participación no se circunscriba a los padres, sino que se amplíe a la comunidad, de forma que los recursos aprovechables sean todos los existentes.

Entre nosotros existe poca tradición en ese entendimiento de los padres como activos colaboradores para trabajar en y con la escuela. Está más extendido el modelo de complementariedad cultural con la escuela basado en la realización de actividades extraescolares financiadas directamente por los padres. Unas veces son apoyos directos al *currículum* escolar, en otros casos son ampliaciones. En este caso, las discriminaciones entre centros producidas por la capacidad económica de los padres se traducen en una deslegitimación de la escolarización en su pretensión de lograr la igualación social. De ahí la importancia de que las transformaciones requeridas por el reto de la insuficiencia de la escuela se aborden en un proyecto global de transformación que afecte a todos. Prohibir el pago por parte de los padres de esas actividades puede ser una defensa contra el hecho de hacer de la educación un negocio, del todo inadmisible en los centros públicos. Pero es preciso dar las respuestas al problema.

3) *Cuando la escuela, su lógica y sus profesores, pierden la legitimidad de su proyecto.* Si el mundo escolar requiere colaboración externa es porque él solo no puede alcanzar todo lo que pretende y para siempre. Las funciones de la educación no pueden quedar encerradas en exclusividad en las escuelas. Hoy asistimos a la evidencia de que éstas no tienen el monopolio de la comunicación cultural. Se habla de alternancia entre educación y trabajo, se postula la educación a lo largo de toda la vida. La creación del conocimiento en muchas áreas está saliendo de la Universidad. Estos ejemplos no implican admitir una derrota para la institución escolar, sino llamadas de atención para matizar las posibilidades de una institución moderna como la escuela ante nuevas condiciones sociales y la necesidad de articular su incidencia junto a otros agentes. Si acaso, es una derrota de la idea de omnipotencia de las escuelas, el fin de la ideología de la redención a través de ellas.

Las prácticas de participación de agentes externos necesarios para las escuelas nos están indicando nuevas vías de legitimación de la escolaridad. La entrada de las familias en la actividad escolar es una de las medidas preconizadas por las reformas educativas en el último tercio de este siglo. Las justificaciones para hacerlo son varias: se aspira a mejorar los resultados académicos en los estudiantes, se evitan descontentos en ciertos sectores, se distribuyen responsabilidades, los centros rinden cuentas (*accountability*) a la comunidad, se pretende romper el aislamiento y la burocratización acrisolada de las instituciones escolares, se pretende, en fin, hacer más real la democracia. Es una forma de lograr nueva legitimación dando satisfacción a demandas contradictorias.

La "democratización" del funcionamiento de las estructuras escolares puede ser vista, pues, como una consecuencia del avance de la participación que limita la autoridad ejercida unilateralmente a través de las burocracias y un cambio en el modelo de control ejercido desde arriba hacia abajo. Este cambio se presume que puede tener el poder de dinamizar a una institución envejecida. Una promesa de dudoso cumplimiento. Con esta orientación podemos progresar hacia unas escuelas más democráticas (APPLE y BEANE, 1997), indudablemente, que sean eficientes y despierten la colaboración. Aunque el movimiento puede estar encauzándose más hacia una recomposición social de regreso a una organización social de base comunitaria en torno a la escuela, en la que ésta, antes que ser un aparato ilustrado y fundamentante de una ciudadanía universal, sea un gozne en torno al que construir lazos comunitarios en el sentido que lo entendió DEWEY, como pequeña comunidad preburocrática. La escuela en este modelo comunitario se comporta como una extensión de la vida cotidiana, donde se tienen en cuenta los afectos, los lazos, las tradiciones que unen al grupo, las voces múltiples que existen, y donde el programa escolar se articula como una reconstrucción y ensanchamiento de la *experiencia* adquirida en la comunidad externa. La paradoja de esta propuesta reside en cómo crear los lazos de esa comunidad con los medios posibles de la organización escolar disponible actualmente (HENRY, 1996, pág. 18).

En el modelo, el centro escolar pasa a ser el agente cultural que la comunidad local quiere que sea y no una célula más de un gran aparato escolar con una misión universalizadora. Tras las teóricas ventajas de un modelo de estas características para restablecer lazos y relaciones cálidas en sociedades anómicas, se pueden entrever peligros dignos de tener en cuenta: las necesidades de los individuos jóvenes en una sociedad culturalmente globalizada, las pretensiones de universalidad del saber (matizada por toda la modestia que queramos) y la superación de las limitaciones de los intereses localistas, pueden verse entorpecidas por las visiones y coaliciones de intereses de la pequeña comunidad. No podemos negar al aparato escolar en una sociedad democrática la legitimidad para actuar en nombre de intereses generales y concedérsela, en cambio, a una comunidad idílica y algo irreal en una sociedad urbanizada cada vez más globalizada. No podemos olvidar que a veces el conservadurismo político presenta el rescate del comunitarismo como una crítica a las instituciones modernas que se han apoderado de importantes áreas de la vida social, rechazando las nuevas posibilidades abiertas para los individuos en una sociedad regulada no por lazos de dependencia directos (de parentesco, vecinales, etc.) sino por sistemas abstractos (Giddens, 1993, pág. 112).

La opción comunitaria puede ser una respuesta que obedece no sólo a las deficiencias apreciadas en su funcionamiento de las escuelas, sino también como síntoma de una crisis más general de las instituciones, de los proyectos culturales de cobertura universal y de los saberes de los expertos como fundamentos para la acción correcta. Se tendría que hacer de las escuelas espacios de legitimidad consensuada en un ambiente social delimitado porque no se aceptan otras legitimidades. En este sentido creemos que asisten razones a los profesores que reaccionan con recelo a las demandas del comunitarismo. Si su profesionalidad no es la única intérprete de los intereses generales, la coalición de intereses comunitarios tampoco lo es.

Resulta muy difícil deslindar las funciones y el sentido de la colaboración de los padres y el de su participación (como también ocurre con las funciones de los estudiantes u otros agentes de la comunidad). Cuando la lógica de un proyecto tiene que consensuarse, en la racionalidad de tipo comunicativo es un problema deslindar qué es propio de cada quién: qué corresponde a los padres, qué a los profesores, qué a los que ejercen el poder en nombre de la sociedad en general, qué puede quedar al arbitrio del estudiante. La pérdida de legitimidad autosuficiente que las instituciones escolares tuvieron en el pensamiento moderno abre una discusión en la que resulta insegura cualquier dirección que se tome. Los padres tienen derecho a ser implicados, pero ¿hasta dónde y en qué? No hay respuesta predeterminada.

Entre nosotros el debate ha estado marcado y ocupado muy decisivamente por los cambios legales que introdujo el modelo de democracia escolar en 1985 [7]. Una experiencia que, sin alcanzar su pleno desarrollo, ya ha comenzado a cuestionarse parcialmente, por el cambio de procedimiento en la elección de directores escolares (Gimeno, 1997). El debate ha sido frenado y oscurecido por la propuesta neoliberal de reducir el tema de la participación a la elección del tipo de educación que imparten centros supuestamente diferenciados en cuanto a los modelos educativos que desarrollan.

El repaso que hemos hecho a las perspectivas desde las que se puede llamar a los padres a colaborar, coeducar con la escuela y definir el tipo de educación nos pone de manifiesto que nos hallamos situados ante un problema cultural, social, político y de legitimidades discutibles. Más allá de prestar el apoyo material a las demandas de recursos hechas por la escuela, la cooperación entre ésta y los padres plantea los problemas de las disonancias culturales provocadas por

---

[7] La democratización del gobierno de los centros de enseñanza no-universitarios quedó establecida por la promulgación de la Ley Orgánica al Derecho a la Educación (LODE), que en el momento de su elaboración fue muy combatida por los sectores que apoyaban los intereses de la enseñanza privada, quienes rechazaban la participación democrática de los padres en los centros privados subvencionados con fondos públicos, en aras de una teórica "libertad de los padres a elegir la educación".

© Ediciones Morata, S. L.

la interacción del modelo educativo de los padres con el de los profesores o con el de los centros.

La reivindicación de una mayor democratización de los centros —algo que, como posibilidad y conveniencia, no es sólo adecuada para la escuela pública, aunque principalmente sea hoy un argumento para la defensa de ésta frente a la privada que no es comunitaria ni interclasista— tendrán que preocuparse por avanzar en el acercamiento de esas culturas. Es frecuente que las regulaciones jurídicas y procedimentales de la participación vayan seguidas de cierta sensación de desilusión en los padres al no sobrepasar la mera formalidad del rito de constituir una parte de los órganos de representación en las escuelas (BEATTIE, 1985), aunque, paradójicamente, para algunos profesores ese logro sea interpretado como una amenaza. La pregunta esencial es la de *para qué* queremos padres en los consejos escolares, por ejemplo, o para qué más peso de los profesores o de los estudiantes en los órganos de representación y gobierno. Lograda cualquier proporción de representación ideal, podríamos encontrar el vacío de la democracia, su uso para legitimar lo que se venía haciendo sin ella. La experiencia de la participación de padres, profesores y estudiantes en los órganos representativos de gobierno en el sistema escolar español, como ocurre en otros, nos habla de esas frustraciones y de los desencuentros entre las culturas de los padres (heterogéneas de por sí) y las de los profesores (no más homogéneas) (FERNÁNDEZ ENGUITA, 1993; HENRY, 1996; SANTOS, 1997). El vacío es elocuente en el caso de la universidad.

Un nuevo marco de legitimación de las instituciones escolares como el que venimos discutiendo, lejos de resolver los problemas que presupone abordar, abre otros y plantea nuevos riesgos de desigualdad en la política educativa descentralizada que se quiere apoyar más en los agentes comunitarios. Más allá de las regulaciones legales de la participación de la comunidad y, especialmente, de los padres, su realización concreta y sus contenidos reales son un problema de posibilidades culturales de las familias y de estrategias concretas de los centros y de los profesores para realizarlas. Los diferentes modelos de entender la colaboración entre centros y familias suponen la revisión de papeles, derechos y responsabilidades de los padres. Implican una reconversión de la profesionalidad de los docentes y de los modelos de entender la forma de fomentar la eficacia del aprendizaje de los estudiantes (BRIDGES, 1994, pág. 65). Es un cambio de cultura que no se agota en un marco formal de participación para la elección de órganos de gobierno de los centros o de presencia en órganos consultivos para el sistema escolar.

Tanto en un modelo de carácter más "ilustrado" (la escuela tiene toda la legitimidad y los padres deben colaborar), como en cualquier otro de legitimidades compartidas, todas las mediaciones escuela-familia están condicionadas por las posibilidades culturales de los padres. En el primer modelo éstas serán condiciones para que se cumplan o no las promesas de la institución; en el caso de la "soberanía" compartida entre padres y escuela, la capacidad cultural de los primeros limita las posibilidades del diseño del proyecto local o comunitario. Asegura MARJORIBANKS (1994) que las mediaciones entre escuela y familia para entender los efectos de la primera en los hijos han de poner más atención en las interacciones entre ambas y, especialmente, en los capitales social e intelectual de las familias, así como en sus hábitos culturales. Esos capitales contagian su impulso a la acción de las escuelas según la congruencia de valores y el tipo de estímulos que potencian en sus hijos con los que estimulan aquéllas. Si el capital cultural familiar es escaso o sus contenidos poco tienen que ver con aquél por el que trabaja la escuela, la colaboración posible es la de un simple asentimiento hacia ésta, en los mejores casos, y de incomprensión o de obstrucción en los peores.

La superioridad cultural cualitativa y cuantitativa de la escuela sobre la familia ha dado, tradicionalmente, legitimidad a la primera y a sus profesores para actuar en la dirección que creían correcta, dejando a los padres la función de apoyo. Si esa superioridad disminuye e, incluso, se invierte, surgirán pugnas por el ejercicio de la legitimidad y demandarán tácticas para compartirla. Lo cual pone al descubierto las desiguales posibilidades de participación de los padres según sea su condición social y cultural. De ahí que, sin negar los valores de la participación democrática para todos, las políticas que dejan en manos de los padres decisiones sobre cualquier aspecto de la educación, ofrecen esta posibilidad de decisión más a unos que a otros.

Esa desigualdad se ha utilizado como argumento crítico contra las políticas desreguladoras que dejan en manos de los padres la de elección de centro escolar. La elección es una forma elemental de participación y se hace desde una cultura y con unos criterios culturales. Es una elección, pues, siempre o casi siempre condicionada por las desigualdades entre las familias. Las que dispongan de menor capital cultural, coherente con el que ofrece la enseñanza, carecen de criterios adecuados para dirigir con sus opciones el "mercado" educativo que estimule a los centros más elegidos. Es ingenuo, aunque no teóricamente imposible, pretender contar con un sistema de información y de formación a padres que pueda igualar a todos.

Hoover-Dempsey, Bassler y Brissie (1987) ponen el acento también en los constructos culturales de los padres como primeras condiciones, en el plano psicológico, que median en la colaboración de las familias con la educación escolar. Los padres colaboran o no, y lo hacen de una determinada forma, en primer lugar, en función de cómo asumen el papel de padres en relación con la vida escolar de sus hijos. En función de cómo entiendan su misión como padres, de cómo consideren que tiene lugar el desarrollo del niño o del joven, de cómo conviene realizar su cuidado y orientación, así comprenderán, evaluarán y se enfrentarán con los modelos educativos que desarrolla la escuela. De la coherencia o incongruencia entre unos y otros modelos dependen las posibilidades, estrategias y conflictos de la colaboración de las familias con los profesores. Bernstein (1988) ha puesto de manifiesto cómo los modelos de pedagogías modernas centradas en el niño, que él denomina como *invisibles*, son mejor apreciados por las clases medias que por las clases populares, partidarias de pedagogías más visibles y clásicas. No es infrecuente que padres de bajo nivel cultural consideran, por ejemplo, que los métodos y profesores que buscan el aprender con interés son ineficaces. Los padres, antes que nada, ven la educación de sus hijos desde los modelos de educación por ellos asimilados y vividos. El reavivarse el papel de las familias en la educación puede estar poniendo de manifiesto no tanto una aspiración a la democracia participativa, sino una insatisfacción de los padres con más capital cultural respecto de los modelos de la educación escolar.

El segundo tipo de constructos, de los que hablan Hoover-Dempsey, Bassler y Brissie, desde los que los padres se implican o no en la educación de sus hijos, haciéndolo de uno u otro modo, se refieren a las formas de cómo entienden que su papel en el hogar apoya la acción de la escuela y cómo consideran que su

© Ediciones Morata, S. L.

acción puede contribuir al éxito escolar. Se actúa de un modo u otro desde las perspectivas de lo que los padres creen que pueden hacer por sus hijos para ayudarles. La colaboración es fructífera en caso de que exista coherencia, pero podría distorsionar la acción de las escuelas cuando éstas introducen prácticas innovadoras de trabajo para el estudiante que son incomprensibles para los padres cuando se enfrentan con la necesidad de ayudarle en casa.

Un capítulo importante de la investigación se ha ocupado de relacionar la clase social de los padres y las posibilidades de su colaboración con las escuelas. HENRY (1996) y LAREAU (1987) han encontrado que la predisposición de las familias a colaborar y la "densidad" de sus interrelaciones con las escuelas varían en función de diferencias sociales.

a) Los padres de clase trabajadora ven en alguna forma "separadas" las acciones de la escuela y de la familia. Incluso lo más activos no intervienen, ni supervisan, ni compensan las actividades escolares. Para ellos la educación es algo que tiene lugar en las escuelas bajo la responsabilidad de los profesores; por eso aceptan lo que la escuela propone y hace con sus hijos. Los padres de clase media-alta dedican más tiempo y energía a la preparación académica de sus hijos para la escuela, especialmente en lo que hace referencia al desarrollo verbal. De esa forma adoptan un patrón de colaboración "interconectado" con las funciones de las escuelas, apreciando la necesidad de tener un papel más integrado con el centro escolar y compensar deficiencias de los profesores.

b) Los padres de clase media-alta no sólo pueden colaborar más y mejor con la escuela, aportando más control y supervisión, facilitando actividades culturales y de ocio enriquecedoras o compensando las deficiencias docentes, sino que quedan más predispuestos a la colaboración desde el momento en que pueden entender mejor el lenguaje pedagógico, algo especializado, que usan los profesores. Nosotros (GIMENO, 1996a) hemos comprobado cómo es bastante normal aceptar el hecho de que las aulas y los profesores no son suficientes a ojos de las familias para garantizar el éxito escolar. ¿A quién o a qué se recurre? Los estudiantes de primaria y de secundaria declaran que, cuando tienen dificultades en su trabajo académico, echan mano de los recursos familiares en primer lugar. Una respuesta más probable en las familias cuyos padres tienen un nivel de estudios cursados más alto.

c) Un aspecto importante que estimula una mejor aproximación de los padres de *status* más alto reside en la misma percepción de la clase social a la que se pertenece: esos padres se ven a sí mismos como socialmente más iguales a los profesores, y en algunos casos superiores. El acercamiento de los padres hacia la escuela se hace desde la asunción de sus circunstancias sociales. Los padres de clase baja que asumen su desigualdad se verán bloqueados para intentar o progresar en el acercamiento.

d) Se produce una desigualdad en las familias en la posibilidad de relacionarse con la escuela por la simple desigual posesión de recursos materiales para poder hacerlo: transporte, tiempo libre, posibilidad de ser sustituido en casa —especialmente las madres—, etc.

e) El propio estilo de vida que imprime el trabajo que realizan los padres tiene su proyección en la forma de entender la tarea de los profesores y las actividades de sus hijos. Determinados profesionales de la clase media y media-alta ejercen actividades "difusas" cuyo desarrollo no acaba en el espacio-tiempo de su horario y local de trabajo, prolongándose en actividades adicionales en el hogar familiar. La oficina, la medicina, la abogacía, el profesorado, etc., dan, lo mismo que la escuela para con sus hijos, "trabajo para casa"; la fábrica, la albañilería o el taller es menos probable que lo den. De ese modo, los padres de clase social más alta están en mejores condiciones que los de clases trabajadoras para comprender la prolongación del trabajo de sus hijos y las propuestas que les hacen sus profesores fuera de los estrictos horarios de ésta. La colaboración no sólo será una ayuda más factible en el caso de los padres más capacitados para ejercerla, sino que será mejor entendida.

f) La colaboración entre padres y escuela queda mediatizada no sólo por las diferencias debidas a la clase social, sino también por la diversidad cultural que se cruza con ella: el género de los padres, la etnia, las condiciones debidas al bilingüismo, estructuras familiares alternativas, etc.

La colaboración está condicionada por las posibilidades del "aquí" y "ahora", por los participantes concretos, por la tradición de intervención y de apoyo comunitario que exista en un determinado país y cultura. No hay padres, pues, en abstracto, sino tipos de padres y padres concretos. Lo que debe ser considerado en cualquier estrategia de acercamiento entre familias y escuelas, contemplando la multiplicidad de voces existentes en toda comunidad.

La discusión de la legitimidad educativa en un sistema participativo pone de manifiesto que no estamos ante un planteamiento alternativo idílico, mientras subsistan diferencias sociales como las señaladas. Plantear los posibles papeles de colaboración de los padres y las dificultades que ellos suponen, así como las desigualdades que asoman, sitúa el problema de la participación democrática en un contexto determinado de valores y de significados que harán posible o no compartir la dirección de la educación escolar. La colaboración puede, quizá, resolver alguno de los problemas, pero genera otros nuevos; no es panacea para nada. Supone una alteración en el esquema que decidía quién introduce racionalidad y contenidos al proyecto educativo, cambiando el panorama en el que se remodelan los papeles de los actores y de los rectores de la educación, abriendo nuevos frentes de problemas y de potenciales desigualdades.

¿Con qué tipo de escuela están llamados a colaborar los padres?, ¿para qué tipo de educación?, ¿qué tipo de colaboración deben o pueden prestar en facetas concretas?

Hasta aquí podemos decir que hemos reflejado posiciones y opciones en donde los padres aparecen como potenciales, aunque desiguales, *colaboradores* del sistema escolar, bien para potenciar el modelo que la escuela define, bien para complementarlo, bien para suplir la falta de legitimidad del mismo a partir de un esquema democrático participativo con ansias de comunitarismo. Con las dudas levantadas como fondo, repasaremos algunas de las simplificaciones que adopta la nueva metanarrativa del mercado en educación.

4. La educación es buena si es elegida por los padres

En la pendiente que lleva a la pérdida o relativización de la legitimidad educativa de las instituciones escolares aparece un movimiento para el que los padres son los únicos poseedores del derecho a determinar la educación de sus hijos. Un derecho sustanciado en la libertad sin cortapisas de poder elegir el modelo de educación y, más concretamente, el centro escolar al que llevar a sus hijos. Viene aupado al centro del debate sobre las políticas educativas de la década de los noventa de la mano de los movimientos conservadores y del neoliberalismo que entiende que la privatización de servicios es la condición principal para el logro de la igualdad y la eficiencia. Desde estos apoyos ideológicos se presenta como la forma de participación democrática por excelencia.

El equilibrio de fuerzas en el triángulo determinante de la educación de los más jóvenes, cuyos vértices eran el Estado, los profesores y las familias, se escora hacia los dos primeros agentes según los ideólogos del modelo. Los padres han perdido terreno y ahora reclaman situarse por delante del Estado, la sociedad, los profesores o la cultura pedagógica almacenada. A ellos, antes que a nadie, corresponde la legitimidad de decidir qué tipo de educación debe implantarse. Como no es fácil diseñar sistemas educativos y centros desde la nada y a la medida de intereses particulares o de grupo, la posibilidad de su aspiración en la realidad se expresará no tanto en el reclamo de la libertad de crear centros (que se reconoce legalmente), sino en la posibilidad de *elegir* entre lo que hay.

Dada la importancia que este rasgo de las políticas neoliberales y conservadoras está teniendo en estos momentos, le dedicaremos alguna atención, como una manifestación de la reconversión y revolución que experimentan algunos de los supuestos básicos que han constituido la columna vertebral de los sistemas modernos de educación.

En los sistemas educativos correspondientes a los países más desarrollados esta forma de concebir las reformas educativas se traduce en la pretensión de romper el predominio que tiene el sector público de la educación sobre el privado. En el caso de los sistemas pertenecientes a países no desarrollados, simplemente se frena sin miramiento alguno el desarrollo de un sistema educativo universal con garantías de que el derecho a la escolaridad se cumpla. Para lograrlo, no se duda en intervenir directamente sobre los préstamos económicos a estos países. Así, una institución tan determinante de las políticas educativas en los países en desarrollo y en el tercer mundo, como es el Banco Mundial (1996), condiciona la concesión de préstamos para la financiación de proyectos a la admisión de sus principios. Entre ellos está el de que: "se dará apoyo a la participación de los hogares en la gestión de las escuelas a través del énfasis creciente en el marco regulador de la educación" (pág. 17), porque de esa forma se facilita la innovación, al poder contrarrestar el peso de intereses creados (página 16). Confiesa esa institución monetaria que se trata de una perspectiva sobre la educación más orientada al mercado en donde los consumidores (padres y alumnos) eligen a los proveedores (escuelas e instituciones) tomando un papel más activo y exigente. Para que ese marco sea posible se precisan las siguientes condiciones: debe haber más de una escuela, institución o programas múltiples dentro de ellas al alcance de los estudiantes. Las instituciones deben tener algunas características que las diferencien entre sí para que la elección seleccione. Las escuelas e instituciones deben gozar de considerable autonomía en cuanto a la forma en que enseñan. La diversidad entre instituciones o programas puede consistir en: la diferente importancia asignada a ciertos aspectos del programa de estudios, desarrollo de estilos de enseñanza diferentes, variedad de cursos de nivel superior ofrecidos, y el tipo de propiedad, a saber, pública o privada (Banco Mundial, 1996, pág. 136).

© Ediciones Morata, S. L.

Es un sarcasmo aplicar estos argumentos en sociedades subdesarrolladas con altísimos índices de pobreza, desescolarización y abandono escolar, donde los escolares son fuerzas "productivas" para las familias. Antes que calificarlas de otra manera, hay que decir que se trata de políticas insolidarias que generan más desigualdad, aprovechándose de la falta de poder de las clases populares para defender sus derechos políticos, sociales, económicos y culturales (GENTILI, 1995). No sólo no universalizan la educación, sino que deterioran los avances logrados por la escolarización en la red pública.

En sociedades más desarrolladas de economía de consumo, la idea de poder elegir entre la variedad existente es atractiva y fácil de aceptar, pues resulta impresentable mostrarse enemigo de la libertad en ese sentido. ¿Quién puede estar en contra de poder elegir entre la variedad de objetos, productos o lo que sea, que se despliega ante nuestros ojos? Si elegir caminos en la vida es posible, así como en la satisfacción de necesidades básicas y culturales, ¿por qué no va a serlo en campos como la educación? ¿Qué otra opción es mejor, si además se presenta argumentada por la idea de libertad en un mundo (¿real?) en el que todos dispongan de ella y no sólo los que más medios tienen? La idea puede ser atractiva si se propone como táctica para que los centros escolares funcionen mejor en un clima de competencia, y como la posibilidad de que cualquier familia pueda elegir el mejor centro para sus hijos. Si además se fomenta el equívoco de que los centros públicos son de peor calidad, el clima para que estas propuestas calen en el sentido común de las gentes queda suficientemente abonado.

Como una cosa son los principios y otra las realidades que se generan por las formas posibles de realizarlos, tendremos que preguntar: ¿es realmente una escuela mejor por el hecho de ser elegida por los padres? Y, aunque sí lo fuera, habría que seguir interrogando: ¿mejoran las escuelas de todos por ese procedimiento?, porque podría ser bueno para unos y malo para otros. Es decir, hay que cuestionarse si ese mecanismo es el más adecuado para introducir una nueva racionalidad al sistema educativo en su totalidad que le dote de más calidad. ¿O es que acaso ya no importa el sistema global como tal? ¿De qué calidad estaríamos hablando? En cualquier caso, la primera y última gran pregunta que hacer consiste en si se puede construir con ese procedimiento una sociedad democrática bajo ese principio, en la que, además de la libertad, busquemos la igualdad, la solidaridad y la integración de los individuos. ¿Hemos de buscar la sociedad plural en la que quepan todos o un pluralismo que es una segregación de acuerdo con las diferencias que nos separan a unos y a otros? Las objeciones básicas al modelo de la libre opción provienen no tanto del principio en el que dice basarse —es bueno poder elegir—, sino de las consecuencias que tiene para toda la sociedad y para cada uno de los individuos y de las familias.

El movimiento que proclama el derecho prioritario de los padres a elegir la educación escolar que ellos deseen para sus hijos, como afirma HALSTEAD (1994, página 12), forma parte de tres programas políticos solapados que tienen poco en común, pero que pueden unirse en peculiares alianzas de intereses: un movimiento conservador, una propuesta de racionalidad economicista y una argumentación democrática.

© Ediciones Morata, S. L.

4.1. La presión conservadora

No es, precisamente, el incremento de las libertades en general lo que preocupa a los movimientos reestructuradores en educación, como así se les ha denominado, en sus ataques al intervencionismo del Estado y en sus cantos a las libertades económicas. Los nuevos liberales suelen ser viejos conservadores, o se llevan muy bien con ellos, pues coinciden en sus programas y opciones políticas (APPLE, 1996a, 1996b y 1997). Piden libertad en lo económico y autoridad en lo político, porque, en definitiva, lo que realmente les interesa es desregular la economía, pero no el control de la sociedad, que necesitan esté cohesionada mínimamente (LÓPEZ CALERA, 1992, pág. 27). Es un movimiento contradictorio e inconsecuente consigo mismo, como dice GIDDENS (1996):

> "Existe una perniciosa contradicción en el pensamiento neoliberal. Por un lado, al estimular la libertad de acción de las fuerzas del mercado, la filosofía neoliberal desencadena influencias de gran alcance, contrarias a la tradición. Por otro, se supone que los símbolos tradicionales que dichas influencias ayudan a disolver son esenciales para la solidaridad social. No es extraño que las doctrinas de la nueva derecha mezclen las libertades liberales y el autoritarismo —incluso el fundamentalismo— de manera incómoda e inestable." (Pág. 49.)

La nueva derecha no puede articular un discurso y un programa coherentes sobre la educación por sus propias contradicciones: es desreguladora y ordenancista, es liberal y autoritaria, ataca al Estado y necesita del reforzado del mismo, glorifica la tradición, al tiempo que sus políticas destruyen valores tradicionales, es comunitaria (defensa de la integración social a partir de núcleos sociales aglutinados en torno a intereses cercanos) a la vez que individualista.

Los efectos sociales de las políticas económicas por las que apuestan en un mercado sin trabas produce más desigualdad, genera bolsas de pobreza, marginación y desórdenes sociales ante los que, más pronto que tarde, se reclama autoridad y orden (MONTES, 1996).

En la educación esa contradicción se sustancia en la petición de libertades para ir al centro que cada cual elija, al tiempo que se refuerza la ideología conservadora que lamenta el "declinar de la calidad de la educación", el "descenso del nivel escolar", la pérdida de la autoridad tradicional, el olvido de los valores "esenciales" (patria, Dios, familia, viejos moldes sexuales). Están alarmados por la aparición de importantes problemas de violencia e indisciplina en los ambientes escolares gracias a la marginación de importantes capas de la población. Unos "desórdenes" que se manifiestan sobre todo en las escuelas públicas. Las respuestas de introducir más control sobre el sistema, moderar gastos que no den los resultados deseables, negar los avances pedagógicos regresando a las tradiciones seguras, son respuestas producidas por presiones políticas y por la misma inseguridad y desconcierto que se genera en esta situación.

Ante tales graves problemas de los sistemas educativos, tienden a encontrar la solución dando a los padres más responsabilidades en la educación y, sobre todo, en la libertad de "poner" a sus hijos en los ambientes más adecuados. Esa recuperación de viejos argumentos se envuelve en el nuevo lenguaje: se pide el fomento de la diversidad de centros, que se cree alentar gracias a la libertad de los padres para seleccionar ofertas en un mercado libre, restableciendo, de paso, el principio de la selección social, nunca abandonado. Se trata de dejar de lado, por imposible o por inconveniente, la idea de una escuela común para todos.

¿Por qué triunfa la metáfora del mercado y la idea simplista de que la posibilidad de elegir centro escolar mejora la calidad de la educación? Es una forma de encubrir los problemas reales de las escuelas y sus causas, así como la degradación social y moral, bajo una argumentación más presentable.

> "Detrás de la restauración conservadora subyace un claro sentimiento de pérdida: pérdida de control, de seguridad económica y personal, de los conocimientos y valores que deberían transmitirse a los hijos, de la consideración de cuáles son los textos sagrados y dónde reside la autoridad." (APPLE, 1996b, pág. 44.)

Aunque no es sólo una respuesta conservadora, pues está ganando adeptos en otros territorios, especialmente en las clases medias. Como afirma APPLE (1996b, pág. 35), las ideologías no embaucan a la gente porque sí. Tienen que conectar con problemas reales y con experiencias que le son propias. Y los grupos conservadores han sido capaces de conectar con sentimientos populares, reelaborarlos y reconducirlos, difundiendo una especie de populismo autoritario. El dominio de las representaciones sociales en capas sociales cada vez más amplias es fundamental para mantener la adhesión a una determinada política, jugando en el terreno de lo simbólico e introduciéndose en el sentido común de la gente. Familia, prevención del fracaso, eficiencia, miedo a la violencia y a las drogas, miedo al emigrante, derecho a elegir lo que cree uno que es más conveniente para sus intereses, ascenso individual, educación para el mercado de trabajo, educación extracurricular ampliada, ineficiencia de lo público, etc., son consideraciones que van calando y ganando terreno a las ideas de igualdad e integración social, ante la pasividad de los sectores sociales progresistas y también del profesorado.

Una razón de esa connivencia entre ideología conservadora y grupos sociales amplios reside en el desvaimiento de la idea de democracia, de las instituciones, del modelo de escuela pública y de la imagen de su calidad. La idea de elegir y lograr el máximo lugar en la escala social en una sociedad competitiva es una propuesta muy coherente con la mentalidad de lucha por el ascenso social de las nuevas clases.

Las políticas de corte conservador no triunfarían democráticamente sin la existencia de unos padres debidamente moldeados y acoplados a los intereses de esas políticas. Si la libertad de los padres condujese a modelos revolucionarios de educación, seguro que el conservadurismo no alardearía tanto de esta bandera de la capacidad de elección para los padres, su apuesta no sería «tan democrática», como muestra allí donde gobierna autoritariamente.

4.2. La racionalidad economicista. La metáfora del mercado

La economía (la práctica económica), que no la teoría económica (en la que podríamos apreciar variedad de opciones), parece que es la única Razón de este final de siglo, un materialismo histórico sólo que de signo bien diferente. Si la macroeconomía va bien (sin aclarar mucho qué es eso de ir bien ni para quiénes), parece que todo funciona correctamente. Equiparadas la economía de mercado a la democracia, y la libertad económica sin trabas al modelo para generar riqueza para todos, se nos presenta ante nuestros ojos el paradigma por excelencia de racionalidad, el único gran metarrelato en esta etapa histórica sin relatos, propia del modelo del fin de la Historia y de la muerte de las ideologías. El progreso consistirá en extender ese modelo y, en todo caso, perfeccionarlo.

¿Cómo iba a escapar la educación de ese pensamiento único, si tan decisivo papel juega en la provisión de mano de obra y de especialistas diversos para ese teatro, así como en el asentamiento de un nuevo sentido común que en el plano de lo simbólico haga creíbles sus supuestos? Si la economía está por encima de la política, si la política monetaria la fijan los bancos y no los gobiernos, si el mercado está por encima de la democracia, si la competitividad es condición de la creación de riqueza para que algo de ésta se pueda repartir solidariamente (aunque esta idea no es imprescindible en ese modelo social), ¿cómo la educación iba a resistir y quedar como proyecto que se define en un marco de determinaciones éticas, culturales o pedagógicas?

De ese énfasis de lo económico se deriva el poder extralimitado de la metáfora del mercado introducida por la nueva derecha, desestabilizando el consenso democrático acerca de lo que debía suponer la educación (GRACE, 1994, página 129). Ese consenso consiste en creer que la educación es un derecho de cada persona, un bien público que debe ser provisto a todos como servicio esencial, fundamentalmente por el Estado, con la aspiración de caminar hacia una igualdad de oportunidades.

Con la visión de la educación a través de la metáfora del mercado, ésta (el *currículum,* los métodos, etc.) pasaría a ser una mercancía más que, como cualquier otro artículo o servicio, tiene un precio y se compra o se vende; los alumnos se convierten en consumidores de productos, los padres deciden el comercio al que ir a comprar, los profesores son agentes que dispensan el servicio demandado por los clientes, y los administradores son los árbitros de todo ese juego para que funcione correctamente. Un juego que tiene unas reglas, un orden, una lógica, unos intereses y un lenguaje: búsqueda de la excelencia, innovación, competitividad, control de resultados, eficacia, mejora de las calificaciones, venta de servicios, destrezas, círculos de calidad, centros eficaces.

El mercado no es el resultado de un orden espontáneo, sino que existe, gracias a unas determinadas condiciones políticas, legales e institucionales que tienen que ser decididamente construidas por el gobierno (PETERS, 1996, página 86). Es una construcción histórica que puede funcionar de muchas maneras y que no se apoya en leyes universales incontestables, aunque sí lo haga en unos principios básicos.

La clave para que ese engranaje funcione en educación reside en que los padres puedan *elegir* la educación que reciban sus hijos. Es el mecanismo a través del que se puede manifestar la libertad del ciudadano-consumidor; es el requisito para que haya mercado y la forma de controlar el coste-eficacia del servicio proporcionado por los centros escolares. Puede funcionar conjuntando dos fórmulas: 1) que los padres sean los que disponen de la capacidad de depositar el coste económico de la enseñanza —el *cheque escolar*— allí donde crean conveniente; 2) que se desregule la adscripción de estudiantes a los centros para que los padres elijan, comprometiéndose los poderes públicos a financiar la enseñanza elegida. A través de este revolucionario mecanismo se supone que el centro que produce lo que es demandado sobrevive y el que no lo hace desaparecerá. Se financia lo rentable, que se equipara a lo que es más demandado. El primer mecanismo requiere romper el binomio escuela privada (financiada con fondos privados) o escuela pública financiada por los poderes públicos. El cheque proveniente de los fondos públicos se puede depositar en cualquier tipo de centro que acepte al hijo. El segundo mecanismo obliga a los centros públicos a competir entre sí para captar a los escolares. La elección dentro del sistema público es una buena presentación para que sea mejor aceptada la competencia entre éste y el sistema privado (Dougherty y Sostre, 1994, pág. 28) en un sistema más coherente.

Dentro de ese modelo, la suposición de que el dar a los padres la capacidad de elegir mejora toda la educación (la pública y la privada), además de dar satisfacción al consumidor y abrirle el reino de la libertad, se ha convertido en todo un paradigma para entender y proyectar reformas educativas en la década de los noventa. Es una reforma en sí misma (Chubb y Moe, 1990), que supone una nueva racionalidad no avalada ni por la historia ni por la evaluación de la experiencia disponible allí donde esa política se ha aplicado (Henig, 1994, página 196).

Una serie de reglas básicas completan el mecanismo del mercado educativo: a) Sistema de adscripción de alumnos liberado de la determinación de la proximidad centro-hogar familiar, para que el consumidor pueda elegir. El monopolio geográfico de cada centro sobre una zona debe desaparecer, lo mismo que cualquier comercio no tiene adscritos unos consumidores fijos. b) La desregulación comprende la libertad de elección entre centros privados y públicos, y dentro de cada sector. Es decir, los centros públicos compiten con los privados y entre sí. Las normas de admisión las marcará ahora cada centro en alguna medida. c) Tiene que existir cierto margen de autonomía para que los centros puedan diseñar sus ofertas diferenciadas unos de otros. d) La competencia de los centros por la captación de estudiantes significa pugnar por las subvenciones o el cheque equivalente al coste del puesto escolar, para lo cual tienen que reforzar su imagen ante los consumidores. e) Disociación entre la financiación del servicio y la provisión del mismo, de suerte que sea el cliente el que lleve consigo la financiación. El servicio público lo cumple el Estado haciéndose cargo del gasto de la enseñanza, pero no elaborando él mismo una oferta pública. Como ésta es una realidad de partida, debe competir con las demás. f) Mecanismos de información al consumidor que requieren sistemas de evaluación externa de la calidad de cada centro, complementados por la publicidad. g) El personal que trabaja en cada centro (director, profesores y demás trabajadores) tiene que obtener beneficios de sus esfuerzos por la captación con éxito de clientes en forma de méritos profesionales, salarios y promoción, incluida la permanencia en el empleo. Los que sean capaces de atraer clientes sobreviven y mejoran; los que no lo sean desaparecen o descienden. h) Limitación del poder de los sindicatos para establecer las condiciones laborales y salariales para que las mismas dependan más de su productividad: la capacidad de atraer y de retener a los estudiantes en las escuelas. i) Autonomía financiera de cada centro para disponer de los recursos corrientes y poder captar otros adicionales. j) Acomodación de la oferta de especialidades educativas a las necesidades del mercado laboral.

© Ediciones Morata, S. L.

Los modelos que se implanten no tienen que ser necesariamente puros, pues implicarían demasiados cambios a la vez, muchas alarmas y resistencias sociales. Se pueden aplicar de manera parcial y progresivamente. Pero dos criterios serán fundamentales: el primero es que sólo la verdadera competencia por la captación de estudiantes y fondos es lo que da autenticidad al funcionamiento del mercado, como dicen OSBORNE y GAEBLER (1994, pág. 157), porque sólo así se crean verdaderos estímulos para la mejora y el cambio en educación.

"Cuando se trata de las consecuencias de la competencia, la educación no se diferencia en nada de cualquier otra industria de servicios."
(OSBORNE y GAEBLER, 1994, pág. 145.)

El segundo es que, para que los consumidores tengan más posibilidades, el Estado debe ceder su protagonismo a favor de los padres y de las iniciativas privadas. Su papel en la oferta pasa a ser subsidiario respecto de la iniciativa privada.

Para la ideología que ampara este modelo, el Estado, en el mercado de la educación como en cualquier otro sector, genera intromisiones, disfunciones, ineficiencia, insatisfacción, es insaciable y contribuye a crear esa cultura de la "dependencia" que retrotrae la iniciativa y la responsabilidad de los individuos. Por eso esta política revolucionaria de derechas tiene como referente especial el minar el sector público. En ese ataque a lo público presenta una contradicción que descubre un sesgo ideológico importante: pide la limitación de la acción y de los poderes públicos para favorecer una mayor libertad personal para actuar, sin embargo lo que hace es reforzar el sometimiento a la economía que no controlan, precisamente, los individuos, sino los grupos empresariales e ideológicos o, incluso poderes supra estatales. Es decir, lo que se propone es cambiar unos poderes —los públicos—, que pueden ser controlados democráticamente, en alguna medida, por otros —los privados—, actuando el gobierno y la Administración en defensa de éstos.

4.3. El argumento democrático

Éste es el tercer pilar de la nueva racionalidad, el estandarte "más digno" de la revolución conservadora, porque los argumentos del modelo económico son complejos y dan imagen de un reduccionismo inaceptable. Las consignas que se derivan del conservadurismo denuncian adscripciones ideológicas poco presentables en una sociedad avanzada y especialmente para las nuevas clases medias.

Elegir la educación es una decisión que versa sobre qué dirección se va a imponer o sugerir a la vida personal y profesional, al presente y al futuro de cada uno. Esa libertad conecta con la de conciencia y la de pensamiento, con el reconocimiento de la privacidad. Se plasma en la posibilidad de ofrecer tipos de educación y en el poder optar entre los disponibles, sin imponer a todos un único proyecto de educación. Esta es la argumentación con fundamentos filosóficos más importante del modelo de mercado sobre la forma de organizar la satisfacción de ciertos derechos en una sociedad compleja.

La defensa de este principio de la libertad de optar está amparada en la Declaración Universal de Derechos del Hombre, como reconocimiento del derecho prioritario de los padres a elegir la educación que darán a sus hijos (26,3). La asunción general de este derecho así anunciado admite posibles modulaciones, interpretaciones y diversidad de opciones para hacerlo viable, de forma que su ejercicio no colisione con otros derechos, como el de la igualdad, o con la idea del bien común para toda la sociedad. Una prueba de que no se trata de un derecho unívoco es que, en muchos de los sistemas escolares de países democráticos que lo reconocen y respetan, el Estado regula el *currículum* para toda la enseñanza en orden a poder homologar títulos y acreditaciones, por ejemplo. Otro motivo para atemperar interpretaciones unilaterales reside en que se trata de un derecho que se reconoce a los padres, cuando la libertad que se va a resguardar es también la de los hijos, por lo cual no puede entenderse sino como un derecho relativo.

Esta manifestación de la libertad aparece como una limitación a la intervención del Estado en la esfera de la individualidad, por eso ha sido tomada por las tendencias económicas neoliberales como bandera de sus proclamas anti-Estado o a favor del *Estado mínimo*. Para éstas, si el Estado democrático capitanea el sistema educativo siempre habrá perdedores, porque la mayoría democrática se impondrá sobre las minorías (CHUBB y MOE, 1990). Por tanto, la libertad de todos se garantizaría, según argumentan sus partidarios, dejando de intervenir para que sea la sociedad civil la que se organice a sí misma, superando, de paso, la ineficiencia de la burocracia gubernamental. La recuperación de la *sociedad civil*[8] para lograr un mayor grado de democracia (pues, evoca los valores de autonomía, responsabilidad, asunción de los propios problemas y libres intercambios) aparece como no-Estado, como negativa a la intervención de éste en las sociedades del bienestar. Por eso es una recuperación democrática en clave conservadora, como ha señalado LÓPEZ CALERA (1992, pág. 17).

Ante este argumento democrático hay que plantear dos preguntas relacionadas con otras posibilidades de entender también la democracia. La libertad de los padres a elegir llevada a la práctica, ¿es realmente una libertad de todos y para todos, o lo es de algunos frente a otros? Teniendo en cuenta que una escuela democrática debe cultivar valores comunes en todos los estudiantes, independientemente de sus capacidades, clase social, raza, religión o género, ¿se puede permitir a los padres llevar a sus hijos a la escuela elegida cuando algunos centros escolares reclaman, aunque lo hagan de forma encubierta, el derecho a cultivar valores específicos y no integran a los sujetos que muestran diferencias respecto de esos valores?

De la mezcla de argumentos tan divergentes, como los enunciados, se deduce que, más allá de la aceptación teórica del principio a la libertad de opción, se puedan instrumentar políticas diferentes para desarrollar ese derecho, como una dimensión más de la democracia.

---

[8] El concepto de *sociedad civil* es ambiguo. Viene a significar el entramado de asociaciones voluntarias dentro de las que se ejercen derechos individuales, libertades y relaciones con los demás, amparados por el Estado (por las leyes, la justicia, etc.) pero en las que el Estado no interviene.

© Ediciones Morata, S. L.

5. Las objeciones a la teoría y a la práctica del mercado en educación

Los defensores de las prácticas del mercado en educación apoyan sus propuestas en ciertas verdades que quizá pueden funcionar en otros campos que no son la educación, pero que al trasladarlas a ésta ni funcionan ni son convenientes por razones diversas. En algunos casos aducen principios que son simples declaraciones ideológicas que no funcionan en ningún tipo de mercado.

5.1. El "mercado" de la educación no es un mercado

En principio, es difícil no estar de acuerdo con el derecho a la libertad en educación y a poder elegir. El problema radica en que este programa de reformas se ha ligado muy estrechamente a la ideología del mercado en educación, en vez de desarrollarlo en aras de la pluralidad propia de una sociedad democrática, o como medio de lograr la diferenciación de estilos educativos con el fin de hacer un sistema escolar más creativo. La elección, como primera manifestación de libertad es aceptable, lo preocupante son las consecuencias de ciertas elecciones para determinados sujetos y grupos sociales. No podemos tener la libertar de elegir agredir o no al vecino; no podemos tener la libertad de elegir el contaminar o no las aguas. La elección de unos puede ser limitación para otros.

Los supuestos de los que parte el mercado para la libre elección de centros y las prácticas a que dan lugar subvierten algunos de los pilares que han guiado hasta ahora la educación, por lo que conviene desvelar a dónde nos puede conducir esa pseudociencia de la racionalidad econocimista. Tiene debilidades y peligros que conviene poner de manifiesto, con el fin de limitar su aspiración a ser la racionalidad educativa en el tiempo que nos toca vivir.

Los recelos que la fe libertaria de las políticas neoliberales provoca en muchos demócratas, no necesariamente socialistas o estatistas, son causados por la raíz conservadora y economicista de los argumentos con los que se suele defender. Ese sesgo impide un debate sereno sobre el equilibrio de libertades que se cruzan en la educación y sobre modelos educativos realmente más democráticos, plurales y menos burocratizados. La derecha en ese debate quiere presentar maliciosamente a la izquierda como intervencionista, jacobina y poco preocupada por la eficiencia en el gasto de impuestos invertidos en educación, ocultando así sus propuestas privatizadoras. La izquierda se defiende de las motivaciones conservadoras y de la ortodoxia de que todo lo privado es bueno, sin entrar en el análisis de algunas críticas al sector público dignas de ser consideradas. Sin embargo, la *elección* se ha convertido en un símbolo tan fuerte y ambiguo, fuente de ilusiones varias, que es manejado tanto desde posiciones políticas de derecha como, alegremente, por las de izquierda. El debate es confuso porque bajo el sistema de elección se encubren desde intenciones de es-timular la calidad del sistema público y deseos de disponer de un sistema más pluralista con escuelas alternativas, hasta la pretensión de abolir el sistema estatal de escuela pública. El conglomerado de todas las posibilidades del sistema de opción configura toda una ideología con públicos diferenciados y proyecciones políticas prácticas muy distintas. No se trata de una racionalidad coherente, sino de varias muy diferentes.

Aparte de razones filosóficas de principio (la educación no es mercancía, el educando no es sólo un consumidor, etc.), este modelo está basado en dogmas economicistas de validez discutible; es difícil que funcione bien y que lo haga en condiciones adecuadas e iguales para todos. Aunque lo verdaderamente preocupante podría ser, precisamente, el que funcione bien de acuerdo con sus supuestos, por las consecuencias que tendría. El mercado educativo, donde cada uno elige, sólo puede funcionar en una sociedad ideal igualitaria, algo que no existe. Los sistemas de elección pueden funcionar mejor allí donde previamente se han resuelto las desigualdades (FOWLER, 1997). Es una pretensión infundada suponer que de su aplicación se deduce la mejora de la calidad de la educación, cuando hay evidencias de que puede mejorar la de unos y empeorar la de otros. Es un modelo que despierta más fe en sus patrocinadores de la que se puede admitir fundamentada en evidencias empíricas. Asentar ventajas del sistema de elección en los resultados de la investigación es harto problemático. En primer lugar, las experiencias existentes son aisladas y los resultados no son transferibles a una hipotética implantación a todo el sistema que afectase a todo tipo de alumnos y lugares. La mayoría de los estudios de los que disponemos son del tipo *ex post facto*, apoyados en la utilización de indicadores poco potentes, y las evidencias son muy contradictorias (HENIG, 1994, pág. 128 y sgs.)

Mercado realmente libre no existe en ninguna parte. La pregonada libertad del mercado sin intervención de los Estados o de los organismos supraestatales es una simple ficción. En educación esa ficción es todavía más improbable. ¿Alguien se imagina a un gobierno sin intervenir en el sistema educativo? Más bien no dejan de intervenir (GEWIRTZ, BALL y BOWE, 1995, pág. 86). La visión teórica del mercado es una concepción utópica que no acaba funcionando tal como prevén sus leyes, porque se construye al margen de las realidades políticas y financieras de los modernos sistemas escolares, y en educación, además, no se dan las condiciones para que exista realmente un mercado. Para que fuese posible serían precisas, siguiendo los aspectos mencionados por HARRIS (1993), al menos, la siguientes condiciones:

Libre acceso a los diferentes tipos de educación. Quiere decirse que los servicios públicos deben ser realmente accesibles para todos aquellos que puedan necesitar de su uso. Lo que significa que nadie pueda interrumpir ese derecho en función de falta de disponibilidad o por cualquiera otra condición: raza, creencias, posibilidad de transporte, etc. De lo contrario quienes más capacidad de acceder tengan, también tendrán más posibilidades de elegir. Una de las mayores dificultades del sistema de elección es el impacto que tiene en la desigualdad de oportunidades para elegir (HARRIS, 1993, pág. 13). En realidad es un modelo favorable a la población urbana (y lo será más cuanta mayor oferta haya en ésta) y a las clases medias y altas. La elección no funciona cuando de lo que se trata es, no de tener una escuela u otra, sino de si se tiene escuela o no. ¿Es realmente creíble la idea de que cualquiera pueda elegir cualquier oferta de educación?

Información sobre la oferta del mercado. Un supuesto del mercado es que las decisiones que se adoptan al adquirir objetos, bienes o servicios se guían por una cierta racionalidad que tiene que ver con la satisfacción de determinadas necesidades. La capacidad de participación del consumidor para ejercer su poder

© Ediciones Morata, S. L.

en el mercado, seleccionando racionalmente lo mejor, depende de la información y de los intereses que tenga como consumidor. Se podrá decir que si existe la información sobre las ofertas de educación todos pueden obtenerla. Pero ni siempre existe, ni ésta es suficiente y adecuada, ni todos están en igualdad de oportunidades de adquirirla; aparte de que en el mercado también existe desinformación deliberada, ocultación a los consumidores y publicidad engañosa. Los sistemas de elección que afecten al sector público tendrían que estructurarse sobre una plataforma de información fiable acerca de la calidad de las escuelas, sobre indicadores exhaustivos (un centro ofrece cosas muy diversas), con una orientación democrática (que sirva a los intereses de todos) y con un formato accesible. Hoy esas posibilidades no están disponibles. Los listados de rendimiento de los centros ocultan los factores que intervienen en su determinación y confunden a la opinión pública que los interpreta sin muchas sutilezas. De antemano condenan al sector público en su conjunto que, por condicionamientos sociales obvios, en términos generales dará menos rendimiento, mientras no vayan a él las mismas capas sociales que acuden a los centros privados.

Elección realmente posible de proyectos de educación diferentes. Éste es el aspecto central del modelo, el de si hay "ofertas" cualitativamente distintas de educación que puedan atraer a públicos que esperan de la escuela cosas diferentes, o de si se trata de centros que cumplen con objetivos semejantes pero con desigual eficacia. Es decir, ¿existen centros escolares con proyectos de educación alternativos o centros diferenciados aunque para un mismo tipo de educación? ¿Qué eligen los padres: tipo de educación o clase de centro? ¿Qué diferencia a los centros: su proyecto, la eficiencia en su trabajo, la clase social que los frecuenta? ¿Entre cuáles de esas cualidades se puede elegir realmente: el *currículum* en general, los principios filosóficos que figuran en un folleto que pueden ocultar o no decir nada sobre las prácticas internas en las aulas, metodologías pedagógicas difíciles de observar y siempre múltiples dentro de cada centro, actividades extraescolares llamativas, lengua en la que se recibe la enseñanza, orientación religiosa, profesores desigualmente cualificados, centros con mejores instalaciones, aspectos relacionados con la atención al cliente, compañías de los hijos, relaciones para el futuro, ...? ¿Se trata siempre de diferencias sustanciales, o son accesorias? ¿Son estables y claras, lo mismo que diferenciamos automóviles por su velocidad, consumo de combustible, diseño, color, etc.? La pregunta que se plantea es si en educación existe un verdadero mercado o si la apariencia de alguno de sus mecanismos encubre otros objetivos más inconfesables. La soberanía del consumidor no puede decidir la ubicación de los recursos cuando las interrogaciones anteriores admiten respuestas muy diferentes y la elección puede apoyarse en aspectos no esenciales que hasta esconden, simplemente, diferencias de clase social. Si la elección la financia el consumidor, suyo será el acierto o el error; si la financiamos todos y a todos nos va a afectar, estamos ante otro problema muy distinto.

Posibilidad de vuelta atrás para el consumidor. Si un detergente quema la ropa en vez de limpiarla, o si un automóvil se estropea nada más estrenarlo, el proveedor me facilitará otro producto o me devuelven el dinero, y hasta puedo denunciar esos hechos. Así se dan garantías al consumidor y, de paso, se establece un mecanismo de control de calidad que penaliza a quien produce y vende un mal producto. ¿Quién nos resarce del hijo, no tan bien educado como reza la publicidad de un colegio, o nos compensa por el tiempo perdido? Se nos dirá que podemos llevarlo a otro centro. Pero en educación, como bien sabemos, lo hecho, hecho queda. ¿Que supondría cambiar de centro cada año, por ejemplo?

Parece que no se puede hablar estrictamente de un auténtico mercado. Es posible que, en vez de hablar de elección, sea más propio hablar de ubicación o "aparcamiento" del hijo en tipos de centros que tienen alguna peculiaridad o varias, porque la retórica de los padres como activos, racionales y bien informados decisores no es una realidad universal. Lo cual lleva a plantearse si se trata de una verdadera elección (DAVID, 1996, pág. 17). En realidad no se produce nunca un mercado totalmente abierto, sino una cierta competencia ordenada, con bastante intervención de los gobiernos, por eso se habla de cuasi mercados (WHITTY, 1997). La respuesta a la pregunta de qué se elige realmente cuando se escoge centro, puede contestarse de muchas formas según de qué tipo de centro se trate, qué aspecto determina la elección o de qué elector se trata.

5.2. La eficiencia económica del sistema de elección

Los sistemas públicos de educación eficaces en el desarrollo de la universalidad se han apoyado en el supuesto de que debían proporcionar un servicio de interés general que sería mejor provisto si lo era por agencias bajo control público propias del estado del bienestar. Ese servicio universalizado en una sociedad donde encontramos concentraciones irregulares de población, para empezar, es desigualmente costoso y entraña diferencias en la calidad de los servicios. La *ratio* alumnos por profesor hace el coste de la escolarización más rentable en una ciudad, cuando las aulas se llenan, que en un pueblecito donde puede haber una decena de niños. El coste de la educación en ciertos centros públicos puede ser más alto que en algunos centros privados [9], si bien un análisis de este tipo no debe ocultar el tipo de estudiantes a los que atiende el sistema público que no tendrían cabida en el privado (CARNOY, 1993). El mercado no sirve para decidir si los ciudadanos han de tener o no derecho a la educación y recibirla con mayor o menor grado de calidad. Los derechos no se pueden comprar y vender. La razón de la eficiencia económica no siempre es razón que pueda utilizarse en servicios como la educación. Lo mismo puede decirse de la financiación de las comunicaciones, del correo, de las telecomunicaciones, de la sanidad, etc. Una sociedad vertebrada socialmente implica contemplar situaciones desiguales que necesitan más o menos recursos. Escolarizar a un niño con deficiencias implica un gasto más alto y lo tenemos que aceptar.

En realidad, considerando estrictamente la eficiencia económica, el sistema de elección puede ser más costoso porque no se pueden reacomodar de manera inmediata los recursos en los centros a las fluctuaciones de la demanda de alumnos. Por el hecho de que un centro deje de ser solicitado por un 10% o más

---

[9] Es frecuente encontrar en España centros privados con más altas *ratios* que en los centros públicos. En estos casos el costo por estudiante se abarata en la enseñanza privada.

de su clientela habitual no se va a cerrar, o suprimir a los profesores, desdotarlo de materiales y no rentabilizar el edificio. Si se deja de dotarlo de recursos lo que se hace es castigar a quienes se queden en él y deteriorar más aún sus condiciones. Los efectos del mercado para un centro no suponen un súbito declinar y desaparecer del mapa cuando no tiene éxito en la competición, sino una pérdida progresiva de calidad durante la cual muchos alumnos pueden seguir recibiendo educación no en las mejores condiciones (DOWNES, 1994, pág. 54). Son organismos como la OCDE los que advierten de las consecuencias de los apriorismos ideológicos de carácter económico:

"Una importante consideración que emerge de la experiencia de elegir escuela es que en la práctica no es preciso que exista una proporción de 'electores activos' para que tengan un impacto significativo sobre el sistema escolar. Lo que es particularmente cierto allí donde los recursos de los centros se ligan directamente a la captación de alumnos."
(OCDE, 1994, pág. 23.)

5.3. La metáfora del mercado es inadecuada para la educación

"No debe permitirse que la tesis de que 'el mercado está en la naturaleza humana' quede incontestada; a mi juicio, es el ámbito más crucial de la lucha ideológica de nuestros días."
(JAMESON, 1996, pág. 202.)

Educar no es transferir una mercancía de alguien que la vende a otro que no la posee y la compra. Evidentemente, como un servicio más que es, se puede dar a otros y cobrarles por ello. No se trata ya de que el sistema escolar no es un verdadero mercado, como hemos visto, sino que la educación obligatoria para todos no se vende; y, si ahora se compra la oportunidad de tenerla, habría que corregir esa situación.

El mercado se opone a la educación por la lógica interna de ambos procesos: mientras la finalidad del mercado es la obtención de los máximos beneficios económicos posibles, la educación tiene como función hacer avanzar y diseminar el conocimiento a cuanta más gente mejor. La motivación determinante del mercado es satisfacer los deseos de quienes tienen medios para adquirir bienes, la educación persigue la comprensión del mundo, de la ciencia, etc., sea demandada o no. El mercado vende y compra cosas, la educación requiere a todos para que autónomamente se apropien de aquello que les beneficia y que tiene más duración cuanto mejor sea apropiado. Los criterios de excelencia del funcionamiento del mercado están en lo que se vende, la educación es buena según la profundidad desinteresada de las adquisiciones y los frutos de la educación social, moral, estética, etc.

Por otra parte, no es sólo que estamos ante una metáfora inadecuada para la educación, sino que las instituciones escolares son organizaciones complejas que no se pueden guiar por sencillas lógicas de mercado. La competencia que introduce el mercado al que sirve el sistema de elección llevará a presentar el lado bueno de los centros, cuando sabemos que existen siempre aspectos menos positivos en cada uno de ellos. Hay centros mejores que otros por algún rasgo o virtualidad pero no por todas; hay centros públicos mejores que otros privados y viceversa. La lógica de la presentación favorable por la publicidad lleva a

© Ediciones Morata, S. L.

sesgar la información publicada y a despojarse de todo aquello que la contradiga: en primer lugar, la información brindada a los padres podría no relacionarse con aspectos esenciales de la educación, empobreciendo el contenido interno de la educación, al tener que buscar lo visiblemente inmediato (Gewirtz, Ball y Bowe, 1995, pág. 157). En segundo lugar, los centros se desprenderían de los individuos o de las minorías que pudiesen producir mala imagen: niños con dificultades, procedentes de minorías étnicas, emigrantes, repetidores de curso o, simplemente, de los que obtienen más bajo rendimiento escolar. ¿Qué centro acoge al alumno más necesitado de estímulos y de ayuda que, además, será más caro de mantener en el centro, lo mismo que ocurriría con un enfermo crónico en una sanidad privatizada? Cuando los padres pueden elegir, los centros escolares también lo harán cuando sean muy demandados; la libertad de los primeros para seleccionar escuela se ve a menudo restringida por la táctica de los centros de seleccionar a los estudiantes y a sus padres (OCDE, 1994, pág. 39). La elección implica el establecimiento de criterios en la admisión desregulados —no universales— lo cual supone que, en alguna medida, cada centro tendrá los suyos [10]. Es decir, que quizá el problema no sea tanto el de si los padres eligen escuelas como el de si los padres son elegidos por éstas (David, 1994, pág. 11).

5.4. La satisfacción del cliente puede ser una variable para determinar la calidad de la educación, pero no es la única, ni siempre la más importante

Conviene partir de una primera constatación: la investigación proporciona evidencias muy limitadas para apoyar las propuestas de los defensores de la bondad del sistema de elección de centro educativo o las razones de sus oponentes (Goldring, Hawley y Smrekar, 1997). Quizá, dada la naturaleza multidimensional del problema, posiblemente no las podrá proporcionar nunca. No se puede hablar de calidad en educación refiriéndola unilateralmente a un solo aspecto o consecuencia de las formas de organizarla. El paradigma de reforma educativa y escolar basado en el mercado, al dar prioridad a la *elección,* sí propone, en cambio, un camino novedoso: la calidad la definen los padres, como si ellos —no sus hijos— fuesen los jueces y consumidores directos de la enseñanza.

Considerando el problema desde los alumnos, podríamos preguntarnos: ¿qué aprende un estudiante cuyos padres eligen centro? Desde luego lo que ofrezca el centro elegido. Aunque al elegir se escogen otras cosas: una especie de *currículum nulo* (lo que no tendrá oportunidad de aprender). Quizá no pueda aprender el tener respeto por los que son diferentes a él, comprensión de la variabilidad social, relativización del significado de algunas diferencias, colaboración, solidaridad y justicia social y estrategias por el bien común. También aprenderá el *currículum oculto* correspondiente: que él es diferente de otros y que merece un trato según la posición de sus padres, que hay destinos escritos según el nivel que se tiene.

---

[10] Sáquense las conclusiones correspondientes, cuando sabemos que determinados centros privados reclaman de los padres datos sobre su situación profesional, credo religioso o rendimiento previo del hijo antes de ser admitido éste. ¿Qué dinámicas se están implantando en los centros públicos que tienen autonomía para adjudicar por criterios propios cierta puntuación a los solicitantes?

© Ediciones Morata, S. L.

Comentamos el procedimiento "estadístico" para determinar el gusto sobre lo que es educación valiosa de calidad. En la sociedad de consumo el simple hecho de poder elegir produce cierta satisfacción en el consumidor. Pero dista de ser cierto que las obras de literatura, cine, música o los programas de televisión más consumidos por libérrima decisión del comprador sean considerados el criterio para decir qué es calidad en esas manifestaciones culturales. Lo único que nos dice la "lista de lo más leído, visto u oído" es el gusto dominante de las personas, que nadie duda está condicionado por la publicidad, de suerte que al elegir se pone tanto o más de manifiesto la condición del elector que la de lo que es elegido. Sobre gustos tal vez no haya nada escrito, como afirma el refrán castellano, pero *sí* que hay mucho escrito sobre el buen gusto, y sobre educación de calidad también.

El concepto de calidad se refiere a las condiciones o propiedades inherentes a un objeto o proceso para que sea apreciado como bueno o apetecible. La Real Academia Española de la Lengua define la calidad como la propiedad o conjunto de propiedades inherentes a una cosa que permiten apreciarla como igual, mejor o peor que las restantes de su especie. Las formas de acercarse a las propiedades que se evalúan como de calidad son, básicamente, dos: la satisfacción de los agentes implicados en la educación (padres, estudiantes, profesores, empresarios, sectores religiosos, etc.), lo cual ya pone en evidencia la dispersión y variedad de criterios implícitos; y, en segundo lugar, la acomodación del proyecto, desarrollo y resultados de la educación respecto de criterios explícitos de carácter pedagógico, ético, cultural y social. No sirve decir que esos criterios siempre serán discutibles e interpretables, porque también lo es aquello que subyace en las apreciaciones sobre gustos de los sujetos. No sirve defender al consumidor como aquél que define la calidad, porque no se estructura un sistema educativo previendo como fines del mismo sólo los que tengan que ver con los "intereses" de los potenciales consumidores internos (padres, etc.) y externos del sistema escolar (empleadores, etc.), como hace el movimiento de la llamada *calidad total* (DOWNEY y otros, 1994).

Es una falsificación histórica afirmar, como a veces se dice (LÓPEZ RUPÉREZ, 1995), que, puesto que el sentido de lo que es calidad *producida* de la educación es equívoco, eso justifica que el consumidor tenga la última palabra y pueda elegir la calidad *percibida* que se acomode más a sus aspiraciones. Hay que respetar los deseos de los padres y también de los alumnos, pero es muy discutible que sus preferencias sean la mejor vía (desde luego no la única) para articular un proyecto de educación valioso en una sociedad compleja. La teoría del mercado lo que hace es dar al consumidor la primacía en el establecimiento de criterios sobre qué es "buena educación" o «buen centro escolar» simplificando demagógicamente el problema. Como una buena Universidad no es la mejor evaluada por sus estudiantes sin apelar a otros criterios que no serían siempre aceptados por éstos. Con el argumento de que, "Puesto que la paga el vulgo, es justo hablarle en necio para darle gusto", la educación podría quedar seriamente limitada.

Para el mercado no existen otras determinaciones, intereses o puntos de vista en el acercamiento a qué puede ser una educación de calidad, o si los reconoce, no forman parte de su esquema de entendimiento. Es como si tirásemos por la borda la historia del pensamiento y de las prácticas que han ido definiendo, con más o menos precisión, acierto y aceptación, los esfuerzos por conducir a la

© Ediciones Morata, S. L.

escuela y a la sociedad de manera reflexiva, apoyándose en ideas, principios e ideales, reducidos ahora a los intereses de los consumidores. En la racionalidad mercantilista, la cultura o el conocimiento codificado no son referencias con valor para guiar la búsqueda de algún tipo de racionalidad. El conocimiento sobre el alumno, sobre sus formas de aprender, sobre las consecuencias de los métodos pedagógicos, tampoco; a no ser que el modelo del mercado dé por supuesta una ilustración exhaustiva en toda la población o un sentido común bien fundamentado a partir de los cuales sabrán apreciar correctamente la bondad de los modelos de educación sobre los que elegir.

Definir la oferta de educación como un mercado equivale a hacer en educación también no sólo lo que dictan los intereses de los padres, sino lo que ordenan los intereses de la industria y del comercio (HALLIDAY, 1995), como horizontes de referencia. Sobrarán alusiones a la importancia de la cultura no demandada por los compradores, a la ciudadanía democrática, al desarrollo global del ser humano. Es decir, como afirma este autor, es relegar al limbo los valores educativos liberales como marca de distinción, en el mejor de los casos, de una minoría privilegiada, culta y refinada. Seguir las opciones de los padres sería tanto como diseñar un sistema educativo que reproduciría la estratificación social existente. Lo que legitimaría la existencia de vías paralelas de muy diferente valor como especialidades dentro del sistema educativo (pág. 16). Tan nefasto es olvidarse de la economía productiva y de todo lo que la hace funcionar, como hacer de ella la omnímoda referencia de lo que nos conviene que sea la educación.

Los mercados, apoyados en una confianza excesiva en la teoría de la elección racional, ignoran el papel de la cultura y de las desigualdades de poder en la configuración de las preferencias humanas (COOKSON, 1994, pág. 100). La teoría de la elección racional en el caso de la educación se topa con los condicionamientos de clase social y con la estratificación existente. El *corpus* de consumidores está fragmentado por condicionamientos de raza, género, ingresos económicos, valores ligados a la clase social a la que pertenecen, etc. Esos condicionamientos se proyectan en lo que se puede querer cuando se elige educación.

> "La creencia de que las buenas escuelas son resultado de las buenas elecciones es una concepción utópica porque cosifica la relación entre la escuela y la sociedad y saca a la escuela de su contexto social." (COOKSON, 1994, pág. 101.)

La filosofía de la *elección* parte del supuesto de que los consumidores son los seres que más racionalidad pueden aportar en la toma de decisiones sobre cuál es la mejor educación. Mientras que no es seguro que la realidad funcione en ese sentido, lo que sí ocurrirá con seguridad es que los recursos económicos que se invierten en la educación saldrán fuera del sector público.

Esa racionalidad de la supuesta decisión bien informada y el orden que contribuye a establecer en un sistema educativo es muy distinta según a qué tipo de padres nos estemos refiriendo, y puede caminar no, precisamente, en la dirección de mejorar la educación en muchos de los casos. La primera objeción, pues, que hay que ponerle se refiere a si siempre son válidos, respetables y universalizables los deseos, valores e informaciones desde los que los padres eligen centro.

Una vía de acceso para desvelar esa racionalidad es el análisis de las motivaciones que aducen los padres para explicar la elección realizada, cuando han

© Ediciones Morata, S. L.

tomado alguna. Es difícil trasladar los resultados de las encuestas de un contexto a otro, si bien, en términos generales, puede afirmarse que los motivos de los padres difieren bastante en unos casos y otros. Algunos se destacan en casi todos los estudios, aunque aparezcan en distintos lugares en el orden de las preferencias mostradas. Otra dificultad metodológica reside en que no es igual tampoco preguntar por esas motivaciones cuando se lleva al hijo a la escuela por primera vez, cuando cambia de centro por transiciones de nivel o cuando se cambia por problemas e insatisfacciones diversas.

De diferentes estudios (DAVID, 1994; ELLIOTT, 1982; OCDE, 1994; WEST, 1994) se obtiene, como primera característica, una casi infinita variedad de motivos aducidos por los padres cuando eligen escuela primaria o secundaria. En sus manifestaciones aducen criterios relevantes y otros secundarios. No suelen ser motivos que actúan por separado, sino que aparecen en constelaciones con otros, y partiendo de esas configuraciones es como se toman las decisiones. Naturalmente no se puede hablar de *un* listado jerarquizado de motivaciones, sino de múltiples posibles. No existe una única lógica y una escala de preferencias, sino varias. ELLIOTT (1982) destaca que los criterios aducidos por los padres se clasifican en dos categorías muy diferentes: aquéllos que tienen que ver con los *productos* de la educación (rendimiento académico, por ejemplo) y los que se refieren a los *procesos* de la misma (métodos, etc.). La visibilidad de unos y de otros aspectos es obviamente muy desigual, lo es en muy distinta medida según el nivel cultural del consumidor que elige, así como desigual es la implicación de unos u otros criterios en la concepción de la calidad de la educación que se fomentará con la elección. Es decir, que el criterio de racionalidad apoyado en las razones de los padres no hace sino expresar, como hemos dicho, los intereses diversos de diferentes tipos de consumidores: es decir que el sistema escolar que surgiría de esa lógica no haría sino reflejar las diferencias existentes en la sociedad.

Los tres aspectos que suelen destacar entre los más determinantes de la elección realizada son: los resultados de la escuela, el sentirse a gusto en su atmósfera y la proximidad del centro al hogar. El informe de la OCDE (1994, página 22) señala como factores más decisivos para la elección de centro: la cercanía, la facilidad en el transporte, el deseo de ir a donde van los amigos y el coste. De acuerdo con el resumen de estudios que aporta el informe de este organismo internacional, en el caso de Suecia (para edades entre 7 y 14 años), las razones más frecuentemente aducidas son: que el hijo tenga amigos y una atmósfera de compañeros agradable (34% de los padres), que sean clases tranquilas, no violentas y reducidas (21%), que haya buenos profesores y buena dirección (16%) y la atención a los alumnos (15%). En un estudio inglés para la educación secundaria, las razones más aducidas son: la preferencia del alumno (23,3%), la comodidad de la ubicación (23,7%), que los hijos tengan amigos en el centro (14,5%), y el nivel de rendimiento académico (21%). En el caso de un estudio francés sobre las criterios a la hora de elegir el liceo, las preferencias mostradas son: la reputación del centro (25,1%), la calidad de la enseñanza (20,3%), el éxito en bachillerato (10,4%), la masificación (27%). En un estudio relativo a los Estados Unidos, las cinco razones más mencionadas para elegir escuela fueron: la calidad del personal, la disciplina, el *currículum,* el tamaño de las clases y los resultados en las pruebas. En un estudio realizado por nosotros (GIMENO, 1996a)

© Ediciones Morata, S. L.

las tres razones aducidas por los estudiantes para estar en el centro de secundaria en el que se hallaban fueron: porque la familia lo considera de calidad (citada por el 33%, siendo de 26 % en la enseñanza pública y del 55% en la privada), porque es el centro más cercano (28% el total; 32% en la pública y 9% en la privada) y tener en el centro elegido amigos (19% del total, 21% en la pública y 9% en la privada). No es extraño encontrar alusiones al aspecto material del centro, a sus instalaciones y a su contexto urbano, económico y social. El informe de la OCDE (1994, pág. 34) señala cómo en muchos países en los que se han aplicado estas políticas es opinión extendida entre muchos profesores que la elección hace resaltar la importancia de aspectos superficiales de la educación, como es la efectiva presentación de las escuelas o la creación de ambientes ordenados.

La calidad evaluada a partir de productos de rendimiento es importante, pero no la única, y es señalada como desigualmente prioritaria según sectores sociales. La religión sigue siendo un aspecto central en las decisiones. Es importante el *ethos* del centro, los gustos del alumno (en buena parte de los casos la decisión la toman conjuntamente los padres —más la madre— con el hijo). Las decisiones cuando hay que cambiar de centro porque se progresa de un nivel a otro se ven condicionadas por los lazos establecidos en el nivel del que se sale, por la continuidad percibida entre el centro escolar de salida y el de llegada (de público a privado o viceversa, por ejemplo). Una influencia importante reside en la percepción que tienen los padres acerca de qué otras gentes eligen aquello por lo que ellos optan, en función de factores como la clase social, diferencias étnicas y raciales, religiosas y de género (no olvidemos que todavía hay colegios de niños y de niñas separados).

Buena parte de padres vive solamente la preocupación de si tendrá la posibilidad de elegir la escuela más cercana ("primum vivere,..."). La tendencia más general de muchos padres es quedarse en la comunidad local en la que se reside, a menos que se tengan fuertes razones para rechazar la escuela que corresponde por cercanía (David, 1994, pág. 10). Según un estudio de la Carnegie Foundation, de 1992, un 70% de los padres que llevan a sus hijos a las escuelas públicas en los EE.UU. no son favorables a trasladarlos a otra escuela privada o pública. En los Estados donde el sistema de elección se ha adoptado, sólo el 2% de los padres participa en esos programas (Cookson, 1994, pág. 71). Son datos que evidencian que la presión política por la libre elección es un pensamiento que dista de ser sentido por la población en general, siéndolo de minorías interesadas o deslumbradas por el vacío ideológico en el que se están moviendo.

La suposición de una elección racional de los padres en educación en un mercado desregulado suele ocultar en sus argumentaciones el impacto de la clase social en las decisiones (Wells y Crain, 1994, pág. 66) y la estratificación social a que conduce. La elección racional de quienes tienen bajos ingresos no es la misma que la de quienes los tienen sobrados. Las decisiones se explican no sólo según patrones racionales, sino en función de patrones sociales, y componentes afectivos, porque estamos ante un caso de racionalidad subjetiva (Simon, 1987). Los informes que contemplan la clase social como variable determinante de preferencias concluyen que el ejercicio real de la elección de centro es sobre todo ejercitado por las clases medias; es un modelo para ellas (para las clases altas ya lo era). En un estudio inglés (Willms y Echols, 1992, citado por

Cookson, 1994, pág. 92) se demuestra que los que realizan la elección son los padres con más medios y educación, el resto dejan a sus hijos en la escuela que les corresponde. Los que eligen seleccionan las escuelas de más prestigio y las que obtienen mejores resultados. La misma conclusión relata Ambler (1997) para Francia. Resultados en la misma dirección destacan Gewirtz, Ball y Bowe (1995, página 24 y sgs.), quienes encuentran diferencias sociales entre distintas categorías de *electores:* 1) Los padres con más alto capital social y cultural se comportan como motivados *electores privilegiados y bien* capacitados, para elegir. 2) Los padres que son electores *semi-capacitados*: son proclives a elegir pero tienen capacidad limitada para hacerlo por deficiencias de su capital cultural. 3) Los padres *desconectados*: no creen que el mercado sea la solución a una mejora de la educación, posición que se encuentra más entre la clase trabajadora.

Se puede predecir que, en primer lugar, un sistema de libre mercado desregulado de educación repercutirá en una mayor segregación social, racial y étnica y en una mayor estratificación (cada uno con sus iguales), ya que la toma de decisiones en la elección se realizará desde la constelación de intereses en los que se mueve cada individuo y cada grupo. Ese sistema desregulado de mercado dará más oportunidades a quienes tengan más recursos, mejor información, mejor educación, con pocas restricciones para mantener su *status.* Los mejor dotados apreciarán con más claridad qué tipo de educación es esencial para sus intereses. En segundo lugar, los más bajos niveles sociales tenderán a verse fuera de la competición, propensos a no aspirar a los mejores puestos, una vez que tienen asumido su *status.* Así, la reproducción de la desigualdad tendrá lugar por la misma autoeliminación de los menos favorecidos. Estas consideraciones reafirman la sospecha de que las políticas que hacen de la libertad de elección su bandera son interesadas y proclives a sectores sociales privilegiados, ignorando, como señalan Gewirtz y Bowe (1995, pág. 189), los intereses de las diferentes clases sociales dentro de un Estado y de una sociedad.

En todo caso, el panorama variable y fragmentado de criterios para decidir la educación pone de manifiesto la imposibilidad de dar satisfacción a todos, al tenerse que impartir en organizaciones públicas colectivas. Nunca se procurará una satisfacción total en todos los padres si no es en situaciones de absoluta homogeneidad social y cultural. La improcedencia de la metáfora del mercado o del cuasi mercado tiene que ser sustituida por la racionalidad dialógica a través de la participación y de la colaboración para organizar la pluralidad.

La aportación más sutilmente subversiva de estos nuevos lenguajes reside en que nos lleva a echar por la borda la *racionalidad educativa* amparada en el legado del pensamiento moderno por la que veníamos trabajando. Muchos han luchado por ir configurando un concepto de calidad de la educación, que, aunque reconociéndolo interpretable y provisional, se quería apoyar en consideraciones sobre el papel del conocimiento y de la cultura, en ciertos valores éticos y en un concepto de ciudadanía responsable y solidaria, considerando el papel del ser humano en el mundo y asumiendo que con ese esfuerzo se contribuía a una idea de progreso individual y social que la crítica a los abusos del pasado ha matizado. Cabe considerar que desde esos supuestos y orientaciones se puede dialogar sobre cómo entender, examinar y controlar la calidad de la educación, fundamentándola en una formación del profesorado y en políticas de innovación. Sabíamos que la instalación en prácticas reales de esta primera racionalidad moderna deja mucho que desear y que son necesarias mejoras inaplazables, no porque sea una mala orientación, sino porque el camino de su realización es largo y porque encuentra dificultades. Con la invasión del mercado en el pensamiento y en las prácticas todo lo institucionalizado en aquella dirección corre el peligro de desviarse de los motivos que dieron lugar a su institucionalización. Por eso es preciso revitalizar el debate sobre criterios internos de calidad de la enseñanza (CARR, 1993), sin olvidar sus dependencias respecto de ciertas necesidades marcadas desde el exterior.

La racionalidad educativa moderna se acompañó de la *racionalidad técnico-burocrática* que, regida desde la Administración, garantiza el derecho a la educación, ordenando, proyectando, controlando y evaluando todo el sistema educativo. El aparato creado para llevar a cabo esta tarea ha cometido excesos y ha mostrado deficiencias y disfuncionalidades. Para descubrirlas y corregirlas están la crítica, la investigación, la denuncia, el diálogo y el pacto. Dentro de un modelo político reformista creímos que la racionalidad de una buena organización perfeccionada, transparente, legitimada y democratizada podría contribuir a garantizar la coherencia del conjunto del sistema educativo, hacerlo viable, mantener sus metas sociales y educativas y mejorarlo progresivamente. La función de educar a ciudadanos no puede ser asumida por las burocracias independizadas, pero tampoco dejada a las fuerzas que imponen su lógica política particular. El funcionamiento de las sociedades democráticas se basa en una serie de valores en los que es preciso ser militante y defender, desde la gestión colectiva, los asuntos públicos que interesan a todos.

El equilibrio inestable de esas dos racionalidades (la pedagógica y la de la organización) se rompe con la entrada en escena de la *racionalidad del mercado*, pues ésta pretende instalar sus propias leyes y lenguajes, subyugando la racionalidad burocrática y organizativa a sus intereses para definir conjuntamente con ella la racionalidad educativa que establece el concepto y los criterios de la calidad. El proyecto moderno, como vimos, había adquirido en su último desarrollo fuertes ligazones que en la nueva situación se independizan e instalan su dominio sobre la racionalidad organizativa. Para hacerse creíble tiene que reconvertir algunos conceptos básicos en la *racionalidad política democrática* y su papel en el sistema escolar —el cuarto tipo de racionalidad puesto en juego—, haciendo del ciudadano un consumidor de opciones entre las que él elige, más que un colaborador-participante en los procesos y decisiones sobre la educación dentro de una comunidad. La Figura 10 esquematiza esas tensiones entre la racionalidad *moderna* según la que veníamos funcionando y la nueva racionalidad que el neoliberalismo mercantilista trata de imponer alterando el concepto de calidad y los mecanismos para lograrla.

Todos estas constataciones y derivaciones de las políticas de elección de centros nos llevan a considerar en menor medida otros efectos positivos que, en ocasiones, se aducen como virtudes de este modelo: el fomento de los lazos comunitarios en torno a la educación entre los que eligen y el efecto de refuerzo indirecto sobre los resultados escolares de los hijos, como consecuencia del compromiso más fuerte adquirido por los padres que eligen (GOLDRING, HAWLEY y SMREKAR, 1997; COOKSON, 1997). Un efecto, este último, que no está directamente ligado al hecho de poder elegir en sí, sino a condiciones sociales y culturales de los padres que demandan estas políticas.

© Ediciones Morata, S. L.

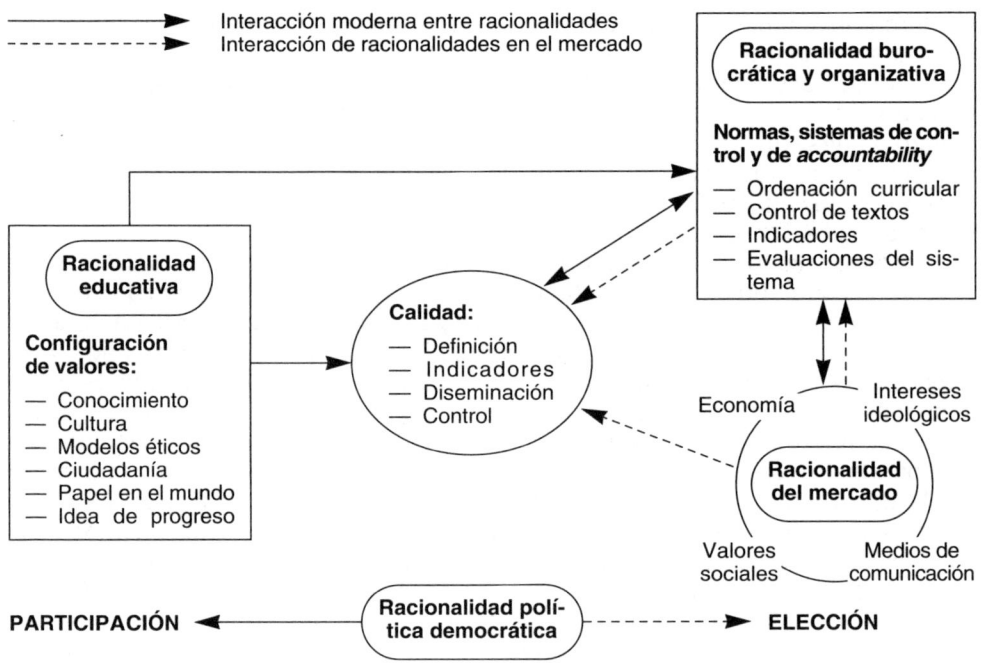

Figura 10. *El juego de racionalidades en el mercado.*

5.5. La elección, se dice, es consecuencia del reconocimiento del pluralismo, al tiempo que recurso para estimular la diversidad enriquecedora

El que la diversidad sea un hecho psicológico, social y cultural no prejuzga que deba respetarse necesariamente en cualquier caso y lugar tal como se nos presenta, salvo que nos instalemos en el relativismo más absoluto. Hay muchos tipos de diversidades entre individuos y entre grupos; no todas son tolerables ni deben ser contempladas por el sistema educativo, como hemos argumentado en el capítulo anterior. De la existencia de diferencias no se deduce, pues, necesariamente que cada individuo o grupo tenga que aspirar y elegir la escuela que más se acomoda a sus peculiaridades. Para abordar la diversidad individual y de grupos disponemos de cuatro opciones: 1) Una escuela dominante que asimila a ella toda diferencia, lo cual parece que no es compatible con la democracia, al no contemplar la libertad para expresar diferencias éticamente defendibles. 2) Escuelas distintas "a la medida" de cada grupo social o cultural entre las que elegir; lo cual nos conduciría a escuelas con fuerte estratificación social y cultural. Estas escuelas existen, y una mentalidad progresista debe intentar corregirlas en aras de un mayor grado de interculturalismo tolerante y de una mayor integración social. 3) Escuelas singulares, unas respecto de otras, que no estratifican su clientela. Con esta posibilidad dispondríamos de un sistema escolar variado pero no segregador ni estratificador. Es un modelo deseable que recoge la tradición de

© Ediciones Morata, S. L.

las escuelas independientes, que entre nosotros no son frecuentes y menos en el sistema público. Es fácil que esta opción organizativa derive hacia el modelo de "escuelas a la medida", sobre todo si se trata de escuelas privadas. 4) Escuelas homogéneas entre sí, aunque organizadas internamente de manera que quepa la pluralidad social a la que conduce la participación democrática en su seno. Desde nuestro punto de vista, si la pluralidad escolar garantiza la igualdad de oportunidades y se suprimen o no se toleran requisitos de entrada a los centros (explícitos u ocultos) para hacer posible la mezcla social, cualquiera de los modelos tres y cuatro parecen defendibles desde un punto de vista ético en una concepción social de la democracia. La diferencia, si es éticamente admisible, sólo es respetable desde la igualdad para los distintos. El mercado entre escuelas no garantiza esas dos condiciones esenciales que definen lo *público*. Como afirma HOLMES (1992):

> "El problema a afrontar es el de la reconciliación de la educación pública, incluyendo los aspectos de igualdad y accesibilidad, con la representación de los intereses de una sociedad plural." (Pág. 17.)

Si cada cual debe poder elegir un tipo de educación y de escuela, como condición del ejercicio de la libertad del mercado, se estarían admitiendo algunos supuestos y consecuencias sobre los que cabe interrogarse.

— *Primero*: *se parte de que hay escuelas diferentes y que debe estimularse esa diversificación*. Si no es verdad la primera premisa, no tiene sentido elegir y, si no se da esa diferenciación de partida, es una arriesgada y pura suposición creer que con el procedimiento de la elección se diversificará el panorama de escuelas diferentes e igualadoras a la vez. El mercado no siempre crea diversificación: existen los oligopolios y los monopolios en muchas esferas de los intercambios comerciales. La competencia entre modelos y opciones, como ocurre con la competencia darwinista, no crea diversificación por sí sola, sino que selecciona a los más fuertes dentro de la variedad existente; es decir, que hasta podría reducir la diversificación. El mercado tiene que partir de un cierto grado de diversidad: él no siempre la genera. Por otro lado, en las circunstancias presentes, la globalización de los mercados y el fenómeno de la mundialización están provocando la homogeneización de los *currícula*, de los modelos organizativos escolares y del pensamiento. La diferenciación de ciertos componentes de los *currícula,* gracias a las políticas de descentralización, discurre a la vez que los procesos de recentralización en sentido contrario (los textos escolares son muy semejantes en cualquier tipo de centro escolar, por ejemplo). La *elección* que se apoya en la diferenciación no deja de ser inconsecuente con los procesos que están favoreciendo la centralización del *currículum* en muchos países[11] (OCDE, 1994, pág. 37).

¿Producen los centros escolares entre ellos diferencias significativas de calidad? En nuestro caso, colegios privados y públicos tienen un mismo *currículum* obligatorio, las empresas editoras de textos son las mismas, los profesores tienen

---

[11] Esta contradicción es sólo aparente. La descentralización en España, por ejemplo, es un proceso de transferencia de competencias desde el "centro" hacia la "periferia". Después cada nuevo núcleo receptor de competencias mantiene la centralización en su territorio.

© Ediciones Morata, S. L.

titulaciones académicas idénticas, desarrollan métodos y sistemas de evaluación semejantes (GIMENO, 1996a) y el horario escolar es básicamente el mismo. Es decir, que los mecanismos de control de la cultura básica igualan bastante al proponer unas *condiciones estructurales básicas* semejantes. Serán las *condiciones locales* de carácter organizativo, dotación de materiales, complementos de formación, contexto social, apoyo de los padres y algunas condiciones circunstanciales variables (unos profesores que pueden cambiar, un determinado director, etcétera) lo que dota de peculiaridad a cada centro. Condiciones estructurales básicas iguales para todos y particularidades locales interaccionan con el tipo de alumnado que asiste a cada centro escolar y dan una determinada resultante de calidad, un clima y una imagen ante la sociedad causada por una peculiar combinación de condiciones y "clientes".

¿A qué tipo de diferencias de calidad se alude cuando se plantea la diversidad entre escuelas y se pide la libertad de elección para los padres? Se aludirá a diferencias locales, circunstanciales y de clientes, siendo muy difícil aislar los efectos producidos por las peculiaridades de cada centro de los provocados por el tipo de alumnado que acude a ellos. ¿Qué se quiere decir exactamente cuando se argumenta que el sistema de elección incrementa la diversificación de centros educativos?

1) Si se trata de una ruptura de la homogeneidad de las condiciones básicas que ordenan la cultura escolar, se estaría dando lugar a la quiebra de la unidad del sistema educativo que es un punto de partida para la igualdad de oportunidades. Si el *currículum,* los profesores o el tiempo escolar varían de unos centros a otros se entra en el camino de una heterogeneidad que es desigualdad. Parece obvio que si la educación obligatoria es un derecho se debe satisfacer en igualdad de condiciones. Uno de los principios básicos de lo que CONNELL (1997) llama la "justicia curricular" es que no se creen *currícula* que sean guetos culturales.

El lenguaje favorable a la diversificación del *currículum* es una puerta por la que podría colarse la desigualdad. Un *currículum* común que se desarrolle con libertad crea bases para la igualdad y tolera la diferenciación cualitativa. Por eso consideramos que el *"currículum* nacional" tan denostado en algunos lugares, tiene virtudes que deben deslindarse de los vicios adquiridos en el desarrollo del mismo (GIMENO, 1988 y GIMENO y PÉREZ 1992).

2) La diversificación se puede producir por la presencia y concurrencia de ciertas condiciones locales que afectan a cada centro. Algunas de éstas son inevitables es un sistema educativo complejo. Existe variedad de profesores, de directores, de estrategias de organización, de contextos inmediatos, etc. Esta diversificación es propia de todo tipo de centros: públicos, privados, urbanos, rurales, etc. Si las diferencias de calidad se explican, por ejemplo, por los déficit de formación del profesorado o de los directivos, esas diferencias deben ser corregidas en función del derecho a una educación de calidad para todos sin apelar a las leyes de la competencia del mercado, de manera que sea la demanda la que premie y seleccione la calidad. Son precisos mecanismos de control para detectar insuficiencias. Los profesores deberían aceptarlos antes de que otras políticas no vean más solución que la regulación de la competencia entre centros y profesores. Si la peculiaridad local se refiere a la desigual dotación de materiales y de

© Ediciones Morata, S. L.

instalaciones en los centros o la desigual oferta de actividades extraescolares, se exigen medidas correctoras para evitar discriminaciones.

Como la singularidad de agentes y situaciones provoca una variedad inevitable y necesaria en educación, es normal y positivo pensar que no haya dos aulas o dos centros exactamente iguales, porque cada una de esas unidades conforma un nicho cultural particular (DÍAZ DE RADA, 1996) que, además varía con el tiempo. Diferentes estudios han resaltado divergencias cualitativas entre centros públicos y privados en cuanto a la cultura interna que se desarrolla en cada una de esas categorías (HENRY, 1993); aunque como las diferencias también aparecen entre los centros privados o entre los públicos, resultaría muy comprometido desde un punto de vista científico admitir cualidades claras que sean más propias de un tipo determinado de escuelas o de institutos (GIMENO, 1996a). ¿Por qué someter a esa variedad natural, que es consecuencia de las realidades humanas y sociales a un modelo de competencia y de selección entre ganadores y perdedores, en vez de a otro modelo de diálogo, comunicación, contraste, crítica racional y aprendizaje recíproco? ¿Por qué no plantear la colaboración en vez de la competición entre la diversidad existente? (MACBETH, MCCREATH y AITCHISON, 1995).

La diversidad de modelos educativos y las buenas escuelas han sido consecuencia de la creatividad interna de sus profesores, de las ideas de los hombres y mujeres que las han capitaneado porque las han podido crear. Han tenido éxito cuando se han conjuntado ideas innovadoras, clima de libertad, tranquilidad para experimentar y respuesta a necesidades o problemas concretos. Esa riqueza no ha sido fruto de la competencia. También hay diversidad de formas estéticas que no se producen por competición entre artistas, ni se nos ocurre proponer el mercado libre de las grabaciones discográficas, por ejemplo, en donde cada uno puede comprar lo que quiere, como mecanismo para que se consuma la mejor música. En la educación, lo mismo que en la medicina y en tantos otros menesteres, se producen avances por la necesidad de resolver problemas que importan a todos, gracias a la comunicación y colaboración existente entre los profesionales competentes y motivados que también se emulan unos a otros. Puede haber diversidad sin mercado, lo mismo que puede funcionar el mercado sin diversidad. Las motivaciones que expresan los padres cuando eligen centro, como ya vimos, no presionan fundamentalmente en la dirección de la biodiversidad educativa, sus preocupaciones son más sencillas y básicas.

Si la pluralidad de la diversidad en cuanto a modelos educativos no es hoy tan notable como podría serlo, es porque toda la enseñanza queda homogeneizada por patrones de racionalidad burocrática y por la determinación externa del *currículum,* salvo unos pocos modelos de colegios independientes con orientaciones muy precisas (Montessori, etc.). La carencia de diversidad es una consecuencia de la escolarización universal bajo el modelo que la ha orientado. La homogeneidad no es deseable porque recorta la capacidad de creación y adocena a las instituciones y a quienes viven en ellas; lo cual es válido para cualquier tipo de centro.

Las diferencias y las homogeneidades se dan en el sistema público y en el privado. La escuela pública denostada por el lenguaje neoliberal no es el enemigo de la diversificación creadora y sí ha sido, en cambio, el instrumento de la igualación. Tampoco la escuela privada es un modelo que por naturaleza deba ser diverso y creativo. Como pensaba LUZURIAGA (1953), el modelo de escuela pública goza de

© Ediciones Morata, S. L.

las condiciones básicas de partida para la innovación. No está sometida a la presión de la demanda y goza de las libertades de cátedra y pedagógica. Lo que no es obstáculo para reconocer el anquilosamiento que puede producirse en el sector público, especialmente en sus profesores, cuando no está sometido a una dinámica de innovación constante. Pero ese es otro problema que hay que enmarcar en otro terreno y plantearlo también para todo tipo de centros: el estímulo a la innovación pedagógica que las reformas basadas en la metáfora del mercado han frenado. Hoy hay razones para pensar en la necesidad de cambiar muchas cosas en el sistema educativo que no tienen que ver con la condición privada o pública de los centros. La enseñanza requiere una reforma desde dentro, y el mercado la quiere forzar desde fuera, pero seguro que no son reformas equiparables.

— *Segundo: se valora la diferencia sobre la igualdad.* Detrás del lenguaje de la diversificación, tan querido en la postmodernidad, se disimulan en ocasiones diferencias que son desigualdades. *Diversidad* hace alusión a una variedad que podemos llamar horizontal, compuesta de opciones y manifestaciones de formas de ser equivalentes; *desigualdad* es diferencia en el nivel de posesión de condiciones para poder manifestar las posibilidades propias o en la capacidad para el logro de algo que tenga relación con los derechos básicos de la persona.

El pensamiento progresista ha tenido como referente principal la meta de la igualdad. Estamos peor pertrechados de argumentos y de soluciones eficaces, justas y que den satisfacción para abordar la heterogeneidad debida al género, procedencia cultural, étnica y lingüística o adscripción religiosa. Afirma BOBBIO (1995, pág. 125) que los retos que nos plantea la diversidad cruzan el debate entre izquierda (más favorable a la igualación) y derecha, entre progresismo y conservadurismo. La presencia de lo distinto es compatible tanto con la ideología de derecha como con la de izquierda, porque el problema de la diversidad no tiene ninguna relevancia respecto del principio de la justicia. Gentes de izquierda y de derecha, partidarios del reparto social o del mantenimiento de las diferencias económicas, aspiran a que sus hijos reciban la enseñanza en una lengua determinada, por ejemplo.

El problema reside en que muchas manifestaciones de la diversidad lo son también de la desigualdad: ser mujer o persona de color en sociedades machistas y de predominio de los blancos implica poseer una diversidad que es también para muchos y muchas una desigualdad. Por eso es tan complicado a veces manifestarse a favor o en contra del respeto y cultivo de las diferencias en educación. A la hora de establecer políticas educativas o prácticas organizativas y pedagógicas en los centros educativos hay que discernir entre varias posibilidades que se reflejan en la Figura 11.

La planificación de la educación, la adscripción de estudiantes a centros o la organización de alumnos dentro de un centro deberían propiciar las estrategias de tipo "A", que, favoreciendo la igualdad, sean respetuosas con las diversidades que no supongan desigualdad o discriminación. Las opciones que se encuadren en el sector "B" podrán ser respetuosas con la igualdad, aunque, si propician la homogeneización, pueden resultar inconvenientes con las manifestaciones de la diversidad sostenible desde un punto de vista ético. Los casos en los que al propiciar la diversidad obstaculicen la igualdad (Opción "C") son igualmente rechazables. La ideología del mercado suele proponer soluciones de este último tipo.

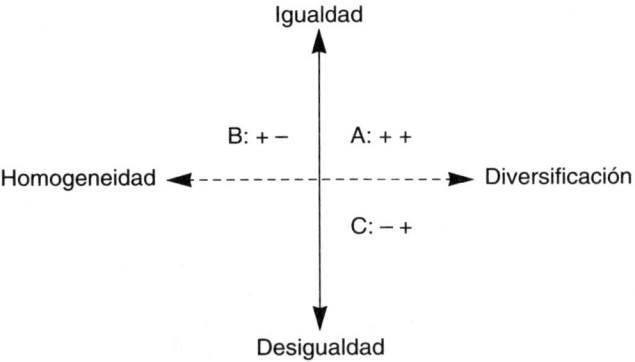

Figura 11. *Las políticas y prácticas de las diferencias.*

Los centros públicos y privados bajo la óptica del mercado, lo que hacen es lograr una diferenciación que favorece o parte de una desigualdad que viene a sumarse a la que de por sí provoca la geografía urbana.

El lugar en donde se vive (barrio, zona o distrito) define la composición social del entorno y de los centros allí ubicados. Según cuál sea la circunstancia de cada lugar así serán las características del alumnado que fluye hacia las instituciones escolares radicadas en la comunidad: los habrá más homogéneos desde el punto de vista socioeconómico o cultural y los habrá más interclasistas. Acotar un área de afluencia para cada centro hace depender las características sociales de sus estudiantes de las de la zona en la que está enclavado, de forma que las desigualdades geográficas y dentro de cada núcleo urbano se reflejan en desigualdades entre centros y en los procesos y resultados de la educación que imparten. Romper la zonificación permite en teoría borrar fronteras sociales pero facilita el que se creen otras menos visibles, aparte de los efectos que puede tener en el aprovechamiento de los edificios, que no se pueden llevar de un sitio para otro según varíe la demanda. Desregular la zona de afluencia de alumnos no libera de esa desigualdad social y educativa de origen geográfico, sino que la trasladaría de manera más acusada a otros lugares y centros, aumentando las diferencias-desigualdades entre ellos.

Éste es el efecto secundario más notable de las políticas que proclaman la libertad de elección de los padres. Las elecciones no sólo expresan la diversidad social existente, sino que crean o refuerzan el reagrupamiento de las gentes en función de los motivos o de las posibilidades que condicionan sus opciones.

La libertad de elección entre centro público y privado financiado por los padres da lugar inevitablemente a un tipo de reagrupamiento social. Una sociedad que respeta como uno de los derechos básicos el de propiedad y que reconoce el derecho de los padres a optar por el tipo de educación de sus hijos no puede evitar esas desigualdades educativas que hacen que los centros privados sean diferentes en su composición social, al margen de opciones pedagógicas, de credo religioso, etc. Extender el procedimiento de la libre elección al sistema público supondría ponerlo al servicio de la estratificación social, lo cual es ir en contra de su función esencial: la reequilibración social.

El cheque escolar es presentado como la posibilidad poco creíble de que todos puedan optar a los centros privados o huir de los de peor calidad, rompiendo así la determinación social de clase o de origen geográfico [12]. Lo cual sólo sería cierto si en los criterios explícitos u ocultos de admisión de estudiantes se obligara a evitar cualquier tipo de discriminación: creencias, condiciones personales, etnia, pasado escolar, etc. En la realidad ese requisito no se cumple porque atentaría contra la esencia de muchos centros privados. Aparte de que sería necesario que el cheque cubriese todo el coste de la enseñanza. Los centros privados concertados [13] mitigan el sesgo social de su clientela pero no la suprimen [14]. La forma de combatir desigualdades, respetando los derechos económicos y la libertad de enseñanza es proporcionando enseñanza pública de la mejor calidad para que, teniendo un puesto escolar asegurado, el factor económico no sea el motivo del sesgo del alumnado en los centros.

Cuando se propone establecer la competencia entre centros públicos o cuando se desregula la adscripción de estudiantes a los mismos, lo que se hace es legitimar mecanismos de mercado para hacer más tolerable la competencia entre lo público y lo privado. Proponer un sistema de competencia entre centros públicos supone admitir diferencias de calidad que deben corregirse, porque todos ellos deben contribuir al mismo fin, sea cual sea la población a la que atiendan. O, lo que es más grave, supondrá apostar por una diferenciación de su población apoyada en los criterios que cada centro pueda manejar en la admisión de estudiantes.

La pretensión a la diversidad y el respeto a la libre elección en situaciones que parten de la desigualdad oculta la admisión y el estímulo de ésta. ¿En qué se apoya la política de libre opción de centro?, ¿en el estímulo y en el derecho a la libertad de la diferencia de los que piensan y sienten de forma distinta y buscan modelos educativos diversificados o en el encubrimiento de una elección de quienes son desiguales y quieren elegir la diferencia que les favorece? ¿Qué libertad salvaguardan las políticas de la libre elección?, ¿la del derecho a la singularidad o la del privilegio de mantener la ventaja de unos sobre otros? Es muy honroso arroparse con el lenguaje a favor de la libertad, pero es inmoral encubrir con ello el mantenimiento de privilegios y la negativa a mezclarse con los que no son como uno.

Si los centros escolares son de desigual calidad, el mercado extremará más todavía las diferencias entre ellos, lo que significa que unos clientes van a ganar y otros van a perder. La evidencia empírica no corrobora la idea de que en el mercado educativo desregulado también los menos pudientes podrán elegir los centros de más calidad, contribuyendo al principio de igualdad de oportunidades; argumento defendido por FRIEDMAN (1980) y CHUBB y MOE (1990), sino que lo que produce es un incremento de la estratificación social existente entre grupos que ya están en desiguales condiciones, o entre centros públicos y privados (BALL, 1994; FULLER y ELMORE, 1996; WELLS, 1991). Incrementar la posibilidad de elegir entre centros supone favorecer la separación de estudiantes por su raza, clase social y ambiente que les rodea en origen. Y la primera estratificación que se produce es la que separa a los que realmente hacen elecciones entre lo que

---

[12] En los EE.UU. los sistemas de elección y el cheque escolar se iniciaron en algunos estados del Sur como táctica para que las familias de color pudiesen llevar a sus hijos a colegios de integración racial fuera de sus comunidades (FULLER y ELMORE, 1996, pág. 3).

[13] Una categoría representada en España por aquellos centros que siendo privados son financiados por el Estado.

[14] Hemos comprobado que, al menos, el nivel de estudios de los padres y de las madres de estudiantes de secundaria es más alto en los centros concertados que en los públicos (GIMENO, 1996a).

© Ediciones Morata, S. L.

existe y los que no la hacen porque no saben o no pueden hacerlas. Los padres que sí hacen o pueden hacer una elección tienen unas determinadas características culturales y socioeconómicas.

"Partiendo de que otras condiciones permanezcan iguales, al incrementar el poder de elección de centros por los padres se acelerará el proceso de estratificación social de las escuelas, al tiempo que aumentará la brecha, en cuanto al rendimiento escolar, entre las escuelas que acogen altas concentraciones de estudiantes más pobres de clase trabajadora y aquellas otras que acogen a estudiantes blancos y de clase media." (FULLER y ELMORE, 1996, pág. 191.)

"El mercado pone en funcionamiento un mecanismo que reinventa y legitima la jerarquía y la diferenciación a través de la vía ideológica de favorecer la diversidad la competencia y la elección." (BALL, 1994, pág. 123.)

La "restauración" del derecho de los padres a elegir educación por encima de otras consideraciones dentro del modelo del mercado tiene, pues, la grave consecuencia de hacer retroceder la implantación del principio de la comprensividad[15], al segregar a los estudiantes por alguna condición personal o social (AMBLER, 1997, GEWIRTZ, BALL y BOWE, 1995; OCDE, 1994). No en vano asistimos a la defensa de argumentos contrarios a la instalación de la comprensividad por parte del pensamiento de derecha, tachándola de ineficiente, como una muestra de la caída de los ideales de integración social en el seno de una escuela única camuflados detrás del criterio de la "rentabilidad".

Las diferencias entre los valores de un sistema compitiendo según las reglas del mercado y otro apoyado en los valores comunitarios comprensivos serían las siguientes según BALL (1994, pág. 146):

Valores de la comprensividad	Valores del mercado
Atención a necesidades individuales (de centros y de estudiantes).	Atención a logros individuales (de centros y de estudiantes).
Atención a la integración comunitaria (clases mixtas, acceso de estudiantes sin diferenciar).	Atención a la diferenciación o jerarquía (ubicación, clasificación, selección, exclusión).
Énfasis en situar los recursos allí donde más se necesitan.	Localización de recursos según la lógica de los más capaces.
Cooperación entre escuelas y estudiantes.	Competición entre escuelas y estudiantes.
Evaluación amplia apoyada en variedad de cualidades.	Evaluación restringida apoyada en aquello que contribuye a alcanzar logros.
Valoración de la educación para todos los niños en condiciones de igualdad	Valoración de la educación en relación a los costos y rendimientos.

---

[15] La educación *comprensiva* es una forma de organizar la escolarización en la que para un mismo tramo de edad, por lo general referido a la educación obligatoria, los estudiantes asisten a un mismo tipo de centro escolar (no existe división, por ejemplo, entre enseñanza profesional para unos y formación no-profesional para otros). En esa forma de organización se imparte un *currículum* básico igual para todos. En la realidad española el principio de comprensividad abarca la etapa obligatoria entre los 6 y 16 años.

© Ediciones Morata, S. L.

En aras de la igualdad y de la vertebración social, la redistribución de recursos y la organización de servicios sociales en una democracia social se logra por limitaciones y trabas al mercado y a la libre elección. En nombre de la democracia es preciso combatir el lenguaje y los mecanismos del mercado en educación. Las políticas de la libre elección consideran los intereses de los que eligen y pueden elegir, pero son poco sensibles a los sectores sociales que no podrán hacerlo (FULLER y ELMORE, 1996, pág. 192).

Si realmente las escuelas difieren en calidad: ¿de quién y de qué es la responsabilidad de que las haya malas y quién debe combatir esa lacra? La respuesta para el modelo neoliberal es clara: desde luego no de los poderes públicos que, en nombre del *Estado mínimo*, deben abstenerse de modificar el curso de la sociedad, sino de los profesores incompetentes y de los padres que toleran su existencia llevando a sus hijos a esas escuelas. El poder público se contenta con hacer posible que huyan de ellas. Para esas políticas no hay contexto social que provoque diferencias entre centros, en su clima y en la calidad de los resultados. No son necesarias políticas de compensación; hay solidaridad. Es como si la "naturaleza" fuese la que provoca la diversidad escolar y nosotros desde fuera no pudiésemos ser más que espectadores respetuosos y conservacionistas de la selección natural.

5.6. El concepto de lo público y de la participación en el mercado y en la democracia a la que debe servir la educación

"Una de las grandes cuestiones de nuestro tiempo es si se puede construir un orden más democrático que no se haga por medio del Estado o que se haga sin el Estado."
(LÓPEZ CALERA, 1992, pág. 31.)

Las ideologías a favor de lo público o de lo privado en servicios como la educación y su respectivo papel ante las desigualdades económicas y culturales de los usuarios tienen definidos sus argumentos desde hace tiempo y definen un territorio de disputa política bastante reconocible en el que resulta fácil situarse. Si algo resta claro hoy en día de la confrontación derecha e izquierda son los puntos de vista de una y otra posición ante el problema de la desigualdad social (BOBBIO, 1995). Para evitar su identificación ideológica, los sectores conservadores pretenden borrar los contornos definidos de esa confrontación y poder callar la obviedad de que la oferta pública de educación es la que ha garantizado el derecho de todos a recibirla, no sin oposición clara en muchos casos de los intereses del sector privado. Donde no hay predominio claro de la enseñanza pública no hay educación obligatoria prolongada y universal eficaz.

La ocultación comienza callando argumentos como el de que, en cualquier país desarrollado con escolarización efectiva, la mayor parte de la enseñanza obligatoria, e incluso la que no lo es, pertenece al sector público[16]. Continúa descargando el lenguaje y los argumentos de connotaciones ideológicas. Sigue, olvi-

---

[16] Según los datos que proporciona la OCDE (1993), la oferta pública en la educación no-universitaria en Alemania es del 95,5%, en los EE.UU. el 89%, en España el 66%, en Francia el 82%, en Italia el 94% y en el Reino Unido el 93%.

© Ediciones Morata, S. L.

dando la investigación que relaciona diferencias sociales con procesos y productos o resultados de la educación. Las correlaciones entre resultados escolares o condiciones intelectuales y procedencia sociofamiliar, al no volverlas a constatar aparecen como condiciones de sociedades del pasado. Incluso se dan por desaparecidas las clases sociales ante los corrimientos y ampliación de las clases medias. Por tanto no tiene sentido hablar de izquierda o progresismo social y de conservadurismo como negativa al reparto de bienes. El mercado es el que reparte creando riqueza para todos. Frente a la evidencia reiteradamente comprobada en su contra, se dice que en el mercado ganan todos; la que pierde es la ineficiencia.

La forma más racionalizada de ocultación consiste en reconvertir el significado de *lo público,* tratando de calificar con esa denominación a cualquier oferta de servicios con finalidad de *servicio público* —que atiende a un público en sus necesidades esenciales—, independientemente de quién oferte el servicio, sean agencias de propiedad pública o privada. Se separa la provisión o distribución de servicios de su financiación. Tan pública sería una escuela del Estado, como otra privada u otra sostenida por la caridad. De esa forma las modalidades y grados de privatización, como señala la Figura 12 que muestra el cuadro de Murphy (1996, pág. 22), adoptan formas suaves y más digeribles para amplios sectores de la sociedad. Las estrategias más duras de privatización (transferencia del cuadro 1 al 2), como sería el caso de la venta de instituciones, de la misma forma que se venden empresas eléctricas, o traspaso del 1 al 4 (el hacer de la educación objeto de las organizaciones del voluntariado), serían de difícil aceptación. Se pueden iniciar privatizando subservicios dentro de las escuelas (limpieza, comedores, etc.) o haciendo que los centros públicos compren y vendan servicios al exterior (el caso de la "venta" de títulos propios de las Universidades, impartidos por profesores financiados básicamente con recursos públicos, es otro ejemplo).

Las formas más suaves de privatizar son las que implican transferencias del cuadro 1 al 3: servicios prestados por instituciones privadas con financiación pública. La

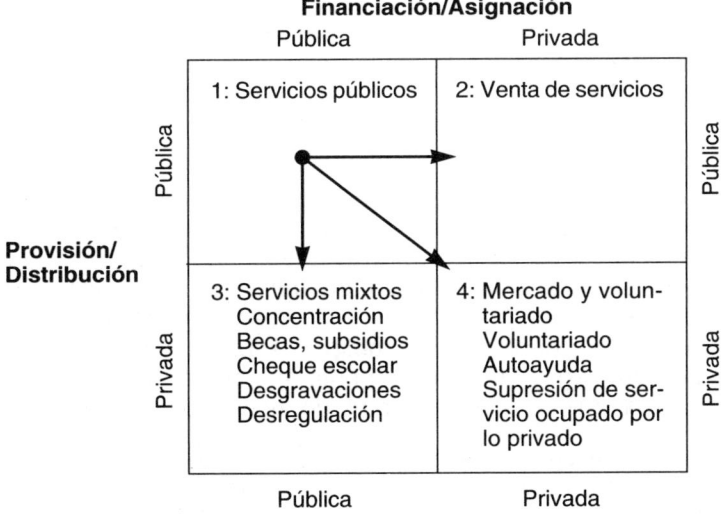

Figura 12. *Modelos de privatización.*

© Ediciones Morata, S. L.

financiación pública aseguraría la igualdad de acceso y la gestión privada procuraría todas las virtudes del mercado: libertad de opciones, eficiencia, etc. Los procedimientos para la financiación son el concierto con la institución y la beca o el cheque al usuario. Otras fórmulas de privatización mitigada se producen por desgravaciones fiscales por los gastos tenidos al recibir la educación de instituciones privadas, etc.

¿Acaso es la intervención del Estado, como poder visible, el enemigo de la democracia, de la libertad, de la participación, y los defensores de estos valores son los apologistas de todo lo que sea privado y mercantilizado? ¿No serán éstos sus obstáculos, hoy más invisibles, como visibles lo fueron en otros momentos históricos?

En primer lugar, es preciso recordar que las políticas que tienen como bandera el mercado, en su alianza con valores conservadores, allí donde se han aplicado, no han dado lugar, precisamente, al desarrollo de las libertades de las comunidades dentro de los centros y para todos los centros. Más bien, llevados por su ideología, más conservadora que liberal y comunitaria, suelen imponer más controles al sistema educativo (preferentemente al sector público): regulaciones curriculares, regreso a contenidos que reflejen las "tradiciones" conservadoras, evaluación de resultados, rechazo de las tradiciones pedagógicas progresistas, etc. La presentación de lo que significa *lo público* para esta ideología conservadora es estrecha (GRACE, 1994, pág. 131). Su defensa del modelo de mercado está fundamentada unilateralmente en criterios economicistas. Como afirma COOKSON, 1994):

> "La fe en los mercados necesita ser analizada críticamente porque detrás de la retórica se arrastran asunciones cuestionables sobre la conducta humana y sobre la sociedad." (Pág. 100.)

Independientemente del hecho de que los mecanismos en los que el mercado dice basarse no funcionen, es preciso decir que desde el lenguaje de la economía se alcanza una comprensión estrecha acerca de qué es lo público, la democracia, la educación y la esencia del ser humano. Más bien, el mercado lleva consigo un vaciado del ideal de la democracia, como bien dicen APPLE y BEANE, 1997):

> "Vivimos en una época en la que está cambiando radicalmente el significado mismo de la democracia. En lugar de referirse a las formas en las que la vida política e institucional moldea la participación equitativa, activa, difundida y plenamente informada, la democracia se define cada vez más como las maniobras comerciales sin regulación en una economía de libre mercado." (Pág. 155.)

La imagen del *homo economicus* que se guía por el interés de lograr beneficios, aunque sea a costa de la desigualdad *natural* que se presupone en los humanos para alcanzarlos, dista de ser aceptable desde una perspectiva ética. Reducir las relaciones sociales a esos intercambios es inaceptable. El economicismo no puede ser la única gran narrativa válida en el mundo en que se dice que han caducado todas las ideologías. La fuerza del concepto mercado reside, como dice JAMESON (1996, pág. 211), precisamente ahí: en ser una estructura totalizadora, una ideología, que se presenta como un modelo de una totalidad social.

> "La pérdida de fe en las instituciones públicas y en la democracia prepara el terreno para una nueva y secular fe que extrae su inspiración no de la metáfora social y democrática de la comunidad y de la cooperación, sino de la metáfora del mercado social, de los intereses individuales y de la competencia." (COOKSON, 1994, pág. 5.)

© Ediciones Morata, S. L.

> "El mercado (con su raíz darwinista competitiva) es una metáfora más poderosa que la democracia con su raíz cooperativa y como instrumento para contribuir a crear escuelas de calidad. El ideal de la comunidad y de la ciudadanía se ha convertido de repente en una moda caduca y hasta vagamente antipatriótica a los ojos de algunos planificadores de la educación." (COOKSON, 1992, pág. 85.)

Es obvio reconocer que las personas tienen intereses individuales en la educación, todos ellos respetables. Pero el *bien* común no es el resultado de la agregación de los intereses particulares, como si no hubiese otra fuente a partir de la que establecer orientaciones generales para la vida y el funcionamiento de la sociedad. Si el interés común consistiese en la suma de los intereses particulares, es previsible que algunos quedarían marginados y que unos tendrían peso predominante sobre otros en la configuración de la realidad social. La constitución moral de la sociedad requiere una razón ética que vaya más allá del mundo de la pluralidad de opiniones del presente. Es la misma variedad de actitudes, valores y concepciones que se deben respetar lo que favorece la idea de la necesidad de una comprensión universalista del bien común (GINER, 1996, pág. 72).

La educación es, ante todo, un bien público común que ha decidirse en un debate democrático abierto entre personas y grupos, que son algo más que compradores y vendedores de servicios, no para llegar a una conjunción de intereses respetables, sino para hacer aflorar algo que sea para bien de todos. La democracia es una forma de vida social, además de unas instituciones que articulan la participación política para elegir gobiernos representativos. Esa forma de vida es un ideal moral que nunca se alcanza plenamente del todo, por lo que ella misma es medio y fin del ideal. Como tal modalidad moral de vida se asienta en una serie de valores: libertad e igualdad para que todos los miembros de la sociedad puedan realizarse y participar. La sociedad que vive de ese modo, como afirman CARR y HARTNETT (1996, pág. 41), forma por sí misma un ambiente educativo que tiene que impregnar las diferentes esferas de los intercambios humanos, es decir que no sólo es objetivo para la escuela. La esencia de que la educación sea un bien público reside en que asegura la capacidad de participación gracias a la consciencia reflexiva que proporciona la información y la posesión de una serie de cualidades que son objetivos esenciales para la educación.

> "En una democracia, el primer objetivo de la educación es fundamentar las virtudes tales como la tolerancia, la integridad, el decir la verdad, la imparcialidad, la fraternidad y el uso de la razón crítica, virtudes sin las que la 'reproducción social consciente' podría resultar imposible y que son principios fundamentales del modo de vida democrático." (CARR y HARTNETT, 1996, pág. 188.)

Es evidente que nadie por sí sólo puede determinar esos ideales para la sociedad y la educación. En una sociedad plural democrática se requiere una discusión abierta sobre sus significados concretos y sobre las formas de su consecución, respetando los valores, intereses y necesidades de diferentes individuos y grupos. Las instituciones públicas son los marcos idóneos para que esa discusión abierta encuentre un espacio apropiado. Lo cual, por cierto, no deja de plantear dificultades importantes, puesto que hay que preguntarse si no hay referentes y valores supra convencionales para la educación fuera de discusión, opción aportada por el decisionismo, o si la verdad se reduce a la opinión consensuada en el diálogo, según el

© Ediciones Morata, S. L.

relativismo, o cómo resolver las desigualdades que dificultan la participación de unos sobre otros. Son problemas que nos obligan a ser precavidos y pensar en la conveniencia de distinguir tipos de discurso y de consenso (BALLESTEROS, 1989, página 81), delimitando el valor instrumental de la racionalidad dialógica habermasiana.

Parece indiscutible que el Estado debe asumir la discusión en el funcionamiento de sus instituciones, dándole la importancia que tiene, sin que sea una excusa para no hacerlo el que él mismo asuma los objetivos y los contenidos de la democracia. Tiene que permitir la participación abierta de cualquiera que represente algo en la sociedad, no sólo los padres, como vía para mantener en conflicto permanente, encauzado por las reglas del diálogo democrático, la dialéctica entre la razón colectiva y la visión que las partes de la sociedad tienen de ella. Como afirman CARR y HARTNETT (1996):

> "Aunque un Estado democrático está necesariamente obligado a perseguir ese objetivo educativo (se refiere a las virtudes democráticas), también está obligado a permitir a los padres, a los empleadores, a los representantes políticos, a los educadores profesionales y a otros grupos sociales debatir pública y colectivamente las políticas educativas específicas a través de las que ese objetivo puede expresarse." (Pág. 189.)

La visión democrática de un bien público como la educación implica *contenidos* apropiados (libertad, solidaridad, información, etc.) y un *procedimiento* dialógico para concretarlos y desarrollarlos, de suerte que no triunfe ni una visión parcial de las partes disgregadas del todo social, ni una razón abstracta fuera del alcance de la crítica. Como nos sugiere GUTMANN (1987, pág. 11), el rasgo distintivo por antonomasia de una teoría democrática de la educación reside en hacer de la necesidad virtud: convertir el inevitable desacuerdo sobre los problemas de la educación en tema de debate para lograr clarificaciones cada vez más integradoras. Pero la misma esencia de igualdad que lleva consigo el ideal democrático de lo público exige que ese bien perseguido en el diálogo debe tener una *extensión* o *cobertura* universal: que todos lo han de poseer en igualdad de condiciones para que, como iguales, puedan participar en la reproducción social consciente.

El respeto a la pluralidad de visiones, valores y posibles decisiones en la educación tiene dos límites. Primero, la garantía de que la próxima generación de ciudadanos pueda adquirir el conocimiento, las virtudes y disposiciones que requerirá su participación consciente en el proceso de reproducción social (CARR y HARTNETT, 1996, pág. 190). No todas las opciones son, pues, válidas desde este punto de vista. El segundo de los límites en las opciones políticas, organizativas y pedagógicas para el pluralismo y la libertad de las diferentes opciones reside en el principio de la igualdad de oportunidades.

> "En democracia, la 'igualdad de oportunidades' significa que todas las diferencias en la provisión de la educación son aceptables sólo si no privan a algunos alumnos de una educación que efectivamente garantice su capacitación como futuro ciudadano, para ser un miembro del público educado.
> De esa norma democrática se deriva una implicación política para distribuir la educación: la diversidad y la elección en la provisión de la educación no puede extenderse hasta tolerar la existencia de escuelas que no educan o no pueden educar a sus alumnos (por inadecuación de los recursos de que disponen) para una futura ciudadanía democrática." (CARR y HARTNETT, 1996, pág. 193.)

El Estado, como garante del derecho de todos a la educación en condiciones de igualdad, puede legítimamente limitar las libertades de algunos para facilitar las de todos. Ése es el principal argumento para mantener regulado el sistema educativo y ofrecer un fuerte sector público. LÓPEZ CALERA (1992, pág. 79), recogiendo la tesis de Elías Díaz, afirma que un sistema que permitiese a la sociedad y a los individuos el uso de una libertad natural y espontánea, produciría mayores males para la igualdad y la libertad de las masas que un Estado democrático con derechos. Hace falta una racionalidad que armonice el conjunto. El sistema de elección de centro plantea la cuestión de si podemos usar o no un mecanismo *privado*, el mercado, para conseguir un fin *público* común en una democracia social. Si bien la defensa del consumidor se presenta como garantía de un derecho individual, se trata de una ciudadanía privada donde los derechos del consumidor reemplazan a los del ciudadano, convertido éste en un ser empobrecido para una democracia de consumo y no de realización de los ideales morales que lleva consigo. Se cambia la categoría de ciudadano (con responsabilidades políticas y sociales) por la de consumidor (preocupado por maximizar el bien propio). La condición de la *ciudadanía privada* surge del corrimiento de conceptos en torno a las funciones básicas dentro de las esferas pública y privada, tal como señala el Cuadro I (JOHANEK, 1994, pág. 155):

Cuadro I

FUNCIONES SOCIALES	ÁMBITO PRIVADO	ÁMBITO PÚBLICO	CIUDADANÍA PRIVADA
Control/delimitación de aspectos	Mercado (especialmente a través de la excelencia).	Gobierno (especialmente a través de la equidad).	El mercado como control democrático.
Defensa de derechos.	Movimiento de los derechos de los consumidores.	Movimiento de los derechos civiles.	Derechos de los consumidores como derechos civiles.
Estructuras organizativas.	Flexibles, orientadas al cliente.	Burocráticas, orientadas por las necesidades sociales.	Orientadas al cliente con vigilancia del gobierno.
Papel de la actividad económica.	Productiva.	Como gasto, consumo.	Gasto productivo.
Establecimiento de valores dominantes.	A través de intereses diversos.	Como una obligación.	Obligación de afirmar la diversidad.
Escolarización de los ciudadanos.	Como derecho, un servicio, un producto.	Como una obligación, una relación.	Derecho a elegir con obligación de desarrollar destrezas productivas.
Patrones de evaluación.	En términos de deseos y objetivos del cliente.	En términos de las exigencias de una ciudadanía común y del papel de los agentes en la economía nacional competitiva.	Competencia mínima para la competitivad económica.
Participación de las personas	Principalmente por la vía del consumo.	Por la vía del voto.	Por el consumo responsable.

© Ediciones Morata, S. L.

El mercado de consumidores se presenta como si fuera el genuino medio de participación democrática y de control popular. Como afirma este autor, es como si la dirección del voto no contase, puesto que todos los políticos son iguales; pero, cuando pido algo en el mercado, se preocupan por satisfacer mis deseos o me marcho a otro sitio. La participación social se reduce al movimiento de defensa de los consumidores, forma a través de la que los ciudadanos privados utilizan los medios públicos (regulaciones del gobierno) para proteger sus intereses personales (educación, salud, seguridad, medio ambiente, etc.). De este modo, el mercado se va adueñando de la esfera pública y la libertad pasa a ser capacidad de elección, siendo el consumo responsable un acto de ejercitación de la ciudadanía seria, tras la idealización de los consumidores felices (BALL, 1994).

Las consecuencias para la educación de esta ciudadanía mercantilizada son las siguientes, según JOHANEK (1994, pág. 158 y sgs.): la proclamación de la diversificación por encima de la unidad y el establecimiento de un control con apariencia de actuación inmediata: el ciudadano puede votar en los órganos de representación, el ciudadano privado prefiere la inmediatez de tomar lo que necesita en otra parte. En la otra cara de la moneda, nos encontramos con que de esa forma no podemos controlar ni evaluar la solidaridad.

Felices consumidores que pueden elegir, gobernando así la realidad, no necesitan asociarse políticamente para defender proyectos. Votar, discutir con otros, proyectar, está fuera de lugar en unas esferas pública y privada interpretadas a través del mercado. De hecho, la gente empieza a asociarse más por lo que consume que por lo que desea.

El aparato escolar ha sido en la modernidad un instrumento del Estado para reproducirse. En tanto que desde el Estado se defienda efectivamente la democracia, la escuela es un medio para la conquista de la ciudadanía democrática (WESTBROOK, 1996). La "alfabetización cívica" comprende información sobre la cosa pública, participación en las comunidades democráticas, pensamiento crítico y capacidad de actuar con deliberación razonada en sociedades plurales. Esa acción educativa busca también la empatía para identificarse con otros y vivir con ellos a pesar de los conflictos de intereses que puedan surgir. ¿Tiene esto algo que ver con el mercado? Es cierto que el Estado a través de la escuela pública puede cometer abusos; eso lo sabemos quienes hemos vivido en condiciones no democráticas. Hasta puede considerarse la posibilidad de desviaciones de poder en las democracias. Aunque, como afirma HENIG (1994):

> "Aunque el riesgo de abusar tiene que ser reconocido, la escuela pública tiene una serie de condiciones que hacen que ese riesgo sea controlable. Comparada con otras fuerzas socializadoras, como la familia, la religión o los *mass media,* las escuelas están más abiertas al escrutinio público y a la intervención democrática." (Pág. 203.)

La ciudadanía y la democracia implican no sólo la libertad individual y esa primera expresión cristalizada en el derecho a elegir, sino también el altruismo y la solidaridad, que en una sociedad donde hay desigualdades es lo que garantiza la libertad de todos.

> "El hombre de la sociedad civil no es individuo mientras siga siendo un privado; *sólo* deviene individuo cuando puede participar libre y *efectivamente* en la esfera de la

comunicación y de la decisión pública. Sólo en el horizonte de un poder compartido y simétrico puede hacer valer su irreductible diferencia."

(FLORES D'ARCAIS, 1995, pág. 2.)

¿Qué queda de la democracia como marco para la participación, además de para la igualdad y la solidaridad, en un sistema donde prima la competencia del mercado del que forma parte el sistema de elección? En el mercado no se colabora; se compite o se colabora con unos para competir con otros; se da por supuesta la desigualdad. La subversión política de la democracia que se sugiere es la de proponer que la comunidad se fortalezca y potencie su participación por medio del mercado antes que por la participación y la colaboración entre los ciudadanos en un espacio público. En el mercado pueden surgir comunidades de motivados por intereses particulares, pero no una sociedad civil que exprese su riqueza y diversidad. En el mejor de los casos, esa sociedad civil de consumidores es muy probable que no tenga en cuenta la totalidad de lo que representa la educación en la sociedad democrática. No es más democrática una sociedad por tener desregulada la educación, sino más fragmentada en comunidades corporativizadas. Pensar que la desregulación de la educación es una condición para que aflore y se haga presente la sociedad civil es una desviación del problema de la libertad hacia los intereses de la privatización.

Aspectos como la educación para la democracia y para la igualdad, la potenciación de ciertos valores morales sociales y comunitarios, quedan marginados. La aceptación de la idea de competir entre sí y por la diferenciación supone un cambio de orientación en valores asentandos como los de universalidad, colectividad e igualdad que, como orientación progresista, han acompañado el desarrollo histórico de la escolarización universal.

En el sistema en el que se quiere hacer primar la elección, los padres, en el mejor de los casos, como dice BRIDGES (1994, pág. 76), se esforzarán en encontrar la mejor escuela, en vez de trabajar por hacer mejor la escuela cercana participando en ella. Los padres no se articulan como comunidad, sino en la medida en que se encuentran en el supermercado al acudir al consumo de la misma mercancía o en tanto que comparten las orientaciones que determinan el producto elegido, mientras el centro escolar deja de tener valor para promover la comunidad. Las familias se preocuparán por lograr buena información para tomar decisiones (una información que dudamos fluya correctamente y que sea enteramente cierta y suficiente). No deciden dónde participar en la educación de sus hijos, sino que, al elegir, simplemente deciden quiénes los educarán. De puertas para adentro puede restarles poca capacidad de influencia, salvo el retirar de allí a sus hijos; lo que no es tan fácil. Los papeles de *colaboradores* se han esfumado, renuncian a ellos cuando depositan a su hijo en el centro. A muchos padres esto quizá no les importe o se conformen con el rol de apoyo, pero al menos obliguemos a rebajar la fuerza del argumento democrático de los nuevos abanderados de la libertad en educación.

Por eso, como dice BALLESTEROS (1990, pág. 147) de lo que se trata ahora no es de defender los derechos individuales frente al Estado, buscando el ejercicio de los derechos de primera generación, sino de defenderlos contra el mercado que, abanderado en el principio de la libertad, niega la solidaridad y la igualdad. Tan nefasta podría ser la igualdad sin libertad, como ésta sin aquélla. En la

© Ediciones Morata, S. L.

izquierda subsiste una cierta vena ácrata antiestatista que debe revisarse ante los nuevos conversos a la acracia que son los neoliberales furibundos. Los enemigos del progreso social se sitúan ahora entre los amigos del Estado mínimo.

Se impone, como afirma CONNELL (1996), la elaboración de una tercera agenda que supere las deficiencias en este sentido y también que nos libremos de la alternativa de estatismo o mercado. Hay que evitar la contraposición entre escuela pública "estatalizada" y educación sometida a las reglas del mercado.

El nuevo programa se debe centrar en la apreciación de que la justicia no es sólo distribución sino también calidad de las relaciones sociales para que sean menos opresivas en todos los estratos de la vida escolar. Este objetivo reclama la revisión de la organización escolar, los sistemas de decisión, los métodos pedagógicos y la "justicia curricular". Consiste en rellenar los espacios institucionales con el diálogo, la crítica y la creación de proyectos.

Este programa implica que la sociedad civil cobra protagonismo en educación sin ser desposeída por el Estado, pero sin identificarse con los intereses privados. Lo estatal será genuinamente *público* si es poseído por el público. La contraposición entre los emparejamientos conceptuales estatal-publico y la sociedad civil-lo privado escinde a la sociedad civil como algo que participa de lo estatal y de lo privado y los sobrepasa. Es preciso, como afirma SOTELO (1996), recogiendo posiciones habermasianas, distinguir tres niveles: lo estatal, lo público y lo privado. El primer y tercer concepto permiten un acceso restringido por razones diferentes; el segundo no. Lo estatal sería aquello en lo que el Estado tiene un dominio absoluto, lo público lo constituiría aquello que permite la igualdad de los participantes sin que importe el nivel de riqueza, que caracteriza a lo privado, o las diferencias de poder que caracterizan a lo que pertenece al Estado. Lo privado es lo que pertenece a la intimidad de las personas y a sus posibilidades. El problema es que en la educación se conjuntan las tres esferas: la privacidad, el espacio dialogado y las obligaciones para todos que, en nombre de una determinada sociedad, impone un Estado democrático. No es fácil conjugar las obligaciones y derechos a intervenir del Estado (limitando a los individuos), la necesidad de respetar ciertas áreas de lo privado y además defender una esfera sometida al escrutinio del diálogo social que genera espacio para el protagonismo de la sociedad civil, sin reducirse a los intereses privados de los participantes y sin que dicha espera sea invadida por el Estado. Ese ámbito intermedio se rige por el razonamiento, como medio de comunicación y queda abierto a todos, generando condiciones que se acomodan a las misiones de la educación que tienen que ver con el pensamiento y la cultura, aspectos que no pueden reducirse a imposiciones reguladas o a la arbitrariedad de las opciones privadas.

En la sociedad actual el espacio de lo público no estatal queda bastante diluido ante la privatización de lo que era estatal y la estatalización de la sociedad a través del Estado benefactor. En este proceso de transformación el *público que razona* como dice SOTELO, se transforma en el *público que consume*. Si, como ocurre en nuestro caso, existe una corta tradición de participación en lo público a través de asociaciones diversas, se explica que percibamos el espacio de lo social sólo a través de lo que es estatal, con el peligro de que queden absorbidas las posibilidades de participación, y de que nos expongamos a la crítica del mercado privatizador que se presenta como falaz garante frente al intervencionismo estatal. El Estado es cierto que no puede ser educador en las sociedades democráticas, entendiendo por tal la capacidad de determinar métodos, contenidos y fines de la educación, pero al mismo tiempo, ante la carencia de una tradición de esfera pública vertebrada al margen del Estado, no puede dejar de intervenir para frenar la parcialidad de los intereses privados y del mercado.

La experiencia nos dice que, en nuestro caso, es más fácil rescatar lo público a partir de lo estatal, haciendo de la educación garantizada por el Estado un lugar de posible participación y diálogo para el logro de una racionalidad comunicativa intersubjetiva propia para el *mundo de la vida*. Es más difícil lograr que, desde lo privado, se genere ese espacio que debe estar presidido por la igualdad de participación. Así como podemos coincidir con las críticas que desde los defensores de lo privado se hacen al sector estatal, en el sentido de que pueden mutilar la participación social; también hemos argumentado que desde el mercado tampoco se subsana ese déficit de protagonismo. Hágase lo estatal genuinamente público y ábranse los sectores educativos gobernados por los intereses privados a la igualdad de participación y de diálogo por una racionalidad abierta, por una educación al margen de sesgos. Mientras esto último no ocurra, la mejor escuela *pública* tendrá que ser inventada desde el espacio de la escuela *estatal*.

5.7. La necesidad de la escuela pública al margen del mercado

La experiencia política en las últimas décadas demuestra que el Estado social ha servido decisivamente al progreso de la justicia y de la igualdad entre amplias capas sociales (LÓPEZ CALERA, 1992, pág. 23). En educación, lo mismo que en el campo de la satisfacción de necesidades económicas, las grandes injusticias, las fuertes desigualdades no se hubiesen resuelto sin la intervención del Estado. Si existe la escolarización universal prolongada que hace realidad el derecho a la educación, es gracias a la escuela pública garantizada por el Estado, no al mercado. Más allá de abusos puntuales, de ineficiencias, desviaciones y de insuficiencias, el estado del bienestar es, como tendencia, bueno. Este principio y la realidad por él generada no lo puede borrar la ideología antiestatista del mercado. Y si es cierto que las burocracias que gobiernan los servicios sociales pueden llegar a convertirse en poderes ocultos poco transparentes (un abuso que se debe eliminar), menos claridad ofrecen muchos otros intereses privados.

Defender la educación pública es sinónimo, pues, de defensa del derecho efectivo a la educación, sobre todo de los que menos posibilidades tienen. Y la mayoría de los padres lo saben, cuando muestran como primera preocupación el tener acceso a un puesto escolar para sus hijos, antes de dar por válidas las promesas de la elección en un mercado desregulado de servicios educativos. Si la oportunidad de acceso a la educación es la primera exigencia del principio de igualdad de oportunidades, la educación pública ha cumplido un gran papel histórico. Mientras haya desigualdades en la sociedad, de forma que el origen sociofamiliar preste distintas posibilidades a unos y a otros, lo seguirá cumpliendo. ¡Qué tiempos, en los que hay que reivindicar lo obvio! La escuela pública es necesaria para, al menos, los que sin ella no tendrían otra escuela. Su ideal social igualador se mantiene vigente frente a lo que significa el modelo privado, constituyendo la forma más segura y económica de garantizar esa meta, con todas las modificaciones que sea preciso incorporar.

© Ediciones Morata, S. L.

El proyecto de la educación pública va más allá de la cobertura material del derecho a la educación, pues contiene la promesa de integrar la diversidad social en un proyecto común. Es decir, que se apoya en valores cuya realización supone el mejoramiento de la sociedad. Por eso, aunque formas privadas de proporcionar el servicio educativo garantizasen dicha cobertura, e incluso aunque fueran más eficaces en el logro de alguno de los objetivos de la educación, serían inferiores desde un punto de vista ético y social, mientras la integración de los que son diferentes en un espacio democráticamente gestionado sea un valor general digno de tener en cuenta. Si uno de los retos de la democracia es el de hacer posible un cierto grado de armonía, conjuntando las diversas opciones y opiniones personales o de grupos, una escuela que reciba abiertamente a la variedad de alumnos es condición de la democracia. Como afirma GUTMANN (1987, páginas 32-33), el Estado no puede desentenderse de ese reto dejando a los intereses privados y particulares esa aspiración a la convivencia, pues sacrificaría el instrumento más efectivo para asegurar el respeto mutuo entre sus ciudadanos.

Por referirse a valores, la educación pública como proyecto no es algo que venga dado, ni que todos estén de acuerdo en aceptar como un bien, sino algo que hay que proponer y construir. El bien común, como afirma GINER (1996, página 73), no existe: se hace y se descubre. Pero es que, además, es contrafáctico. Es decir, que contra él se enfrentan intereses reales. Supone una presentación racional de una sociedad mejor, para la cual, dialogando y convenciendo, es preciso recabar apoyo y aceptación. ¿Cuánto vale ese valor en una sociedad transida de individualismo, competitividad y consumismo? El problema es saber quiénes están dispuestos —agentes individuales (profesores, intelectuales, etc.) y colectivos (sindicatos, partidos, etc.)— a construirlo y con qué estrategias y procedimientos.

Lo que los neoliberales en las sociedades desarrolladas reprochan al Estado es el hecho de que la escuela pública tenga la extensión de cobertura que tiene y, sobre todo, el que sea una escuela que todos deben financiar aunque no se acomode a sus intereses y expectativas particulares. El mercado para ellos es, ante todo, la posibilidad de escapar del servicio estatal, al que consideran de peor calidad, y el modo de frenar políticas fiscales progresivas (que pague más el que más tiene para que se beneficie el que posee menos). Como afirma BALL (1994):

> "Las reformas en educación que toman como modelo el mercado son esencialmente estrategias de clase que tienen como efecto decisivo la reproducción de las ventajas y desventajas de la clase social (y étnica) relativa." (Pág. 103.)
> "El libre mercado potencia a todos aquellos que pretenden hacer de la educación una necesidad defensiva para su uso social y mantener sus posiciones ventajosas en el plano económico y cultural." (Pág. 126.)

Es explicable que la educación pública en las sociedades desarrolladas se debilite como idea gracias al éxito mismo del estado del bienestar, del que la escuela pública universalizadora ha formado parte. Ese éxito ha traído consigo cambios sociales e ideológicos que hoy pueden restar apoyos al modelo de educación pública, no entre sus enemigos ideológicos naturales, sino, paradójicamente, entre aquellos a quienes ha beneficiado. Si mucha gente ha tenido y tiene educación, ha sido gracias a la acción del Estado que, con la política de distribu-

© Ediciones Morata, S. L.

ción de recursos, puede ofrecer servicios costosos a los que con sus propios bienes no podrían tenerlos. Es posible que en algunos casos haya que moderar las expectativas de un Estado que financie sin fin las necesidades de una sociedad que cada vez va a demandar más educación y que, como afirma BOSSETI (1996), el Estado tenga que apuntar mejor y que hayan de revisarse las preferencias.

> "Más allá de un cierto nivel de crecimiento económico y del bienestar, la cualidad de las tareas de la intervención social del Estado probablemente deba especificarse de forma diferente: el criterio no será ya el crecimiento indefinido de los niveles de prestación de los beneficios, sino la concentración de la mayor parte de recursos y la clarificación de las capacidades de la acción pública sobre los puntos de transición de la existencia que determinan la exclusión de ciudadano del circuito de los derechos. Estos puntos son, por encima de todo, la escuela y después la asistencia social a los individuos que caen fuera del circuito de la ciudadanía (...). En otras palabras, el Estado social debe apuntar mejor." (BOSSETI, 1996, pág. 42.)

Como consecuencia de esos cambios sociales, en parte promovidos por la educación pública, han emergido nuevas clases medias que, para continuar su ascenso social, tienen ahora aspiraciones más exigentes y gustos más refinados, y pueden ser proclives a aceptar políticas con menos impuestos para financiar servicios que ellos tuvieron. A ese sector que ha obtenido más éxito ya no le basta con que la educación sea gratuita, es decir, la seguridad del puesto escolar que ofrece la educación pública, sino que aspiran a seguir aupando socialmente a sus hijos con una educación de calidad. Incluso la virtud de la gratuidad puede ser una mala tarjeta de presentación para un producto en una sociedad mercantilizada, tal como advierte uno de los mentores de la privatización:

> "¡Intentad vender un producto que alguien anda regalando!"
> (FRIEDMAN, 1980, pág. 227.)

Padres más educados y redimidos socialmente piden a la enseñanza pública y privada más calidad, más cultura y más competencias para el ascenso social. Les importa más la educación, tienen menos hijos y pueden derivar recursos económicos para cultivarlos como quieren. Si no satisface la educación pública sus nuevas necesidades, en este segmento social pueden penetrar los argumentos de que la educación pública es de peor calidad, o de que hay fórmulas para dejar esa oferta sólo para el que la necesita, liberándoles a ellos de tener que frecuentarla. Serán potenciales apoyos de las políticas fiscales regresivas que, a través de la desgravación de impuestos, les devuelvan los gastos que les ocasione llevar a sus hijos a la educación privada. Hasta verán como interesante que el Estado les pague a ellos el cheque escolar, por el equivalente de lo que al Estado le cuesta una plaza en un centro público, para poder invertir esos recursos en el tipo de enseñanza que cada cual desee. Todos podemos considerar la educación pública como necesaria, pero algunos pueden entender que no es apropiada para todos.

El propio éxito de la escolarización universal en la etapa de la obligatoriedad prolongada, allí donde se ha logrado, vuelca sobre la educación demandas cada vez más exigentes, propias de un nuevo ciclo post-cuantitativo de expansión. En el ciclo anterior, mejorar la educación consistía, ante todo, en extender la escolaridad a todos y ampliar su prolongación, como primer objetivo de la política de solidaridad y para la igualdad de oportunidades. Éste es un reto muy importante en muchos países todavía. En otros, cubierta la provisión material de puestos escolares, son precisas medidas adicionales para mejorar la dotación y la calidad del sistema público para adecuarlo a las nuevas necesidades.

La etapa post-cuantitativa plantea un nuevo escenario. Las políticas liberales que apoyaron la extensión de la escolaridad creen que ya han cumplido con el mandato de un puesto para todos; el éxito ahora depende de cada uno. La crisis económica, primero, la necesidad de que la economía preserve los equilibrios ortodoxos, después, dificultan las medidas presupuestarias adicionales para hacer real la igualdad a través de programas compensatorios. Ante esas limitaciones cobra cuerpo la acusación de ineficiencia de los sistemas públicos. Además, mejorar, una vez que todos acceden a la escolaridad, es un problema también de cualidad, de contenidos de la educación, y en ese objetivo ya no resulta fácil armar un mínimo consenso.

En la etapa de expansión del sistema escolar en los países desarrollados bajo los Estados democráticos del bienestar ha existido un consenso entre progresistas y conservadores, entre la izquierda y la derecha, para que los sistemas públicos fueran el motor que lograse el objetivo de la escolarización para todos. En el ciclo post-cuantitativo de una sociedad más diversificada, el consenso para una educación de calidad para todos ya es más difícil.

La educación pública, además de servir a sus inevitables clientes (ellos no pueden elegir), tiene que preocuparse por ensanchar las bases sociales que amplíen hoy un consenso social de apoyo a la misma. Lo tiene que hacer en dos direcciones.

1) Por un lado, mejorando su calidad, convenciendo y haciéndola evidente; por otro, revitalizando su contenido ético, tratando de que sea compartido. Si se gana esa batalla, la educación pública podrá seguir cumpliendo sus funciones para todo aquél que quiera asistir a ella; si la pierde, quedará formando parte de los recursos asistenciales para los más necesitados, tal como preconiza el "Estado mínimo" en el neoliberalismo mercantilista.

En ese clima de cambios sociales y de significación de lo público habrá que desmontar el argumento de la diferencia de calidad entre el sector privado y público. Por el hecho de ser pública, la educación no es de peor calidad o menos eficiente que si se imparte por centros privados. Nadie ha podido demostrar, y será muy difícil hacerlo, la superioridad de lo privado, sin distinguir aspectos dentro del constructo *calidad*. En términos de eficiencia en general, es imposible evaluar las diferencias: el sistema público es más eficiente en términos sociales, mientras que el sistema privado puede serlo en términos de beneficios privados (LEVIN, 1997). Si por calidad se entiende el nivel de resultados académicos alcanzados o la probabilidad de obtener el acceso a la universidad, es probable que la media de rendimientos sea algo superior en la enseñanza privada. Los estudios al respecto son polémicos y brindan conclusiones de todo tipo. Numerosas aportaciones avalan la conclusión de que los centros privados no producen significativas ganancias de rendimiento, especialmente en los estudiantes cuyos padres tienen altos niveles de educación (CARNOY, 1993). La enseñanza privada puede obtener mejores resultados, pero no por el hecho de ser privada, sino por el tipo de alum-

© Ediciones Morata, S. L.

nado que la frecuenta. Que el "contenido humano" de los centros les presta calidad a éstos es hecho comprobado, que el "continente" produzca calidad en el contenido es asunto más controvertido.

Lo que sí sabemos es que la diferenciación entre centros públicos y privados provoca una estratificación social de los centros que genera desiguales grados de calidad y de prestigio ante la sociedad, lo cual, a su vez, sigue reproduciendo la desigualdad. La estratificación social implica una dinámica coherente con el principio de libre elección: elegir un centro forma parte de las estrategias para asignarse a sí mismo el prestigio concedido al colegio elegido. Como afirman WELLS y CRAIN (1994):

> "Las decisiones sobre instituciones sociales de carácter simbólico, como son las escuelas, se ven fuertemente afectadas por la ubicación que los que eligen se dan a sí mismos en el seno de una sociedad que está estratificada." (Pág. 70.)

Si esa diferenciación social se desliga de sus causas, dando por natural la desigualdad académica entre centros privados y públicos, se generará una imagen social muy potente acerca de la superioridad de los primeros que refuerza la "necesidad" de las políticas favorables a la elección y a la estratificación. Como dice COOKSON (1994):

> "Desde el punto de vista político, las diferencias que puedan existir entre la enseñanza pública y la privada en lo que a rendimiento de los alumnos se refiere son menos significativas que el hecho de que esas diferencias existen y se pueden utilizar con efectividad en las luchas políticas más amplias dirigidas a romper el 'monopolio' de la escuela pública." (COOKSON, 1994, pág. 85.)

El modelo de elección bajo el esquema del mercado, aunque dice que es buena la competencia entre el sector público y el privado y de los centros públicos entre sí, supone un ataque a los sistemas públicos de educación, en general, y a los centros que se nutren de los estratos más bajos de la sociedad, en particular, porque obliga a competir a los centros en condiciones de desigualdad, al contar con poblaciones escolares diferenciadas socialmente.

De ahí el peligro de la evaluación y publicidad de resultados de rendimiento de los centros. Al ocultar las diferencias sociales que existen entre los públicos y los privados, se produce la percepción de que las diferencias de rendimiento escolar son debidas a los profesores y al tipo de enseñanza y de centro. Cuanto más estrecho sea el sometimiento del sistema educativo a las prácticas del mercado, es decir a los intereses externos a las escuelas, tanta más eficiencia en términos de resultados tangibles se reclamará de las prácticas educativas en las aulas (OCDE, 1991, pág. 34) y tanta mayor será, pues, la desventaja para el sistema público, que tenderá a ser evaluado por procedimientos sencillos, factibles y sin contemplar la eficiencia más allá de los datos "objetivos". Por esta razón, la búsqueda de la calidad reforzada por los mecanismos de elección, cuando se apoya en la jerarquización de centros, hecha a partir de resultados de rendimiento académico, lo que hace es reforzar a los mejores y debilitar más aún a los que no lo son. Este efecto diferenciador es real, mientras que la creencia de que el sistema de elección de centros mejora *per se* la calidad de todo el sistema es una

© Ediciones Morata, S. L.

hipótesis sin demostrar. No es ninguna panacea en orden a mejorar la educación, pero sí una profunda reorganización general del conjunto del sistema educativo (Cookson, 1997, pág. 279).

A pesar de todos los argumentos básicos en defensa del servicio público de la educación, es preciso reconocer que, al lado del éxito en la garantía del derecho de acceso a la educación, los sistemas públicos han podido dejar en el camino fuerza innovadora, agotándose su impulso en la cobertura de necesidades mínimas y perdiendo aquella ventaja que les presuponía Luzuriaga. La acusación que hacen los conservadores, en el sentido de que la escuela estatal está burocratizada y es ineficiente, ha de ser recogida por las fuerzas partidarias de su defensa para hacer la autocrítica que sea necesaria en orden a revitalizar tanto las ideas que la sostienen como las prácticas, de cara a abordar nuevas necesidades. La alternativa no es escuela privada frente a escuela pública ineficiente. Éste no es un problema sólo de la educación, sino que, hoy en día, constituye un reto de la democracia: cómo establecer la estrategia de una reforma creadora que compagine planificación guiada por la acción estatal para lograr cotas de igualdad y una innovación que, desde abajo, estimule las iniciativas y expanda las libertades, armonizando libertad e igualdad (López Calera, 1992, pág. 82).

El sistema de elección ha sufrido los lógicos ataques desde la izquierda, sobre todo por el contexto y por los argumentos con los que se ha presentado, pero cabe explorar sus posibilidades desde otras perspectivas para ver qué ofrecen con el fin de crear comunidades escolares, como sugiere Whitty (1997, página 37). Si el mercado y la libre elección no es la reforma que queremos y que es coherente con los intereses de toda la sociedad, no podemos agotarnos en el ataque a esas políticas y permanecer autosatisfechos si resistimos el ataque y logramos quedarnos como estábamos en una sociedad que ha cambiado bastante.

2) La segunda estrategia para ampliar la base social de apoyo a la educación pública y revitalizar su proyecto consiste en rearmarla desde el punto de vista ético. La escuela pública, además de proveer servicios que pueden satisfacer en mayor o menor medida a los potenciales beneficiarios, es un proyecto ético que se guía por la solidaridad, por la idea de que la vertebración social se logra mejor por el mestizaje social que por la segregación de poblaciones diferenciadas por el poder adquisitivo, por la raza, religión, etc. La escuela pública es la única en la que es posible que a la persona no le pregunten quién es o qué opina antes de entrar, por eso se entendió como modelo progresista para una sociedad libre, pluralista y multicultural. Las razones fundamentales y básicas que sostuvieron y sostienen el proyecto de escuela pública son dos: la democratización real del acceso a la educación y el poder ser la base que proporcione una cultura y unas experiencias comunes que mitiguen las diferencias sociales (Carnoy, 1993), base de una comunidad donde quede comprendida la diversidad.

Frente a la pluralidad yuxtapuesta de homogeneidades que fomenta la privatización y el mercado con la libre elección, la escuela pública se presenta como el ideal ético posible de lograr una mayor mezcla social haciéndose internamente heterogénea. La caída de la vigencia de la idea de escuela pública universalizada y equiparadora tiene que ver con la crisis de los ideales de igualdad y de solidaridad. Un declive que explica la pérdida de fe en un sistema unitario —acusado ahora de uniformador— y que nos hace ser proclives a admitir la necesidad o conveniencia de sistemas educativos más diferenciados, arropados por la interpretación de una idea de libertad que ha perdido la fecunda compañía de las ideas de solidaridad y fraternidad. La identificación del progresismo con el crecimiento de las instituciones del Estado social ha perdido fuerza.

La vigencia de los clásicos ideales, aunque sean precisas nuevas interpretaciones, es lo que sigue justificando la necesidad de la educación pública fuerte y para todos, sin caer atrapados en los cantos de las sirenas que ensalzan las virtudes y excelencias de la privatización y de la desregulación.

5.8. El fin de la incipiente profesionalidad autónoma de los docentes

¿Es el profesor un servidor del Estado, sometido a la burocracia que gobierna el aparato escolar? ¿Es un servidor de poderes privados organizados empresarialmente como oferta privada de educación? ¿Es un profesional guiado por criterios técnicos y por una ética profesional que ejerce en beneficio de los estudiantes y de la sociedad? ¿Es un miembro más de la comunidad educativa a la que presta sus servicios dentro de un proyecto elaborado con su participación? La respuesta afirmativa a cada una de esas preguntas lleva a la definición del profesorado con una imagen singular en cada caso: empleado público, empleado del sector privado, profesional independiente o un miembro especializado dentro de una comunidad.

La imagen de ser un servidor público sometido de forma pasiva y absoluta a una burocracia o la de un trabajador que vende el trabajo demandado por la iniciativa privada no son sostenibles, por cuanto el profesor tiene una autonomía y una responsabilidad inevitables, desde el momento en que se enfrenta a una práctica que, como le ocurre a la de la educación, es abierta. No creemos posible la imagen de profesionales-técnicos independientes (que nunca lo fueron ni podrán serlo), omnipotentes y hasta, quizá, enfrentados a los padres, cuya esencia venga definida por una racionalidad científica en la que sólo ellos y quienes les nutren de razones tienen la legitimidad de definir la práctica. Tampoco es admisible un profesionalismo apoyado en la defensa de intereses corporativos, aunque algunos de ellos sean legítimos o en la suposición de que sólo a ellos pertenecen las habilidades, conocimientos y motivos para hacer la "buena educación" (LARSON, 1977).

Entendidas las funciones de padres y profesores (imposibles de delimitar las de ambos con nitidez) como complementarias y solapadas a la vez, el modelo en el que moverse es el de la colaboración dialogada en todos los ámbitos en los que se decida sobre la educación: una idea con amplia y antigua tradición de práctica, pensamiento e investigación. Lo cual no significa que los profesores sean una parte más entre otras, sino que su cuota de "poder" de proponer y de decidir está en relación con sus capacidades para introducir racionalidad pedagógica, política y ética en el diálogo y en los conflictos inevitables que se producen en la comunidad de participantes que conjugan sus visiones, aspiraciones e intereses en torno a la educación. Como afirma CONTRERAS (1997, pág. 55), parte de la profesión consiste en mediar en los conflictos para entender el sentido de los mismos y las posiciones que se establecen en torno a ellos y encontrar sentido a la misión de la escuela. El poder del docente no está prefigurado en esa dialéctica social, sino que lo conquista de manera continuada; lo constituye una racionalidad que unas veces será ilustradora para los que no saben, a veces de colaboración, a veces de crítica, a veces de oposición.

El planteamiento de la elección dentro del modelo del mercado imposibilita esa colaboración o la desvirtúa y formula a los profesores el dilema de ser vistos como profesionales independientes [17], cuyos servicios pueden ser demandados o no, o como servidores de los padres en el "Estado de las familias". A cambio, el mercado les libera de la burocracia estatal.

Dar más control a los padres y apoyarse en la racionalidad del mercado es subvertir las bases de qué se entiende por calidad de la educación, como ya se ha comentado. Los movimientos conservadores han apoyado en ocasiones explícitamente esas políticas como un contrapeso a los valores, contenidos impartidos y métodos de sectores del profesorado (APPLE, 1996b). Ante las dudas que plantea el porvenir laboral incierto y el deterioro de las relaciones de autoridad, esos movimientos que recuperan el poder para los padres se ven tentados a reclamar una pedagogía más fundada en los principios tradicionales que en las pedagogías progresistas.

Fundamentalismo conservador, en sus diferentes manifestaciones, y las políticas de la nueva derecha basadas en el mercado suponen un cambio en la localización de la dirección y del control de la educación, así como un mecanismo de definición de la calidad de la enseñanza, incluso en sus aspectos más técnicos. Los expertos en un mundo de innovacion tecnológica proponen novedades a los consumidores, los expertos en el movimiento de elección de centros deben satisfacer los gustos de unos padres relegitimados para adoptar decisiones sobre la educación de sus hijos; podrán opinar, como máximo, sobre cuestiones técnicas (aspectos en los que serán vigilados y controlados), pero no sobre aspectos fundamentales en la dirección de la educación. Las reformas educativas de la "Nueva derecha" eliminan de la esfera profesional de los docentes los valores con los que orientar la educación (CARR y HARTNETT, 1996, pág. 196). Por eso el paradigma del mercado constituye una filosofía y una práctica contrarias a la profesionalización de los docentes, cuya autonomía puede agotarse en la capacidad de ofertar aquello que más vaya a satisfacer a los consumidores; lo mismo que la producción de programas televisivos dentro de la lógica de la competencia por la captación de la audiencia queda condicionada por los gustos de ésta. No se ofrece calidad cultural si ésta no se vende. Naturalmente, que un servicio de interés público debe tener otras finalidades.

El modelo de la armonía entre padres y profesores tiene que tener como referente para ambas partes criterios amplios de calidad de la educación, en un clima de intercambio en el que se suponga la mejor competencia cultural y profesional de los docentes. No sirve la opción de ser recuperados como nuevos servidores de la familia aunque fuese para transformar los criterios educativos de ésta, como hace

---

[17] El discurso del profesionalismo docente y de la autonomía se ha construido en buena medida como una respuesta frente a la burocracia y a los controles del Estado. Más allá del valor de denuncia que contiene, en momentos en los que imperan tendencias favorables a la desregulación de los sistemas escolares, puede servir de coartada para que se aproveche la imagen de profesionales independientes y someterlos a las regulaciones de un tipo de servicio contratado por los consumidores.

© Ediciones Morata, S. L.

María, la institutriz de los hijos del capitán von Trapp (de la película *Sonrisas y lágrimas*) casándose con el padre. No puede verse a los profesores como depredadores del territorio propiedad de los padres, como hace FRIEDMAN (1980):

> "Al haber logrado el control los educadores profesionales, el de los padres se ha debilitado." (Pág. 217.)

El educador profesionalizado ha inventado un espacio propio en el sistema escolar separado de la familia; una esfera que es débil todavía, insegura y no bien delimitada, como sabemos. Su profesionalidad no es como la de las profesiones liberales, pues está condicionada por controles diversos y, además, sabemos que comparte rasgos con las capacidades de otros miembros de la cultura. Un profesional no lo es en sentido estricto si cualquier otra persona puede hacer igualmente bien lo que él hace (HENRY, 1996, pág. 49). Aunque, si está más y mejor formado que los padres para ejercer su competencia, tiene derecho a la autonomía profesional en nombre del derecho de los alumnos y en el del bien común, aunque no será nunca una autonomía ilimitada. Es el Estado y no las relaciones contractuales privadas el que ha proporcionado más autonomía a los docentes bajo un régimen democrático.

En la actual realidad social, la elección no se da siempre en un contraste de padres conservadores enfrentados a profesores innovadores, sino también al contrario. Lo cual explica que en ciertos sectores progresistas de padres se vea también como aceptable la política de desregular la elección de centro. En el caso de padres innovadores frente a profesores faltos de profesionalidad competente, el mecanismo de elección sería suficiente para que los primeros pudieran resolver su problema, pero no el problema de esos profesores y del sistema público que los acoge.

A modo de conclusión

En una sociedad democrática, el pluralismo tiene que respetarse sin que se produzcan efectos secundarios negativos para la libertad de *todos* los individuos, para la igualdad entre los mismos y para el bien común de la sociedad. Los padres tienen derecho a elegir, pero todos los padres —no sólo los que eligen— y toda la sociedad tiene otros derechos que limitan a los primeros. Recogemos la serie de principios que se deben respetar propuestos por HOLMES (1992) y que, en alguna medida, han sido comentados a lo largo de este capítulo:

1. Todos los niños son básicamente iguales y la sociedad debe asegurar el respeto a ese principio en sus políticas educativas para que no se les proporcionen programas educativos de desigual calidad.
2. Los padres, tanto como la sociedad, tienen cruciales y legítimos intereses y responsabilidades en la educación de sus hijos.
3. Existen límites a la libertad de los padres respecto de la educación de sus hijos.
4. El Estado tiene la responsabilidad de mantener un sector público fuerte de alta calidad que no debe decaer por el hecho de que algunos padres elijan otro tipo de escuela.

© Ediciones Morata, S. L.

5. Hay una serie de elementos comunes que deben ser exigidos a todas las escuelas financiadas con fondos públicos: tolerancia, diálogo en la resolución de divergencias, reconocimiento de la verdad, aceptación de la democracia, enseñanza de destrezas básicas, idiomas oficiales y que el Estado pueda evaluar la práctica pedagógica pertinente a esos valores.
6. Debe haber una serie de rasgos comunes en todas las escuelas públicas que garanticen su calidad: inculcación del sentido de la justicia, la verdad, la responsabilidad personal, la amistad, el respeto. Debe existir énfasis en lograr un alto nivel de rendimiento académico en el desarrollo de las diversas áreas curriculares.
7. El desarrollo de la política educativa debe tomar en consideración la tradición y las circunstancias locales.
8. Debe cuidarse la eficiencia de recursos en la impartición de la enseñanza primaria y secundaria. La elección de centro puede encarecer la educación.
9. Debe prestarse especial atención a los aspectos relacionados con la equidad cuando se produzcan cambios en cómo se provee la educación.
10. La calidad debe ser particularmente lograda y mantenida cuando se establezcan sistemas de elección.
11. Los padres, dentro de límites razonables, deben poder elegir, según sus creencias y valores sin tener que realizar sacrificios económicos importantes.

Los padres deben participar en el sistema educativo y su aportación al *proceso educativo* debe entenderse como colaboración. Los profesores harán mal, de entrada, en percibir esa necesidad como una intromisión. Ahora bien, ese principio general se puede plasmar en opciones muy diversas que deben ser cuidadosamente evaluadas democráticamente para evitar interferencias en la legítima y necesaria autonomía de los profesores. La educación en una sociedad democrática que evoluciona con rapidez necesita procedimientos ágiles de relegitimación que vuelvan a situar el papel de las escuelas y de los profesores en sociedades donde se espera demasiado de la educación institucionalizada. La racionalidad imperfecta por la que se rige la educación se impone convenciendo.

La participación o colaboración de padres es un camino por descubrir, cuyas virtualidades y problemas han de tratarse en cada caso, pues en este paradigma de racionalidad tampoco podemos contar con una guía precisa. No hay padres en abstracto, sino padres con perspectivas y necesidades diversas que pueden pedir finalidades distintas al sistema escolar. Sólo un diálogo capitaneado por la escuela puede descubrir las bases de un consenso antes de que los padres opten por soluciones en las que cada cual encuentra su propia salida.

Elegir es bueno si las formas de estructurar esa posibilidad son buenas para todos y si no hacen peligrar las bases de una sociedad que precisa fórmulas de integración y de solidaridad más que defensa de particularismos.

La diversidad de estilos de educación es consecuencia del hecho de estar ante un tipo de práctica no regulable en todos sus aspectos, indeterminada y creadora. Esa condición es la de la realidad y, además, es bueno estimularla. El mercado, la elección, no crean por sí solos diversidad pedagógica y sí mayor estratificación social. No es ético utilizar las políticas como instrumentos favorables a unos pocos con el argumento de extender para todos una mayor calidad. Es muy discutible que el mercado en educación genere *per se* calidad; lo que sí es seguro es que la distribuye sesgadamente en función de la estratificación que crea. Las proclamas a favor del mercado y de la libre elección se mueven con sol-

© Ediciones Morata, S. L.

tura dentro de un universo más compuesto de principios ideológicos que de evidencias empíricas contrastadas (Whitty, 1997).

Las formas en las que se ha desarrollado el sistema de elección son difíciles de evaluar en cuanto a sus consecuencias, porque esa peculiaridad no puede aislarse de otros muchos factores y circunstancias que afectan a los centros en los que se aplica: tipo de liderazgo, base social del alumnado, implicación real de los padres, etc. Ni la elección implica por sí misma más democracia, ni más eficacia, ni más participación de los padres. Hasta puede significar todo lo contrario. Lo que sí parece claro, no obstante, es que algunas formas de elección tienen importantes consecuencias para el ambiente en el que la escuela opera, y a través de él podría incidir en el proceso educativo.

Considerando el amplio repaso que hemos realizado a los supuestos y consecuencias del modelo y de las estrategias del mercado, nos quedaremos ahora con las prevenciones que hace la OCDE (1994, pág. 14), un organismo al que no puede tacharse de adoptar posiciones estatistas o socializantes:

— El sistema de elección es una idea atractiva que no funciona en la práctica. Unos pueden elegir y otros no. En el sector público sería impensable que las escuelas crezcan, disminuyan sus recursos e instalaciones o se cierren según la demanda.
— La idea puede funcionar, pero tiene efectos colaterales indeseables. Amenaza la cohesión social, que es importante, y jerarquizaría las escuelas por grupos sociales. Impide el mejoramiento del sector público como un todo.
— La selección es frustante. Las aspiraciones de los padres tienen origen social. Lo que uno consume afecta a otros. Unos padres negándose a ir a una escuela afectan a los que quieren llevar a sus hijos a ella.
— La educación se haría más conservadora, los padres no comprenderían determinadas innovaciones, ya que los padres tenderían a reproducir valores convencionales.

Existe una historia de pensamiento y de práctica que nos ilustra sobre cómo es posible crear experiencias de calidad y escuelas diversificadas en el sistema educativo. Crear requiere libertad, pero no la que proporciona el mercado, sino la que posibilita un profesorado competente, estimulado, en un clima de libertad y que es valorado por las innovaciones que emprende. La escuela de la integración social no tiene necesariamente que ser obsoleta. Pero, lo público puede caer en la rutina y en la corporativización que defiende la comodidad y los intereses personales de quienes desempeñan funciones públicas (auténtica forma de privatización), adueñándose de ellas. Los sistemas públicos tienen que disponer de mecanismos rápidos y eficaces de control y corrección de desviaciones de interés para no deteriorar ni el servicio ni su imagen ante la sociedad.

El mercado, como metanarrativa que da cobertura a todo, debe ser desechado: como afirman Ball (1994, pág. 114) y Wringe (1994, págs. 111 y sgs.):

— La comunidad como un todo tiene intereses que el juego de la oferta no puede garantizar por sí solo.
— El que cada uno reciba un tipo de educación va en detrimento de la comunidad como colectivo.
— Algunos padres podrían no querer para sus hijos determinados beneficios educativos que la sociedad tiene que preservar.

© Ediciones Morata, S. L.

— Ciertos beneficios de la educación sólo se pueden apreciar después de haberlos recibido.
— La libertad de los padres para elegir puede suponer optar por métodos inadecuados y modelos tradicionales.
— Si se ofrecen tipos de educación diferentes en calidad a distintos segmentos de la población, se perpetúan las desigualdades.
— Los tratadistas de la elección en el sistema público reconocen que inevitablemente el mercado crea desigualdades, pero parecen poco interesados en sacar las oportunas consecuencias para aquellos que las padecen.
— En el mercado las desigualdades tienen que existir porque, de lo contrario, no tendría sentido un sistema de competencia entre ofertas.
— El mercado sólo es real para algunos. Los que ganan son sus beneficiarios, los que están llamados a perder, sus víctimas. La poca atención que se presta a los perdedores nos pone en la pista de que los ideólogos del mercado representan más los valores y los intereses de ciertas clases y facciones sociales.

Ante tanto nuevo apóstol de lo privado defendiendo su superioridad frente a lo público, hay que reafirmar la idea de que la escuela pública tiene sentido porque es, precisamente, una organización que garantiza los derechos de los ciudadanos a la educación y a recibirla en unas determinadas condiciones. Es también una garantía para pensar en las necesidades de la sociedad en su conjunto y no sólo en las de los padres.

Bibliografía

AGGER, B. (1990), *The decline of discourse. Reading, writing and resistencia in postmodern capitalism.* Basingstoke. The Falmer Press.
ALMOND, B. (1994), "In defence of choice in education". En: HALSTEAD, J. M., *Parental choice and education.* Londres. Kogan Page. Págs. 68-82.
AMBLER, J. S. (1997), "Who benefits from educational choice? Some evidence from Europe". En: COHN, E. (Ed.), *Market approaches to education.* Oxford. Pergamon. Páginas 353-391.
AMORÓS, C. (1997), *Tiempo de feminismo. Sobre feminismo, proyecto ilustrado y postmodernidad.* Madrid. Ediciones Cátedra.
ANDERSON, R. (1984), "Some reflections on the adquisition of knowledge". *Educational Researcher.* Vol. 13. Págs. 5-10.
APPLE, M. (1986), *Ideología y currículum.* Madrid. Akal.
— (1996a), *Política cultural y educación.* Madrid. Morata.
— (1996b), *El conocimiento oficial.* Barcelona. Paidós.
— (1997), *Teoría crítica de la educación.* Buenos Aires. Miño y Dávila Editores.
— y BEANE, J. A. (Comp.), (1997), *Escuelas democráticas.* Madrid. Morata.
ARENDT, H. (1984), *La vida del espíritu.* Madrid. Centro de Estudios Constitucionales.
— (1993), *La condición humana.* Barcelona. Paidós.
— (1995), *De la historia a la acción.* Barcelona. Paidós.
— (1996), *Entre el pasado y el futuro.* Barcelona. Ediciones Península.
— (1997), *¿Qué es la política?.* Barcelona. Paidós.
ARGYRIS, Ch. y D. SCHÖN, (1981), *Theory in practice.* San Francisco. Jossey-Bass Publishers.
ARIÈS, Ph. y DUBY, G. (1989), *Historia de la vida privada. 5. De la Primera Guerra Mundial a nuestros días.* Madrid. Taurus.
ARISTÓTELES, (1985), *Ética Nicomáquea y Ética Eudemia.* Madrid. Gredos.
AUROUX, S. (Ed.), (1990), *Les notions philosophiques (I-II).* París. PUF. Voz: culture.
BACHELARD, G. (1974), *La formación del espíritu científico.* Buenos Aires. Siglo XXI.
BALANDIER, G. (1996), *El desorden.* Barcelona. Gedisa.
BALL, S. (1994), *Education reform. A critical post-estructural approach.* Buckingham. Open University Press.
BALLESTEROS, J. (1990), *Postmodernidad: decadencia o resistencia.* Madrid. Tecnos.
BANCO MUNDIAL, (1996), *Prioridades y estrategias para la educación. Examen del Banco Mundial.* Washington. Banco Mundial.

© Ediciones Morata, S. L.

BARCELONA, P. (1992), *Postmodernidad y comunidad.* Madrid. Editorial Trotta.
BAUDELOT, Ch. y ESTABLET, R. (1989), *El nivel educativo sube.* Madrid. Morata.
BEATTIE, N. (1985), *Professional parents. Parent participation in four western european countries.* Lewes. The Falmer Press.
BELL, D. (1976), *El advenimiento de la sociedad post-industrial.* Madrid. Alianza.
— (1996), "Reflexiones al final de una era". *Claves de la Razón Práctica.* Núm. 68. Páginas. 2-12.
BELTH, M. (1971), *La educación como disciplina científica.* Buenos Aires. El Ateneo.
BENDELL, J. (1994), "Parents who choose to educate their children at home". En: HALSTEAD, J. M. *Parental choice and education.* Londres. Kogan Page. Págs. 151-163.
BERGER, P. y LUCKMANN, Th. (1984), *La construcción social de la realidad.* Buenos Aires. Amorrortu.
— y —, (1997), *Modernidad, pluralismo y crisis de sentido.* Barcelona. Paidós.
BERLAK, A. (1981), *The dilemmas of schooling: Teaching and social change.* Londres. Methuen.
BERNSTEIN, B. (1988), *Clases, códigos y control II. Hacia una teoría de las transmisiones educativas* Madrid. Akal.
BEYER, L. (1987), "What knowledge is of most worth in teacher education?". En : SMYTH, J. (Ed.), *Educating teachers. Changing the nature of pedagogical knowledge.* Lewes. The Falmer Press. Págs. 19-34.
BEYER, L. E. y LISTON, D. P. (1996), *Curriculum in conflict.* Nueva York. Teachers College Press.
BLOOM, A. (1987), *A closing of the american mind.* Nueva York. Simon and Schuster.
BLOOM, H. (1995), *El canon occidental. La escuela y los libros de todas las épocas.* Barcelona. Anagrama.
BOBBIO, N. (1995), *Derecha e izquierda.* Madrid. Taurus.
BOBBITT, J. F. (1918), *The curriculum.* Boston. Houghton Mifflin.
BOGGS, C. (1993), *Intelectuals and the crisis of modernity.* Albany. State University of New York.
BOSSETI, G. (1996), "La crisis en el cielo y en la tierra". En: BOSSETI, G. (Compilador), *Izquierda punto cero.* Barcelona. Paidós. Págs. 11-45.
BOURDIEU, P. (1977), *La reproducción.* Barcelona. Laia.
— (1988a), *La distinción.* Madrid. Taurus.
— (1988b), *Cosas dichas.* Barcelona. Gedisa.
— (1991), *El sentido práctico.* Madrid. Taurus.
BOWLES, S. y GINTIS, H. (1981), *La instrucción escolar en la América capitalista.* México. Siglo XXI.
BRAMELD, T, (1955), *Philosophies of education in cultural perspective.* Nueva York. The Dryden Press.
BRANNEN, J. y O'BRIEN, M. (Eds.) (1996), *Children in families. Research and policy.* Londres. The Falmer Press.
BRIDGES, D. (1994), "Parents: customers or partners?". En: BRIDGES, D. y McLAUGHLIN, T. (Ed.), *Education and the market place.* Londres. The Falmer Press. Págs. 65-79.
— y McLAUGHLIN, T. (Ed.) (1994), *Education and the market place.* Londres. The Falmer Press.
BROADFOOT, P. (1996), *Education, assessment and society.* Buckingham. Open University Press.
BROWN, S. y McINTYRE, D. (1993), *Making sense of teaching.* Buckingham. Open University Press.
BRUNER, J. (1997), *La educación, puerta de la cultura.* Madrid. Visor.
— (1991), *Actos de significado. Más allá de la revolución cognitiva.* Madrid. Alianza.
BUENO, G. (1996), *El mito de la cultura.* Barcelona. Editorial Prensa Ibérica.

© Ediciones Morata, S. L.

BURBULES, N. C. y DENSMORE, K. (1991), "The limits of making teaching a profession". *Educational Policy*. Vol. 5. Núm.1. Págs. 44-63.
BURY, J. B. (1971), *La idea de progreso*. Madrid. Alianza.
CAMPS, V. (1996), "La universalidad ética y sus enemigos". En: GINER, S. y SCARTEZZINI, R. (Eds.) (1996), *Universalidad y diferencia*. Madrid. Alianza. Págs. 137-153.
CARNOY, M. (1993), "School improvement: Is privatization the answer?". En: HANNAWAY, J. y CARNOY, M., *Decentralization and school improvement*. San Francisco. Jossey-Bass. Páginas 163-201.
CARR, W. (1990), *Hacia una ciencia crítica de la educación*. Barcelona. Laertes.
— (1993), *Calidad de la enseñanza e investigación-acción*. Sevilla. Díada.
— (1996), *Una teoría para la educación. Hacia una investigación educativa crítica*. Madrid. Morata.
— y HARTNETT, A. (1996), *Education and the struggle for democracy*. Buckingham. Open University Press.
— y KEMMIS, S. (1988), *Teoría crítica de la enseñanza*. Barcelona. Martínez Roca.
CASTELL, M. (1994), "Flujos, redes e identidades: una teoría crítica de la sociedad informacional". En: CASTELL, M. y otros, *Nuevas perspectivas críticas en educación*. Barcelona. Paidós. Págs. 13-53.
— (1997), *La era de la información.Vol. 1. La sociedad red*. Madrid. Alianza.
CHARTIER, R. (1994), *Culture populaire. Retour sur un concept historiographique*. "Eutopías", Vol. 52. Valencia. Episteme.
CHOMSKY, N. y DIETERICH, H. (1997), *La sociedad global. Educación, mercado y democracia*. Buenos Aires. Universidad de Buenos Aires.
CHUBB, J. y MOE, T. (1990), *Politics, markets and America´s schools*. Washington. Brooking Institution.
COLEMAN, J. (1990), *Foundations of social theory*. Cambidge. Harvard University Press.
COLL, C. (1987), *Psicología y currículum*. Barcelona. Laia. Posteriormente editado por Paidós.
COLOM, F. (1996), "Lealtades compartidas, lealtades divididas: la pertenencia política a Estados plurinacionales". *Isegoría*. Núm. 14. Octubre. Págs. 55-77.
CONDORCET, (1922), *Escritos pedagógicos*. Madrid. Calpe.
CONNELL, R, W, (1996), "Schools, markets, justice: education in a fractured world". Lección inaugural en la Facultad de Educación. Universidad de Sydney. (De libre disposición en la red Internet).
— (1997), *Escuelas y justicia social*. Madrid. Morata.
CONTRERAS, J. (1997), *La autonomía del profesorado*. Madrid. Morata.
COOKSON, P. W. (1992), "The ideology of consumership and coming deregulation of the public system". En: COOKSON, P. (1992), *The choice controversy*. Newbury Park, Cal. Corwin Press. Págs. 83-99.
— (1994), *School choice. The struggle for the soul of american education*. Binghamton, NY. Yale University.
— (1997), "School choice and the creation of community". En: SHAPIRA, R. y COOKSON, P. W. (Eds.), *Autonomy and choice in context: An international perspective*. Oxford. Pergamon. Págs. 271-296.
CRUZ, M. (1995), *¿A quién pertenece lo ocurrido? Acerca del sentido de la acción humana*. Madrid. Taurus.
— (Coord.), (1997), *Acción humana*. Barcelona. Ariel.
DAVID, M. y otros, (1994), *Mother's institution? Choosing secondary school*. Londres. The Falmer Press.
DAWKINS, R. (1979), *El gen egoísta*. Barcelona. Labor.
DEWEY, J. (1944), *El niño y el programa escolar*. Buenos Aires. Losada.
— (1968), *La ciencia de la educación*. Buenos Aires. Losada.

© Ediciones Morata, S. L.

DEWEY, J. (1995), *Democracia y educación*. Madrid. Morata.
DÍAZ DE RADA, A, (1996), *Los primeros de la clase y los últimos románticos*. Madrid. Siglo XXI.
DÍAZ, M. (1995), "Aproximación al campo intelectual de la educación". En: LARROSA, J. (Ed.), *Escuela, poder y subjetivación*. Madrid. La Piqueta. Págs. 331-366.
DONATI, P. (1996), "Lo postmoderno y la diferenciación de lo universal". En: GINER, S. y SCARTEZZINI, R. (Eds.) (1996), *Universalidad y diferencia*. Madrid. Alianza. Págs. 125-135.
DOUGHERTY, K. y SOSTRE, L. (1994), "Minerva and the market: the sources of the movement for school choice". En: COOKSON, P. (1992), *The choice controversy*. Newbury Park, Cal. Corwin Press. Págs. 24-45.
DOWNES, P. (1994), "Managing the market". En: BRIDGES, D. y McLAUGHLIN, T. (Ed.), *Education and the market place*. Londres. The Falmer Press. Págs. 54-64.
DOWNEY, C. J. (1994), *The quality education challenge*. Vol. 1. Thousand Oaks, Cal. Corwin Press.
DOYLE, W. (1977), "Learning the classroom environment: An ecological analysis". *Journal of Teacher Education*. 26. 6. Págs. 51-55.
EISNER, E. (1979), *The educational imagination*. Nueva York. Macmillan Publishing Company.
— (1983), "Los objetivos educativos. ayuda o estorbo?" En: GIMENO, J. y PÉREZ GÓMEZ, A. I. (Comp.), *La enseñanza: su teoría y su práctica*. Madrid. Akal. Págs. 257-264.
— (1996), "Is 'The Art of Teaching' a metaphor?". En: KOMPF, M. y cols., *Changing research and practice. Teachers' professionalism identities and knowledge*. Londres. The Falmer Press. Págs. 9-19.
ELBAZ, F. (1983), *Teacher thinking. A study of practical knowledge*. Londres. Crom-Helm.
ELIAS, N. (1989), *El proceso de la civilización*. México. Fondo de Cultura Económica.
ELLIOTT, J. (1982), "How do parents choose and judge secondary schools?". En: McCORMICK, R. (Ed.), *Calling education to account*. Londres. Heinemann. Págs. 36-43.
ELSTER, J. (1988), "La posibilidad de una política racional". En: OLIVÉ, L. (Comp.), *Racionalidad. Ensayos sobre racionalidad en ética y política, ciencia y tecnología*. México. Siglo XXI-Universidad Nacional Autónoma de México. Págs. 132-176.
— (1991), *Juicios salomónicos. Las limitaciones de la racionalidad como principio de decisión*. Barcelona. Gedisa.
FEIMAN-NEMSER, S. (1986), "The cultures of teaching". En: WITTROCK, M. (Ed.), *Handbook of Research on Teaching*. Macmillan. Nueva York. Págs. 505-526.
FENSTERMACHER, G. (1986), "Philosophy of research on teaching; three aspects". En: WITTROCK, M. (Ed.), *Handbook of Research on Teaching*. Macmillan. Nueva York. Páginas 37-49.
FERNÁNDEZ ENGUITA, M. (1993), *La profesión docente y la comunidad escolar*. Madrid. Morata.
FERRATER MORA, J. (1979), *Diccionario de Filosofía*. Madrid. Alianza.
FEYERABEND, P. (1984), *Adios a la razón*. Madrid. Tecnos.
— (1996), "Contra la inefabilidad cultural. Objetivismo, relativismo y otras quimeras". En: GINER, S. y SCARTEZZINI, R. (Eds.), *Universalidad y diferencia*. Madrid. Alianza. Páginas 33-42.
FLAVELL, J. (1968), *La psicología evolutiva de Jean Piaget*. Buenos Aires. Paidós.
FLORES D'ARCAIS, P. (1994), *El desafío oscurantista*. Barcelona. Anagrama.
— (1995), "El individuo libertario". *Claves de la Razón Práctica*. Abril. Núm. 51. Págs. 2-8.
FOLLARI, R. (1997), *Psicoanálisis y sociedad: crítica del dispositivo pedagógico*. Buenos Aires. Lugar Editorial-IDEAS.
FORQUIN, J. C. (1989), *École et culture*. Bruselas. De Boeck.
FOUCAULT, M. (1978), *Vigilar y castigar*. Madrid. Siglo XXI.
— (1981), *Un diálogo sobre el poder y otras conversaciones*. Madrid. Alianza.
— (1991), *Saber y verdad*. Madrid. La Piqueta.

© Ediciones Morata, S. L.

FOULQUIÉ, P. (1962), *Dictionaire de la langue philosophique.* París. P.U.F.
FOWLER, F. C. (1997), "School choice policy in France: success and limitations". En: COHN, E. (Ed.), *Market approaches to education.* Oxford. Pergamon. Págs. 465-478.
FRIEDMAN, M. y R. (1980), *Libertad de elegir.* Barcelona. Grijalbo.
FUINCA, (1993), *El sector del libro en España.* Madrid. Fundesco.
FULLER, B. y ELMORE, R. F. (Eds.) (1996), *Who chooses?, Who loses?* Nueva York. Teachers College Press.
FURNHAM, A. F. (1988), *Lay theories.* Oxford. Pergamon Press.
GADAMER, G. H. (1977), *Verdad y método. I.* Salamanca. Ediciones Sígueme.
— (1992), *Verdad y método. II.* Salamanca. Ediciones Sígueme.
GAGE, N. L. (1977), *The scientific basis of the art of teaching.* Nueva York. Teachers College Press.
GARZÓN VALDÉS, E. (1997), "Cinco confusiones acerca de la relevancia moral de la diversidad cultural". *Claves de la Razón Práctica.* Núm. 74. Julio-Agosto. Págs. 10-23.
GEERTZ, C. (1994), *Conocimiento local.* Barcelona. Paidós.
— (1996a), *La interpretación en las culturas.* Barcelona. Gedisa.
— (1996b), *Los usos de la diversidad.* Barcelona. Paidós.
GELLNER, E. (1988), *Naciones y nacionalismo.* Madrid. Alianza.
GENTILI, P. (Ed.), (1995), *Pedagogia da exclusão. Critica ao neoliberalismo em educação.* Petrópolis. Vozes.
GERGEN, K. (1992), *El yo saturado. Dilemas de identidad en el mundo contemporáneo.* Barcelona. Paidós.
— (1995), "Social construction and educational process". En: STEFFE, L. y GALE, J. *Constructivism in education.* Hilldale. LEA. Págs. 17-39.
— y SEMIN, G. (1990), "Everiday understanding in science and daily life". En: SEMIN, G y GERGEN, K. (Eds.), *Everiday understanding.* Londres. SAGE. Págs. 1-18.
GEWIRTZ, S., BALL, S. y BOWE, R. (1995), *Markets, choice and equity in education.* Buckingham. Open University Press.
GIDDENS, A. (1993), *Consecuencias de la modernidad.* Madrid. Alianza.
— (1994), *Modernidad e identidad del yo.* Barcelona. Península.
— (1996), *Más allá de la izquierda y la derecha.* Madrid. Cátedra.
GIMENO, J. (1982), *La pedagogía por objetivos: obsesión por la eficiencia.* Madrid. Morata.
— (1988), *El curriculum: una reflexión sobre la práctica.* Madrid. Morata.
— (1993), "Conciencia y acción sobre la práctica como liberación profesional". En: IMBERNON, F. (Coordinador), *La formación permanente del profesorado en los países de la CEE.* Barcelona. ICE Universitat de Barcelona-Horsori. Págs. 53-92.
— (1994), "La desregulación del curriculum y la autonomía de los centros escolares". *SIGNOS. Teoría y Práctica de la educación.* Año. 5. Núm. 13. Octubre-Diciembre. Págs. 4-20.
— (1995), "Esquemas de racionalización en una práctica compartida". En: V.V.A.A. *Volver a pensar la educación. Vol. II Prácticas y discursos educativos.* Madrid. Morata. Páginas 13-44.
— (1996a), *La transición a la educación secundaria.* Madrid. Morata.
— (1996b), "Textos y democracia cultural: Estrategias de recentralización en un contexto de desregulaciones". En: PEREYRA, M. y otros, (Eds.), *Globalización y descentralización de los sistemas educativos.* Barcelona. Pomares-Corredor. Págs. 352-394.
— (1997), "Entre la comunidad y el mercado". *Cuadernos de Pedagogía.* Núm. 262. Octubre. Págs. 50-56.
— y PÉREZ GÓMEZ, A. I. (1992), *Comprender y transformar la enseñanza.* Madrid. Morata.
GINER, S. (1996), "La urdimbre moral de la modernidad". En GINER, S. y SCARTEZZINI, R. (Eds.) (1996), *Universalidad y diferencia.* Madrid. Alianza. Págs. 43-80.
— (1997), "Intenciones humanas, estructuras sociales: para una lógica situacional". En: CRUZ, M., *Acción humana.* Barcelona. Ariel. Págs. 21-126.

© Ediciones Morata, S. L.

GIORGI, A. (1990), "Phenomenology, psychological science and common sense". En: SEMIN, G y GERGEN, K. (Eds.), *Everiday understanding*. Londres. SAGE. Págs. 64-82.
GIROUX, H. (1990), *Los profesores como intelectuales*. Barcelona. Paidós.
— (1996), *Placeres inquietantes. Aprendiendo la cultura popular*. Barcelona. Paidós.
GOLDRING, E., HAWLEY, W. y SMREKAR, R. (1997), "Parental choice: consequences for students, families, and schools". En: SHAPIRA, R. y COOKSON, P. W. (Eds.), *Autonomy and choice in context: An international perspective*. Oxford. Pergamon. Págs. 353-388.
GÓMEZ, A. (1997), "Microfundamentos de la explicación social". En: CRUZ, M. (Coord.), (1997), *Acción humana*. Barcelona. Ariel. Págs. 295-330.
GORE, J. (1996), *Controversias entre las pedagogías*. Madrid. Morata.
GOULDNER, A. W. (1980), *El futuro de los intelectuales y el ascenso de la nueva clase*. Madrid. Alianza Universidad.
GRACE, G. (1994), "Education is a public good: On the need to resist the domination of economic science". En: BRIDGES, D. y MCLAUGHLIN, T. (Ed.), *Education and the market place*. Londres. The Falmer Press. Págs. 126-137.
GRAMSCI, A. (1986), *Introducción a la filosofía de la praxis*. Barcelona. Planeta-Agostini.
GRAY, H. L. (1988), "A perspective on organization theory". En: WESTOBY, A. (Ed.), *Culture and power in educational organizations*. Milton Keynes. Open University Press. Págs. 142-156.
GRIFFITHS, A. P. (1982), "La creencia". En: DEARDEN, R. F, HIRST, P. H. y PETERS, R. S., *Educación y desarrollo de la razón*. Madrid. Narcea. Págs. 220-233.
GRIGNON, C. y PASSERON, J. C. (1992), *Lo culto y lo popular*. Madrid. La Piqueta.
GROEBEN, N. (1990), "Subjective theories and the explanation of human action". En: GERGEN, K. y SEMIN, G. (Eds.), *Everiday understanding*. Londres. SAGE. Págs. 19-44.
GUTMANN, A. (1987), *Democratic education*. Princeton (NJ). Princeton University Press.
HABERMAS, J. (1982), *Conocimiento e interés*. Madrid. Taurus.
— (1984), *Ciencia y técnica como "ideología"*. Madrid. Tecnos.
— (1987a), *Teoría y praxis. Estudios de filosofía social*. Madrid. Tecnos.
— (1987b), *Teoría de la acción comunicativa II*. Madrid. Taurus.
— (1997), *Teoría de la acción comunicativa: complementos y estudios previos*. Madrid. Cátedra.
HALLIDAY, J. (1995), *Educación, gerencialismo y mercado*. Madrid. Morata.
HALSTEAD, J. M. (1994), *Parental choice and education*. Londres. Kogan Page.
HARGREAVES, A. (1992), "Cultures of teaching: A focus for change". En: HARGREAVES, A. y FULLAN, M, *Understanding teacher development*. Nueva York. Teachers College Press. Págs. 216-240.
HARRIS, N. (1993), *Law and education: Regulation, consumerism and educational system*. Londres. Sweet and Maxwell.
HELLER, Á. (1977), *Sociología de la vida cotidiana*. Barcelona. Ediciones Península.
HENIG, J. (1994), *Rethinking school choice. Limits of the market metaphor*. Princeton (NJ), Princeton University Press.
HENRY, M. (1993), *School cultures. Universes of meaning in private schools*. Norwood (NJ). Ablex.
— (1996), *Parents-school collaboration*. Albany. State University of New York Press.
HINKSON, J. (1995), "Lyotard, postmodernity, and education: A critical evaluation". En: PETERS, M. (Ed.), *Education and the postmodern condition*. Westport. Berguin and Garvey. Págs. 121-146.
HOBSBAWM, E. (1995), *Historia del siglo XX*. Barcelona. Crítica.
HOLMES, M. (1992), *Educational policy for the pluralist democracy. The common school, choice y diversity*. Londres. The Falmer Press.
HOOVER-DEMPSEY, V., BASSLER, O. y BRISSIE, J. (1987), "Parent involvement: contribution of teacher efficacy, school socio-economic status, and the other school characteristics". *American Educational Research Journal*, 24, 3. Págs. 417-435.

© Ediciones Morata, S. L.

HUNT, D. E. (1987), *Beginning with ourselves.* Cambridge (MA). Brookline Books.
HUNTINGTON, S. P. (1997), *El choque de civilizaciones y la configuración del orden mundial.* Barcelona. Paidós.
HUSEN, T. (1992), *Enciclopedia Internacional de la Educación.* Barcelona. MEC-Vicens Vives.
IBÁÑEZ, T. (Coordinador), (1988), *Ideologías de la vida cotidiana.* L'Hospitalet de Llobregat. Sendai Ediciones.
INGLEHART, R. (1991), *El cambio cultural en las sociedades industriales avanzadas.* Madrid. CIS-Siglo XXI.
JACKSON, Ph. (1991), *La vida en las aulas.* Madrid. Morata.
JAMESON, F. (1996), *Teoría de la postmodernidad.* Madrid. Editorial Trotta.
JOHANEK, M. (1994), "Private citizenship and school choice". En: COOKSON, P. (1992), *The choice controversy.* Newbury Park, Cal. Corwin Press. Págs. 146-170.
KANT, E. (1991), *Pedagogía.* Madrid. Akal.
KELLY, G. (1966), *Teoría de la personalidad. La psicología de las construcciones personales.* Buenos Aires. Ediciones Troquel.
KULJUTKIN, J. (1988), "Thinking and the teacher's professional activity". En: MCALPINE, A. y cols. (Eds.), *New challenges for teachers and teacher education.* Amsterdam/Lisse. Swets & Zeitlinger. Págs. 73-79.
KYMLICKA, W. (1996), *Ciudadanía multicultural.* Barcelona. Paidós.
LAMO, E. (1994), *La sociología del conocimiento y de la ciencia.* Madrid. Alianza Universidad.
— (1996), *Sociedades de cultura, sociedades de ciencia.* Oviedo. Ediciones Nobel.
LAMPERT, M. (1985), "How do teachers manage to teach?. Perspectives on problems in practice". *Harvard Educational Review.* Vol. 55. Núm. 2. Págs. 178-194.
LANGFORD, G. (1989), "Teaching and the idea of a social practice". En: CARR, W. (Ed.), *Quality in teaching.* Londres. The Falmer Press. Págs. 21-34.
LAREAU, A. (1989), *Home advantage: social class and parental intervention in elementary education.* Nueva York. Falmer Press.
LARSON, M. S. (1977), *The rise of professionalism.* Berkeley. University of California Press.
LEVIN, H. M. (1997), "The economics of educational choice". En: COHN, E. (Ed.), *Market approaches to education.* Oxford. Pergamon. Págs. 23-56.
LIPOVETSKY, G. (1986), *La era del vacío.* Barcelona. Anagrama.
LISTON, D. y ZEICHNER, K. (1993), *Formación del profesorado y condiciones de la escolarización.* Madrid. Morata.
LIZ, M. (1995), "Conocer y actuar a través de la tecnología". En: BRONCANO, F. (Ed,), *Nuevas meditaciones sobre la técnica.* Madrid. Editorial Trotta. Págs. 23-51.
LLEDÓ, E. (1992a), *El surco del tiempo.* Barcelona. Editorial Crítica.
— (1992b), *El silencio de la escritura.* Madrid. Centro de Estudios Constitucionales.
LÓPEZ CALERA, J. M. (1992), *Yo, el Estado.* Madrid. Editorial Trotta.
LÓPEZ RUPÉREZ, F. (1995), *La libertad de elección en educación.* Madrid. FAES (Fundación para el Análisis y los Estudios Sociales).
LORTIE, D., (1975), *Schoolteacher: A sociological study.* Chicago. University of Chicago Press.
LUCKMANN, Th. (1996), *Teoría de la acción social.* Barcelona. Paidós.
LUHMANN, N (1997), *Observaciones de la modernidad. Racionalidad y contingencia en la sociedad moderna.* Barcelona. Paidós.
LUNDGREN, U. (1992), *Teoría del curriculum y escolarización.* Madrid. Morata.
LUZURIAGA, L. (1953), *La escuela nueva pública.* Buenos Aires. Losada.
LYOTARD, J. F. (1989), *La condición postmoderna.* Madrid. Cátedra.
MABBCT, D. J. (1982), "Razón y deseo". En: DEARDEN, R. F., HIRST, P. H. y PETERS, R. S., *Educación y desarrollo de la razón. Formación del sentido crítico.* Madrid. Narcea. Páginas 300-310.

© Ediciones Morata, S. L.

MACBETH, A., MCCREATH, D. y AITCHISON, J. (Eds.) (1995), ¿Collaborate or compete?. Educational partnerships in a market economy. Londres. The Falmer Press.
MACDONALD, B. J. (1996), Theory as a prayerful act. The collected essays of J.A. Macdonald. Nueva York. Peter Lang.
MACINTYRE, A. (1987), Tras la virtud. Barcelona. Editorial Crítica.
MAFFESOLI, M. (1993), El conocimiento ordinario. México. Fondo de Cultura Económica.
MANNHEIM, K. (1973), Ideología y utopía. Madrid. Aguilar.
MARINA, J. A. (1996), El laberinto sentimental. Barcelona. Anagrama.
MARJORIBANKS, K. (1994), "Families, schools and children's learning environments". International Journal of Educational Research. Vol. 21. Págs. 439-555.
MARRERO, J. (1993), "Las teorías implícitas del profesorado: vínculo entre la cultura y la práctica de la enseñanza". En: RODRIGO, M. J. y otros, Las teorías implícitas. Madrid. Visor. Págs. 243-276.
MARTIN, J. (1971), "Sobre la reducción de 'saber qué' a 'saber cómo'". En: SMITH, O. y EENNIS, R.-(1971), Lenguaje y conceptos en la educación. Buenos Aires. El Ateneo. Págs. 67 y ss.
MAYBERRY, M. y otros, (1995), Home schooling. Parents as educators. Thousand Oaks. Corwin Press.
MCGREW, A. (1992), "A global society?". En: Modernity and its futures. Cambridge. Polity Press-Open University. Págs. 61-102.
MCLAUGHLIN, T. (1994), "The scope of parents' educational rights". En: HALSTEAD, M. (Ed.), Parental choice and education. Londres. Kogan Page. Págs. 94-107.
MEAD, M. (1997), Cultura y compromiso. Estudios sobre la ruptura generacional. Barcelona. Gedisa.
MONTES, P. (1996), El desorden neoliberal. Madrid. Editorial Trotta.
MORIN, E. (1984), Ciencia con consciencia. Barcelona. Anthropos.
— (1994), Introducción al pensamiento complejo. Barcelona. Gedisa.
MOSCOVICI, S. (1984), "The phenomenon of social representations". En: FARR, R. y MOSCOVICI, S., Social representations. Cambridge. Cambridge University Press.
MOSTERÍN, J. (1987), Racionalidad y acción humana. Madrid. Alianza Universidad.
— (1993), Filosofía de la cultura. Madrid. Alianza Universidad.
MURPHY, J. (1996), The privatization of schooling. Thousand Oaks, Ca. Corwin Press.
NISBET, R. (1996), Historia de la idea de progreso. Barcelona. Gedisa.
NOBLE, D. (1991), The classroom arsenal. Military research, information technology and public education. Londres. The Falmer Press.
O'NEILL, W. (1981), Educational ideologies. Santa Mónica. Goodyear Publishing Company.
O.C.D.E., (1991), Escuelas y calidad de la enseñanza. Barcelona. Paidós-MEC.
— (1993), Education in OECD countries. París. OECD.
— (1994), School: a matter of choice. París. OCDE.
OLSON, J. (1992), Understanding teaching. Buckingham. Open University Press.
ORTEGA, F. (1994), El mito de la modernización. Barcelona. Antrophos.
ORTEGA Y GASSET, J. (1965), Meditación sobre la técnica. Madrid. Austral.
— (1992), Misión de la Universidad. Madrid. Revista de Occidente-Alianza.
— (1995), Ideas y creencias. Madrid. Revista de Occidente-Alianza.
OSBORNE, D. y GAEBLER, T. (1994), La reinvención del gobierno. La influencia del espíritu empresarial en el sector público. Barcelona. Paidós.
PÉREZ GÓMEZ, A. I. (1995), "Autonomía profesional del docente y control democrático de la práctica". En: Varios Autores, Volver a pensar la educación. Vol. II. Madrid. Morata. Páginas 339-353.
— y GIMENO, J. (1988), "Pensamiento y acción en el profesor: de los estudios sobre planificación al pensamiento práctico". Infancia y Aprendizaje. Núm. 42. Págs. 37-63.

© Ediciones Morata, S. L.

Peters, M. (1996), *Poststructuralism, politics and education*. Westport. Bergin and Garvey.
— y Marshall, J. (1996), *Individualism and community: education and social policy in the postmodern condition*. Londres. The Falmer Press.
Peters, R. S. (1959), *Authority, responsability and education*. Londres. George Allen and Unwin.
Piaget, J. (1969), *Psicología y Pedagogía*. Barcelona. Ariel.
Polanyi, M. (1958), *The study of man*. Chicago. University Press.
Popkewitz, T. (1994), *Sociología política de las reformas educativas*. Madrid. Morata.
Popper, K. (1997), *El mito del marco común*. Barcelona. Paidós.
Provenzo, E. F. y McCloskey, G. N., (1996), *Schoolteachers and schooling: ethoses in conflict*. Norwood (Nj), Ablex.
Rabossi, E. (1997), "Filosofía de la acción y filosofía de la mente". En: Cruz, M. (Coord.), *Acción humana*. Barcelona. Ariel. Págs. 5-20.
Ravn, Y. (1991), "What should guide reality construction?" En: Steier, F. (Ed.), *Research and reflexivity*. Londres. SAGE. Págs. 96-114.
Repusseau, J. (1972), *Homo docens. L'áction pédagogique et la formation des maîtres*. París. Bourrelier-Éducation.
Richard, S. (1994), "The consumer paradigm in public management". En: Doherty, G., *Developing quality systems in education*. Londres. Routledge. Págs. 35-51.
Rifkin, J. (1996), *Fin del trabajo. Nuevas tecnologías contra puestos de trabajo: el nacimiento de una nueva era*. Barcelona. Paidós.
Ripalda, J. M. (1996), *De Agelis. Filosofía, mercado y postmodernidad*. Madrid. Editorial Trotta.
Rorty, R. (1996), "¿Cantaremos nuevas canciones?" En: Bosseti, G (Compilador), *Izquierda punto cero*. Barcelona. Paidós. Págs. 57-76.
Ryle, G. (1949), *The concept of the mind*. Londres. Hutchinson.
Salvaggio, J. (Ed.), (1989), *The information society. Economic, social, and structural issues*. Hillsdale (NJ). Lawrence Erlbaum.
San Martín Alonso, A. (1995), *La escuela de las tecnologías*. Valencia. Servicio de Publicaciones de la Universidad de Valencia.
Santos, M. A . (1997), *El crisol de la participación*. Madrid. Escuela Española.
Savater, F. (1997), *El valor de educar*. Madrid. Ariel.
Schön, D. (1983), *The reflective practitioner. How professionals think in action*. Londres. Temple Smith.
Sebreli, J. J. (1992), *El asedio a la modernidad. Crítica al relativismo cultural*. Barcelona. Ariel.
Shapiro, S. (1990), *Between capitalism and democracy*. Nueva York. Berguin and Garvey.
Shulman, L. (1986), "Those who understand: Knowledge growth in teaching". *Educational Researcher*. Vol. 15, Núm. 2. Págs. 4-14.
Sigel, Y. (1985), "A conceptual analysis of beliefs". En: Sigel, Y. (Ed.), *Parental belief systems*. Hillsdale (NJ), Laurence Erlbaum Associates. Págs. 345-371.
Silva, T. T. (1997), "El proyecto educacional moderno: ¿Identidad terminal?" En: Veiga, J., *Crítica pos-estructuralista y educación*. Barcelona. Laertes. Págs. 273-290.
Simon, H. (1987), "Rationality in psychology and economics". En: Hogasrt, R. y Reder, M. (Eds.), *Rational choice: the contrast between economics and psychology*. Chicago. University of Chicago Press. Págs. 25-40.
Smith, O. y Ennis, R. (1971), *Lenguaje y conceptos en la educación*. Buenos Aires. El Ateneo.
Sockett, H. (1993), *The moral base for teacher professionalism*. Nueva York. Teachers College Press.
Sotelo, Y. (1996), "La relevancia pedagógica de la teoría de Habermas". En Mardones, J. M. y otros, *La ciencia crítica y la calidad educativa*. Servicio Editorial de la Universidad del País Vasco. Págs. 115-149.

STEIER, F. (Ed.), (1991), *Research and reflexivity.* Londres. SAGE.
STENHOUSE, L. (1984), *Investigación y desarrollo del curriculum.* Madrid. Morata.
— (1997), *Cultura y educación.* Morón (Sevilla). Publicaciones M.C.E.P.
SUCHODOLSKY, B. (1977), *La educación humana del hombre.* Barcelona. Laia.
SYKES, G. (1986), *Teaching as reflective practice.* En: SIROTNIK, K. y OAKES, J., *Critical perspectives on the organization and improvement of schooling.* Boston. Kluwer Nijhoff Publishing. Págs. 229-245.
TABA, H. (1974), *Elaboración del curriculo.* Buenos Aires. Troquel.
TAYLOR, Ch. (1993), *El multiculturalismo y la "política del reconocimiento".* México. Fondo de Cultura Económica.
TAYLOR, E. B. (1977), *Cultura primitiva.* Madrid. Ayuso.
TOM, A. (1984), *Teaching as a moral craft.* Nueva York. Longman.
TORRES, J. (1991), *El curriculum oculto.* Madrid. Morata.
TOULMIN, S. (1990), *Cosmopolis. The hidden agenda of modernity.* Chicago. The University of Chicago Press.
TOURAINE, A. (1993), *Crítica de la modernidad.* Madrid. Ediciones Temas de Hoy.
— (1994), *¿Qué es la democracia?* Madrid. Ediciones Temas de Hoy.
— (1997), *¿Podremos vivir juntos?* Buenos Aires. Fondo de Cultura Económica.
TYLER, R. (1973), *Principios básicos del curriculo.* Buenos Aires. Troquel.
TYLER, W. (1991, *Organización escolar.* Madrid. Morata.
VAN GALEN, J. y PITMAN, M. A. (1991). *Home schooling: political, historical, and pedagogical perspectives.* Norwood (NJ). Ablex Publishing Corporation.
VARELA, J. (1995a), "Categorías espacio-temporales y socialización escolar. Del individualismo al narcisismo". En: LARROSA, J. (Ed.), *Escuela, poder y subjetivación.* Madrid. La Piqueta. Págs. 155-192.
— (1995b), "El estatuto del saber pedagógico". En: V.V.A.A., *Volver a pensar la educación. Vol. II Prácticas y discursos educativos.* Madrid. Morata. Págs. 61-69.
VATTIMO, G. (1990a), *La sociedad transparente.* Barcelona. Paidós.
— (1990b), *El fin de la modernidad.* Barcelona. Gedisa.
VILLORO, L. (1996), *Creer, saber, conocer.* México. Siglo XXI.
VINCENT, C. (1996), *Parents and teachers. Power and participation.* Londres. The Falmer Press.
VOVELLE, M. (1985), *Ideologías y mentalidades.* Ariel. Barcelona.
WALLON, H. (1978), *Del acto al pensamiento.* Buenos Aires. Editorial Psique.
WEBER, M. (1984), *La acción social: ensayos metodológicos.* Barcelona. Península.
— (1985), *Sobre la teoría de las ciencias sociales.* Barcelona. Planeta-Agostini.
WELLMER, A. (1988), "Intersubjetividad y razón". En: OLIVÉ, L. (Comp.), *Racionalidad. Ensayos sobre racionalidad en ética y política, ciencia y tecnología.* México. Siglo XXI-Universidad Nacional Autónoma de México. Págs. 225-266.
WELLS, A. S. (1991), "Choice in education: Examining the evidence on equity". *Teachers College Record,* 93. Págs. 156-173.
— y CRAIN, R. (1994), "Do parents choose school quality or school status? A sociological theory of free market education". En: COOKSON, P. (1992), *The choice controversy.* Newbury Park, Cal. Corwin Press. Págs. 65-82.
WEST, A. (1994), "Choosing schools. The consumers' perspective". En: HALSTEAD, J. M., *Parental choice and education.* Londres. Kogan Page. Págs. 108-123.
WESTBROOK, R. B. (1996), "Public schooling and american democracy". En: SODER, R. (Ed.), *Democratic education, and the schools.* San Francisco. Jossey-Bass. Págs. 125-150.
WHITE, P. (1994), "Parental choice and education for citizenship". En: HALSTEAD, M. (Ed.), *Parental choice and education.* Londres. Kogan Page. Págs. 83-93.
WHITTY, G. (1997), "Creating quasi-markets in education". En: APPLE, M. (Ed.), *Review of Research in Education.* 22. Washington. AERA. Págs. 3-47.

WILLIS, P. (1994), "La metamorfosis de mercancias culturales". En: CASTELL, M. y otros, *Nuevas perspectivas críticas en educación.* Barcelona. Paidós. Págs. 167-206.

WRINGE, C. (1994), "Markets, values and education". En: BRIDGES, D. y MCLAUGHLIN, T. (Ed.), *Education and the market place.* Londres. The Falmer Press. Págs. 105-116.

WYNESS, M. G. (1996), *Schooling, welfare and parental responsability.* Londres. The Falmer Press.

ZEICHNER, K. (1995), "Los profesores como profesionales reflexivos y la democratización de la reforma escolar". En: V.V.A.A., *Volver a pensar la educación. Vol. II Prácticas y discursos educativos.* Madrid. Morata. Págs. 385-398.

© Ediciones Morata, S. L.

Otras obras de Ediciones Morata de interés

Adorno, Th.: *Educación para la emancipación,* 1998.
Aitken, J. y Mills, G.: *Tecnología creativa,* (3.ª ed.), 1997.
Apple, M. W.: *Política cultural y educación,* 1996.
——— **y Beane, J. A.**: *Escuelas democráticas,* 1997.
Arnold, P. J.: *Educación física, movimiento y* curriculum, (2.ª ed.), 1997.
Astington, J. W.: *El descubrimiento infantil de la mente,* 1997.
Bale, J.: *Didáctica de la geografía en la escuela primaria,* (2.ª ed.), 1996.
Ball, S.: *Foucault y la educación,* (3.ª ed.), 1997.
Baudelot, Ch. y Establet, R.: *El nivel educativo sube,* (2.ª ed.), 1998.
Bernstein, B.: *La estructura del discurso pedagógico,* (3.ª ed.), 1997.
——— *Pedagogía, control simbólico e identidad,* 1998.
Browne, N. y France, P.: *Hacia una educación infantil no sexista,* 1988.
Bruner, J.: *Desarrollo cognitivo y educación,* (2.ª ed.), 1995.
Carr, W.: *Una teoría para la educación,* 1996.
Connell, R. W.: *Escuelas y justicia social,* 1997.
Contreras, J.: *La autonomía del profesorado,* 1997.
Cook, T. D. y Reichardt, Ch.: *Métodos cualitativos y cuantitativos en investigación evaluativa,* (3.ª ed.), 1997.
Decroly, O.: *El juego educativo,* (3.ª ed.), 1997.
Dewey, J.: *Democracia y educación,* (3.ª ed.), 1998.
Donaldson, M.: *La mente de los niños,* (4.ª ed.), 1997.
——— *Una exploración de la mente humana,* 1996.
Driver, R., Guesne, E. y Tiberghien, A.: *Ideas científicas en la infancia y la adolescencia,* (3.ª ed.), 1997.
Egan, K.: *Fantasía e imaginación: su poder en la enseñanza,* 1994.
Elliott, J.: *La investigación-acción en educación,* (3.ª ed.), 1997.
——— *El cambio educativo desde la investigación-acción,* (2.ª ed.), 1997.
Escuelas infantiles de Reggio Emilia: *La inteligencia se construye usándola,* 1995.
Fernández Pérez, M.: *Evaluación y cambio educativo: el fracaso escolar,* (4.ª ed.), 1995.
Freinet, C.: *La escuela moderna francesa...,* 1996.
Gimeno Sacristán, J.: *El curriculum: una reflexión sobre la práctica* (7.ª ed.), 1997.
——— *La pedagogía por objetivos: obsesión por la eficiencia,* (9.ª ed.), 1997.
——— *La transición a la educación secundaria,* (2.ª ed.), 1997.
——— **y Pérez Gómez, A. I.**: *Comprender y transformar la enseñanza,* (7.ª ed.), 1998.

© Ediciones Morata, S. L.

Goetz, J. P. y LeCompte, M. D.: *Etnografía y diseño cualitativo en investigación educativa,* 1988.
González Portal, M. D.: *Dificultades en el aprendizaje de la lectura,* (4.ª ed.), 1998.
Gore, J.: *Controversias entre las pedagogías,* 1996.
Graves, D. H.: *Didáctica de la escritura,* (2.ª ed.), 1997.
Grundy, S.: *Producto o praxis del* curriculum, (3.ª ed.), 1998.
Halliday, J.: *Educación, gerencialismo y mercado,* 1995.
Hargreaves, A.: *Profesorado, cultura y postmodernidad,* (2.ª ed.), 1998.
Hargreaves, D. J.: *Infancia y educación artística,* (2.ª ed.), 1997.
Harlen, W.: *Enseñanza y aprendizaje de las ciencias,* (3.ª ed.), 1998.
Hegarty, S.: *Aprender juntos: la integración escolar,* (3.ª ed.), 1998.
Hicks, D.: *Educación para la paz,* (2.ª ed.), 1998.
House, E.: *Evaluación, ética y poder,* (2.ª ed.), 1997.
Hyde, J.: *Psicología de la mujer,* 1995.
Inhelder, B.: *Aprendizaje y estructuras del conocimiento,* (2.ª ed.), 1996.
Jackson, Ph. W.: *La vida en las aulas,* (4.ª ed.), 1997.
Kemmis, S.: *El* curriculum: *más allá de la teoría de la reproducción,* (3.ª ed.), 1997.
Liston, D. P. y Zeichner, K. M.: *Formación del profesorado y condiciones sociales de la escolarización,* (2.ª ed.), 1997.
Loughlin, C. E. y Suina, J. H.: *El ambiente de aprendizaje,* (4.ª ed.), 1997.
Lundgren, U. P.: *Teoría del* curriculum *y escolarización,* (2.ª ed.), 1997.
McCarthy, C.: *Racismo y curriculum,* 1994.
Moyles, J. R.: *El juego en la educación infantil y primaria,* (2.ª ed.), 1998.
Olweus, D.: *Conductas de acoso y amenaza entre escolares,* 1998.
Orton, A.: *Didáctica de las matemáticas,* (3.ª ed.), 1998.
Pérez Gómez, A.: *La cultura escolar en la sociedad neoliberal,* 1998.
Perrenoud, Ph.: *La construcción del éxito y del fracaso escolar,* (2.ª ed.), 1996.
Piaget, J.: *Psicología del niño,* (14.ª ed.), 1997.
——— *La representación del mundo en el niño,* (8.ª ed.), 1997.
Pimm, D.: *El lenguaje matemático en el aula,* 1990.
Popkewitz, Th. S.: *Sociología política de las reformas educativas,* (2.ª ed.), 1997.
Pozo, J. I.: *Teorías cognitivas del aprendizaje,* (5.ª ed.), 1997.
Rivas, F.: *Psicología vocacional: enfoques del asesoramiento,* (3.ª ed.), 1997.
Sanuy, M.: *Aula sonora. hacia una educación musical en primaria,* (2.ª ed.), 1996.
Saunders, R. y Bingham-Newman, A. M.: *Perspectivas piagetianas en la educación infantil,* (2.ª ed.), 1998.
Secada, W. G., Fennema, E. y Adajian, L. B.: *Equidad y enseñanza de las matemáticas: nuevas tendencias,* 1997.
Selmi, L. y Turrini, A.: *La escuela infantil a los tres años,* (3.ª ed.), 1997.
——— y ——— *La escuela infantil a los cuatro años,* (3.ª ed.), 1997.
——— y ——— *La escuela infantil a los cinco años,* (3.ª ed.), 1997.
Squires, D. y McDougall, A.: *Cómo elegir y utilizar software educativo,* 1997.
Stake, R.: *La investigación con estudio de casos,* 1998.
Stenhouse, L.: *Investigación y desarrollo del* curriculum, (4.ª ed.), 1997.
——— *La investigación como base de la enseñanza,* (3.ª ed.), 1996.
Tann, C. S.: *Diseño y desarrollo de unidades didácticas en la escuela primaria,* (2.ª ed.), 1993.
Thornton, S.: *La resolución infantil de problemas,* 1997.
Torres, J.: *Globalización e interdisciplinariedad,* (3.ª ed.), 1998.
——— *El* curriculum *oculto,* (6.ª ed.), 1998.
Usher, R. y Bryant, I.: *La educación de adultos como teoría, práctica e investigación. El triángulo cautivo,* (2.ª ed.), 1997.
VV.AA.: *Volver a pensar la educación* (2 vols.), 1995.
Walker, R.: *Métodos de investigación para el profesorado,* (2.ª ed.), 1997.
Willis, A. y Ricciuti, H.: *Orientaciones para la escuela infantil de cero a dos años,* (2.ª ed.), 1997.
Zimmermann, D.: *Observación y comunicación no verbal en la escuela infantil,* (2.ª ed.), 1992.

© Ediciones Morata, S. L.